La izquierda latinoamericana a 20 años del derrumbe de la Unión Soviética

Roberto Regalado
(coordinador)

ocean
sur

una editorial latinoamericana

ISBN: 978-1-921700-65-1
Library of Congress Control Number: 2012932918

Primera edición 2012
Impreso en México por Quad/Graphics Querétaro, S.A. de C.V.

PUBLICADO POR OCEAN SUR
OCEAN SUR ES UN PROYECTO DE OCEAN PRESS

México:　　　Orión 145-PB, Prado Churubusco Coyoacán, 04200, México D.F.
　　　　　　　　E-mail: mexico@oceansur.com • Tel: 52 (55) 5421 4165
EE.UU.:　　　E-mail: info@oceansur.com
Cuba:　　　　E-mail: lahabana@oceansur.com
El Salvador:　E-mail: elsalvador@oceansur.com
Venezuela:　　E-mail: venezuela@oceansur.com

DISTRIBUIDORES DE OCEAN SUR
Argentina: Distal Libros • Tel: (54-11) 5235-1555 • E-mail: info@distalnet.com
Australia: Ocean Press • E-mail: info@oceanbooks.com.au
Bolivia: Ocean Sur Bolivia • E-mail: bolivia@oceansur.com
Canadá: Publisher Group Canada • Tel: 1-800-663-5714 • E-mail: customerservice@raincoast.com
Chile: Editorial La Vida es Hoy • Tel: 2221612 • E-mail: ventaseditorial.lavidaeshoy@gmail.com
Colombia: Ediciones Izquierda Viva • Tel/Fax: 2855586 • E-mail: edicionesizquierdavivacol@gmail.com
Cuba: Ocean Sur • E-mail: lahabana@oceansur.com
EE.UU.: CBSD • Tel: 1-800-283-3572 • www.cbsd.com
El Salvador y Guatemala: Editorial Morazán • E-mail: editorialmorazan@hotmail.com • Tel: 2235-7897
Gran Bretaña y Europa: Turnaround Publisher Services • E-mail: orders@turnaround-uk.com
México: Ocean Sur • Tel: 52 (55) 5421 4165 • E-mail: mexico@oceansur.com
Paraguay: Editorial Arandura • E-mail: arandura@hotmail.com
Puerto Rico: Libros El Navegante • Tel: 7873427468 • E-mail: libnavegante@yahoo.com
Uruguay: Orbe Libros • E-mail: orbelibr@adinet.com.uy
Venezuela: Ocean Sur Venezuela • E-mail: venezuela@oceansur.com

www.oceansur.com
www.oceanbooks.com.au
www.facebook.com/OceanSur

La izquierda latinoamericana a 20 años del derrumbe de la Unión Soviética

LA IZQUIERDA LATINOAMERICANA EN EL GOBIERNO: ¿ALTERNATIVA O RECICLAJE?
Roberto Regalado

Transcurridos trece años de la primera elección de Hugo Chávez a la presidencia de Venezuela y con más de una docena de gobiernos en Centro y Sudamérica considerados de izquierda o progresistas, ya no basta con hablar de «nuevos» movimientos sociales y de la «búsqueda» de alternativas de izquierda.

Hoy tenemos que preguntarnos en qué medida esos movimientos rebasaron la protesta social y desarrollaron la capacidad de luchar por una transformación revolucionaria; y cuáles son las probabilidades de que los gobiernos de izquierda se enrumben hacia la edificación de sociedades «alternativas» o se conviertan en un paréntesis que contribuya al reciclaje de la dominación del capital.

259 páginas, 2012, ISBN 978-1-921700-45-3

Índice

Presentación

Han transcurrido veinte años desde el derrumbe de la Unión de Repúblicas Socialistas Soviéticas (URSS). El 25 de diciembre de 1991, Mijaíl Gorbachov renunció a la jefatura del Estado soviético, la bandera roja de la hoz y el martillo fue arriada del asta del Kremlin y, en su lugar, se izó la bandera blanca, azul y roja de la Federación Rusa. Con el asentimiento de gran parte del pueblo soviético y ante la indiferencia del resto, la burocracia usurpadora del poder enterraba el proyecto histórico iniciado por la Gran Revolución Socialista de Octubre de 1917. El paradigma a cuya construcción Lenin y el Partido Bolchevique se abocaron convencidos de que estaba llamado a erradicar las contradicciones sociales del mundo, se derrumbaba por el insoportable peso de las contradicciones sociales que generó en su propio seno. A esas alturas, no cabía hablar de desmoronamiento del *campo socialista*. No era «campo», porque desde mucho antes se venía fragmentando. Tampoco era «socialista», como su ignominioso final lo demostró con mayor elocuencia que cualquier explicación teórica. A los efectos de la moribunda URSS, el Día de Navidad de 1991 lo que se consumó fue el acto final del desplome del bloque europeo oriental de la segunda posguerra. Pero, en América Latina tenía consecuencias trascendentes porque los ecos de la Revolución de Octubre seguirían retumbando en ella, aunque mediados por un abrupto y profundo cambio en las condiciones y características de las luchas populares.

Veinte años es lo que se consideraría un *aniversario cerrado*, de esos que se *celebran* con gran fanfarria cuando son motivo de júbilo, o se *conmemoran* con gran solemnidad cuando la ocasión es luctuosa o por alguna otra razón demanda mucha formalidad. Los veinte años transcurridos desde el derrumbe de la URSS no clasifican como *celebración*, ni como *conmemoración*, pero sí ameritan un balance. Con el objetivo de contribuir a ese balance,

Ocean Sur emprendió, hace aproximadamente un año, el proceso de preparación de esta antología.

El primer paso fue solicitarle, a un autor o autora por país, la elaboración de un ensayo a partir de una guía temática, cuyo contenido, en esencia, podemos resumir en cuatro preguntas: ¿en qué situación se encontraba la izquierda en su país en el momento en que se produjo el derrumbe de la Unión Soviética? ¿Cómo ha cambiado esa izquierda en estos veinte años? ¿Cuál es su situación actual? ¿Cuáles son sus perspectivas? A esta convocatoria de inmediato respondieron: de Argentina, Julio Gambina; de Bolivia, Patricia Chávez; de Brasil, Iole Ilíada Lopes; de Colombia, Carlos Lozano; de Chile, Guillermo Teillier; de Ecuador, Germán Rodas; de El Salvador, José Luis Merino; de México, Mario Saucedo; de Nicaragua, Carlos Fonseca Terán; de Paraguay, Hugo Richer; de Perú, Héctor Béjar; de Uruguay, Antonio Elías; y de Venezuela, Modesto Emilio Guerrero.

El segundo paso fue solicitarles a dos autores la elaboración de ensayos sobre temas imprescindibles para darle integralidad a esta obra: Ariel Dacal contribuyó con su análisis sobre la *perestroika*; y Jorge Hernández aportó su visión sobre los elementos de continuidad y cambio que se han producido en la política exterior del imperialismo norteamericano en estas dos décadas.

El tercer y último paso fue darles a conocer los ensayos nacionales a otro grupo de autores, con el fin de que, a partir de sus conocimientos y experiencias personales, y nutriéndose de la valiosa información brindada por las autoras y los autores antes mencionados, respondieran las mismas interrogantes, pero desde la perspectiva de la izquierda latinoamericana en su conjunto. En este aspecto nos beneficiamos de los aportes de Valter Pomar, Gilberto López y Rivas, Hugo Moldiz y Marcelo Caruso. En este grupo se incluye de nuevo Héctor Béjar, quien haciendo gala a su meritoria trayectoria de luchador e intelectual revolucionario, nos regala una visión panorámica del pasado y el presente de la izquierda latinoamericana, a manera de magistral introducción de los ensayos nacionales. También se incluye en este grupo un trabajo del coordinador de la antología, de modo que sus criterios personales no ocuparan un lugar en las palabras de presentación, por considerarlas un espacio común que deben reflejar la participación de todos los autores y autoras.

Si bien la lógica que rigió el proceso de elaboración de esta obra transitó de lo particular a lo general, en lo que a la edición del libro respecta el orden fue de lo general a lo particular. *La izquierda latinoamericana a 20 años del derrumbe de la URSS* cuenta con dos partes: Temas y enfoques generales y Situaciones nacionales.

En estas páginas los lectores y lectoras encontrarán puntos de vistas convergentes y divergentes. Cada uno de esos puntos de vista es responsabilidad exclusiva del autor o autora, y en nada comprometen al resto de los participantes en este proyecto ni a la editorial. Está claro que las problemáticas generales abordadas en la primera parte y los procesos nacionales tratados en la segunda, bien podrían ser objeto, no de uno, sino de un sinnúmero de libros. Ojalá se escriban porque la izquierda y el movimiento popular latinoamericanos los necesitan.

Roberto Regalado
La Habana, marzo de 2012

Primera parte
Temas y enfoques generales

La *perestroika*: colofón de un proceso

Ariel Dacal

¿Por qué la *perestroika*?

Alexis de Tocqueville, historiador y sociólogo francés, señaló que «el momento más peligroso para una autocracia es precisamente cuando intenta aflojar las tuercas después de un largo período de represión».[1] Como validación de esta idea, la reforma al sistema soviético desatada por Mijaíl Gorbachov a mediados de la década de 1980, levantó parcialmente la tapa de una olla hirviendo de corrupción, crimen y descontento en toda la Unión de Repúblicas Socialistas Soviéticas (URSS), que eran las señales más fuertes del estancamiento del modelo socioeconómico y político soviético.

Entre los años setenta y el comienzo de los ochenta, el cuadro sociopolítico de la URSS estaba signado por una situación de estancamiento: la economía sufría las consecuencias del descenso de las actividades laborales y políticas de una buena parte de la población, y la estructura productiva estaba atrasada respecto a la de Occidente. En el aspecto social, se extendió de manera antes no vista la corrupción, el alcoholismo, la indisciplina, la actividad delictiva, la caída de los niveles de sanidad e higiene públicas, las malas condiciones de los servicios hospitalarios, el hacinamiento en las viviendas. La mortalidad iba en ascenso y la esperanza de vida de los hombres disminuía. Todo esto trajo desencanto, hipocresía generalizada, un profundo individualismo oportunista y el resquebrajamiento de la ética cívica.

Llegada la última década de existencia de la URSS, se había acumulado una explosiva situación, derivada, en lo económico, del cúmulo de errores en la creación (al menos en el intento) de un modelo de producción socialista. El paso de una forma extensiva de producción a una forma intensiva, como logró el capitalismo, desbordó las posibilidades de la sociedad soviética desde la década de 1960, puesto que su estructura productiva era típicamente la de un país subdesarrollado. Un dato alarmante era que, para 1985, más del 50% de sus exportaciones eran solo de petróleo y gas. En un aspecto tan determinante como la automatización, por ejemplo, en el que se involucraron principalmente los países desarrollados, en la URSS existían, a la altura de 1987, solo 100 000 ordenadores personales. En ese propio año, el país contaba con 3,6 veces más ingenieros que los Estados Unidos, pero con una productividad del trabajo comparativamente desfavorable.

La necesidad de repensar las estructuras productivas y políticas de la sociedad soviética no fue una exclusiva del gobierno de Gorbachov. Desde la muerte de Iosef Stalin, acontecida en marzo de 1953, se sucedió un movimiento pendular dentro de la URSS, cuyos puntos extremos fueron el reformismo y el conservadurismo. Tomamos la muerte del jefe georgiano como punto de partida de esa alternancia, pues bajo su período de poder y condicionado por el entorno material y cultural de Rusia, el contexto internacional en el cual se intentó realizar el proyecto y sus propias características personales, se erigió un modelo sociopolítico que respondía a una relación específica de sectores sociales dentro del país. Fue precisamente este modelo y las relaciones que lo sustentaban, lo que se intentó preservar o reformar en diversas etapas.

La lógica indicaba que el método estalinista del sacrificio cotidiano, basado en la movilización por el terror, no se mantendría de forma indefinida. Los sucesores de Stalin no pretendieron mantener aquél régimen, sino modificarlo sin alterar de forma profunda la esencia del sistema. El estilo cruento del Secretario del PCUS fue sustituido por otras fórmulas que permitieron a los dirigentes soviéticos librarse de la carga de incertidumbre en sus carreras políticas. El ejercicio del poder se vio modificado en el sentido de que las decisiones fueron mucho más colectivas dentro de la cúspide partidista.

Todos estos factores sirven para explicar el reformismo soviético de esta etapa y de las sucesivas. Pero las reformas previas a la *perestroika* no se refirieron al centro de gravedad del régimen, que siguió siendo una dictadura ideológica fundamentada en el «marxismo-leninismo», salvaguardada por instituciones y mecanismos eficientes bajo el control de la burocracia que no dejaría al descuido los «sagrados principios del socialismo». Las reformas políticas se concretaron en la tolerancia a la aparición de un cierto pensamiento crítico, aunque dedicado principalmente a mejorar la eficiencia del sistema económico, una cierta descentralización de la economía y la búsqueda de una distensión internacional.

Frente al cúmulo de problemas de la sociedad soviética al que se enfrentó la dirección encabezada por Gorbachov, se plantearon las siguientes propuestas:

Aspectos económicos

- Hacer más eficiente la dirección centralizada de la economía.
- Imprimir a la administración estructuras orgánicas modernas.
- Democratizar en todos los aspectos la administración, elevando el papel de las colectividades laborales en las mismas.[2]

Aspectos sociales

- Elevar el nivel de vida del pueblo a un estadio cualitativamente nuevo.
- Llenar el mercado de productos y servicios variados.
- Aliviar el problema de la vivienda.
- Transformar profundamente el contenido del trabajo.
- Formar un sistema general de instrucción continua.
- Protección y vigorización de la salud pública.[3]

Aspectos políticos

- Elevar la eficiencia del Soviet Supremo de la URSS.
- Potenciar los soviets locales.
- Aumentar el control de los trabajadores y una mayor defensa de sus intereses por los sindicatos.
- Conjugar el centralismo con la democracia, el mando personal con la elegibilidad en la gestión de la economía.
- Ampliar la publicidad y el papel de los medios de comunicación.
- Ampliación de los derechos sociales, políticos y personales, y libertades del soviético.

Referente al PCUS

- En el partido no deben haber organizaciones ni individuos sin control.

- La palabra no puede estar divorciada de los hechos.
- Combinar personal experimentado y joven en la dirección.[4]

¿Por qué el desenlace?

Varias fueron las causas de que el intento de reformas no se realizara de la manera prevista. Por un lado, las ideas y propuestas sobre problemas económicos surgían unas tras otras y muchas decisiones, que en principio eran necesarias, se adoptaban apresuradamente, en momentos de apasionamiento, sin una suficiente preparación y pronóstico de sus resultados.[5] Por otro lado, la sustitución del centro de gravedad de los cambios de la economía hacia las reformas políticas, fue un hecho determinante. Las reformas políticas eran también necesarias, pero el momento, las circunstancias y el modo de aplicación fueron el error detonante para la desaparición del sistema. El descontrol que devino sobre el curso de las reformas, generado por el debilitamiento del Estado y el partido, tributó en el posterior derrumbe de las estructuras que en un inicio se pretendían enmendar.

En estrecho vínculo con los cambios, e inserta en el descontrol, la *glasnost* (transparencia informativa) sirvió de instrumento para trasladar el eje de la reforma de la economía a la política y progresivamente se pasó de la revelación y la reflexión respecto al pasado a una arremetida contra el socialismo, y la negación absoluta de este, hecho que se manifestó en que el asalto al poder no empezó atacando sus centros detentadores de violencia, sino cuestionando sus normas y valores, rompiendo con la legitimidad de su existencia, lo que a la postre resultó determinante. Por su parte, el sector procapitalista de la burocracia, apoyado en concepciones de tecnicismo económico y el esquema democrático burgués, así como en el titubeante centrismo de Gorbachov, determinó el rumbo de los acontecimientos.

¿Qué desafío histórico detonó con la *perestroika*?

Como recurso metodológico se debe separar el inicio de las reformas, sus causas y objetivos y el resultado final con la desaparición del sistema. El grupo gorbachoviano no se planteó como objetivo la sustitución del sistema.

Los acontecimientos condujeron, de manera acelerada después de 1988, al corolario conocido.

Aunque no de modo explícito, emergió de manera determinante el dilema de la restauración capitalista *versus* repensar el socialismo soviético, que quizá ni estaba definido con claridad en las cabezas de quienes desataron los cambios, cuando se alegaban demagógicamente consignas socialistas y se evocaban los nombres de los clásicos del marxismo como guía infalible para la efectividad del proyecto presentado, «criterios» que se fueron trasmutando progresivamente hasta convertirse en pluripartidismo, democracia y economía de mercado.

Este dilema se concretó en el rango de opciones siguientes: a) cambios formales para que todo siga igual; b) aprovechar la democratización para corregir el rumbo socialista; y, c) estructurar los basamentos de un sistema capitalista con economía de mercado y multipartidismo. Esta emergencia refería que el Estado burocrático-totalitario se agotó históricamente en los ochenta, o al menos, su modelo de dominación.

La historia legada a la *perestroika*

Como toda experiencia de la sociedad humana posterior a las comunidades gentilicias, el componente vital que explica la edificación de instituciones, las normas de conducta, los códigos ideológicos y las propias estrategias políticas es la relación dominador *versus* dominado que emana de la contradicción entre las clases que compiten o cohabitan en una época histórica determinada. Este criterio, como recurso metodológico, nos permite explicar con mayor certeza el proceso soviético, y además constituye un nexo vital con la Rusia postsoviética.

Como parte de las clases contendientes dentro de Rusia antes de las revoluciones de 1917, la burguesía nacional se desarrolló muy tarde y con mucha lentitud. En esa lógica, la revolución de febrero de 1917 propició a la burguesía la posibilidad de disfrutar de una revolución que había sido incapaz de hacer. En realidad, no había en Rusia base social burguesa capaz de asimilar, aprovechar y mantener esa oportunidad, máxime teniendo en cuenta la existencia de una pujante clase trabajadora y sobre todo de su movimiento revolucionario,[6] lo que atribuyó un matiz muy relevante a los dos procesos revolucionarios de 1917.

La clase obrera rusa, minoritaria pero con una vanguardia bien organizada, no se encontraba suficientemente desarrollada, suficientemente madura, para el ejercicio del poder y para la ejecución de las medidas que emanaban de este. Los hechos acontecidos durante varias décadas develaron que la dictadura del proletariado, entendida como dominación de clase, explicada cabalmente por Lenin en *El Estado y la Revolución*, no pudo ser realizada como dictadura *por* el proletariado y se convirtió en una dictadura *de partido* que conduce *para* el proletariado.

Por su parte, los campesinos eran la clase más numerosa dentro de Rusia, lo que impuso una fisonomía contradictoria al Estado obrero e hizo entender a los dirigentes de la emancipación que tenían que contar con ella para mantener la revolución en pie.

En este entramado de clases, la burocracia rompió gradualmente vínculos con la esencia bolchevique y deshizo los endebles mecanismos de participación política de las masas. Stalin fue el rostro visible y representante de la burocracia, y a su vez, el estalinismo fue el modo de la ruptura.

Partamos de que el estrato burocrático no es privativo del socialismo. En el caso ruso tuvo sus orígenes (consolidados y tipificados) en el período zarista, sobre todo a partir de la segunda mitad del siglo XIX. Con la centralización absolutista creció numéricamente el sector de los funcionarios, así como su importancia, en vista de su utilidad para el ejercicio de la dominación.

La copiosa burocracia que se arraigó en la estructura política devino una de las características del Estado zarista y una herencia para el Estado soviético, que estuvo forzado a incorporar a individuos del anterior aparato gubernamental para cumplir funciones técnicas y especializadas en las nuevas estructuras.

Lenin explicó el fenómeno de la burocracia como una excrecencia parasitaria y capitalista en el organismo del Estado obrero, nacida del aislamiento de la Revolución en un país campesino, atrasado y analfabeto.[7]

El proceso de burocratización tuvo sus orígenes desde el inicio mismo de la Revolución, pero su consagración como sector dominante en la sociedad tuvo lugar en la década de 1930. Las reglas, la jerarquía, la especialización, hacen del grupo burocrático un estamento carente casi en lo absoluto de creatividad. La costumbre de consultar a una instancia superior, convertida casi en norma, destruye toda posibilidad de iniciativa de los funcionarios que solo cumplen misiones técnicas.[8] La dinámica mimética que genera esta tendencia respecto al jefe diseminó por toda la Unión Soviética pequeños dictadores intermedios que gradualmente eliminaron a sus rivales, mediante el halago y adulación a las autoridades superiores y la imitación de sus métodos.

La burocracia soviética, que devino en «clase imprevista» respecto al papel antagónico entre el proletariado y la burguesía, se privilegió del poder estatal y administró la propiedad pública beneficiándose de ella.

Es cierto que los miembros de la burocracia no poseían capital privado, pero sin estar sujeta a control alguno por parte del resto de los sectores sociales, dirigieron la economía, extendieron o restringieron todas las ramas de la producción, fijaron los precios, articularon el reparto, controlaron el excedente, dominaron el conocimiento y su divulgación, y controlaron los medios de producción de ideas. De este modo, mantuvieron el partido, el ejército, la policía y la propaganda que los sustentaba, lo que permitió su reproducción por décadas.[9]

Quienes ejercieron el poder en la Unión Soviética hasta mediados de la década de 1980 pertenecían a una generación que llegó a esos niveles desde la época de Stalin. Sus miembros habían tenido una biografía «formidable» en el pasado, y se convirtieron en una «meritocracia», cuya historia estaba ligada al partido desde el inicio de sus carreras profesional, como es el caso concreto de Brezhnev, quien desde 1931 fue un dirigente de base del PCUS. De escasa formación y de procedencia humilde, dicha generación contribuyó a la aplicación de la colectivización, fue capaz de sortear el terror del estalinismo y se había enfrentado a la posible amenaza de destrucción del Estado soviético como consecuencia de la invasión hitleriana.

Fue precisamente en la década de 1980 cuando se extendió el término *nomenclatura* para calificar a la burocracia del partido, convertidos en incompetentes y corruptos funcionarios, preocupados por mantener sus ámbitos de poder y los privilegios que de ello se derivaban, sin procurar cambios que encaminaran al país por derroteros de mayores perspectivas de desarrollo y mejoras culturales. Esta anquilosada elite, debido a las características del sistema político, tenía en sus manos el poder de decisión sobre la casi totalidad de las cuestiones en la Unión Soviética.

El grupo gorbachioviano, que mostró desaprobación al estado de cosas existentes, era sin lugar a dudas un resultado de las estructuras y grupos de poder que la produjeron. Por tanto, como los acontecimientos demostraron, si de algo estaban en realidad distantes, como legítimos herederos de la dirigencia soviética, era precisamente de las masas que fueron una figura decorativa y/o auxiliar desde la década de 1930.

El proceso en cuestión se sintetiza de la siguiente manera: cuando la burocracia dirigente vio que sus privilegios no estaban garantizados por la economía planificada, decidieron, en su mayoría, que el camino para preservarlos era la restauración capitalista, mediando la conversión de poder político en poder económico y la sustitución de las formas de la dominación por las típicamente burguesas. Este criterio se valida con el hecho de que más del 70% de la *nomenclatura* continuó en cargos políticos en la Rusia postsoviética y más del 60% se mantuvo en el mundo empresarial, lo que manifiesta que el mal destapado por la *perestroika* era mucho más de fondo.

El programa de Gorbachov fue una mezcolanza de buenas intenciones e ideas contradictorias. Para conseguir que la economía soviética se pusiera en marcha de nuevo, para eliminar la corrupción y motivar a los trabajadores, habría que haberles dado libertad de organización, discusión y crítica. Pero esto era imposible. El primer punto que hubieran planteado los trabajadores hubiera sido el de los privilegios de millones de funcionarios y de todos los que dependían de ellos. Desde el punto de vista objetivo, este cuestionamiento era correcto, pero Gorbachov no podía dejar que se hiciese esta pregunta, porque él representaba los intereses materiales de esa casta dirigente.

Para Ted Grant, el talón de Aquiles de Gorbachov fue potenciar una mayor iniciativa por parte de los obreros, defendiendo simultáneamente los privilegios y prebendas de la burocracia: era como tratar de cuadrar el círculo.

Queda claro que sin el control de los trabajadores la burocracia tenía formas de escapar de la *perestroika* sin sus desastrosos resultados. Entre otras razones porque los trabajadores, además de estar agotados, no tenían posibilidades reales de organizarse para hacer valer sus reivindicaciones. Aparejado a ello los jóvenes no habían tenido acceso a las auténticas ideas del socialismo y el marxismo, solo a una caricatura inerte y entumecedora, por lo que proponer esta posibilidad en ese contexto era una manera de no tener razón. Además, la paciencia de las masas estaba llegando al punto de ruptura, y cualquier incidente podía provocar una explosión. Pero ante la ausencia de una alternativa seria, una organización y un programa revolucionarios, el descontento de las masas no encontró una expresión efectiva.

Al no existir un movimiento independiente de trabajadores y debido a las difíciles condiciones de supervivencia diaria que dominaban sus mentes, toda la lucha se dio entre alas rivales de la burocracia. El conflicto solo se podía resolver mediante la confrontación abierta. Así, el callejón sin salida de la burocracia llevó directamente al intento de golpe de agosto de 1991 y posteriormente al de 1993.

¿Qué se quebró con la *perestroika*?

La lección capital del fracasado intento estalinista estuvo en no comprender que de lo que se trata no es de sustituir al capitalismo sino de superarlo. La institucionalidad económica y política del socialismo realmente existente difería en sus formas de la capitalista, los preceptos ideológicos rompían de tajo con los promulgados por la beligerante burguesía, los cánones artísticos fueron contestatarios en la forma, los asideros culturales se pretendieron diferentes, pero en la integración orgánica de estos espacios del entramado social no se fundó una subversión del capitalismo. Faltó la cualidad distinta (instrumento de la revolución eficiente y perdurable) la superación del régimen burgués y su sembrada hegemonía.

En la esfera económica el desafío de la construcción del socialismo está en lograr una mayor productividad del trabajo, al imponer, con el desarrollo de la técnica, bajos precios de las mercancías como modo de erosionar al capitalismo. En esa dirección, la superación de la sociedad capitalista implica el pleno dominio de la ciencia burguesa, de su capacidad generadora de riquezas y en ningún caso la negación dogmática de ella, ni desatender en esa práctica la herencia científico-técnica de la sociedad humana. A lo que se añade que superarlo tampoco es producir más con iguales conceptos: es precisamente superar los conceptos que genera la lógica capitalista y hacerlos funcionales.

A la usanza de los reformadores liberales de finales del XIX, Stalin dirigió sus intenciones desarrollistas sobre el esfuerzo extremo de las masas, sometiéndolas a penurias presentes en nombre de bonanzas futuras. Lo que, en buena medida, determinó que los avances de la economía soviética en los primeros sesenta años fueran extremadamente desiguales y contradictorios.

Dentro de este diseño burocrático de la producción los obreros continuaron disociados de los medios de generación de riquezas. No se convirtieron en dueños reales de estos, debido a que los elementos burocráticos-administrativos los mantuvieron distanciados de la propiedad efectiva. En esa dinámica, la nueva organización de la producción tuvo un carácter formal.

El peso muerto de la mala gestión, el despilfarro y la corrupción asfixiaron a la economía hasta llegar a detenerla completamente. Como elementos arraigados de la tradición rusa, el ordeno y mando, y el esperar de arriba la solución de los problemas, así como la falta de tradición democrática, continuó en la dinámica política de la sociedad, características estas que repercutieron en el corolario final. Es cierto que la planificación burocrática hizo progresar la economía soviética, pero a un coste tres veces mayor comparado con la revolución industrial en Europa Occidental.

La Unión Soviética presentaba una estructura comercial propia de países subdesarrollados. Era exportadora de materias primas y combustible, e importadora de productos industriales y de alta tecnología, rasgos que sin duda la colocaban en una posición desfavorable según la correlación de fuerzas del mercado mundial, y la hacían dependiente de otras potencias. Se calcula que en 1986 la Unión Soviética había acumulado una deuda externa próxima a los 41 mil millones de dólares.

Como cuestión paradójica de todo este proceso, el elevado nivel de instrucción de la sociedad soviética, que incluyó la preparación de un gran número de técnicos en diversas ramas de la producción, se convirtió en un arma de doble filo, pues una de las más acentuadas contradicciones del modelo resultó la generalización de la instrucción (superior al resto de los países) y la incapacidad para utilizarla en el desarrollo social.

En resumen, hubo un estancamiento de las relaciones de producción capitalistas, no su superación, en nombre de estructuras y relaciones productivas que supondrían la existencia del socialismo, incluso cuando se hubiera propiciado la coexistencia de estructuras mixtas. La adulteración del objetivo socialista estuvo en identificar la estatalización de la propiedad con la socialización, limitándose así la complejidad y profundidad de lo que Marx había entendido como superación del modo de producción capitalista.[10]

Esas verdades fueron más poderosas que los logros, también muchos, en aspectos sociales concernientes al nivel educacional, de instrucción, los avances en salud y seguridad social, así como en los resultados en la actividad científica. Las producciones de alimentos, viviendas, vestidos y el tiempo libre fueron proporcionados a la población a menores niveles en comparación con los países occidentales, bajo la concepción de los mínimos que permitía el modelo, a pesar de lo cual los niveles de distribución social fueron superiores, y de que se alcanzaron resultados no vistos con anterioridad en la historia.

Como elementos esenciales del modelo político erigido por la burocracia soviética estuvieron: a) la centralización estatal extrema; b) la deformación de la función del partido en la sociedad; c) la capacidad de decisión sobre todos los aspectos de la sociedad quedó en manos de una reducida élite; d) la inmovilidad de los conceptos; y, e) la anulación de los criterios divergentes, incluso mediante la violencia. Por tanto, tampoco en materia política superó al capitalismo. No se dio paso a un mecanismo más eficiente de participación ciudadana en la toma de decisiones políticas en los distintos espacios de realización, ni tan siquiera en el debate respecto a la conformación de estas.

El modelo autoritario aplicado en la Unión Soviética y su expansión mimética a otras experiencias, obnubilaron el intento de un verdadero poder del pueblo, no ya como fuerza motriz en la toma del poder sino como actor en su mantenimiento. La monopolización del poder por el partido-Estado negó los avances que, mediante sus luchas, los oprimidos habían logrado dentro del capitalismo en diferentes niveles y períodos, incluida de modo imprescindible la propia experiencia bolchevique.

Como esencia del déficit democrático de esta práctica, el esquema de un solo partido capitalizó un concepto único de verdad que no tenía canales reales de interrogación con sujetos políticos ajenos al propio partido. En el proceso de tergiversación de la práctica política inicial de los bolcheviques, el PCUS, de interlocutor con mayor desarrollo ideológico real, legitimado y desarrollado, pasó a ser censor y árbitro.[11]

En la sociedad política y civil no hubo una instancia de carácter masivo que estuviera fuera del alcance del partido-Estado; todas eran reproductoras de los dictámenes políticos y seguían al pie de la letra las directrices de este sin que hubiera el más mínimo asomo de presión o contraposición al régimen. Indiscutiblemente, fueron efectivos dispositivos de control político en lugar de funcionar como fuerzas autónomas de la sociedad. Se violentó de manera errática y costosa la función social del partido y el Estado dentro de la sociedad en edificación.

Esta práctica dio como resultado que, durante las décadas de poder soviético, los órganos y las instituciones estatales se convirtieron en simples ejecutores de las directrices centrales sin ser responsables de lo que sucedía en el proceso productivo y político; de ese modelo afloraba el autoritarismo de «los de arriba».

El tema de pertenecer a la organización política no solo era necesario a quien pretendiese hacer «carrera política», sino a todo ciudadano que aspiraba, desde el más diverso puesto profesional, a ascender y tener éxito en la rama en la que laboraba. Puestos de trabajo, cargos, reconocimientos y otras valoraciones que debieran estar sujetas a la calidad profesional, al talento, al aporte social, eran cautivos de la pertenencia al partido, de la tenencia del «carné», lo que sin duda favoreció en muchos casos las ventajas de la mediocridad y el oportunismo frente a la virtud y el talento.

Una muestra de ese catastrófico desatino fue intentar diluir la individualidad en un colectivo cada vez más abstracto, con enmarcado irrespeto a lo distinto, al esquematizar un modelo de ciudadano recio, inflexible, como si el hombre soñado pudiera realizarse por decreto. Todo lo que tuvo de fondo una concepción demasiado simplista del hombre, que ignoraba completamente la sicología y sus modificaciones en atmósferas diversas.

La cultura sin participación se atrofia y genera contradicciones contraproducentes a las posibilidades de cambio del sistema. La experiencia soviética tuvo como corolario en los años ochenta que la población supiera lo que no quería, pero no lo que quería. Se desató una fuerza destructiva que, lejos de cobijar la reflexión y el diálogo, se convirtió en lo que algunos sociólogos catalogaron de histeria colectiva.

Como instrumento de la hegemonía de la burocracia, el pensamiento de Lenin, no solo su cuerpo, fue embalsamado y se enclaustró en manuales, en aras de adoctrinar a las masas analfabetas rusas. Consecuentemente, el marxismo se desnaturalizó y se esgrimió como una doctrina rígida, inmutable, justificadora más que aclaradora. El pensamiento social se metió en una camisa de fuerza, impidiendo la confrontación con otras corrientes (de modo científico) y el propio enriquecimiento de las teorías desarrolladas por Marx.

Se cercenó el carácter científico de la teoría, valga decir su inmanencia, y se asesinó el espíritu de la Gran Revolución de Octubre.

El pensar de otra manera fue un peligro para los privilegiados del «socialismo soviético». La dirigencia soviética no solo reveló su incapacidad de mantener con vida el espíritu revolucionario en el proceso de enfrentamiento a las circunstancias históricas en que interactuaron, sino que imposibilitó cualquier vestigio de pensamiento divergente, crítico, desafiante de la autoridad. Por esa razón, «la consigna de la libertad de pensar de otra manera le era indigerible».

Una visión de conjunto de las razones expuestas hasta aquí conduce a concluir que no existió una sustitución cultural en el nuevo sistema, pues no superó los aspectos distintivos de la anterior etapa de la historia rusa, ni superó lo que, paralelamente, iba aconteciendo en Occidente como reflejo del desarrollo integral de la sociedad. Más bien predominó un sentimiento de anhelo y mimetismo por aquello que, producido fuera de las fronteras del país, implicaba mayor nivel de elaboración y de desarrollo, tanto en el ámbito material como espiritual.

La imposibilidad de las autoridades soviéticas de detener el bombardeo cultural dirigido de Occidente fue un elemento que caló en los intereses del ciudadano corriente, en esa necesidad limitada por años de consumo que se convertía en una alternativa no solo material sino ética. Por otro lado, la propia dirigencia sentía esa tentación y sus niveles de consumo diferían de lo que el discurso oficial apuntaba. Este tema se presenta desde los orígenes mismos del poder burocrático, cuya elite hizo un cambio de ropaje formal, pero en esencia mantuvo el espíritu ostentoso, acaparador y excluyente de la burguesía, y aspiraba con recelo campesino los modos de vida del citadino occidental.

Aunque se establecieron nuevas estructuras económicas, nuevas tendencias políticas y éticas, de manera relativamente programadas, no hubo una sustitución histórica real, lo que hizo posible que, al menor descuido de los «preservadores del régimen» las fuerzas del capitalismo subyacentes por décadas vieran la luz y se adueñaran del poder político para cambiarlo todo a su alrededor. En realidad, el modelo soviético no solo fue incapaz de revertir al sistema antagónico, sino también de resistir a su desafío económico, tecnológico, militar y cultural.

Subrayar

El socialismo soviético posterior a Lenin no fue una alternativa válida, articulada y viable al capitalismo, porque la burocracia usurpadora no era, ni podía serlo, portadora de una ideología superior, de un proyecto cultural, entendido como instrumental quirúrgico para realizar la nueva sociedad o crear las condiciones para lograrla.

Los hombres que se hicieron del poder no eran los comunistas reflexivos y cultos que Lenin previó como materia prima imprescindible para afrontar y vencer el gran reto histórico que Rusia asumió en 1917. En realidad, su práctica política fue una ruptura con ese principio. Estos hombres, paulatinamente extendidos en la sociedad y convertidos en sector dominante, resultaron un subproducto de la revolución y revelaron su incapacidad para timonear la historia rumbo a la creación del socialismo.

Los trabajadores rusos fueron despojados del poder, su participación política no se hizo efectiva. Para la burocracia resultaba más efectivo el proceso de restauración capitalista como modo de mantener sus privilegios que articular mecanismos efectivos para el control de los trabajadores y la participación política de la población. Nunca se ha visto un proceso histórico en el que los sectores dominantes hagan una revolución contra ellos mismos.

En relación con la idea anterior, los trabajadores rusos sufrieron una enorme atrofia política por los años dictadura de la burocracia, caracterizada por la incapacidad para articular sus propios intereses mediante la organización consciente y poder realizar una revolución política desde abajo.

Lo cierto es que las condiciones que dieron origen a la Revolución de Octubre, si bien se han modificado en sus formas, no han desaparecido, y el capitalismo muestra su incapacidad para resolverlas. A pesar del resultado final y las encrucijadas del intento, la experiencia soviética no está conclusa, pues la necesidad de cambio social radical desborda con creces los límites ruso-soviéticos.

Sigue en el orden del día la revolución anticapitalista, y más concretamente la revolución socialista. El fracaso de esta experiencia, originalmente emancipadora, no significa en modo alguno que, en otras condiciones históricas y con otros factores objetivos y subjetivos, el resultado del proyecto socialista será el mismo, y mucho menos da crédito a la falsa convicción del carácter inviable de cualquier intento de sustituir el capitalismo por el socialismo.[12]

Notas

1. Alexis de Tocqueville: citado por Ted Grant, *Rusia de la revolución a la contrarrevolución. Un análisis marxista*, Fundación Federico Engels, Madrid, 1997, p. 262.
2. Mijaíl Gorbachov: *Discursos y artículos selectos*, Editorial Progreso, Moscú, 1987, p. 399.
3. Ibídem: pp. 415-422.
4. Ibídem: pp. 413-437 y 457-482.
5. Ibídem: p. 168.
6. Christopher Hill: *La Revolución Rusa*, Edición Revolucionaria, La Habana, 1990, p. 18.
7. Ted Grant y Alan Wood: *Lenin y Trotski, qué defendieron realmente* (www.engels.org).
8. Yahima Vega Ojeda: *La revolución traspapelada: génesis de la deformación burocrática del sistema político soviético*, tesis de grado, Facultad de Filosofía e Historia, Universidad de la Habana, junio 2002.
9. El análisis respecto al tema de la burocracia tiene una de sus aristas más polémicas en sus vínculos o autonomía respecto a otras clases. Para algunos autores, la burocracia no podía convertirse en elemento central de un sistema estable, pues solo es capaz de traducir los intereses de otra clase. En el caso soviético, se balanceaba, según este criterio, entre los intereses del proletariado y el de los propietarios. Por otro lado, algunos autores afirman que la burocracia no expresaba intereses ajenos, ni oscilaba entre dos polos, sino que se manifestaba como grupo social consciente según sus propios intereses.
10. Jorge Luis Acanda: *Sociedad Civil y Hegemonía*, Centro de Investigación y Desarrollo de la Cultura Cubana, Juan Marinello, La Habana, 2002, p. 264.
11. Fernando González Rey: «Acerca de lo social y lo subjetivo en el socialismo», *Temas* no. 3, La Habana, 1995.
12. Adolfo Sánchez: «¿Vale la pena el socialismo?», *El Viejo Topo*, Barcelona, noviembre 2002, no. 172.

Estados Unidos y la redefinición de la seguridad nacional en América Latina. El legado de la guerra fría veinte años después

Jorge Hernández

Con el derrumbe del Muro de Berlín en 1989 se simboliza el inicio, en la entonces República Democrática Alemana, del principio del «fin» de la guerra fría. El proceso aludido conlleva un acelerado desmantelamiento del sistema socialista mundial desde ese mismo año, a lo largo del siguiente, y culmina en 1991 con la desintegración de la Unión Soviética. Como había sucedido ante el análisis de otros acontecimientos históricos, el líder cubano Fidel Castro predijo con especial agudeza ese desenlace, sobre la base de los fenómenos que se agitaban en los países de Europa del Este y en la propia URSS, desde varios años antes. Con Mijaíl Gorbachov, habían florecido allí procesos como la *perestroika* y la *glasnost*, en tanto que en Checoslovaquia sobresalía una pujante oposición desde la intelectualidad política, nucleada en torno a Vaclav Havel, y en Polonia descollaba con Lech Walesa un creciente movimiento sindical paralelo al «oficial». El abandono de las posiciones del socialismo que se había abrazado en anteriores décadas —en un caso a partir de la Revolución Rusa, en 1917, y en otro, como resultado de la segunda posguerra, desde 1945— se despliega históricamente como un efecto de dominó, que con rapidez contagiosa se propaga, haciendo visible la acumulación de problemas objetivos y subjetivos que subyacían tras la imagen exitosa del «socialismo real».

El derrumbe de este es el eje del profundo cambio que veinte años atrás se opera en la correlación internacional de fuerzas, en la medida en que a partir de su existencia, desarrollo y posición frente al sistema capitalista, es que se había definido tanto la esencia como los contenidos, direcciones e instrumentos de la guerra fría, la cual se prolonga durante cuatro décadas, desde su aparición luego de la segunda conflagración mundial. Justamente, era el conflicto bipolar entre los Estados Unidos y la Unión Soviética, junto al entorno más amplio que conformaba la contradicción geopolítica entre el «Oeste» y el «Este», entre capitalismo y socialismo, el eje de la citada guerra. Casi de inmediato, desde 1992, se acuña el concepto de «fin» de la guerra fría y el de «posguerra fría» para designar lo que no pocos consideraron como un «nuevo orden mundial», desconociendo que, en rigor, se iniciaba una contradictoria etapa de transición histórica, acompañada de un cierto «desorden» en la arquitectura de poder internacional. En ese contexto —en contraste con las interpretaciones no menos apresuradas que irán estableciendo un «pensamiento único», a través de las tesis de Francis Fukuyama sobre el «fin de la historia» y de Samuel P. Huntington acerca del «choque de civilizaciones», y de la certeza de los que afirmaron que la guerra fría no había terminado, sino que los Estados Unidos la habían ganado—, se despliega la guerra del Golfo Arábigo-Pérsico, dejando claro que subsistían las contiendas bélicas con implicaciones globales. Como mentís a la argumentación que afirmaba la muerte de la izquierda latinoamericana y que la utopía había sido desarmada, aparecía el Ejército Zapatista de Liberación Nacional, como símbolo de lucha contra el neoliberalismo, el mismo día en que se ponía en vigor el Tratado de Libre Comercio de América del Norte (TLCAN).

Sin embargo, lo que trasciende y permanece por un buen tiempo en la literatura académica de las ciencias sociales, así como en el lenguaje periodístico y en el discurso político es la percepción de que tanto el derrumbe del «socialismo real» como la descomunal capacidad tecnológico-militar y mediático-propagandística exhibida por los Estados Unidos en la mencionada guerra del Golfo evidencian que la guerra fría finalizó y que la hegemonía norteamericana ha sido restablecida, en un mundo que desde el punto de vista político es unipolar, en tanto que en el plano económico expresa una multipolarización de las relaciones internacionales.

El presente trabajo se adscribe al criterio, en cambio, de que el contexto internacional contemporáneo puede definirse aún por una prolongada transición histórica en la que confluyen la resaca del orden mundial que comenzó a establecerse cuando se produjo el derrumbe y «terminó» la guerra fría, a partir de 1991, junto a las repercusiones globales del 11 de septiembre de 2001.

De ahí que, para expresarlo con rapidez, corriendo el riesgo de la esquematización, se considere que la cultura política de la guerra fría ha perdurado, más allá del supuesto «fin». Y es que la cultura de la guerra fría norteamericana, en rigor, no nació con esta. Lo que sucedió es que con la guerra fría cuajó una visión que estaba anticipada desde mucho antes a nivel cultural, y que se expresaba con bastante nitidez, por ejemplo, en el contexto de la I Guerra Mundial. Por eso es que podría asumirse que existía desde antes, y que permanece después de la misma.

Cuando se afirma que «finalizó» la guerra fría, en los términos en que habitualmente se comprende este hecho histórico, se asume que, con el desplome del sistema socialista en Europa del Este y con la desintegración de la Unión Soviética como Estado multinacional, desaparece la bipolaridad en torno a la cual se organizaba, como estructura geopolítica, el orden internacional establecido luego de la II Guerra Mundial, basado en el lenguaje de las tensiones, de las confrontaciones, de la denominada contención al comunismo, del conflicto entre sistemas opuestos. Los Estados Unidos perdían al contrincante, se diluía el sentido del antagonismo global y hasta se le dificultaba articular su política exterior como gran potencia. Si la agresividad e intolerancia norteamericana hubiera dependido de la existencia del comunismo internacional, de aquella percepción de la amenaza, habrían desaparecido entonces al concluir la llamada guerra fría. Pero no ha sido así. Los Estados Unidos no solo han mantenido la identidad y la cosmovisión a ella asociada, en términos de aspiraciones de hegemonía, prepotencia y disposición al uso de la fuerza, en todas sus expresiones, sino que han profundizado su discurso glorificador y sus prácticas políticas, hacia dentro y hacia fuera del Estado nacional, retomando esquemas que, con sus particularidades, reeditan formulaciones emblemáticas de la cultura política de la guerra fría.

En el mundo actual, se aprecian situaciones en las que podría afirmarse que, lejos de amortiguarse, la guerra fría se ha hecho, aún más fría.[1]

El dinamismo externo de los ·Estados Unidos sigue recreando muchas de las codificaciones de la cultura política de la guerra fría. No obstante las expectativas de cambio surgidas con la administración Obama, al dejar atrás la beligerancia de W. Bush, donde era aún más diáfana esa presencia, cuando se mira, sobre todo, al enfoque de la seguridad nacional vigente, se corrobora la hipótesis anterior.

La redefinición de la seguridad nacional norteamericana a partir del derrumbe

Han transcurrido veinte años desde que en aquél contexto, enmarcado entre 1989 y 1991, al perder funcionalidad y vigencia la plataforma geopolítica bipolar que sostenía la doctrina de seguridad nacional de los Estados Unidos durante la guerra fría (por no poder presentar más a la Unión Soviética y los países del Este europeo como la presunta «amenaza» a la paz y la seguridad mundial), pierde también la jerarquía que ocupaban una serie de elementos o componentes de la agenda que establecía aquella formulación doctrinal, relacionados en lo fundamental con una visión tradicional de la «seguridad nacional». Así, perderán centralidad aspectos tales como la defensa militar, la dimensión internacional de la seguridad, el enfoque estratégico, la matriz geopolítica. En su lugar, se afianza una visión más amplia, que incluye aspectos políticos y económicos, así como la dimensión doméstica. Bajo esta perspectiva, se conforma una agenda que paulatinamente irá extendiendo el alcance de la seguridad, prácticamente, a todas las esferas de la vida social.

Entre los componentes de esta redefinición doctrinal ganan espacio e importancia aspectos subjetivos, como los intereses y valores de la cultura política norteamericana (supervivencia, justicia, libertad, democracia, prosperidad, prestigio y promoción de la «ideología nacional»). En este enfoque, la redefinición de las fuentes de las supuestas amenazas a los Estados Unidos y al mundo capitalista cuyo liderazgo ostenta desde la última década del siglo XX se asocia a Estados, movimientos políticos y organizaciones internacionales que puedan poner en peligro la democracia, el libre mercado y los derechos humanos, entendidos en su versión civil y política, desconociendo su expresión social y económica: el derecho a la vida, al trabajo, a la salud. Al desvanecerse «el enemigo» en términos ideológicos, emergen «nuevas» amenazas, encarnadas en poderes regionales, problemas globales, como los mencionados con anterioridad. Para muchos autores, se trata de un proceso mediante el cual los Estados Unidos «securitizan», en la práctica, casi toda la agenda nacional e internacional.

También es conocido que la preocupación norteamericana incluía, durante el transcurso del decenio de 1990, aspectos como la diseminación de tecnologías avanzadas y armas de destrucción masiva, por parte de Estados, grupos terroristas y organizaciones criminales internacionales. De ahí que la principal hipótesis de conflicto en el terreno militar dejara de focalizarse en un poder nuclear hostil, y se orienta hacia amenazas potenciales de poderes regionales hostiles, que contaban con capacidades militares convencionales y que eventualmente podrían desarrollar armas de destrucción masiva en los terrenos nuclear, biológico y químico.

Como cuestión relevante, en el escenario que se afianza desde 1990 se aprecia la redefinición de los «intereses nacionales» norteamericanos, los cuales son clasificados en tres categorías.

a. Los intereses vitales, es decir, los de mayor importancia para la supervivencia, seguridad y vitalidad de los Estados Unidos: la seguridad física de su territorio y el de sus aliados, la seguridad de sus ciudadanos, el bienestar económico y la protección de su infraestructura crítica. En su defensa, es legítimo el uso unilateral de la fuerza militar.

b. Los intereses importantes, que no involucran su supervivencia nacional, pero afectan su «bienestar» nacional y el «carácter del mundo en el que vivimos»: detener el flujo masivo de migrantes a su territorio, la participación en operaciones de mantenimiento de la paz, esfuerzos para la protección del medio ambiente.

c. Los intereses humanitarios y de otro tipo, que reclaman su actuación debido a que sus valores así lo imponen: desastres naturales o provocados por el hombre, violaciones a los derechos humanos, apoyo a la democratización y al control civil de los militares, ayuda humanitaria para el desminado y promoción del desarrollo sustentable.

Mientras el siglo XX se acercaba a su fin, las fuentes de «amenazas» contenidas en la última categoría se irían ampliando, situándose entre ellas aquellas provenientes de Estados que desafiaban los intereses vitales o importantes de los Estados Unidos, a través de conductas agresivas, del acceso internacional a recursos, el tráfico ilícito de armas, las migraciones masivas no controladas, el crimen internacional, el narcotráfico, la inseguridad informática, las amenazas a la infraestructura nacional crítica (recursos eléctricos, energéticos, transporte y edificaciones, que pudieran ser afectados por sabotajes perpetrados por grupos terroristas, organizaciones criminales o Estados hostiles), la posesión de armas de destrucción masiva, la diseminación de tecnologías peligrosas. Es decir, se evaluaban como posibles «enemigos» a aquellas fuentes de amenazas que pudieran infligir daños enormes a los Estados Unidos, sus ciudadanos, tropas en el exterior y aliados. Sobre esas bases, se elaboran en unos casos, y en otros, se actualizan o completan, las denominadas «listas negras», en las que se colocan a los supuestos «enemigos» a la «seguridad nacional», redefinida en los términos descritos.

A partir de ahí, los objetivos centrales de la nueva agenda de «seguridad nacional» de los Estados Unidos se formulan dentro de una óptica que contempla: incrementar su seguridad con fuerzas armadas que estén listas para combatir, reforzar la prosperidad económica norteamericana y promover la democracia en el exterior [2] Las principales redefiniciones que conlleva el ajuste de esa agenda pueden resumirse como sigue:

- Se consideran todas las dimensiones de la seguridad: militar, económica, política y social.
- Se subraya la existencia de un vínculo estrecho entre los problemas internos o domésticos y los internacionales.
- Disminuye el peso relativo del componente militar, se redefinen las hipótesis de conflicto y se coloca el énfasis en la defensa colectiva.
- Se otorga prioridad a la recuperación y revitalización económica de la nación para sostener el liderazgo norteamericano y estimular su hegemonía global.
- Se promueve la democracia y el libre mercado, como dos temas centrales, que reemplazan la «contención al comunismo», como eje conceptual de la política de «seguridad nacional».
- Se incluyen nuevas «amenazas», de diversa índole.
- Se incorporan problemas globales, asumidos como «amenazas comunes» a nivel mundial: terrorismo, crimen organizado, narcotráfico, medio ambiente, migraciones masivas no controladas, entre las principales.

Con esta antesala, la configuración del enfoque de «seguridad nacional» que se desarrolla en los Estados Unidos durante la década de 1990 encuentra fuente de expresión y caja de resonancia en las instancias que se relacionan con la formulación e instrumentación de la política exterior y la defensa, lo que incluye tanto al Departamento de Estado, como al Pentágono, la Agencia Central de Inteligencia y el Consejo de Seguridad Nacional. En fin, todo lo que se relaciona con la llamada Comunidad de Inteligencia. Desde luego, los principales funcionarios gubernamentales, en cada etapa, aportan sus propias contribuciones, desde Bush padre y Clinton, hasta Bush hijo y Obama. En ese expediente en el que se combinan doctrina y política, también juegan su rol los «tanques pensantes» (*think tanks*), que aglutinan a expertos de círculos gubernamentales y académicos, y presentan sus informes, con diagnósticos y recomendaciones. En ese contexto se ubican, por ejemplo, las propuestas del conocido Proyecto del Nuevo Siglo Americano. Se trata de un proceso de desarrollo de las concepciones neoconservadoras, que prestan no poca atención al tema de la «seguridad nacional», lo cual se extiende durante todo ese decenio.

Ese tema tenía, de nuevo, centralidad al concluir el siglo XX. Se ha dicho con razón que «el imperialismo completaba la acumulación de premisas para imponer una reforma del Sistema Interamericano basada en tres pilares: el establecimiento de la defensa colectiva de la democracia representativa como piedra angular de la doctrina de seguridad hemisférica; la imposición del ALCA como mecanismo de institucionalización de la integración dependiente de América Latina; y el aumento de la subordinación de las fuerzas armadas latinoamericanas, unido al incremento de su presencia militar en la región».[3]

La racionalidad que respalda la política estadounidense sobre la seguridad nacional es totalmente reveladora de las implicaciones de la continuidad imperialista, de cara a los retos, obstáculos y perspectivas que representan para el contexto latinoamericano al comienzo del segundo decenio del siglo XXI, y en particular, para las proyecciones de la izquierda y sus compromisos con el cambio histórico. Y es que la seguridad nacional es una de las caras de esa moneda que es la hegemonía norteamericana, aunque esta es escamoteada la mayor parte de las veces en el lenguaje oficial y oficioso estadounidense, apelándose a la primera como motivación de las acciones imperiales en Nuestra América. La política norteamericana afirma «defender» la seguridad nacional en los países de América Latina, y hasta la suya propia, pero nunca reconoce su obsesión por el mantenimiento de su hegemonía. El «olvido» o «desinterés» estadounidense ante América Latina y el cambio geopolítico que en ella se opera en la actualidad es discutible, relativo o simulado.⁴ Una frase reciente de Hillary Clinton, en su condición de secretaria de Estado de la administración Obama, es sumamente elocuente en este sentido, al reflejar lo imperioso que resulta prestarle atención al tema: «Existía la percepción de que los Estados Unidos estaban ausentes de la región. Bueno —precisaba—, ya estamos de regreso al cien por ciento».

El «fin» de la guerra fría y el período de Bush (padre) y Clinton

Con la invasión a Panamá en 1989, y su superioridad tecnológica en la guerra del Golfo, en 1990-1991, por citar solo los acontecimientos más sobresalientes, los Estados Unidos mostraban, en el plano militar, que habían superado su crisis de hegemonía. Con el impulso a la Iniciativa para las Américas, el TLCAN y el remozamiento de la OEA a partir de la Cumbre de las Américas, en Miami, en 1994, marchaban por un camino de fortalecimiento del sistema interamericano, no exento de contradicciones, y a pesar de los brotes de inestabilidad procedentes de situaciones nacionales, como las que hacia finales del siglo XX y comienzos del XXI tienen lugar, por ejemplo, según ya se ha aludido, en Colombia y Venezuela.

Desde la óptica estratégica del imperio, se opera una transfiguración de códigos. La pretendida amenaza a la «seguridad nacional» de los Estados Unidos —la Unión Soviética y el sistema socialista— ha desaparecido. El bipolarismo geopolítico es obsoleto. Las percepciones sobre el enemigo, por tanto, se han transformado. El comunismo internacional, como peligro externo o «extracontinental», es sustituido, en el viejo esquema, por «enemigos internos»: el narcotráfico, las migraciones, el terrorismo, la subversión doméstica, la ingobernabilidad.

La lectura que algunos académicos harían del complejo, cambiante y contradictorio universo interamericano de la última década del siglo XX pareciera, cuando menos, apresurada y lineal: «La guerra fría ha terminado y el bloque socialista se derrumbó —escribía Jorge Castañeda—. Los Estados Unidos y el capitalismo triunfaron. Y quizás en ninguna parte ese triunfo se antoja tan claro y contundente como en América Latina».⁵

La tranquilidad asumida con simpleza en ese análisis, sin embargo, tiene poco que ver con las preocupaciones que crean, bajo el lente estratégico de la política norteamericana, situaciones y problemas como los contenidos en cuestiones que se insertan con determinada prioridad en su proyección latinoamericana durante la última década del siglo XX, bajo el gobierno de Bush (padre) y la doble administración Clinton.

Durante el decenio de 1990, la política exterior estadounidense procuró ajustarse a las nuevas realidades y tuvo en cuenta las necesidades de contribuir a conformar en el entorno latinoamericano las mejores condiciones, favorables al logro de sus intereses. Es un período en el que, como ya se ha aludido, concluye su único mandato el presidente Bush (padre), y se desarrolla la doble presidencia de Clinton. Si en el decenio anterior los valores defendidos por los Estados Unidos en América Latina correspondieron a la confrontación geopolítica entre el «Este y el Oeste», siendo la expulsión del comunismo la primera prioridad en la región, por considerarse una amenaza a la seguridad nacional norteamericana y a la de los países del área (o sea, se trataba de imperativos político-estratégicos), en los años noventa los asuntos económicos se posicionaron como cuestión prioritaria de las relaciones interamericanas.[6]

De ese modo, los Estados Unidos conciben y diseñan, para el hemisferio en su conjunto, un eje de libre comercio, a tono con los procesos integracionistas en boga, que le conectara ante todo en la escena de América del Norte con Canadá y con México, cuyo espacio geoeconómico y geopolítico «natural» lo constituirían, justamente, desde ahí, las naciones de América Latina y el Caribe. Ese es el preludio del TLCAN, primero, y del Área de Libre Comercio en las Américas (ALCA), después. El propósito, claro está, era reestructurar las relaciones interamericanas, considerando lo propicio de las condiciones, al estar definidas por un clima de «tranquilidad», sin preocupaciones significativas por la gobernabilidad, la democracia y la seguridad al sur del Río Bravo. De ahí que muchos autores hablaran de que del enfoque geopolítico del decenio de 1980 se pasó a otro, geoeconómico, en el de 1990. En su aplicación, el enfoque estadounidense conjugaba la mirada global con los tratamientos bilaterales. En la anterior década, la perspectiva más bien era de naturaleza global.

Como caracterización general, vale la consideración de que, sin la presencia de la amenaza comunista en el hemisferio, América Latina no ameritaba la atención ni los fondos federales de los Estados Unidos de otros tiempos, si bien existían nuevas razones para que no se produjera un relegamiento de las relaciones interamericanas a un lugar secundario, desde las percepciones políticas estadounidenses.[7] En este sentido Abraham Lowenthal apuntaba que «en vez de quedar fuera del mapa, el ámbito latinoamericanos conservaba su importancia. La política estadounidense debe volver a enfocarse a América Latina por cuatro razones: debido a su potencial e impacto económico; sus significativos efectos en problemas compartidos como el tráfico de narcóticos y el deterioro ecológico; su creciente influencia en valores esenciales del pueblo latinoamericano, y especialmente, por las múltiples consecuencias que emanan de la emigración masiva».[8]

A diferencia de la etapa anterior, en la que durante el decenio de 1980 predominaron los asuntos de seguridad nacional, en el decenio de 1990 los Estados Unidos privilegiaron en la región los temas económicos, en particular la búsqueda de acuerdos de libre comercio. En realidad, la estrategia económica contenía los intereses tradicionales de la política exterior económica norteamericana: abrir los mercados mundiales a los productos norteamericanos haciendo el mínimo de concesiones en cuanto a la apertura del mercado propio; fomentar un clima propicio en todos los países para las inversiones de las empresas estadounidenses; y hegemonizar las negociaciones comerciales y financieras internacionales en función de su agenda.

Con el objetivo de crear las condiciones para aplicar esas políticas, sobre la base del Plan Brady, se erigió el llamado Consenso de Washington adoptado por el Banco Mundial y el Fondo Monetario Internacional, a instancias de los Estados Unidos, como criterio estricto para el otorgamiento de nuevos préstamos a países endeudados, bajo el eufemismo de «ajuste estructural». Hacia fines de la década, los Estados Unidos comienzan a inclinar más su interés hacia asuntos relacionados con la seguridad regional. En este sentido, la realidad latinoamericana mostraba dificultades económicas objetivas que dificultaban la viabilidad del ALCA, tal y como había sido concebida de manera originaria, al mismo tiempo que la «intranquilidad» afloraba en el mapa político y estratégico, ante la significación que adquirían ciertos fenómenos.[9]

En ese contexto, el gobierno estadounidense prioriza en su agenda el tema del narcotráfico como amenaza a la seguridad, convirtiéndose el Plan Colombia, con sus posibles repercusiones regionales, en el de mayor impacto en las relaciones interamericanas. En cierto modo, así se ponía de manifiesto

un giro en el proceso que hasta entonces caracterizaba a la política latinoamericana de los Estados Unidos, en términos de cambio, de promoción de las
cuestiones económicas. El regreso a las inquietudes por la seguridad augu-
raba un renacimiento de las pautas de continuidad, afincadas en ese enfoque,
como legado de la «terminada» guerra fría.

En resumen, los años noventa fueron el escenario de un entorno complejo, contradictorio, cambiante. Si bien en términos de tiempo histórico
un período de diez años puede ser tan breve como poco significativo, no es
menos cierto que con frecuencia es la intensidad de una etapa, más que la
cantidad de años, la que define su esencia. En tal sentido, los Estados Unidos
concluyen esa década, la última del siglo XX, con una situación muy diferente de la que encontraron al comenzarla. Desde 1998, se agitaba de nuevo
la región, con procesos tan radicales como el de Venezuela, con el ulterior y
rápido despliegue de la Revolución Bolivariana, en tanto que en otros países
se abrían paso expresiones de activismo político, tensiones sociales, conflictos gubernamentales, de modo que al finalizar Clinton su segundo mandato,
en las elecciones presidenciales del año 2000, la política estadounidense hacia
América Latina está abocada —luego de casi un decenio en el que había
implementado cambios y reajustes— a una suerte de retorno a ciertas pautas
de continuidad, que se harán más visibles en el decenio que sigue, el primero
del siglo XXI.[10]

Los Estados Unidos y América Latina
bajo la administración de W. Bush

Durante la primera década del siglo XXI, la situación latinoamericana es un
escenario dinámico, en el cual, en contraste con el retroceso de los movimientos de liberación nacional y de los procesos que confrontaban la dominación
estadounidense o constituían opciones que retaban a gobiernos de derecha,
se afirman movimientos populares que trascienden las reformas y desatan
agendas revolucionarias o, al menos, que llevan una dirección de izquierda,
algunos incluso dentro de comicios presidenciales y de las reglas de la democracia representativa. Como ejemplos, pueden citarse los de Venezuela, Bolivia, Ecuador. Al mismo tiempo, tienen lugar nuevos posicionamientos de
fuerzas de derecha, que se establecen en determinados países. Como ilustra-

ción, están los casos de México, Colombia, Perú, Chile, Costa Rica, Panamá, según el momento específico dentro del decenio, dados los cambios de gobierno en algunos de esos países.

Con la administración de W. Bush, se comienzan a desplegar proyecciones que focalizan primero el impulso al proyecto del ALCA, el enfrentamiento al conflicto colombiano y el control fronterizo y migratorio con México como temas que priorizan las cuestiones de seguridad nacional, si bien en corto tiempo se plantean otras prioridades, como la estructuración de los Tratados de Libre Comercio para determinadas regiones y el tratamiento de «retos regionales» particulares, como los casos de Colombia, Venezuela y Cuba.

Aunque los hechos del 11 de septiembre de 2001 cambian la situación, la administración de W. Bush le concede una atención priorizada a América Latina al momento de establecerse, en enero de 2001, y durante los seis meses que siguen, a partir de los procesos y tendencias en curso en esa parte del continente, de su propio enfoque centrado en temas económicos e internos y de sus imperativos hegemónicos. De ahí que entonces, como precisara Rafael Fernández de Castro:

> América Latina había sido la excepción a un principio errático de la política exterior del cuadragésimo tercer presidente de Estados Unidos, George W. Bush. Mientras la falta de coherencia y los traspiés han caracterizado la postura de Bush y su equipo en relación con Europa, Asia y Medio Oriente, el presidente parecía tener claridad respecto de América Latina, ya que había expresado que, como vecina, era nuestra prioridad.[11]

Pero a partir de los atentados terroristas, esa proyección se frustra. Para Abraham Lowenthal, en la década que comienza en 2001, la temática latinoamericana pierde protagonismo en el enfoque estadounidense. Según este criterio, se pierde de vista el necesario contraste entre el discurso (la retórica política) y el decurso (la política real), lo cual requiere de una descodificación analítica, de una lectura problematizadora, de un esclarecimiento crítico.

> En comparación con lo que ocurría hace treinta años, o durante la mayor parte del siglo pasado —señala—, la relación entre los Estados Unidos y Latinoamérica está bastante menos basada en la geopolítica y la seguridad nacional, y también mucho menos en la ideología. La competencia

bipolar que involucró a los Estados Unidos en la década de 1960 y 1970 proveyó una amplia base regional para elaborar políticas. Hoy, en cambio, las agendas son mucho más específicas y locales. Las preocupaciones contemporáneas de los Estados Unidos en relación con América Latina se refieren básicamente a cuestiones prácticas de comercio, finanzas, energía y otros recursos, así como al manejo de problemas compartidos que no pueden ser resueltos individualmente por cada país: el combate contra el terrorismo, la lucha contra el tráfico de drogas y armas, la protección de la salud pública y el ambiente, la estabilidad energética y el control migratorio. Habitualmente estas cuestiones se plantean y se enfrentan en contextos bilaterales específicos.[12]

Reconociendo la objetividad contenida en una parte de tales aseveraciones, sin embargo, se evidencia absolutización e insuficiente matización. La geopolítica está implantada en la trayectoria histórica del pensamiento político estadounidense y en la legitimación doctrinal de la política exterior, lo cual es muy visible en la proyección hacia América Latina. En ese enfoque, más allá de las redefiniciones o reajustes, la seguridad nacional sigue siendo una constante, y el factor ideológico se mantiene como decisivo.

En este sentido, el análisis debe encuadrarse bajo una mirada más abarcadora y realista, reconociendo la influencia mutua entre los Estados Unidos y la región en su totalidad, pero recordando sobre todo que los intereses y la presencia tradicional norteamericana en ella constituyen elementos condicionantes e incluso modificantes de ese entorno. Y es que los retos que en términos políticos y militares se plantea la administración norteamericana del presidente W. Bush después del 11 de septiembre de 2001, en el sentido de extender la guerra contra el terrorismo contra cualquier rincón del mundo y a partir de una estrategia de ataques preventivos, tiene un impacto directo en la concepción tradicional de la presencia militar en el extranjero. Se trata de la necesidad de encontrar los mecanismos para actuar de manera adelantada, en lugar de desarrollar una estrategia reactiva. La administración de W. Bush se concentra en crear una red a distancia, con bases operacionales avanzadas, de bajo costo, que normalmente tengan pequeñas unidades de apoyo y aseguramiento, de manera que posibiliten los despliegues de las unidades de combate cuando se requiera. Esta tendencia contribuye a que el concepto tradicional de base militar se vaya transformando y, a la vez que las grandes bases desaparecen o se transforman, la presencia militar norteamericana en el exterior se incrementa. No es ocioso resaltar que las funciones tradicionales que han cumplido las fuerzas armadas norteamericanas se han expandido, en la misma medida en que lo han hecho los intereses de dominación imperial.

En efecto, el hecho de que se hayan modificado conceptos y prácticas tradicionales en lo que compete a los factores militares, dentro del nuevo contexto y de los condicionamientos de la coyuntura regional, hemisférica e internacional, no puede asumirse de modo mecánico en términos de descenso de su papel en la estrategia estadounidense.

Con posterioridad a los atentados del 11 de septiembre de 2001 en los Estados Unidos, el terrorismo se transformó en una de las principales preocupaciones del gobierno norteamericano y, por extensión, en una fuente de vulnerabilidad para la región. Aunque América Latina, en comparación con otras áreas, presenta una baja incidencia de actividad terrorista, los Estados Unidos han puesto especial énfasis en la prevención de este tipo de actividades mediante la ayuda militar.

> Como reflejo de una preocupación de nuestros países por controlar las actividades terroristas, los Estados han suscrito una serie de medidas destinadas principalmente a fortalecer la cooperación y a evitar que la región se convierta en un refugio para la actividad subversiva.[13]

Estas puntualizaciones se integran en la mirada global que los Estados Unidos dirigen hacia adentro y hacia fuera del país a partir de los acontecimientos del 11 de septiembre, y como uno de sus rasgos principales se destaca lo que significan para la continuidad y perfeccionamiento de las concepciones que, sin la organicidad requerida, venían ganando presencia desde el anterior decenio, como parte de un esfuerzo por rearticular la racionalidad y los pretextos que sostenían la política exterior y, sobre todo, las consideraciones acerca de la seguridad nacional. Como se sabe, los atentados terroristas de aquél día le proporcionaron al presidente W. Bush, a su imagen, y plataforma ideológica el respaldo y justificación que buscaban. El 20 de septiembre de 2002, Bush presenta la misión, la visión, los objetivos y la estrategia que servirían de guía a la política norteamericana (exterior, militar, de seguridad) en lo que se alcanzaba a visualizar del siglo XXI. El elemento que le aportaba o imprimía organicidad, unidad, coherencia, era lo que se llamó guerra preventiva —en rigor, prolongada o indefinida— contra el terrorismo, de alcance global.

Las proyecciones generales tomaban cuerpo para el caso de América Latina en torno a la seguridad. Durante el gobierno de Clinton, se establecen bases denominadas *localizaciones de seguridad cooperativa* en Comalapa (El Salvador), Manta (Ecuador), Reina Beatriz (Aruba) y Hato Rey (Curazao), ampliando el sistema que ya comprendía las de Guantánamo (Cuba), Fort Buchanan y Roosevelt Roads (Puerto Rico) y Soto Cano (Honduras). Según Roberto Russell:

> [...] el Comando Sur manejaba entonces una red de 17 guarniciones terrestres de radares: tres fijos en Perú, cuatro fijos en Colombia, y el resto móviles y secretos en países andinos y del Caribe. La situación de Colombia y los atentados del 11 de septiembre han influido para que la asistencia económica y militar de Estados Unidos a la región se distribuya hoy en partes iguales, cuando a fines de los 90 la primera era más del doble que la segunda. América Latina es —excluyendo a Irak— la principal receptora de capacitación militar estadounidense en el mundo. El Plan Colombia seguirá recibiendo importantes fondos del Tesoro estadounidense, ya que se ha previsto asignarle 724 millones de dólares en 2007, una cifra similar a la de 2006.[14]

Los datos resultaban elocuentes, y aunque un tiempo después se producen cambios, como el desmontaje de la base de Manta, en Ecuador, el análisis mantiene su vigencia, en la medida en que lo que ocurre a partir de 2009 es un desplazamiento ampliado hacia Colombia. La política de los Estados Unidos hacia América Latina contiene en este período mucho más de continuidad que de cambio. Por supuesto, no es idéntica a la de etapas precedentes. Pero a través de un escrutinio que se apoye en la interpretación histórica es posible discernir algunas claves analíticas y ciertas pautas, que revelan la permanencia, el reacomodo, la reedición, de viejos enfoques, conceptos, instrumentos, en una nueva combinación que lejos de disminuir la atención por la «seguridad nacional», redefine la «necesidad de su protección» bajo las nuevas coordenadas del siglo XXI, en la pretendida (y fracasada) era del ALCA, a la luz de una geopolítica renovada, que la hace, posiblemente, tan preocupante como la que dio lugar al monroísmo, al panamericanismo, la Alianza para el Progreso y a los planes del Comité de Santa Fe.

En resumen, se reiteraban las fórmulas y recomendaciones que, no por primera vez, definen la política latinoamericana de los Estados Unidos en términos de un «nuevo diálogo» o una «relación especial», como se propuso en el Informe Rockefeller, o a favor de un «cambio de enfoque», como recomendaban los Informes Linowitz.

En el contexto esbozado, las consideraciones que llevaron a situar a América Latina dentro del diseño de la argumentación del terrorismo como nueva «amenaza» a la seguridad, luego del 11 de septiembre, no respondería, en realidad, a un peligro para los Estados Unidos. Obedecía más a una construcción o manipulación de las inquietudes por la preservación hegemónica (ante situaciones convulsas y procesos que le resultaban inquietantes, por diversas razones, como los de Colombia, Venezuela, Bolivia).

En cierto modo, los conceptos de la administración de W. Bush evocaban los que auspició la administración Reagan en la década de 1980 en lo que se refiere al enfoque de la «seguridad nacional». De nuevo, se advertía el legado de la «terminada» guerra fría.

Por otro lado, las profundas crisis económicas —consecuencias de la aplicación de reformas de corte neoliberal adoptadas durante la década de 1990 por los gobiernos de la región— que se desataron a fines de 1990 y principios de 2000, condujeron a la preparación de bases que abrieron de alguna manera camino a la construcción de alternativas que cambiarían la balanza de fuerzas dentro de los países de América Latina, en un sentido que hizo prácticamente imposible a Washington continuar con la ideología y política económica de la década de 1990.

Es decir, de modo resumido, el escenario latinoamericano adquiría creciente complejidad en el transcurso del primer decenio del siglo XXI, y obligaba a la política norteamericana a replantearse sus enfoques y métodos hacia la región como un todo, sin desistir de los tratamientos bilaterales. Las relaciones de los Estados Unidos con América Latina en este período muestran una persistencia de patrones y codificaciones de la era de la guerra fría, en lo concerniente sobre todo a temas como el de la seguridad nacional, la visión del enemigo externo y el compromiso interamericano, pero tienen diferencias importantes en cuanto a contenido y tono.

En medio de tales contrastes es que transcurre en la primera década del siglo XXI la política norteamericana hacia América Latina, apreciándose que temas como el de la integración, han perdido peso, cuando se le compara con el énfasis que tuvo en los años noventa. Cuestiones como la de la seguridad nacional han retornado a un enfoque más basado en la perspectiva estratégico-militar que en el que se impuso en ese mismo decenio, según el cual la seguridad se había convertido en un fenómeno tan multidimensional que tenía que ver con todo: seguridad ciudadana, humana, ecológica, alimentaria.

Bajo esa óptica, la política latinoamericana de los Estados Unidos tuvo elementos de continuidad con W. Bush, desde 2001 hasta 2008, con respecto a la aplicada en la década de 1980, pero también con relación a fórmulas utilizadas en la de 1990, lo cual refleja, cuando se mira las relaciones de los Estados Unidos con América Latina en la perspectiva histórica, que tienden a sobresalir los cambios solo en la medida que satisfacen exigencias circunstanciales, referidas a las mejores maneras de garantizar la hegemonía norteamericana. Como otras veces, la continuidad ha tenido que ver más con los fines, en tanto que los cambios, con los medios para alcanzar aquellos.

La «doctrina» Bush y la seguridad nacional

Es común la expresión «doctrina Bush», para designar el conjunto de criterios y de acciones que conforman la política exterior gubernamental implementada por los Estados Unidos durante la mencionada doble administración, que se estructuraba alrededor del tema de la seguridad nacional y de la urgente defensa de la misma, ante las amenazas derivadas, especialmente, del terrorismo internacional. Sin embargo, es discutible la validez del término «doctrina» como etiqueta que identifique esas concepciones y prácticas, al igual que ha sucedido en otros casos, en los que al hablarse de «doctrina Nixon» o «doctrina Reagan», por ejemplo, se apela más a una distinción superficial, popularizada por el lenguaje periodístico, que a una definición académica, basada en las ciencias sociales.

W. Bush proclama el fin de las acciones combativas en Irak y el triunfo de la agresión militar contra ese país el primero de mayo de 2003, tras descender de un avión de combate sobre la plataforma del portaviones Abraham Lincoln, con gran cobertura propagandística. Así pretendía mostrar al mundo, de modo simbólico, que su país había cumplido la «misión». Con ello comenzaría a hablarse del éxito, del momento culminante, en la aplicación de una política exterior belicista, intervencionista, diseñada en torno a consideraciones de seguridad nacional, y basada en los postulados doctrinarios de extrema derecha promovidos por el Presidente. Es ese el contexto en que se bautiza como tal a la «doctrina Bush», si bien existían antecedentes de ella. Además, se refiere al «advenimiento de una nueva era», destacando la «destreza y poder de las fuerzas armadas estadounidenses», al «combatir por la causa de la libertad y por la paz del mundo». También reiteró la advertencia que planteara con anterioridad, sobre la intención de actuar antes de que se materializaran las amenazas contra la seguridad de los Estados Unidos, o sea, preventivamente, y con el uso de la fuerza si fuera necesario.[15]

Lo que ocurre es que el Presidente estadounidense retoma entonces y formaliza de esa manera, si se quiere, los principios de política exterior y seguridad que había declarado como reacción inmediata ante los atentados terroristas del 11 de septiembre, y que se habían argumentado desde antes. Los elementos más comúnmente aceptados para describir esta «doctrina», pueden encontrarse en documentos públicos de los tanques pensantes[16] y publicaciones[17] que le sirvieron de plataforma intelectual, en discursos de W. Bush, documentos gubernamentales y declaraciones de funcionarios de la administración.

El Presidente comenzó a delinear públicamente la esencia de su «doctrina» en el discurso dirigido a la nación, pronunciado el 20 de septiembre de 2001, nueve días después de los ataques terroristas a Washington y Nueva York. Posteriormente, fue perfilándola en su primer informe del Estado de la Unión en enero del 2002[18] y más tarde en su discurso ante los graduados de West Point,[19] en junio del propio año. No obstante, fue en el documento de la Estrategia de Seguridad Nacional, publicado el 17 de septiembre de 2002, donde estructuró de forma más acabada los enunciados que la componían y se le identificó como «doctrina Bush».

Nuevos matices en el tratamiento del tema de la seguridad nacional como cuestión central en el ejercicio de la política exterior de los Estados Unidos, que se suman al enfoque de la «doctrina Bush», se ubican a comienzos de 2005. Se aprecia cierto cambio en la proyección y el discurso gubernamental del Presidente en enero de ese año, al pronunciar su mensaje anual sobre el Estado de la Unión,[20] después de su reelección para un segundo mandato.

En este caso, se caracterizó por la moderación del lenguaje, al disminuir la estridencia en contraste con su retórica más agresiva en años anteriores y por el reajuste en las prioridades estratégicas. Algo similar sucedió con el texto de la Estrategia de Seguridad Nacional de 2006.

Aunque no fue eliminado, se advierte una atenuación del tono arrogante, del énfasis ostensible en el uso del poderío militar y de la amenaza a los supuestos enemigos. Se desplaza un tanto la obsesión por el tema la lucha contra el terrorismo por una atención a la responsabilidad de los Estados Unidos en la lucha a favor de la democracia y de la libertad. Entretanto, sin embargo, la ocupación militar de Irak y Afganistán se incrementó, las torturas siguieron, las prisiones como la de Guantánamo continuaron, prosiguieron los asesinatos, las cárceles secretas se descubrieron, los daños a la población civil continuaron y la amenaza contra Irán se incrementó hasta el día de la salida de George W. Bush de la Casa Blanca.

Sin dejar de reconocer ese hecho, sin embargo, es posible afirmar que entre 2001 y 2005, tanto el enfoque como la práctica adjudicada al Presidente en términos de «doctrina», se caracterizó una política exterior de marcada carga ideológica, basada en argumentos filosóficos y morales expansionistas y acordes al Destino Manifiesto, de inspiración incluso religiosa, justificativos del unilateralismo, uso de la fuerza y las acciones anticipadas.

Ya en el segundo mandato de W. Bush se fue haciendo cada vez más obvio que su orientación doctrinal internacional estaba llegando a sus límites. La extrema prepotencia que había caracterizado la política exterior estadounidense conllevaba costos muy altos para el sistema. La agenda de prioridades impulsada por los neoconservadores también planteaba un precio político que muchos representantes de la élite en el poder consideraban injustificado. Se estimaba que al extralimitarse en Irak, al enajenar a los aliados y al permitir que la llamada «guerra contra el terrorismo» opacara otras prioridades nacionales, la administración de W. Bush había conducido a los Estados Unidos a una guerra fracasada; había tensado en extremo los recursos militares, mientras se comprometían seriamente las finanzas del país. Se reconocía, además, que la legitimidad de esta «doctrina» u orientación estaba cada día más cuestionada internacionalmente y que su apoyo interno se había reducido.[21]

No es casual que al publicar una nueva Estrategia de Seguridad Nacional en marzo de 2006, la administración tuviera el cuidado de eliminar varias de las formulaciones más provocativas de la Estrategia de 2002, evitando en particular las que más se identificaban con la «doctrina Bush». El documento sí persistió en proclamar que «América está en guerra» y que se atacaría al peligro antes de que este llegara a suelo patrio. También auto-asignaba a los Estados Unidos la misión de acabar con la «tiranías» en cualquier parte del mundo, con la intención de apoyar a las «democracias» o fomentarlas donde no existan, o sea, la aplicación del «cambio de régimen», pero con cierta moderación en su tono.[22]

Probablemente, los asesores del Presidente trataban de amortiguar los efectos negativos que tenía la escalada de agresividad, intolerancia y dogmatismo que caracterizaba la política exterior de W. Bush durante su primer período de gobierno, que provocaba reacciones de desencanto, desaliento crítico, tanto dentro como fuera de los Estados Unidos, por lo cual le sugerían reajustar las bases que sostenían su énfasis en la defensa de la seguridad nacional y del enfrentamiento al terrorismo, e incorporar conceptos más aceptables y familiares para el lenguaje político tradicional de la sociedad estadounidense, como los de lucha por la democracia y la libertad.

La visión hemisférica actualizada que brindaba el documento denominado Estrategia de Seguridad Nacional, suscrito el 6 de marzo de 2006 por el presidente W. Bush, reafirmaba las principales tendencias de la política general de los Estados Unidos hacia la región y, en particular, enfatiza algunos de los «problemas de seguridad» de mayor relevancia en la agenda interamericana. Así, para muchos estudiosos se trata de que, en la primera década del siglo XXI, la supremacía estadounidense sobre América Latina es un regreso a la *normalidad*, pero con la fuerte marca del 11 de septiembre, de modo que se considera que el antiguo *patio trasero* hoy forma parte de lo que se denomina *homeland security*. Las formulaciones cambian, pero las codificaciones remiten a la vieja ecuación que concibe la seguridad nacional de América Latina como función de la hegemonía estadounidense.

En ese sentido, se reitera la posición norteamericana de tratar sus prioridades hacia América Latina por separado, utilizando para ello resortes variados, que incluyen desde presiones diplomáticas hasta amenazas de reducir la precaria ayuda o modificar esquemas existentes, como ha sucedido en el caso de las remisiones de remesas hacia determinados países centroamericanos. A la par, sobresale el mismo tratamiento anterior, según el cual aunque se le concede importancia, no así prioridad a la región latinoamericana y caribeña. La distinción es útil en la medida en que aunque la retórica de «seguridad nacional» sobre la región posea un bajo perfil, en comparación, por ejemplo, con la que se sigue hacia el Medio Oriente ampliado o con respecto a China, ello no equivale a que los Estados Unidos dejen de actuar directamente sobre los problemas regionales o nacionales, cuando se considere que están afectando a «sus» intereses nacionales. El tradicional carácter de «traspatio» conlleva también el no menos tradicional modo bilateral de actuar «caso por caso».

En la anterior versión de dicha Estrategia, que data de septiembre de 2002, las referencias básicas al ámbito latinoamericano y caribeño se concentraban en dos cuestiones consideradas prioritarias para las proyecciones de los Estados Unidos en el hemisferio, que involucraban a América Latina. Cuatro años después, y a la luz de que las prioridades estratégicas globales norteamericanas sobrepasaron el discurso monotemático de la guerra contra el terrorismo para incorporar también la lucha contra las tiranías, se incluyeron otras proyecciones como la de estimular el surgimiento y aplicación de las denominadas cartas democráticas que tomaban como argumento la adoptada por la OEA, a raíz del 11 de septiembre de 2001. Todas ellas expresaban el doble estándar o rasero norteamericano en materia de democracia; por ejemplo, el golpe de Estado contra el presidente venezolano Hugo Chávez, en abril de 2002, democráticamente elegido, no se consideró como violación de la democracia.

Como otras características, desde 2006 resulta prioritaria para los Estados Unidos, además, la conclusión de los Tratados de Libre Comercio en la región, como instrumentos para consolidar la hegemonía y facilitar acciones complementarias de la política exterior, incluidos los concernientes al istmo centroamericano y República Dominicana.

Como aspectos sobresalientes, llama la atención que de los siete «retos regionales» que se reconocen en el documento de 2006, como parte de las acciones norteamericanas en el contexto mundial, tres de ellos se encontraban en América Latina.

El primero de esos retos era Colombia, que continuaba siendo una prioridad, concebido como un «aliado democrático que combate los asaltos persistentes de los terroristas marxistas y los traficantes de drogas». Desde luego, no se mencionaba a los paramilitares colombianos ni otros factores clave del conflicto. La visión norteamericana del mismo se resumía en narcotráfico y terrorismo. El segundo reto lo constituía Venezuela, que se definía como «florecimiento demagógico del dinero del petróleo que mina la democracia y se propone desestabilizar la región». Bajo estas frases se estructuraba la política de Estados Unidos hacia la revolución bolivariana. El tercer reto identificado —no podría faltar— sería Cuba, país considerado como con «un pueblo oprimido y que se concentra en subvertir la libertad en la región».

Más allá de esos «casos críticos», la Estrategia de Seguridad Nacional de 2006 precisaba otras puntualizaciones de relevancia para comprender la política estadounidense hacia América Latina. Así, se incluía una referencia directa a lo que se calificaba como la lucha entre «populismo y libre mercado». Desde la perspectiva norteamericana, no podía permitirse que dicho fenómeno «erosione las libertades políticas». Esa precisión iba dirigida contra el movimiento regional para evitar, primero, la aplicación del ALCA, y, después, para avanzar en la implementación de determinados mecanismos de integración y colaboración, cuya expresión más atendida por Estados Unidos era el ALBA, que impulsaban Venezuela y Cuba.

También se calificaba bajo el término de «populista» el proceso nacionalista y los ajustes en curso en Bolivia, Argentina y Brasil.

Obama y el enfoque de seguridad nacional hacia América Latina: ¿un nuevo trato?

La gestión de Obama en sus tres primeros años no ha significado, como se esperaba por parte de la mayoría de los análisis, una desaparición o contracción decisiva del conservadurismo. Visto en su conjunto, podría decirse que está por debajo de las expectativas de buena parte de los pronósticos, dado que el agotamiento de sus propuestas, hechas suyas por W. Bush, y plasmadas en la «doctrina» que impulsó, según se trataba en anteriores epígrafes, llevó a pensar incluso en su colapso. En este sentido, la pérdida de fuerza y de espacios por parte de la corriente neoconservadora no significa un abandono de la escena política. De hecho, algunas figuras relevantes de aquella administración mantuvieron presencia e influencia (el mejor ejemplo sería el de Robert Gates, quien permaneció como Secretario de Defensa hasta 2010, lo cual refleja la importancia que Obama le atribuía al tema de seguridad nacional). Al mismo tiempo se ha observado una permanencia en determinadas publicaciones e instituciones académicas de sus ideólogos más importantes, como la revista *Commentary* y el American Enterprise Institute. Por esa vía, con Obama se ha alimentado la idea de que se necesita un gobierno vigoroso y se ha legitimado el uso de la fuerza en las relaciones internacionales, incluida la militar, con gran atención al tema de la defensa de la seguridad nacional. El liberalismo de que se suponía portador se amalgama con un conservadurismo moderado o con lo que podría llamarse un realismo político conservador.

El período que se inicia en la sociedad estadounidense a partir del proceso de elecciones presidenciales de 2008 era sumamente complicado. Por un lado, se abría paso un gobierno basado en promesas de cambio, liderado por un hombre de piel negra, por encima de prejuicios y del tradicional racismo, cuyo lenguaje deja atrás estridencias y aparenta un nuevo rumbo, lo cual propicia que inclusive se le otorgue el Premio Nobel de la Paz. Por otro, se mantenía una política exterior belicista, que no dejaba de apelar al enfoque de seguridad nacional, si bien bajo nuevos matices, en medio de un contexto en el que no llega a consolidarse una orientación liberal como se esperaba por muchos. A la par, se observa que en ese contexto, a nivel social, persisten diversas concepciones, como la del neoconservadurismo, las de la llamada «nueva derecha» y la derecha tradicional, las que atacan la figura de Obama, señalando que viola la Constitución y descalificándole a partir de su condición etno-racial, de su posición política, que asocian al liberalismo y al antinorteamericanismo. Estas reacciones se expresan tanto a nivel de algunas instituciones académicas identificadas como «tanques pensantes», al estilo de la Heritage Foundation, como de movimientos sociopolíticos, cual sería el caso del llamado Tea Party, de signo populista, que esgrimen criterios nativistas, racistas y xenófobos, y conservan las manifestaciones del fundamentalismo protestante, asociadas a la conocida «derecha religiosa».[23]

El triunfo electoral de Obama en 2008 conllevaba, para América Latina, un valor agregado, en la medida en que estaba en juego la continuidad de una política exterior con un enfoque globalista, de raíz geopolítica, que encuadraba las situaciones mundiales en el contexto de la supuesta lucha contra el terrorismo, y que priorizaba los intereses de la llamada seguridad nacional, con implicaciones para el tratamiento de las relaciones con los países del subcontinente, y fundamentalmente, para la evolución de determinados conflictos, estimulando tensiones y enfrentamientos.

Obama comprometió cambios en las políticas exterior y de seguridad y defensa de los Estados Unidos, en particular, anunció un «nuevo trato» en las relaciones con otros países basado en el respeto mutuo, la renuncia al unilateralismo y a las imposiciones y, en materia de seguridad, se propuso el ejercicio de un liderazgo asentado en los principios fundadores de la nación norteamericana. Estos planteamientos marcan distancia respecto de la política seguida por la administración Bush hijo, que buscó imponer su visión militarista aún a sus aliados y amigos, pasó por encima de las decisiones de los órganos multilaterales, avaló la práctica de torturas en su país como en otros y, mediante la Ley Patriótica, recortó libertades y derechos fundamentales de los ciudadanos estadounidenses. Estos cambios se producen en medio de la crisis de la hegemonía norteamericana, de severas dificultades económicas y de inciertas variaciones en el sistema mundo.

Ya se ha analizado en páginas anteriores que la lucha contra el narcotráfico, primero, y posteriormente, a partir de los atentados terroristas del 11 de septiembre, la guerra contra el terrorismo, marcaron la política exterior y de seguridad y defensa de los Estados Unidos desde fines del siglo XX. Lo que se dio en llamar posguerra fría se caracterizó por una mayor fluidez, inestabilidad e incertidumbre en el orden mundial. Los Estados Unidos han perdido la hegemonía en lo económico y encaran la competencia de la Unión Europea —especialmente la de Alemania—, del Japón, de China y de las economías emergentes de Brasil e India. Adicionalmente deben enfrentar el surgimiento de potencias regionales como es el caso de Rusia, China e Irán. De la bipolaridad de la guerra fría se ha pasado a una polaridad compleja en la que se están dando reacomodos en la correlación de fuerzas a escala mundial y el centro de gravedad se ha desplazado progresivamente del Atlántico hacia el Pacífico y Asia.

Es en este contexto en el que el liderazgo norteamericano percibe márgenes de maniobra para incidir en el tratamiento de los cambios en la correlación de fuerzas y en los reacomodos en la distribución del poder. Este es el espacio que hoy ocupa el discurso de Obama y su propuesta para hacer

frente a la crisis de hegemonía de los Estados Unidos y a la pérdida de legitimidad como consecuencia de la política de la administración de George W.
Bush, en el momento en que se acercan de nuevo, en 2012, elecciones presidenciales.

La propuesta de política exterior del presidente Obama implica reajustes
y continuidades. En el centro de ella se encuentra la defensa de los intereses
vitales de los Estados Unidos, para lo cual se ha diseñado una gran estrategia orientada al ejercicio del liderazgo en aquellos campos en los que sus
intereses coinciden o se presentan como coincidentes con el interés común.
Se busca de esa manera preservar la primacía que los Estados Unidos construyeron a partir de la II Guerra Mundial y mantuvieron durante la guerra
fría mediante la política de contención, mediante la del compromiso selectivo
durante los gobiernos de Clinton y mediante la guerra contra el terrorismo
durante la administración de W. Bush. La primacía es una modalidad de
gran estrategia basada en el principio de no tolerar el surgimiento y consolidación de un poder que rivalice con el propio.[24]

En el discurso pronunciado al asumir la presidencia de su país, Obama
invocó la defensa del Estado de derecho y los derechos humanos como ideales que inspiraron a los fundadores de la nación norteamericana y sentenció:

> Esos ideales todavía iluminan el mundo y no renunciaremos por conve-
> niencia. Y a todos los pueblos y gobiernos que nos observan hoy, desde las
> grandes capitales hasta el pequeño pueblo donde nació mi padre: sepan
> que Estados Unidos es amigo de todos los países y de todos los hombres,
> mujeres y niños que buscan un futuro de paz y dignidad, y que estamos
> listos para asumir el liderazgo una vez más. Recordemos que generaciones
> anteriores afrontaron el fascismo y el comunismo no solo con misiles y
> tanques, sino con sólidas alianzas y firmes convicciones. Comprendieron
> que nuestro poder por sí solo no puede protegernos ni nos da el derecho
> de hacer lo que queramos. Más bien, sabían que nuestro poder crece si lo
> usamos de forma prudente; que nuestra seguridad emana de la justicia de
> nuestra causa, la fuerza de nuestro ejemplo.[25]

Ideales compartidos, alianzas sólidas para defenderlos y convicciones, no con-
veniencias, son las bases para retomar el liderazgo estratégico en defensa de
los intereses de los Estados Unidos que son asumidos como los intereses de la

humanidad. Ante la visión polarizadora y excluyente que justifica la acción militar sin límites y principios que caracterizó la guerra contra el terrorismo adelantada por la administración de W. Bush, hace un llamado al mundo musulmán para buscar salidas conjuntas con base en el interés y respeto mutuos, posición que no implica abandonar la fuerza. De allí que afirme que:

> [...] no nos disculparemos por nuestro modo de vida, ni vacilaremos en su defensa, y para aquellos que pretenden lograr sus objetivos acudiendo al terrorismo y a la matanza de inocentes, les decimos que ahora nuestro espíritu es más fuerte y no puede romperse; no pueden perdurar más que nosotros les derrotaremos.[26]

Estas posiciones adoptadas por el discurso de la nueva administración establecen ciertas diferencias con la forma como la administración de W. Bush encaró la crisis de hegemonía y los conflictos asociados a los reacomodos y cambios en la correlación de fuerzas a nivel mundial, así como a los juegos de intereses internos. La postulación de un nuevo trato generó importantes apoyos a la política norteamericana, sobre todo en el exterior. El que la potencia en decadencia sostenga en la retórica su disposición a tratar a los demás países en condiciones de igualdad, a recurrir al multilateralismo renunciando a la política de imposiciones imperiales, asuma —al menos en el discurso— corresponsabilidades históricamente negadas y manifieste querer construir políticas no para sino con los demás es un hecho relevante. Sin embargo, no parecen viables rupturas radicales en materia de política exterior y los márgenes de maniobra del gobierno están acotados por fuerzas e intereses internos y externos que delimitan su acción, aún en el caso de que el Presidente quisiera avanzar en un cambio radical. El problema no es el de las intenciones de un dirigente, es cuestión de la naturaleza de los intereses en juego y esos son, entre otros, los de la superación de la crisis de hegemonía y la preservación de la primacía, tal como queda planteado con la definición de los ejes fundamentales de la política de seguridad y defensa.

Una de las tesis más fuertemente invocadas por el presidente Obama es la cuestión ética de la relación entre la seguridad y lo ideales: «En cuanto a nuestra defensa común, rechazamos como falsa la opción entre nuestra seguridad y nuestros ideales».[27] Seguridad *versus* ideales remite al problema clásico del recurso a la violencia en las sociedades. La violencia tiene un carácter instrumental, no es un fin en sí mismo, es un medio. Y en esa relación el fin no justifica los medios, de allí que no todo valga en la guerra como lo pretenden ciertas tradiciones militaristas. Esta postura es, tal vez, la de mayores implicaciones simbólicas y, en consecuencia, políticas de las asumidas por el nuevo mandatario norteamericano.

Los ideales a los que remite el enunciado son los enarbolados por los padres fundadores de la nación norteamericana y que en el discurso del Presidente se resumen en libertad y democracia, Estado de derecho y derechos humanos. El recurso a la violencia en aras de la seguridad y defensa no puede vulnerar las libertades democráticas, atentar contra los derechos humanos y desconocer el Estado de derecho. De allí la condena al recurso a la tortura en los interrogatorios y el anuncio del cierre de la prisión en Guantánamo, aún y cuando no haya actuado en consecuencia. En el discurso sobre la seguridad y los valores del 20 de mayo de 2009 el presidente Obama señaló que, ante la amenaza terrorista, las dos guerras en las que se encuentran comprometidos y la necesidad de combatir a los terroristas refugiados en Afganistán y Pakistán, su gobierno ha apropiado los recursos necesarios para el fortalecimiento y la dirección estratégica de las fuerzas militares y de la inteligencia, ha avanzado en la construcción de acuerdos para controlar las armas nucleares y evitar que armas de destrucción masiva caigan en manos de terroristas, y ha fortalecido la diplomacia. Así, fuerza y diplomacia forman parte de la estrategia norteamericana para neutralizar, aislar y derrotar a sus enemigos, al menos al nivel discursivo. El anuncio de un «nuevo trato», el compromiso con la acción multilateral y el respeto de las libertades, el Estado de derecho y los derechos humanos han jugado un papel significativo en los propósitos de Obama de relegitimar la política de seguridad nacional.

En la Estrategia de Seguridad Nacional 2010, presentada en mayo de ese año, se trazan, de manera general, los objetivos de la administración Obama y sus metas en política exterior, ante el nuevo entorno geopolítico mundial. Se trata de una posición que podía anticiparse, en la medida que no constituye un punto de inflexión, ni doctrinal, ni práctico con respecto al legado estratégico que recibió el presidente Obama.[28]

Eso sí, en correspondencia con el enfoque explícito discursivo mantenido desde que asumió la presidencia, y a diferencia de su predecesor, en este documento se enfatiza la idea de evitar la confrontación para alcanzar los objetivos internacionales, priorizando, siempre que sea posible, la negociación y la persuasión.

Si bien en esta declaración no deja de recalcarse una fuerte iniciativa contra el terrorismo, también se destacan asuntos como el cambio climático y la economía, subrayando el importante papel que el gobierno norteamericano debe jugar ante ellos, con lo cual se hace suya una concepción amplia o extendida de la seguridad nacional, de manera que la misma no se restringe a la dimensión estratégico-militar.

El Presidente subraya la importancia de empezar la estrategia haciendo crecer la economía doméstica y reduciendo el déficit, convocando a mejorar la educación de los niños, a impulsar más la investigación científica y al deber de desarrollar una energía limpia «que pueda impulsar nuevas industrias, desatarnos del petróleo extranjero y preservar nuestro planeta», haciendo referencia también a la importancia de la reforma del sistema de salud. Y esto es porque para Obama —según lo enunciado en el documento— el reconocimiento de la fuerza e influencia de los Estados Unidos en el extranjero, su liderazgo, comienza con los pasos que se den al interior del país. Deben ponerse «nuevos cimientos». Solo así es que podrán impulsarse con más efectividad los intereses de los Estados Unidos. De este modo, persiste la mirada que vincula orgánicamente la seguridad nacional (tanto en su versión tradicional como en la novedosa) con la seguridad interna o de la Patria (*Homeland Security*), según las definiciones impuestas por el 11 de septiembre.

Si bien en estrategias lanzadas por administraciones anteriores ya se señalaba a la crisis económica como un factor que podía convertirse en amenaza a la seguridad nacional, es muy llamativa la manera en que el documento (referido a cuestiones de seguridad nacional y al enfoque geopolítico de la nación) trata con tanta fuerza la necesidad (como una prioridad) de fortalecer el sistema económico. «Evitar otra crisis económica generalizada», dando pasos a nivel local y mundial. Es decir, un impulso equilibrado de la economía de los Estados Unidos conllevaría la prosperidad y estabilidad mundial. Desde esta óptica, resultarían decisivos aquí los acuerdos bilaterales y multilaterales de libre comercio.

En el documento se identifican una serie de amenazas —reales o potenciales— a la seguridad. Para contrarrestarlas se propone que, además de atender al cambio climático, mantener el crecimiento económico o combatir el terrorismo, es necesario reducir las amenazas cibernéticas, dejar de depender del petróleo, así como «resolver y prevenir los conflictos». La principal amenaza que se considera es la expansión de las armas de destrucción masiva y, de modo específico, Obama señala el peligro planteado por la búsqueda de armas nucleares por parte de «extremistas» y «otros Estados», destacando los programas nucleares de Irán y Corea del Norte. De aquí que se acentúe la importancia de acudir a una agenda integral para la no proliferación y para la seguridad nuclear, y que se insista en los derechos y las responsabilidades de cada país.

A diferencia de la «doctrina Bush» acerca de la llamada guerra preventiva y el enfoque unilateral expresado en ella, la estrategia de 2010 subraya que el conflicto armado debe ser el último recurso, «una vez agotadas las vías diplomáticas».

El limitado tratamiento que reciben determinadas áreas geográficas y países en el documento no debe interpretarse, necesariamente, como una evidencia de la baja prioridad. Ese es el caso de América Latina y el Caribe, que como región es abordada en un solo párrafo de cinco líneas, resultando difícil ubicarla en el documento de 52 páginas.

En cuanto a las naciones que son tratadas de manera aislada sobresalen Brasil, México, Haití y Argentina. Cabría preguntarse si es posible que fuesen olvidados países latinoamericanos y caribeños (o zonas) que protagonizan escenarios de conflicto para el funcionamiento del sistema de dominación hemisférico de los Estados Unidos —como por ejemplo, Colombia, Venezuela, Bolivia, Cuba, el istmo centroamericano—, cuyo valor estratégico en el tablero geopolítico regional ha sido siempre muy alto.

Así, Brasil es considerado un «centro de influencia emergente», solo superado en prioridad por potencias como China, India y Rusia. El informe afirma que el gigante sudamericano es «guardián de un patrimonio ambiental único y líder de los combustibles renovables», lo que explica su tratamiento privilegiado y evidencia el interés de Estados Unidos por establecer mecanismos de control sobre su vasta riqueza natural.

El caso de Haití es calificado como un «Estado frágil» y lo señalan como ejemplo más reciente del desastre humano y material que puede provocar el cambio climático. Con un lenguaje enérgico y para evidenciar la supuesta

preocupación norteamericana, se refiere que Washington debe estar prepa-
rado para «ejercer un fuerte liderazgo en función de ayudar a enfrentar necesidades humanitarias críticas». El contingente militar desplegado en Haití
fue una expresión adelantada de este precepto, que no es nuevo dentro de la
proyección externa estadounidense.

México es abordado, por su parte, como un socio estratégico clave; Argentina es nombrada muy brevemente como nación que integra G-20, reconocido en el documento como el foro económico más importante del mundo,
y a la OEA se le «recuerda» su rol tradicional de mecanismo de dominación
política en nuestra región.

Como parte del interés estadounidense, se señala el apoyo a los valores
democráticos entre las naciones y a la defensa de los derechos humanos, que
los «Estados Unidos están comprometidos con la sociedad civil y la oposición política pacífica», y que continuará el apoyo abierto y encubierto a las
iniciativas desestabilizadoras con el propósito de impedir la consolidación de
movimientos y fuerzas políticas capaces de obstaculizar sus planes de dominación en diferentes países. Aunque no los menciona, podría pensarse en los
casos de Venezuela y Cuba.

Entre la continuidad y el cambio

Aunque Obama se aparta en su lenguaje de la administración Bush al priori-
zar (como medio para alcanzar los objetivos de política exterior) la diplomacia frente al conflicto armado, poniendo acento en la cooperación global así
como en la conformación de alianzas, no llega a expresar un distanciamiento
significativo en cuanto a la doctrina de la guerra preventiva, lo que refuerza
la argumentación acerca de que la balanza se inclina más hacia la continuidad que al cambio.

La «nueva» Estrategia de Seguridad Nacional no se distancia, en esencia, de enfoques anteriores, en la medida en que sus principales objetivos
parecieran seguir siendo los mismos: eliminar los elementos que obstaculi-
cen los caminos para lograr los intereses hegemónicos de los Estados Unidos, recurriendo al pretexto, una vez más, de que amenazan su seguridad
nacional. A pesar del esfuerzo por emplear matices, el documento ratifica la
tradicional proyección belicista, al afirmar que «mantendremos la superio-

ridad militar que ha asegurado a nuestro país, y ha apoyado la seguridad mundial, durante décadas [...]. Nuestras fuerzas armadas siempre serán la piedra fundamental de nuestra seguridad». Es decir, si bien se destaca un contraste con la estrategia de 2006, al subrayarse el papel de la diplomacia y el compromiso, no se deja de reconocer lo imperioso que resulta conjugar, junto a una política de «poder inteligente», los instrumentos que conforman un enfoque integral, que incluye también los del llamado «poder duro» y «poder blando» ante los procesos y escenarios actuales, que retan la hegemonía norteamericana.

Está claro que para comprender el enfoque de seguridad nacional y de política exterior de la administración Obama para América Latina es necesario ponderar lo expuesto a la luz de sus proyecciones generales hacia la región. Y en este sentido, habría que tener presente, por ejemplo, sus palabras en la V Cumbre de las Américas, efectuada en abril de 2009 en Trinidad-Tobago. Allí planteó, de modo explícito, renovar «el liderazgo», «la credibilidad» y «la influencia» de su país sobre el hemisferio occidental, argumentando la conveniencia de que los Estados Unidos comenzaran «una nueva era» en sus relaciones con América Latina, con una clara alusión a las bases históricas establecidas desde la doctrina Monroe y el Panamericanismo hasta la Alianza para el Progreso y la iniciativa para las Américas. Partía de que tales metas se habían deteriorado a causa de que la administración de W. Bush «se embarcó en una guerra desquiciada con Irak» y abandonó su promesa de «hacer de Latinoamérica un compromiso fundamental de su presidencia».[29]

En consecuencia, achacaba a su predecesor la responsabilidad ante lo que llamó una actitud de «negligencia hacia nuestros amigos, inefectiva con nuestros adversarios, desinteresada por los problemas que sufre la gente e incapaz de hacer avanzar nuestros intereses en la región». Ese «vacío» (al decir de Obama) habría sido ocupado por «demagogos como Hugo Chávez» y sus aliados hemisféricos, así como por otros países de Europa y Asia; entre los que destacó a la República Popular China e Irán.[30]

Con la misma retórica de sus antecesores sobre «la interdependencia, la prosperidad, la seguridad, la libertad, la democracia, los intereses compartidos y los valores comunes», Obama establece (o mejor decir, retoma, actualiza) un esquema de relación con América Latina basada en viejas concepciones y herramientas de dominación, que ahora denomina como «una nueva alianza» entre los Estados Unidos y los gobiernos del hemisferio occidental que él considere «democráticos».[31] Desde esa perspectiva, una vez más reaparece el enfoque que justifica la llamada defensa de la seguridad nacional como sombrilla que ampara disímiles acciones para proteger la democracia y los intereses compartidos con Estados Unidos.

Desde esa óptica, Obama justifica y hasta asume los principales componentes de las políticas de seguridad represivas e intervencionistas hacia México, Centroamérica y la región andino-amazónica impulsadas por W. Bush.

Está claro que durante la mencionada V Cumbre de las Américas Obama despliega acciones novedosas que rompen con el estilo tanto de W. Bush como de Clinton, y de que no podrían obviarse las conversaciones que después de esa cita se producen entre funcionarios estadounidenses de diversas jerarquías con sus correspondientes contrapartes de Bolivia y Cuba. Pero el análisis expuesto deja ver las pautas de continuidad de la política latinoamericana de Obama con respecto a la de G.W. Bush.

Las dimensiones militares y de seguridad de la «nueva» alianza de las Américas promovida por Obama a través de la Alianza para la Seguridad y Prosperidad de América del Norte (ASPAN) y de la llamada Iniciativa Mérida, ambas impulsadas desde antes por la administración de W. Bush, reflejan de manera clara la continuidad básica, por encima de las diferencias formales, de estilo y de tono, con anteriores enfoques sobre la seguridad nacional, concebida como eje de la proyección latinoamericana de Estados Unidos. En buena medida, en ello están presente códigos de la «terminada» guerra fría.

Quizás lo más sustantivo, en esas continuidades, sea que el liderazgo estratégico, más allá de la pretensión de fundarse en intereses pretendidamente comunes o compartidos, responde a los intereses vitales de los Estados Unidos y a la necesidad de preservar la primacía que han ejercido. De allí que el enfoque de seguridad nacional se oriente a evitar la consolidación de cualquier potencia, amiga o no, con capacidad de disputarles la hegemonía. La defensa de esos intereses y el ejercicio de la primacía es presentada *per se* como la defensa de los principios e ideales fundadores de la nación norteamericana. Solo que esto no es nuevo; así ha sido a lo largo de la historia de los Estados Unidos. El valor de la libertad y la democracia ha sido utilizado como un instrumento hegemónico o de dominación, según el caso. Apelando a estos valores y a la defensa de su concepción de los derechos, los Estados Unidos han justificado sus intervenciones e imposiciones y tratado de legitimar la autodesignación de «gendarmes» universales de la democracia y los derechos humanos. Con Obama, veinte años después de «sepultada» la guerra fría, la perspectiva que sostiene la doctrina, la estrategia, el enfoque de seguridad nacional, reitera, de alguna manera, una versión ideológica del Destino Manifiesto para el siglo XXI, en tanto que desde el punto de vista militar da continuidad al fortalecimiento de las fuerzas armadas, a su presencia hemisférica y global, dentro de una concepción estratégica de garantizar la hegemonía a través de medios bélicos y del desarrollo de un «poder inteligente», procurando las mejores vías para mantener y reproducir los objetivos del imperialismo.

Con herramientas teóricas, históricas y políticas como las que se derivan de un análisis (incompleto) como el que se ha sugerido, es que se puede conjugar dialécticamente, desde el compromiso que asumimos como parte de la izquierda en América Latina, la tarea a que Marx convocara desde su undécima tesis, sobre Feuerbach, cuando afirmaba que el mundo había sido muy interpretado, y de que se trataba, en cambio, de transformarlo. Hoy, a veinte años del derrumbe del «socialismo real» y del presunto «fin» de la guerra fría, nos enfrentamos a un mundo que ha sido muy transformado, por la globalización, el neoliberalismo y en el caso latinoamericano, por las maneras específicas con que el imperialismo le ha insertado en sus enfoques —hegemónicos, dominantes— de seguridad nacional. De lo que se trata, entonces, es de interpretarlo, de comprenderlo, para poder seguir actuando.

Notas

1.   Véase Jorge I. Domínguez: «U.S.-Cuban Relations: From the Cold war to the Colder War», *Journal of Interamerican Studies and World Affairs*, Vol. 39, No. 3, Fall, 1997.

2.   Véase a Lilia Bermúdez Torres: «La seguridad nacional de Estados Unidos: reconceptualización y tendencias», *Revista Mexicana de Política Exterior* no. 59, Instituto Matías Romero, SRE, México, 2000; Jorge Hernández Martínez: «Estados Unidos-América Latina: el contrapunteo histórico entre la hegemonía y la seguridad nacional», *Cuadernos de Nuestra América* no. 31, CEA, La Habana, julio-diciembre, 2004; y Raúl Benítez Manaut: «Seguridad hemisférica, debates y desafíos», *Cuadernos de América del Norte* no. 4, CISAN-UNAM, México, 2005.

3.   Roberto Regalado: «El nuevo orden mundial y la reforma del sistema interamericano», *Cuadernos de Nuestra América* no. 32, CEA, La Habana, agosto-diciembre, 2003, p. 49.

4.   Véase a Robert Pastor: *Whirpool. U.S. Foreign Policy Toward Latin America and the Caribbean*, Princeton University Press, 1992. O la edición en español: *El remolino. Política exterior de Estados Unidos hacia Latinoamérica y el Caribe*, Siglo XXI, México, 1995. Véase también a Lars Schoultz: *Beneath the United States*, Harvard University Press, 1999.

5.   Jorge Castañeda: *La utopía desarmada*, Editorial Joaquín Mortiz, México, 1993, p. 3.

6.   Véase a Joseph S. Tulchin, Raúl Benítez Manaut y Ruth Diamint (coordinadores): *El rompecabezas. Conformando la seguridad hemisférica en el siglo XXI*, Prometeo Libros/ Universidad de Bologna, Buenos Aires, 2006.

7.   Citado por Jorge Hernández Martínez: «Los Estados Unidos y las relaciones interamericanas ante el nuevo milenio», *Cuadernos de Nuestra América*, La Habana, XIII (26)- XIV (27), julio-diciembre 2002, 100-128.

8.   Abraham F. Lowenthal: «El hemisferio interdoméstico», *Relaciones Internacionales*, UNAM no. 57, enero-marzo, 1993, pp. 13-14.

9.   Esta problemática es extensa y reiteradamente analizada, entre otros, por autores como Luis Suárez Salazar y Roberto Regalado Álvarez en disímiles trabajos, publicados en las revistas *Tricontinental* (editada por la OSPAAAL), *Cuadernos de Nuestra América* (publicada por el CEA) y *Contexto Latinoamericano* (de la editorial Ocean Sur).

10. Véase el artículo de Rafael Fernández de Castro: «Entre la excepción y el compromiso: Bush ante América Latina», *Foreign Affairs en Español*, ITAM, México, Vol. I, no. 3, Otoño-Invierno 2001, en el que pasa revista a las relaciones interamericanas durante el período comprendido entre 1991 y 2000, con énfasis en los desafíos que enfrenta Estados unidos bajo la doble Administración Clinton. También véase el análisis que realizan Joseph Tulchin en «Reflexiones sobre las relaciones hemisféricas en el Siglo XXI», *Síntesis*, Madrid, no. 25, Enero-Junio, 1996, y el de Peter H. Smith, en su ponencia titulada «Trouble Ahead? Prospects for U.S. Relations with Latin America», *CILAS*, UCSD, julio de 1998.

11. Rafael Fernández de Castro: «Entre la excepción y el compromiso: Bush ante América Latina», op. cit., p. 56.

12. Abraham F. Lowenthal: «De la hegemonía regional a las relaciones bilaterales complejas», *Nueva Sociedad* no. 206, Caracas, 2006, p. 74.

13. Claudio Fuentes y David Álvarez: «¿América Latina en la encrucijada? Factores de riesgo e inseguridad», *Nueva Sociedad* no. 198, Caracas, 2005, p. 85.

14. Roberto Russell: «América Latina para Estados Unidos: ¿especial, desdeñada, codiciada o perdida?», *Nueva Sociedad* no. 206, Caracas, 2006, pp. 53-54.

15. Como referencias, véanse la *Estrategia de Seguridad Nacional 2002*, así como los discursos del presidente George W. Bush en West Point, en 2001, y en el portaviones Lincoln, en 2003 (www.whitehouse.gov/news/releases).

16. Los dos tanques pensantes más importantes de los neoconservadores son el American Enterprise Institute (AEI) y el Project for the New American Century (PNAC).

17. Las principales publicaciones periódicas neoconservadoras son: *The Weekly Standard*, *The Public Interest* y *Commentary*.

18. Vea ese discurso en (http://www.whitehouse.gov/news/releases/2002/01/20020129-11. html).

19. Vea ese discurso en (http://www.whitehouse.gov/news/releases/2002/06/20020601-3. html).

20. Vea ese discurso en (http://www.msnbc.msn.com/id/.../ns/politics-state_of_the_ union/).

21. Philip H. Gordon: «The End of the Bush Revolution», *Foreign Affairs*, julio/agosto 2006.

22. *Estrategia de Seguridad Nacional de Estados Unidos*, 16 de septiembre de 2006. Versión impresa en español, Servicio de Publicaciones de la Embajada de EUA en México, México D.F., 2006.

23. Véase a Susan George: *El pensamiento secuestrado: cómo la derecha laica y la religiosa se han apoderado de Estados Unidos*, Icaria, Barcelona, 2007.

24. Véase a Jorge Hernández Martínez: «Estados Unidos y la lógica del imperialismo. ¿Perspectivas de cambio bajo la Administración Obama», *Cuba Socialista*, no. 55, La Habana, 2010. Véase también, del mismo autor: «Obama y el ciclo de la política norteamericana: ¿Hacia un nuevo proyecto nacional?, *Cuadernos de Nuestra América* no. 45, CEA, La Habana, enero-junio de 2010.

25. Barack Obama: *Discurso de toma de posesión*, 20 de enero de 2009, Washington D.C., (http://www.america.gov/st/usgspanish/2009/January).

26. Ibídem.

27. Barack Obama: *Discurso sobre la seguridad y los valores de EEUU*, pronunciado en 2009 (http://www.america.gov/st/usg-spanish).

28. Véase la *Estrategia de Seguridad Nacional 2010*, presentada por Barack Obama el 27 de mayo de ese año. Versión electrónica traducida por la Embajada de los Estados Unidos en México.

29. Barack Obama: discurso del 23 de mayo del 2008.

30. Ibídem.

31. Véase el análisis que al respecto realiza Luis Suárez Salazar en su trabajo «La ambivalente política hemisférica de Barack Obama: una primera evaluación», publicado en *América Latina en Movimiento* con fecha 16 de julio de 2009, en cuyos datos e interpretaciones se apoyan nuestras aproximaciones.

Ensayo sobre una ventana abierta

Valter Pomar

Este ensayo aborda cuatro temas: en qué situación se encontraba la izquierda latinoamericana en su conjunto en el año 1991, qué pasó con esta izquierda desde entonces, cuál es su situación actual y cuáles son sus perspectivas

El contexto de 1991 fue escogido debido a la desaparición de la Unión Soviética, sobre lo que hablaremos más adelante.

Pero antes es preciso recordar que la desaparición de la Unión Soviética fue, en sí misma, el punto final de un intento iniciado en 1917, que consistió en emprender la construcción del socialismo en un país de bajo desarrollo capitalista, con la expectativa de que esto estimularía la revolución en los países del capitalismo más desarrollado, lo que a su vez ayudaría a la transición socialista en la propia Rusia.

Sucede que en las décadas siguientes a octubre de 1917 no se produjo revolución victoriosa alguna en los países capitalistas desarrollados. Por el contrario, hubo un giro a la derecha, en especial, en Alemania. Y, hecho el balance global de la II Guerra Mundial y de sus consecuencias, no estaremos lejos de la verdad al decir que las implicaciones derivadas de la existencia de la Unión Soviética salvaron la democracia parlamentaria burguesa, forzaron la instalación del llamado Estado de bienestar social, estimularon la formación de un cártel internacional bajo el liderazgo de los Estados Unidos y, a fin de cuentas, ayudaron al capitalismo a vivir «años dorados» de expansión que resultaron en la emergencia de una nueva etapa capitalista, la que vivimos hoy.

El «campo socialista» surgido después de la II Guerra Mundial no cumplió, para la Unión Soviética, el papel que supuestamente las revoluciones de los países avanzados cumplirían a favor de la Rusia revolucionaria de 1917. Básicamente, China y las democracias populares del Este europeo también eran países de bajo desarrollo capitalista. Por ello, tomado de conjunto, el esfuerzo del llamado campo socialista lo que hizo fue generalizar un patrón de desarrollo que en los países capitalistas ya estaba siendo superado, en el contexto de un sistema político que ya era cuestionado interna y externamente por sectores de la propia clase trabajadora. Aun así, en condiciones normales de temperatura y presión, no era desatinada la idea de que a largo plazo el campo socialista podría competir y derrotar al campo capitalista, pero solo si este no sufría una transformación cualitativa.

Sucede que el «campo capitalista» surgido después de la II Guerra Mundial era un adversario más difícil, entre otros motivos, porque la alianza interimperialista contra la URSS y las consecuencias macroeconómicas del *welfare state*, combinadas con la continuidad del imperialismo, facilitaron un desarrollo intenso de las fuerzas productivas. Desarrollo que la Unión Soviética y sus aliados no lograron alcanzar, salvo en segmentos específicos, compartimentados y/o con alto costo social, como en la industria armamentista.

En este contexto, la crisis de los años setenta cumplió un papel distinto a aquella de los años treinta. En los años treinta se produjo una «crisis de madurez» del capitalismo, que desembocó en la II Guerra Mundial, en la ampliación del campo socialista, en el surgimiento del Estado de bienestar social y en la descolonización. Ya la crisis de los años setenta fue «de crecimiento», detonando la transición del capitalismo imperialista clásico a una etapa distinta del capitalismo, el capitalismo imperialista neoliberal que vivimos hoy.

La socialdemocracia en Europa Occidental, el comunismo tipo soviético, el nacional desarrollismo latinoamericano, así como los nacionalismos africanos y asiáticos fueron forjados en la lucha y en las victorias parciales obtenidas contra el capitalismo imperialista clásico. Pero no tuvieron el mismo éxito al enfrentarse al tipo de capitalismo que emergió de la crisis de los años setenta. Mejor dicho, una variante, el comunismo chino, optó por un cambio estratégico, y exhibe treinta años después resultados impresionantes desde el punto de vista de la potencia económica, pero con complicaciones políticas y geopolíticas muy específicas.

La desaparición de la URSS y de las democracias populares del Este europeo fue, por tanto, resultado de una de las batallas de un proceso más amplio, a saber, la transición entre dos etapas del capitalismo: la del imperialismo clásico y la del imperialismo neoliberal. Evidentemente, fue una batalla de enorme significado estratégico, aunque algunas de sus implicaciones solo ahora están quedando claras. Pero la verdad es que parte de los fenómenos ocurridos después de 1991 ya estaban en curso en los años ochenta, y fueron acelerados, pero no propiamente creados, por el fin de la URSS.

Si observamos la correlación mundial de fuerzas desde el punto de vista de las clases, el período inmediatamente anterior y posterior a 1991 es de derrota para las clases trabajadoras. Esta derrota puede ser medida objetivamente, en términos de extensión de las jornadas laborales, el valor relativo de los salarios, las condiciones de trabajo y la oferta de servicios públicos y de democracia real.

Desde el punto de vista de las ideas, en el período mencionado vivimos un auge del individualismo, en detrimento de los valores públicos, sociales y colectivos, y la simultánea ofensiva de las ideas pro-capitalistas, acompañada del retroceso, muchas veces en desbandada carrera, de las ideas anticapitalistas.

Políticamente, se produjo un fortalecimiento de los partidos de derecha, y la conversión de muchos partidos de izquierda a posiciones de centroderecha. Militarmente, se creó un desequilibrio global a favor de la OTAN, y de los Estados Unidos en particular.

Veinte años después, observada globalmente, la situación cambió un poco, pero no tanto. El capitalismo neoliberal entró en un período de crisis, se agudizaron los conflictos intercapitalistas, algunas creencias neoliberales ya no tienen la credibilidad de antes. Además de eso, en algunas regiones del mundo, las ideas anticapitalistas volvieron a ganar espacio.

Pero, al observar las condiciones objetivas de vida de la clase trabajadora en todo el mundo, veremos que hoy la desigualdad es mayor que en los años setenta, ochenta o que en 1991.

Veremos también una clase trabajadora diferente.

Primero, es mayor: existen más proletarios en el mundo hoy que en 1970, 1980 ó 1991. Segundo, la clase trabajadora está hoy más intercomunicada, sea por los lazos objetivos entre los procesos productivos, sea por el consumo de productos fabricados en lugares distantes. Tercero y paradójicamente, es una clase trabajadora más fragmentada subjetivamente, sea debido a las condiciones materiales de vida (comparemos, por ejemplo, el personal de limpieza de los grandes centros comerciales, con las personas que van a ellos a hacer sus compras), o sea debido a los cambios ocurridos en los lugares de trabajo. Esto, pese a los avances de las comunicaciones, internet incluido.

Con otras palabras, la ofensiva desencadenada por el capitalismo contra la clase trabajadora a partir de la crisis de los años setenta, perdió aliento. En algunos lugares, estamos logrando incluso recuperar parte del espacio perdido. Pero el escenario aún tiene mucho de tierra arrasada. En el plano ideológico, esto se traduce en una tremenda confusión y déficit teórico.

Desde el punto de vista ideológico y teórico, el movimiento anticapitalista de hoy también es muy diferente del que existía entre los años 1970 y 1991.

En aquel momento, a pesar de la existencia de «disidencias» variadas, el anticapitalismo todavía estaba hegemonizado por una corriente específica: el marxismo de tipo soviético.

La idea fundamental de este marxismo era la creencia en la capacidad de construir socialismo a partir de un capitalismo poco desarrollado. A partir de aquella creencia, se desarrolló un conjunto de otras tesis al respecto del proceso de construcción del socialismo, entre las cuales se destacaba la de una «democracia bajo control del partido».

Una consecuencia lógica: si las condiciones objetivas no favorecen la construcción del socialismo, es preciso compensar esto con dosis descomunales de «condiciones subjetivas», las que al final puede significar imponer a la mayoría (de la sociedad) el punto de vista de la minoría (no el punto de vista de la clase trabajadora, sino el punto de vista de una parte minoritaria dentro de la propia clase trabajadora).

La disolución de la URSS desmontó el marxismo de tipo soviético.

Esto no quiere decir que todo aquello que se hizo en su nombre haya sido errado, no tenga valor histórico, no deba defenderse o no haya sido la alternativa realmente existente (o el mal menor) en determinadas circunstancias.

Cuando hablamos de desmontaje, queremos decir que fracasó una de sus ideas fundamentales: la de que era posible construir el socialismo a partir de un capitalismo poco desarrollado, idea que asumió varias formas, como la del «socialismo en un solo país», y que generó una confusión, que sigue existiendo hoy, entre transición socialista y comunista.

Esta confusión se basa en el siguiente hecho: en la experiencia soviética, por diversos motivos, hubo una intento más o menos intenso, más o menos exitoso, de eliminar rápidamente de la transición socialista la existencia de la propiedad privada y del mercado, algo que de hecho solo podía ocurrir en un momento más avanzado del proceso de transición al comunismo.

En la práctica, fue una tentativa de socializar las relaciones de producción en un contexto de bajo desarrollo de las fuerzas productivas, adoptando la forma de un comunismo para el cual aún no había suficiente contenido económico.

Por este y otros motivos, el marxismo de tipo soviético fue una escuela teórica que entorpeció más de lo que ayudó al desarrollo del análisis marxista de la realidad y de la estrategia a adoptar, tanto en los países capitalistas desarrollados, como en los de bajo desarrollo capitalista.

A pesar de esto, el desmontaje del marxismo de tipo soviético, incluido en esto el desmontaje de sus periódicos, editoriales y escuelas, lejos de ayudar, efectivamente perjudicó al conjunto de las tradiciones marxistas, socialistas no marxistas y anticapitalistas no socialistas.

Entre otros motivos, porque destruyó la creencia, que hasta entonces era compartida por centenares de millones de personas, de que el mundo caminaba hacia el socialismo, de que el capitalismo es un período histórico que algún día tendrá fin, de que la lucha por una nueva sociedad es la principal tarea de la clase trabajadora y otras similares.

Esta creencia tenía y sigue teniendo una base científica muy sólida, pero la ciencia indica cuáles son las tendencias posibles del desarrollo histórico. Convertir estas tendencias en realidad depende de la lucha política, y la intensidad de esta lucha política depende en parte de la motivación militante de centenares de millones, que durante décadas identificaban, como si fuesen la misma cosa, la lucha por el socialismo y lo que existía en la URSS. Y que, ante el fin de una, concluyeron que el otro también había finalizado.

El desmontaje del marxismo de tipo soviético no desembocó en —ni fue seguido de— un fortalecimiento de las corrientes también inspiradas en el marxismo que se oponían a él.

La más conocida de estas corrientes, el trotskismo, nació de la crítica contra el socialismo en un solo país, pero como no podía dejar de hacer, terminó concentrando su crítica en las dimensiones políticas del fenómeno (el estalinismo, la burocracia, la crisis de dirección). Este desarrollo fue en parte una consecuencia lógica: el socialismo de tipo soviético resistió y consolidó una hegemonía de la izquierda, a lo largo de muchas décadas, desmintiendo en apariencia aquello que, en efecto, era su problema central, el intento de construir el socialismo a partir del capitalismo poco desarrollado.

Esto provocó que el trotskismo realmente existente no diese la debida atención a las debilidades estructurales del socialismo real, concentrando las esperanzas en la posibilidad de éxito de una «revolución política» que corregiría el curso de la «verdadera revolución secuestrada por la burocracia estalinista». Al hacer esto, contradecían los fundamentos de su propia crítica al «socialismo en un solo país». Y, al fin y al cabo, las revoluciones políticas realmente existentes abrieron el paso al capitalismo en toda la línea.

Como resultado de esto, pese a que un cierto acento trotskista se ha tornado hegemónico entre los que critican al marxismo de tipo soviético, la tradición trotskista no logró convertirse en el núcleo teórico a partir del cual se pueda realizar hoy, ni la crítica al socialismo del siglo XX, ni la discusión sobre la estrategia socialista en el siglo XXI, pues para ello sería y será preciso abordar de manera adecuada la relación entre desarrollo capitalista y transición socialista.

El eurocomunismo también fracasó como alternativa. Además de todos los equívocos políticos que puedan haber sido cometidos por aquellos partidos, el intento de transitar pacíficamente del «capitalismo organizado» europeo de los años cincuenta y sesenta, en dirección a un «socialismo renovado», enfrentaba un dilema de origen: aquellas sociedades expresaban, en sí mismo, un equilibrio inestable, entre el «campo» socialista y el capitalista, entre la burguesía y los trabajadores de cada país, así como entre el nivel de riqueza producido en cada país y el plus que se extraía de la periferia.

El intento de avanzar, del *welfare state* en dirección a la transición socialista, rompía aquel equilibrio inestable, desestabilizando las libertades democráticas que eran la premisa de una transición pacífica. Recuérdese la Operación Gladio.

El desmontaje del marxismo de tipo soviético tampoco provocó el fortalecimiento teórico de las corrientes socialdemócratas, surgidas de un tronco común en 1875.

La socialdemocracia posterior a 1914 enfrentó inmensas dificultades para sobrevivir, como quedó claro en sus bastiones alemán y austriaco. Su éxito posterior a la II Guerra Mundial fue, en buena medida, un efecto colateral de la existencia de la URSS. Sin ella, tal vez la democracia burguesa hubiese colapsado ante el nazismo; e igualmente sin la URSS, el *welfare state* y el «capitalismo organizado» difícilmente hubieran existido. Lo que ocurrió con posterioridad refuerza esta interpretación; la desaparición de la URSS destruyó las bases económicas, sociales y políticas de aquella socialdemocracia.

La era de oro de la socialdemocracia fue también la era de oro del capitalismo, y tanto una como el otro dependían en gran medida de la existencia de la URSS. Caída esta, aquella también se vino abajo, aunque a una velocidad más lenta que la del colapso del comunismo soviético.

¿Y los chinos? Ellos parecen haber aprendido de la experiencia soviética y prefirieron hacer un retroceso estratégico, mediante grandes concesiones al capitalismo. En parte como resultado de estas concesiones (que según algunos no serían apenas concesiones, sino conversiones), el marxismo de tipo chino es internacionalmente menos atractivo de lo que fue, en su época de gloria, el marxismo de tipo soviético en todas sus variantes, incluso en la variante maoísta.

En resumen de todo lo dicho, el desmontaje del marxismo de tipo soviético no fue seguido de la aparición de otra tradición hegemónica en el seno de la izquierda mundial. Lo que ocupó su lugar, en vez de una pluralidad, fue una inmensa confusión, que a los amantes de las analogías históricas los hace pensar en lo que fue el movimiento socialista después de la derrota de las revoluciones de 1848.

Conviene recordar que fue en el intervalo entre 1848 y 1895 que, a través de la combinación de procesos objetivos con la lucha ideológica dentro y fuera del movimiento socialista, se formó el núcleo fundamental de las ideas marxistas.

Paradójicamente, lo que viene ocurriendo en el mundo desde la crisis de los años setenta, particularmente después de 1991, confirma el acierto de las ideas fundadoras del marxismo, especialmente la idea de que el aumento de la productividad humana, aumento que el capitalismo incentiva, crea al mismo tiempo las bases materiales y la necesidad de una sociedad de otro tipo, basada en la apropiación colectiva de aquello que es producto del trabajo colectivo.

Esta sociedad de otro tipo, que conviene seguir llamando comunista, para diferenciarla de la transición socialista en dirección al comunismo, no será, pese a todo, producto espontáneo de la sociedad capitalista.

La tendencia «espontánea» del capitalismo es a generar explotación, revuelta y crisis, acompañada de guerras. Si la clase trabajadora, la clase de los que producen la riqueza, no se organiza para superar al capitalismo, este

podrá continuar existiendo, o podrá alcanzar sus propios límites, destru-
yendo a todos y todo.

La superación del capitalismo como modo de producción depende de la
existencia de una base material que convierta la explotación en algo totalmente anacrónico. Con otras palabras, de un aumento de la productividad
social que «desvalorice» cada vez más los productos del trabajo (o sea, que
reduzca casi a cero el tiempo de trabajo socialmente necesario), haciendo
posible conjugar el máximo de abundancia con el mínimo de trabajo.

Ya lo que es la superación del capitalismo como fenómeno histórico
concreto, depende de la lucha política, o sea, que los trabajadores, la clase
productora de riquezas, se convierta en clase hegemónica y reorganice la
sociedad, lo que implica un proceso de transición (socialismo) al final del
cual se construirá otro modo de producción (el comunismo).

Luchar políticamente por este objetivo, por lo tanto, significa combinar
conciencia y organización, táctica y estrategia, reforma y revolución.

Se trata de la lucha para superar la explotación y la opresión típicas del
capitalismo. En este sentido, es una lucha contemporánea contra el capitalismo. Por otro lado, se trata de la lucha por superar la sociedad de clases, o
sea, superar toda una época histórica en que una parte de la sociedad explota
el trabajo de la otra. En este sentido, se trata de una lucha que posee identidad con la lucha de las clases explotadas en modos de producción anteriores
al capitalismo. Y se identifica también con otras luchas que se libran, en el
capitalismo, contra mecanismos de opresión y explotación que no son estrictamente económicos, tales como el racismo, el machismo y la homofobia.

Debemos hacer el máximo esfuerzo para que una lucha potencie a las
otras y viceversa, pero debemos también recordar que son luchas conectadas, interdependientes, pero no son la misma cosa. La lucha contra el
racismo, contra la homofobia, contra el machismo, los conflictos generacio-
nales y otros, tiene sus propias raíces, demandan sus propios combates y sus
soluciones específicas.

Lo que decimos en los párrafos anteriores no encuentra traducción política consistente en Oceanía, África, Europa y los Estados Unidos. Ya en América Latina estamos asistiendo, hoy, a diversos intentos de enfrentar estos
temas e iniciar un nuevo ciclo socialista, un debate y una acción práctica

que, como apuntó recientemente el historiador Eric Hobsbawm, se alcanza recurriendo en gran medida a las categorías clásicas del marxismo.

Esto nos remite a las cuestiones planteadas al inicio de este ensayo: a la situación en que se encontraba la izquierda latinoamericana en su conjunto, en el año 1991; qué sucedió con esta izquierda desde entonces; cuál es su situación actual; y cuáles son sus perspectivas.

La izquierda latinoamericana fue globalmente derrotada en los años sesenta y principios de los años setenta: la Revolución Cubana fue bloqueada; otros procesos populares, nacionalistas y revolucionarios fueron derrotados; las guerrillas latinoamericanas no tuvieron éxito; la experiencia de la Unidad Popular terminó de forma trágica; y gran parte del continente fue sometido a dictaduras de facto y de derecho.

Entre finales de los años setenta e inicio de los ochenta, hubo una inflexión: las grandes luchas sociales en Brasil y la victoria de la guerrilla sandinista son dos ejemplos de esto. Durante la década de 1980, las dictaduras ceden espacio. Pero en su lugar surgen democracias restringidas y cada vez más influenciadas por el neoliberalismo. Las victorias de Collor en Brasil (1989) y de Chamorro en Nicaragua (1990), entre otras, abrieron entonces el camino para una década de hegemonía neoliberal.

Es en ese contexto que, en 1990, inmediatamente antes de la disolución de la URSS, una gran parte de la izquierda latinoamericana decidió encontrarse en un seminario cuyas derivaciones dieron origen al Foro de São Paulo.

La disolución de la URSS tuvo impactos materiales directos sobre Cuba. Sobre los demás países, en especial, sobre sus izquierdas, los impactos fueron principalmente ideológicos y políticos. Pero la proximidad amenazadora de los Estados Unidos, la lucha reciente contra las dictaduras y los embates contra el neoliberalismo naciente parecen haber funcionado como una «vacuna», que limitó los efectos desmoralizantes que la crisis del socialismo tuvo sobre vastos sectores de la izquierda en otras regiones del mundo.

No es que no haya habido deserciones, traiciones y conversiones ideológicas. Pero, visto de conjunto y de manera comparativa, la izquierda latinoamericana salió mejor que su congénere europea.

En esto influyeron, también, otros cuatro factores.

Primero: debido al «lugar» ocupado por nuestra región en la división del trabajo vigente en el período imperialista clásico, no tuvimos en nuestro continente una experiencia socialdemócrata equivalente al Estado de bienestar social, que cristalizase la creencia de que era posible conciliar capitalismo, democracia y bienestar social. Lo que llegó más cerca de esto (el populismo, especialmente el argentino) fue combatido con violencia brutal por las oligarquías y por el imperialismo. Con otras palabras, incluso donde la izquierda luchaba por banderas de tipo capitalista, la burguesía realmente existente era en general un sólido adversario. Esto, aunque no había eliminado las ilusiones, dio a las luchas de los años ochenta un sesgo mucho más radical, sin el cual algunos éxitos de la resistencia al neoliberalismo no habían sido posibles.

Segundo: a pesar de los equívocos, de las limitaciones y principalmente a pesar del retroceso causado por la combinación entre el bloqueo estadounidense y el colapso de la URSS, la valiente resistencia cubana impidió que asistiésemos, entre nosotros, a las escenas deprimentes y desmoralizantes vistas en el Este europeo y en la propia URSS. Además de eso, ciertas características de la sociedad cubana seguían siendo un diferencial positivo, para el trabajador pobre de la mayoría de los países latinoamericanos; no era así, en Europa, en gran parte de los casos y de las personas. Esto hizo más fácil, para grandes sectores de la izquierda latinoamericana, mantener la defensa del socialismo, percibir las especificidades nacionales y mantener una actitud más crítica en cuanto a modelos supuestamente universales, especialmente los venidos de otras regiones.

Tercero: la hegemonía neoliberal, combinada con el predominio estadounidense ocasionado por la desaparición de la URSS, era efectivamente un riesgo, no solo para las izquierdas, sino también para la soberanía nacional y para el desarrollo económico latinoamericano, y fue percibido inmediatamente como tal. Para muchas organizaciones de la izquierda regional, esto permitió compensar con nacionalismo y desarrollismo lo que se perdía o se diluía en términos de contenido programático socialista y revolucionario.

Cuarto: el fin de la URSS abrió inmensas oportunidades de expansión para las potencias capitalistas, especialmente para los Estados Unidos y para la naciente Unión Europea. De ahí se derivó una concentración de esfuerzos en el Este europeo y en el Oriente Medio, acompañada de una cierta «despreocupación sistémica» con lo que estaba ocurriendo en el patio trasero latinoamericano. Esto explica, no el hecho en sí, sino la velocidad con que los partidos críticos del neoliberalismo llegaron al gobierno, a partir de 1998, en importantes países de la región.

Paradójicamente, fue a partir de entonces que se evidenciaron ciertas consecuencias del fin de la URSS, así como las derivadas del surgimiento del capitalismo neoliberal. Implicaciones que pesaban sobre las acciones de la izquierda latinoamericana, exactamente en el momento en que comenzaba a conquistar los gobiernos nacionales de sus países.

Comencemos por las ideológicas. Las izquierdas que llegan al gobierno a partir de 1998, pero también aquellas que se mantuvieron desde entonces en la oposición, en algunos casos contra la derecha, en otros casos contra los gobiernos progresistas y de centroizquierda, no lograron superar la confusión ideológica y tampoco lograron resolver el déficit teórico, que se expresa en tres terrenos fundamentales: el del balance de los intentos de construcción del socialismo del siglo XX, el de análisis del capitalismo del siglo XXI y el de la elaboración de una estrategia adecuada al nuevo período histórico.

Los intentos de elaborar una teoría sobre el «socialismo del siglo XXI» son caleidoscópicos; los análisis del capitalismo neoliberal aún son tentativos; y los resultados prácticos muestran los límites de las distintas estrategias. La confusión se agrava por la influencia de ciertas «escuelas» muy activas en la izquierda, como el desarrollismo, el etapismo o el movimientismo, sin hablar de cierto culto al martirio («pocos pero buenos», «cuanto peor, mejor» y otros del mismo género).

Claro que la confusión ideológica y la limitación teórica no constituyen un problema tan grave, cuando el viento está a favor. En cierto sentido, ocurre lo contrario. Una cierta dosis de ignorancia acerca de los límites materiales ayuda a millones de personas a, al no saber que algo «es imposible», extender, y mucho, los límites de lo posible. Pero, cuando el viento no sopla a favor, la claridad teórica y la consistencia ideológica se tornan activos fundamentales. Y hoy, en 2012, estamos en un momento de vientos contradictorios.

Hablemos ahora de las implicaciones políticas. La principal de ellas es que, salvo raras excepciones, el conjunto de las izquierdas latinoamericanas incorporó la competencia electoral, parlamentaria y gubernamental, a su arsenal estratégico. O sea, incorporó un arma típica del arsenal socialdemócrata, en el exacto momento en que en el viejo mundo los aspectos progresistas de la democracia burguesa y de la socialdemocracia clásica están en declive.

La incorporación de esta arma fue posible por diversos motivos. De parte de las izquierdas, podemos citar la derrota político-militar de las experiencias guerrilleras, la reducción de los preconceptos (bien fundados o no) contra la «democracia burguesa», y la dinámica particular que permitió una más o menos exitosa combinación entre lucha social y electoral en cada país. Pero para que el arma electoral fuese utilizada con cierto éxito por las izquierdas, desde el final de los años noventa hasta ahora, es preciso considerar también el cambio relativo en la actitud de los Estados Unidos, de las derechas y de las burguesías locales, que en varios países no tuvieron los medios y/o los motivos para bloquear electoralmente a las izquierdas.

Pero, pasada cierta euforia inicial, las distintas izquierdas latinoamericanas se toparon con los límites derivados del camino electoral. De diferentes maneras, hasta porque las izquierdas, los procesos y las culturas políticas son distintas, se fueron evidenciando las diferencias entre Estado y gobierno; la difícil combinación entre democracia representativa y democracia directa; los límites de la participación popular y de los movimientos sociales; las diferencias entre legalidad revolucionaria y legalidad institucional. Además de eso, los mecanismos de defensa del Estado burgués —como la burocracia, la justicia, la corrupción y las fuerzas armadas— han operado con eficiencia, para constreñir a los gobiernos progresistas y de izquierda. Sea como fuere, quedó en evidencia que la izquierda latinoamericana necesita una mayor comprensión de las experiencias regionales y mundiales que difundieron la vía de las armas electorales como medio para tratar de transformar la sociedad.

La ausencia de claridad al respecto, o mejor dicho, las diferentes interpretaciones sobre el tema, vienen produciendo desde 1998 agudas controversias dentro de la izquierda latinoamericana, entre dos polos y sus variantes intermedias: los que desean avanzar más rápido y los que temen avanzar más rápido de lo que la correlación de fuerzas permite.

Las dos cuestiones anteriores se combinan con una tercera, algo más compleja, referida a la comprensión de la etapa histórica en que vivimos y de los conflictos que están en juego en América Latina.

Como dijimos antes, el fin de la URSS debe ser visto en el contexto de una transición entre el capitalismo imperialista clásico y el capitalismo neoliberal, imperialista también, pero distinto al anterior.

El capitalismo imperialista clásico atravesó por dos momentos: uno marcado por la contradicción interimperialista, otro marcado por la disputa entre «campo socialista» y «campo imperialista». En estos dos momentos, junto a las contradicciones citadas, existían también las contradicciones internas de cada país, así como las existentes entre las metrópolis y las periferias.

Con el fin de la URSS, desapareció también la disputa entre «campos». La contradicción intercapitalista se acentuó y derivó en una nueva variante: la disputa entre los antiguos centros (Estados Unidos, Unión Europea y Japón) y los nuevos centros emergentes (como China y sus aliados, los llamados Brics).

La lucha entre estos centros (viejos y nuevos) y sus respectivas periferias asume distintas formas, igual que son diversas las disputas internas de cada país. Lo importante es identificar que se trata, en lo fundamental, de disputas intercapitalistas: el socialismo se encuentra todavía en un período de defensiva estratégica.

En el caso de América Latina, por ejemplo, hace más de diez años la izquierda viene ampliando su participación en los gobiernos y enfrentando con mayor o menor decisión el neoliberalismo, pero por todas partes el capitalismo sigue siendo hegemónico.

Esto no impide a algunos sectores de la izquierda apellidar el proceso político en curso en sus respectivos países con nombres combativos (diferentes variantes de «revolución»), ni impide a otros sectores de la izquierda «resolver» las dificultades objetivas acusando a los partidos gobernantes de falta de combatividad y de firmeza de propósitos, lo que sin dudas es verdad en varios casos. Pero, más allá de las traiciones, del voluntarismo y del deseo, la verdad parece ser la siguiente: incluso donde la izquierda gobernante sigue fiel a los propósitos socialistas, las condiciones materiales de la época en que vivimos imponen límites objetivos.

Esencialmente, tales límites constriñen a los gobiernos de izquierda, tanto a los políticamente más radicales, a recurrir a métodos capitalistas para producir desarrollo económico, aumentar la productividad sistémica de las economías, ampliar el control sobre las riquezas nacionales, y reducir la dependencia externa y el poder del capital transnacional, especialmente el financiero. E, incluso, tales límites constriñen el financiamiento de las políticas sociales.

Cabe recordar que el capitalismo neoliberal provocó un retroceso en el desarrollo económico latinoamericano. Una de las consecuencias políticas de ese retroceso fue la dislocación, a favor de la oposición de izquierda, de sectores de la burguesía y de las capas medias. Esa dislocación hizo posible la victoria electoral de los actuales gobiernos progresistas y de izquierda, y generó gobiernos pluriclasistas, vinculados genéticamente a la defensa de economías plurales, con un amplio predominio de la propiedad privada, en sus variadas expresiones, incluso las más contradictorias, como la propiedad cooperativa y el capitalismo de Estado.

Vale decir que esta situación no es contradictoria con una de las conclusiones que se pueden sacar de las experiencias socialistas del siglo XX: la socialización de las relaciones de producción depende de la socialización de las fuerzas productivas. Y esta exige métodos capitalistas, con una intensidad inversa al nivel de desarrollo económico.

Al llegar a este punto, podemos resumir lo dicho de la siguiente forma. En el año 1991, la izquierda latinoamericana venía de un doble proceso de derrotas: primero, la derrota del ciclo guerrillero de los años sesenta y setenta; después, la derrota del ciclo de redemocratización de los años ochenta. El fin de la URSS y el ascenso del neoliberalismo abren un tercer período, cuyo desenlace es distinto: se inicia en 1998 un ciclo de victorias electorales, que resulta en una correlación de fuerzas regional favorable, que aún se mantiene.

Las condiciones internas y externas que hicieron posible este ciclo de victorias permitieron a estos gobiernos, en un primer momento, ampliar los niveles de soberanía nacional, democracia política, bienestar social y desarrollo económico de sus países y poblaciones. Pero en lo fundamental esto se hizo redistribuyendo la renta de manera distinta, sin alterar la matriz de producción y distribución de la riqueza.

En un segundo momento, las limitaciones de la propia matriz de producción y distribución de la riqueza, acentuadas por otras variables —políticas, ideológicas, estratégicas, económicas, sociológicas, geopolíticas— hacen que los niveles de soberanía nacional, democracia política, bienestar social y desarrollo económico se mantengan dentro de límites más estrechos de lo esperado inicialmente por la izquierda, gobernante u oposicionista.

Estamos hoy en este segundo momento, que coincide con un agravamiento de la situación internacional, que repercute de dos maneras fundamentales sobre la región: por un lado, complica sobremanera la situación de las economías que dependen del mercado internacional; por otro lado, aumenta la presión de las metrópolis sobre la región, concluyendo aquel período de cierta «desatención estratégica» que facilitó ciertas victorias electorales.

Las limitaciones internas y el cambio de ambiente externo tienden a agudizar el conflicto dentro de cada país, entre las fuerzas sociales y políticas que componen lo que llamamos izquierda; pueden, también, exacerbar algunas diferencias entre los gobiernos de la región.

Dicho esto: ¿cuáles son las perspectivas?

Hay que considerar, en primer lugar, la incidencia sobre la región de macro-variables sobre las cuales no tenemos influencia directa: la velocidad y la profundidad de la crisis internacional, los conflictos entre las grandes potencias, la extensión e impacto de las guerras. Destacamos, entre las macro-variables, aquellas vinculadas al futuro de los Estados Unidos: ¿recuperará su hegemonía global? ¿Concentrará energías en su hegemonía regional? ¿Agotará sus energías en el conflicto interno de su propio país?

Hay que considerar, en segundo lugar, el comportamiento de la burguesía latinoamericana, en especial, de los sectores transnacionalizados: ¿cuál es su conducta frente a los gobiernos progresistas y de izquierda? ¿Cuál es su disposición con respecto a los procesos regionales de integración? ¿Cuál es su capacidad de competir con las burguesías metropolitanas y aspirar a un papel más sólido en el escenario mundial? Del «humor» de la burguesía dependerá la estabilidad de la vía electoral y la solidez de los gobiernos pluriclasistas. O, invirtiendo el argumento, su «falta de humor» radicalizará las condiciones de la lucha de clases en la región y en cada país.

En tercer lugar está la capacidad y disposición de los sectores hegemónicos de la izquierda —partidos políticos, movimientos sociales, intelectualidad y gobiernos. La pregunta es: ¿hasta dónde estos sectores hegemónicos están dispuestos a —y conseguirán— rebasar los límites del período actual, y con qué velocidad? Dicho de otra manera: ¿cuánto conseguirán aprovechar esta coyuntura política inédita en la historia regional, para profundizar las condiciones de integración regional, soberanía nacional, democratización política, ampliación del bienestar social y del desarrollo económico? Y principalmente, está planteada la interrogante de si van a lograr o no alterar los patrones estructurales de dependencia externa y concentración de la propiedad imperantes en la región hace siglos.

Considerando estas tres grandes dimensiones del problema, podemos resumir así las perspectivas: potencialidades objetivas, dificultades subjetivas y tiempo escaso.

Potencialidades objetivas: el escenario internacional y las condiciones existentes hoy en América Latina, en especial en América del Sur, hacen posibles dos grandes alternativas, a saber, un ciclo de desarrollo capitalista con trazos socialdemócratas y/o un nuevo ciclo de construcción del socialismo.

En cuanto a esta segunda alternativa, estamos, desde el punto de vista material, relativamente mejor que la Rusia de 1917, que la China de 1949, que la Cuba de 1959 y que la Nicaragua de 1979.

Dificultades subjetivas: hoy, los que tienen la voluntad no tienen la fuerza, y los que tienen la fuerza no han demostrado la voluntad de adoptar, a una velocidad y con una intensidad adecuadas, las medidas necesarias para aprovechar las posibilidades abiertas por la situación internacional y por la correlación regional de fuerzas. Un detalle importante: no hay tiempo ni materia prima para formar otra izquierda. O bien la izquierda que tenemos aprovecha la ventana abierta, o será la pérdida de una oportunidad.

El tiempo está escaseando: la evolución de la crisis internacional tiende a producir una creciente inestabilidad que sabotea las condiciones de actuación de la izquierda regional. La posibilidad de utilizar gobiernos electos para hacer transformaciones significativas en las sociedades latinoamericanas no va a durar para siempre. La ventana abierta a final de los años noventa todavía no se cerró. Pero la tempestad que se aproxima puede hacerlo.

Concluyo diciendo que el juego aún no ha terminado, motivo por el cual debemos trabajar para que la izquierda latinoamericana, en especial aquella que está gobernando, y dentro de ella la brasileña, haga lo que debe y puede hacerse. Si ello sucede, podremos superar con éxito el actual período de defensiva estratégica de la lucha por el socialismo.

En resumen, la ventana sigue abierta.

El derrumbe de la URSS
y el «cambio de época» en América Latina*

Roberto Regalado

Con el derrumbe de la URSS se cierra la etapa de la historia de América Latina abierta el 1ro. de enero de 1959 por el triunfo de la Revolución Cubana, cuya característica principal —aunque no la única— es el choque entre insurgencia revolucionaria y contrainsurgencia imperialista, y se abre una nueva etapa en la que predominan la lucha de los movimientos sociales y social-políticos contra la reestructuración neoliberal, y la elección de gobiernos de izquierda y progresistas dentro del sistema democrático burgués que, por primera vez, funciona de manera relativamente estable en todo el subcontinente —excepto en Cuba—, aunque socavado por los intentos del imperialismo norteamericano y sus aliados criollos de derrocar a los presidentes Hugo Chávez en Venezuela, Evo Morales en Bolivia, Rafael Correa en Ecuador y Manuel Zelaya en Honduras, con éxito en este último caso.

La metamorfosis ocurrida en estas dos décadas en las condiciones y características de las luchas populares en América Latina no es solo, y quizás ni siquiera en primera instancia, resultado del colapso de la Unión Soviética. Hablar de un *cambio de época*, como lo define el presidente Correa, o utilizar la más modesta expresión *cambio de etapa*, como hacemos aquí, es hablar de un *cambio cualitativo* que se produce cuando, tras una acumulación de *cambios cuantitativos*, entra en acción un *elemento catalizador* que provoca el «salto» de una cualidad a otra. Ese es el papel que desempeñó el

---

*   En este ensayo se esbozan algunas de las ideas principales desarrolladas por el autor en su reciente obra *La izquierda latinoamericana en el gobierno: ¿alternativa o reciclaje?*, Ocean Sur, México D.F., 2012 (259 pp.).

derrumbe soviético en América Latina: el de catalizador desencadenante de cambios derivados de una multiplicidad de factores. Con otras palabras, fue la gota que colmó la copa.

Antecedentes históricos

La historia de la izquierda latinoamericana comienza entre las dos últimas décadas del siglo XIX y las dos primeras del siglo XX, cuando se produce el lento y dificultoso proceso de acople entre los idearios emancipadores autóctonos, nacidos y desarrollados en el transcurso de los siglos XVIII y XIX, y los idearios anarquistas y socialistas de los que era portadora la inmigración europea del período indicado. Con palabras de Néstor Kohan:

> No fue simplemente un «injerto» traído desde afuera como aventuraron los ideólogos de las clases dominantes. Se empalmó desde su inicio —aunque siempre con problemas— con tradiciones rebeldes y libertarias de las insurrecciones indígenas del siglo XVIII y las rebeliones gauchas del XIX, sedimentadas tanto en los mitos de la memoria popular como en los relatos de la historia, la literatura y el teatro argentinos.[1]

Como ejemplo de los grupos de filiación marxista fundados en América Latina por inmigrantes europeos, Kohan menciona a la asociación *Vorwärts* (Adelante), creada en Argentina en 1882, que actuaba de acuerdo con el programa del Partido Socialdemócrata alemán. Sobre esos grupos, este autor explica:

> Fue precisamente a ellos a quienes más les costó empalmar esos ideales revolucionarios con las innegables tradiciones previas de lucha y rebelión populares [...]. No habría habido, supuestamente, nada previo. Por lo tanto, según este relato que hicieron suyo [...], había que «aplicar» —empleamos este término adrede porque hizo escuela— el pensamiento emancipador de origen europeo a la formación social argentina y latinoamericana en lugar de intentar asumirlo como propio desde estas realidades.[2]

La tesis que desarrolla Kohan es que la corriente política autóctona más avanzada y sólida de América Latina es el antiimperialismo. Es con ella con la que ha de empalmar el pensamiento marxista y leninista. El precursor del pensamiento antiimperialista es José Martí, quien no solo lucha para liberar a Cuba de su estatus colonial, sino también para evitar que el imperialismo norteamericano se apoderara de ella y la utilizara de trampolín para extender su dominación al resto de América Latina. La fecunda síntesis del antiimperialismo y el marxismo se logra en la década de 1920, en figuras formadas en el antiimperialismo que ensanchan su horizonte con el marxismo y el leninismo. Entre esas figuras se destacan José Carlos Mariátegui (Perú, 1894-1930), Julio Antonio Mella (Cuba, 1903-1929) y Agustín Farabundo Martí (El Salvador, 1893-1932).

Un segundo elemento acumulativo en la historia de la izquierda latinoamericana es la incidencia de la zigzagueante política seguida por la Internacional Comunista o III Internacional (1921-1943) tras la enfermedad y muerte de Lenin. La primera política orientada por la Internacional, la política de lucha de «clase contra clase», llevó a los partidos comunistas a un enfrentamiento directo con las fuerzas antiimperialistas latinoamericanas, a las cuales catalogaba de pequeño burguesas. Después, la política de frentes amplios antifascistas «desde abajo» llevó a un enfrentamiento indirecto, pero no menor, con las propias fuerzas antiimperialistas porque implicaba tratar de despojarlas de su base social. A todo lo anterior contribuye la desaparición física de Mariátegui, Mella y Farabundo, los líderes políticos latinoamericanos que estaban mejor capacitados, no solo para impedir la ruptura entre las fuerzas comunistas y antiimperialistas, sino también para acelerar y consolidar la fusión de ambas.

En la medida en que el fascismo se fortalecía, la política de frentes amplios «desde abajo» fue sustituida por la política de frentes amplios «desde arriba», pero el establecimiento, en 1939, de un pacto de no agresión entre los gobiernos de Hitler y Stalin fue un brusco giro de 180 grados que descolocó a los partidos comunistas. Por si ello fuera poco, la agresión alemana a la URSS, en 1941, provoca un giro inverso de igual magnitud. A pesar del vaivén ocurrido entre 1939-1941, la política de frentes amplios le permite a los partidos comunistas latinoamericanos funcionar en la legalidad, y ampliar sus espacios en el movimiento social —en particular, en los sindicatos y las organizaciones campesinas— y en el sistema político —con la elección de alcaldes, diputados, senadores y el nombramiento de ministros en varias naciones—, momento que alcanza el clímax entre 1941 y 1945, mientras dura la II Guerra Mundial, en la que los Estados Unidos, Gran Bretaña y la URSS son aliados contra el eje nazi-fascista.

Con el estallido de la guerra fría en 1946, utilizada por el imperialismo norteamericano para imponer dictaduras militares y gobiernos civiles auto-ritarios subordinados a sus intereses, los partidos comunistas son objeto de una feroz represión, no obstante a la cual mantienen su apego a la línea de la III Internacional —que había sido disuelta por Stalin en medio de la II Gue-rra Mundial— y, en la inmensa mayoría de los casos, lo hacen desde la ilega-lidad a la que fueron sometidos, e incluso desde la clandestinidad.

Los magros resultados de las estrategias y tácticas de la izquierda tra-dicional latinoamericana durante las primeras cinco décadas de siglo XX, fundamentan el entusiasmo y la esperanza despertados por el triunfo de la Revolución Cubana. Una nueva generación de jóvenes izquierda, de las más diversas identidades ideológicas y filiaciones políticas —socialcristianos, socialdemócratas, socialistas, comunistas, trotskistas, guevaristas y otras—, provenientes de lucha estudiantil, obrera o campesina, abraza la forma de lucha practicada con éxito por Fidel y el Che.

Aunque la vía armada prevalece en la conciencia social como sello de época de la saga de la Revolución Cubana, en rigor, entre en las décadas de 1960 y 1980 se destacan tres tipos de procesos de transformación social revolucionaria o reforma social progresista: el flujo y reflujo de la insurgencia revolucionaria, cuyos momentos pico se produjeron en 1959-1960, 1965-1967 y 1979-1989; la elección del presidente Salvador Allende en 1970, derro-cado en 1973; y los gobiernos militares de Juan Velasco Alvarado en Perú (1968-1975), Omar Torrijos en Panamá (1968-1981), Juan José Torres en Boli-via (1970-1971) y Guillermo Rodríguez Lara en Ecuador (1972-1975).

Por haber ocurrido la elección de Allende poco después del aniqui-lamiento de la guerrilla del Che en Bolivia, en sectores de la izquierda se interpretó la victoria de la Unidad Popular como una validación de la lucha electoral en oposición a la lucha armada. No obstante, los golpes de Estado ocurridos en Uruguay y en el propio Chile, ambos en 1973, demostraron que en las condiciones entonces imperantes, podía haber *reveses* en la lucha armada, pero era *imposible* emprender un proceso de reforma social progre-

sista, ni siquiera en esos dos países, los únicos en que la democracia burguesa había funcionado en forma estable.

Un tercer elemento acumulativo que ayuda a crear las condiciones para
el cierre de la etapa histórica abierta por la Revolución Cubana, es el hecho
de que todos los movimientos y procesos de orientación popular posteriores
a ella, tanto los de naturaleza reformista como revolucionaria, fueron derrotados u obligados a aceptar soluciones negociadas que presuponían asumir
el compromiso de funcionar dentro de la institucionalidad democrático burguesa, sistema político que gran parte de ellos se había propuesto sustituir
por un sistema socialista.

Entre los factores que inciden en que la teoría de la revolución de Fidel
y el Che no tuviera el resultado que sus creadores esperaban, resaltan: 1) la
violencia contrarrevolucionaria y contrainsurgente desatada por el imperialismo en sus dos vertientes, la empleada para bloquear, aislar y estigmatizar
a Cuba, y la utilizada para aniquilar a los movimientos revolucionarios del
resto de la región: 2) las debilidades, errores e insuficiencias de las fuerzas
revolucionarias, incluidas las pugnas que impidieron su unidad; 3) la extra-
polación de la estrategia y la táctica victoriosas en Cuba a naciones con condiciones y características económicas, políticas y sociales muy diferentes,
incluidas las dimensiones étnica y cultural; y 4) el cambio en la correlación
mundial de fuerzas, que en América Latina repercute a partir de la proclamación de la política de nueva mentalidad de Mijaíl Gorbachov, en particular,
mediante las presiones que la dirección soviética ejerció sobre el Gobierno
Revolucionario de Nicaragua para que concluyese, a cualquier costo, un
acuerdo político que pusiera fin a la agresión del imperialismo. Esta presión
no solo hizo mella en Nicaragua, sino también tuvo un impacto indirecto
que frenó la ola revolucionaria que apuntaba a promisorios resultados en El
Salvador y, en menor medida, en Guatemala, cuando Centroamérica era el
vórtice de la revolución latinoamericana.

El «cambio de época»

Los acontecimientos internacionales que actúan como catalizadores de lo que
podemos definir como una transformación radical de las condiciones en las
que se desarrollan las luchas populares en América Latina, son la caída del

Muro de Berlín, símbolo de la restauración capitalista en Europa Oriental, y el desmoronamiento de la URSS, que marca el fin de la bipolaridad. En nuestra región, el inicio de la unipolaridad se manifiesta en la intervención militar de los Estados Unidos en Panamá (diciembre de 1989), la derrota «electoral» de la Revolución Popular Sandinista en Nicaragua (febrero de 1990),[3] la desmovilización de una parte de los movimientos guerrilleros en Colombia (1990-1992),[4] y como colofón, en la firma de los Acuerdos de Chapultepec (enero de 1992), que pone fin a doce años de insurgencia en El Salvador, el país latinoamericano donde esa forma de lucha alcanzaba el mayor desarrollo e intensidad.

Visto el problema retrospectivamente, las condiciones y características de las luchas populares en América Latina en la etapa histórica que se abre entre 1989 y 1991 están determinadas por los efectos acumulativos de cuatro factores externos a la región y de cinco procesos continentales:

- Los factores externos son: 1) el salto de la *concentración nacional* a la *concentración transnacional* de la propiedad, la producción y el poder político, identificable en la década de 1970; 2) la avalancha universal del neoliberalismo, desatada en la década de 1980; 3) la crisis terminal del bloque europeo oriental que abarca desde 1989 hasta 1991; y, 4) la «neoliberalización» de la socialdemocracia europea occidental, conceptualizada y proyectada internacionalmente en la segunda mitad de la década de 1990.

- Los procesos continentales son: 1) la sujeción a un nuevo sistema de dominación imperialista; 2) la crisis del Estado neoliberal recién impuesto; 3) el auge de la lucha de los movimientos sociales, una parte de los cuales se convierten en movimientos social-políticos; 4) la elección de gobiernos de izquierda y progresistas; y, 5) la contraofensiva del imperialismo norteamericano y la derecha local, que intentan recuperar el espacio perdido.

Los factores externos

La matriz de los procesos políticos, económicos y sociales que tienen impactos determinantes en la mutación ocurrida en las condiciones y características de las luchas populares en América Latina en las postrimerías del siglo XX y los albores del siglo XXI, es el salto de la concentración nacional a la concentración transnacional de la propiedad, la producción y el poder político, al que por lo general se alude con el término *globalización*. Este cambio cualitativo en la formación económico-social capitalista modifica el lugar que el subcontinente ocupa en la división internacional del trabajo, provoca una reforma del sistema imperialista de dominación erigido durante la posguerra, e impacta en la estructura social de América Latina, en particular, en la estructura de clases.

La transnacionalización del capital, proceso prenunciado por Carlos Marx y Federico Engels en el *Manifiesto del Partido Comunista* (1848),[5] entra en su recta final en la segunda posguerra mundial, cuando, en virtud de la participación de los Estados Unidos en la reconstrucción de Europa Occidental, el estallido de la guerra fría y el inicio de la carrera armamentista contra la Unión Soviética, se desata el más intenso desarrollo de las fuerzas productivas de la historia del capitalismo —la llamada revolución científico técnica—, se inicia la interpenetración de los capitales de las potencias imperialistas —cuyos ciclos nacionales de rotación del capital se funden en un solo ciclo de rotación transnacional— y se establece una alianza permanente de esas potencias contra el naciente campo socialista. Sin embargo, en la década de 1970, la incapacidad de los Estados Unidos de refrenar su superproducción de mercancías y capitales, y más aún de refrenar su súper despilfarro, provoca la sobresaturación los mercados de las potencias imperialistas, hecho que las compulsa a emprender una cruzada global re-neocolonizadora para apropiarse de —y depredar— los recursos naturales, los mercados solventes y las economías del Sur.[6]

El entonces incipiente despliegue de la transnacionalización capitalista comienza a impactar en América Latina después de la II Guerra Mundial. El desenlace de esa conflagración, en la que los Estados Unidos se erigen en la principal potencia imperialista del planeta, le permite expandir su dominación a todo el continente, la cual, hasta ese momento, solo ejercía en la Cuenca del Caribe.[7] A finales de la década de 1950, dos factores favorecen un proceso análogo en el campo económico. El primero es el restablecimiento de la capacidad productiva de Europa Occidental, que lo obliga a reorientar los flujos de capitales y mercancías focalizados en la reconstrucción posbélica del viejo continente. El segundo es el cese de la demanda de productos primarios registrada durante la guerra y los primeros años de la posguerra, que le asesta el golpe definitivo a los proyectos desarrollistas mediante los cuales los países latinoamericanos de mayor peso —los únicos en condiciones de hacerlo— sortearon la desconexión de las potencias imperialistas sufrida desde la I Guerra Mundial.[8] Eso implica que los Estados Unidos estaban en condiciones de asumir la función de metrópoli neocolonial de América Latina, dejada vacante por Gran Bretaña a raíz de la crisis de 1929, y que las frustradas élites criollas eran proclives a aceptar su penetración en las economías de la región.

De manera que, cuando los Estados Unidos, finalmente, creen haber vencido todos los obstáculos interpuestos a la realización del sueño de los llamados padres fundadores de extender su dominación a todo el continente, la Revolución Cubana se erige en un formidable escollo a sus ambiciones. La muestra fehaciente de que un pueblo latinoamericano y caribeño podía escribir su propia historia fue el catalizador de un renovado auge las luchas populares en la región. A partir de ese momento, las prioridades de la política imperialista hacia América Latina y el Caribe serían tratar de destruir a la Revolución Cubana, y de aniquilar a las fuerzas políticas y sociales que en otros países inician una nueva etapa de lucha contra su dominación. Con ese objetivo, ejecutó una política con dos fases escalonadas: primero, implantó las dictaduras militares de «seguridad nacional»; y luego las sustituyó por democracias restringidas, una combinación de elementos que abarca desde mediados de la década de 1960 hasta finales de la década de 1980.

De lo ya analizado se deriva que, cuando en la década de 1970 ocurrió el salto de la concentración nacional a la concentración transnacional del capital, América Latina era una región en disputa, entre el imperialismo norteamericano, el principal sujeto rector del proceso de transnacionalización, que venía imponiéndolo en ella desde el inicio de la posguerra, y las fuerzas revolucionarias (que practican la lucha armada), la izquierda legal (como la Unidad Popular en Chile) y los militares nacionalistas (Velasco en Perú, Torrijos en Panamá, Torres en Bolivia y Rodríguez Lara en Ecuador).[9]

La avalancha neoliberal, segundo factor determinante de la actual situación política latinoamericana, empieza a incidir en 1976, cuando, tres años después de haber derrocado al presidente Allende, el dictador Augusto Pinochet convierte a Chile en el primer país del mundo en asumir esa doctrina como política oficial. Desde ese momento, se comienzan a entretejer los mitos sobre el supuesto *milagro económico* (neoliberal) *chileno*, destinados a seducir a las oligarquías del resto de la región, las cuales, en efecto, se deslumbran por los indicadores macroeconómicos chilenos, pero, en los países no gobernados por dictaduras, se atemorizan por los crímenes y el terrorismo de Estado sobre los cuales se sustentaban.

La implantación del neoliberalismo en Chile antecedió a la ofensiva desatada por la primera ministra británica Margaret Thatcher (1979-1990) y el presidente estadounidense Ronald Reagan (1981-1989) con el objetivo de imponer esa doctrina como credo totalitario universal. El imperialismo norteamericano, que en su condición de líder del bloque imperialista fue el principal impulsor del proceso de concentración capitalista transnacional en los años setenta y de la avalancha universal del neoliberalismo en los ochenta, era también el promotor de la guerra contrarrevolucionaria en Nicaragua, de los Estados contrainsurgentes en otros países centroamericanos, de la reestructuración y refuncionalización del Estado realizada por las dictaduras militares de «seguridad nacional», y del «proceso de democratización» que los reemplazó por *democracias restringidas*. De ello se deriva que, a esos instrumentos represivos, inicialmente utilizados para aniquilar a la generación de la izquierda latinoamericana forjada al calor de la Revolución Cubana, la administración Reagan les asignó dos funciones adicionales: desarticular las alianzas sociales y políticas construidas en el período desarrollista; y establecer las bases de la reestructuración de la sociedad y la refuncionalización del Estado sustentadas en la doctrina neoliberal.[10]

El tercer lugar en el orden cronológico de la secuencia de factores determinantes de las condiciones y características de las luchas populares en la América Latina actual, lo ocupa la crisis terminal del bloque europeo oriental de posguerra, que abarca, desde la caída del Muro de Berlín, el 9 de noviembre de 1989, hasta el colapso final de la URSS, el 25 de diciembre de 1991. Este proceso tuvo tres consecuencias negativas para las fuerzas de izquierda y progresistas de todo el mundo, incluidas las de América Latina: 1) le imprime un impulso extraordinario a la reestructuración neoliberal; 2) provoca el fin de la bipolaridad estratégica, que actuó como muro de contención de la injerencia y la intervención imperialista en el Sur durante la posguerra; y, 3) tiene un efecto negativo para la credibilidad de todo proyecto social ajeno al neoliberalismo, no solo anticapitalista, sino incluso apenas discordante con él, efecto que llega a ser devastador para las ideas de la revolución y el socialismo.

En América Latina, el derrumbe de la URSS cierra lo que el desaparecido dirigente e intelectual revolucionario salvadoreño Schafik Hándal definió como la etapa de la «revolución insertada», en alusión a la etapa histórica abierta por la Revolución Cubana, la cual, según su razonamiento, nació «insertada» en un entorno hostil, caracterizado por el bloqueo y la agresividad del imperialismo norteamericano y sus aliados en el continente, por lo que su supervivencia y consolidación dependían, al menos durante un período inicial, de una sustancial y sistemática ayuda política, económica y militar externa. La conclusión de Schafik era que, desaparecida la fuente de la ayuda externa que mantenía con vida a la revolución insertada, es decir, una vez desaparecida la URSS, ningún movimiento revolucionario podía aspirar a conquistar el poder mediante la lucha armada, como lo hicieron el Movimiento de la Nueva Joya en Granada y el Frente Sandinista de Liberación Nacional en Nicaragua, ambos en 1979, y como habían tratado de hacerlo, desde la década de 1970, las organizaciones que, en octubre de 1980, se unieron en el Frente Farabundo Martí para la Liberación Nacional (FMLN), la organización a cuya dirección Schafik pertenecía.[11]

La crisis terminal de la URSS provocó un cambio en la configuración geopolítica del mundo, que no solo alteró las condiciones y las premisas de la lucha de los partidos comunistas sino de toda la izquierda. Desde los movimientos guerrilleros hasta los partidos socialdemócratas y progresistas, sentían la necesidad de intercambiar criterios. Pero, no solo era momento de intercambio, sino también de mutación de identidades políticas, lo cual presuponía un «diálogo exploratorio» entre quienes hasta entonces eran adversarios y en lo adelante podrían ser aliados. El acercamiento entre corrientes divergentes de la izquierda revolucionaria y socialista fue posible por el cisma ocasionado por la descomposición de la URSS. Sin duda, ese proceso avivó la polémica sobre cuál era el «pecado original» del socialismo soviético: si la dictadura del proletariado —como argumentaba la socialdemocracia—, la «burocratización» estalinista —como afirmaba Trotski—, el «revisionismo» iniciado con la crítica a Stalin posterior a su muerte —como decía la corriente marxista-leninista (M-L)—, la «decadencia» en que quedó sumida la URSS a partir de la Secretaría General de Leonid I. Brezhnev, o el proceso de *perestroika* y *glasnost* iniciado por Mijaíl Gorbachov. Sin embargo, la ya previsible desaparición de la «manzana de la discordia», es decir, del Estado soviético, y la coincidencia general en la necesidad de construir nuevos paradigmas socialistas, hacían pasar a planos secundarios las divisiones históricas del movimiento comunista. Si bien las diferencias no desaparecieron, sí se abrió un espacio de diálogo y convergencia. De ese proceso se derivan dos hechos inéditos: uno fue la interacción de las corrientes de orientación socialista que antes se repelían entre ellas; el otro fue la yuxtaposición de las corrientes socialistas con corrientes socialdemócratas y otras de carácter progresista.

El cuarto factor de esta cadena, la neoliberalización de la socialdemocracia europea occidental, desempeña su papel a partir de la segunda mitad de la década de 1990. El tercerismo socialdemócrata es una vía a través de la cual las ideas de la clase dominante cumplen la función ideológica y cultural que les es inherente en el proceso de reproducción de la hegemonía burguesa. Por esta mediación, las ideas de la clase dominante se inculcan en la conciencia social, incluso en sectores del movimiento popular y la izquierda, con una presentación «*light*», muchas veces disfrazadas de ideas «alternativas» y hasta «contestatarias». Con otras palabras, la socialdemocracia cumple una función orgánica en el proceso de reproducción de la hegemonía burguesa y, en cumplimiento de esta función, a raíz de la avalancha neoliberal y el derrumbe de la URSS, está dedicada a la reproducción de la hegemonía neoliberal. La socialdemocracia europea, que en la apoteosis del neoliberalismo cumplía esa misión en un discreto segundo plano, pasó a ocupar el rol protagónico tan pronto como el agravamiento de la crisis económica, política y social destruyó la imagen de omnipotencia que esta doctrina había logrado fijar en la conciencia social. Eso ocurrió mediante la difusión internacional que alcanzaron los postulados de la Tercera Vía del primer ministro laborista británico Tony Blair y su correligionario, el economista Tony Giddens, y de la reformulación doctrinaria y programática de la Internacional Socialista (IS) realizada por la Comisión Progreso Global, dirigida por el expresidente del gobierno español, Felipe González.

Pese a las diferencias existentes entre la Tercera Vía británica —que reconoce, de manera explícita, su interconexión con el neoliberalismo— y la Comisión Progreso Global —que pretende ser opositora a esa doctrina—, el método que utilizan para «reubicarse» dentro del espectro político es el mismo: enfatizan el carácter extremo del neoliberalismo; explican que los neoliberales tienen razón al hablar de condiciones que obligan a reducir la redistribución de riqueza y la asimilación de demandas sociales, y asumen una posición, supuestamente intermedia, consistente en apoyar esas reducciones, a cambio de que no sean tan drásticas y aceleradas. Esta política, que satisface los intereses del capital con un menor costo social, permite a la socialdemocracia moverse a la derecha en términos absolutos y mantenerse «a la izquierda» en términos relativos.

Según Lenin, la función de la socialdemocracia es tratar de compatibilizar los intereses del capital con los del trabajo. ¿Qué hizo la socialdemocracia europea occidental cuando la agudización de la crisis estructural y funcional de la formación economico-social capitalista, desatada en la década de 1970, ya no le permitió seguir cumpliendo esa función, como lo había hecho durante la segunda posguerra mundial? Lo que hizo fue defender, de modo exclusivo y desembozado, los intereses del capital y sacrificar los del trabajo. Esta es la actitud que inocula en la izquierda latinoamericana, con un impacto pernicioso en algunos sectores.[12]

En la acumulación de efectos en cadena de los cuatro factores analizados, repásese en que la crisis terminal del bloque europeo oriental estalla en un momento en que, ni la Revolución Popular Sandinista en Nicaragua —que había logrado resistir la guerra sucia del imperialismo norteamericano durante diez años—, ni la insurgencia del FMLN en El Salvador —que por momentos dio la impresión de estar al alcance de una victoria militar—, ni la de la Unidad Revolucionaria Nacional Guatemalteca (URNG), ni la de la Coordinadora Guerrillera Simón Bolívar en Colombia, podían sostenerse en un mundo unipolar. En este último país, parte importante de los movimientos político militares se desmovilizaron y otra parte, también importante, siguió operando.[13] Pese a esto último, el cambio en la configuración estratégica mundial difuminaba la última fase ascendente del flujo y reflujo característico de las luchas populares latinoamericanas en la etapa histórica abierta por la Revolución Cubana.[14]

A ello se suma que la mutación del tercerismo socialdemócrata europeo occidental ocurre en la década de 1990, cuando ya había caducado el flujo y reflujo de la situación revolucionaria de la etapa previa, y cuando la izquierda

latinoamericana, impotente en medio del apogeo de la reestructuración neoliberal y desconcertada por el fin del mundo bipolar, daba los primeros pasos
de un traumático proceso de reestructuración organizativa y redefinición programática. En ese contexto, la «transición democrática» chilena no solo borra
el nexo entre neoliberalismo y genocidio, sino también pretende construir un
nuevo paradigma político a partir del papel protagónico desempeñado por la
Concertación de Partidos por la Democracia, coalición que gobernó en Chile
desde el final de la dictadura hasta fecha reciente.

La izquierda «concertacionista» elaboró y promovió el concepto «neoliberalismo de izquierda», y la Concertación, como proyecto en el cual desempeña un papel principal el Partido Demócrata Cristiano, fue proyectada
como prototipo de «alianza de la izquierda con el centro», a la sazón promovido por Jorge Castañeda Gutman.[15] A tono con las tesis de la «ruptura
epistemológica», supuestamente causada por la globalización, y del «cambio
civilizatorio», puestas en boga por la socialdemocracia europea, en América
Latina se empezó a hablar de un «cambio de época», el uso de los términos revolución y reforma se circunscribió a los sectores más radicales de la
izquierda y el movimiento social, y en su lugar se acuñó la frase «búsqueda
de alternativas», cuya vaguedad refleja las incertidumbres y divergencias
características de las décadas de 1990 y 2000.

Así que, en el momento de la elección de los primeros gobiernos latinoamericanos de izquierda y progresistas, la de Chávez y la de Lula, es cuando
el efecto acumulado de los cuatro factores aquí analizados se encuentra en
el apogeo. En especial, es el momento de mayor impacto en América Latina
de las ideas de la Tercera Vía y la Comisión Progreso Global, y también del
«paradigma concertacionista chileno» de la «alianza de la izquierda con el
centro». Esos elementos combinados ejercen una influencia determinante en
los gobiernos de izquierda y progresistas de Brasil, Uruguay, Argentina y
otros, y una influencia menos evidente, pero también identificable, en los de
Venezuela, Bolivia y Ecuador.

Los procesos continentales

El primer proceso continental que se desata en medio de la crisis terminal
del bloque europeo oriental es la sujeción de América Latina a mecanismos

transnacionales de dominación, proceso que tiene características singulares en esta región. Son singulares porque, además de sufrir las consecuencias de la reestructuración del sistema imperialista de dominación mundial que recaen sobre África y Asia, el subcontinente latinoamericano está sometido a la reestructuración del sistema de dominación continental del imperialismo norteamericano, la cual se inicia en 1989, a partir de la toma de posesión de George H. Bush de la presidencia de los Estados Unidos (1989-1993), cuando el cambio en la configuración estratégica mundial provoca el cierre de la etapa de luchas abierta por el triunfo de la Revolución Cubana, y facilita el completamiento de la implantación de la democracia neoliberal en la región, iniciada por su predecesor, Ronald Reagan, en cuya administración Bush fue vicepresidente.

Los pilares de la reconstrucción del Sistema Interamericano son: la afirmación de la democracia representativa, entiéndase *democracia neoliberal*,[16] como la *única forma legítima de gobierno en el continente americano* (pilar político); el proyecto de establecer un Área de Libre Comercio de las Américas, que en virtud del rechazo que provocó por parte de los gobiernos de izquierda y progresistas tuvo que limitarse a la suscripción de acuerdos bilaterales y subregionales de libre comercio (pilar económico); y el incremento sustancial de la presencia militar directa de los Estados Unidos en América Latina (pilar militar). Más que una reestructuración, fue una *reconstrucción* lo que George H. Bush se vio obligado a emprender, pues los extremos de la política de fuerza de Reagan no solo hicieron inoperante al Sistema Interamericano,[17] sino incluso provocaron la formación de mecanismos de concertación ajenos a ese sistema, como el Grupo de Contadora y el Grupo de Apoyo a Contadora, simientes del Grupo de Río y de la Comunidad de Estados Latinoamericanos y Caribeños (CELAC).

El retorno a la tradicional utilización de la «defensa de la democracia» como pretexto de la injerencia e intervención de los Estados Unidos en América Latina, «desactivada» durante 25 años en virtud de la Doctrina Johnson,[18] buscaba: 1) aislar y estigmatizar a Cuba, el único país «no democrático» en el subcontinente, entiéndase, el único donde no lograron imponer el sistema democrático neoliberal; 2) cimentar un pacto entre las élites para evitar que alguna nación pudiera romper con la democracia neoliberal; y, 3) impedir que una persona o algún sector de las propias élites, por intereses particulares, pudiese acudir de manera no autorizada al viejo cuartelazo. Se trata de un cambio a tono con la transnacionalización del capital, consistente en: 1) crear un código inviolable de «conducta democrático neoliberal»; 2) imponer una «camisa de fuerza» supranacional para impedir y, en su defecto, para sancionar las violaciones a ese código; y, 3) desarrollar mecanismos coercitivos para aplicarlos en el último caso mencionado.[19] Ese proceso es el predominante entre 1989 —cuando George H. Bush asume la presidencia de los Estados Unidos— y 1994 —el año de la rebelión del Ejército Zapatista de Liberación Nacional (EZLN) y del estallido de la crisis financiera mexicana.

El segundo proceso continental que tiene una influencia determinante en la situación política de América Latina es la crisis del Estado neoliberal. Esa crisis obedece a que el objetivo de la reforma neoliberal es promover la máxima extracción posible de riquezas con un flujo nulo o exiguo de inversiones productivas. Se trata de un proceso que, en lugar de crear nuevas fuentes de riqueza, se apropia de ya las existentes para depredarlas. Por ser América Latina la región del mundo caracterizada por la mayor brecha entre ricos y pobres, es lógico que la restructuración neoliberal intensifique y amplíe las contradicciones políticas, económicas y sociales del capitalismo dependiente: las intensifica porque succiona recursos cuyo déficit siempre fue motivo de inestabilidad, y las amplía porque ya no solo afecta a los grupos sociales desposeídos, sino también a sectores de las burguesías criollas y de las capas medias que antes formaban parte del bloque social dominante.

La concentración de la propiedad, la producción y el poder político tiene el efecto «colateral», indeseado pero inevitable, de impedir al Estado latinoamericano cumplir las funciones básicas que le corresponden en su carácter de eslabón de la cadena del sistema de dominación imperialista. Esas funciones son: 1) la transferencia al exterior de la mayor cantidad de riqueza posible; 2) la redistribución permanente de cuotas de poder político y económico dentro de los sectores nacionales dominantes; y, 3) la cooptación de grupos sociales subordinados (sindicatos, organizaciones campesinas, comunales, femeninas y otras de naturaleza clientelista), para facilitar el control y la represión de las mayorías populares. Resulta evidente que la primera de esas funciones impide cumplir las otras dos.[20]

En paralelo a la agudización de la crisis socioeconómica, a la mutilación de la capacidad de los partidos políticos de cumplir su función de intermediar entre la sociedad y el Estado, al cercenamiento de las facultades que le permitían al Estado desarrollista actuar como mecanismo de cooptación social, y como consecuencia de estos tres elementos, se produce un auge extraordinario de la lucha de los movimientos sociales, incluida las protestas contra la reforma neoliberal y el paso a primer plano de reivindicaciones de género, etnia, preferencia sexual, franja de edad, medioambientales y otras.

Como demuestran los derrocamientos de varios presidentes latinoamericanos ocurridos entre 1992 y 2005,[21] hace mucho que los movimientos sociales son capaces de derrocar gobiernos neoliberales. Sin embargo, en ninguno de esos casos la caída de un gobierno neoliberal llevó a su sustitución por uno popular. Solo en países como Venezuela, Brasil, Bolivia y Ecuador, donde emergieron dirigentes políticos, capaces de acumular políticamente sobre la base de la lucha de los movimientos sociales, es decir, donde aparecieron lo que hoy conocemos como *movimientos social-políticos*, fue posible crear las condiciones para el triunfo de candidatos presidenciales de izquierda o progresistas: Chávez triunfó en Venezuela un ciclo electoral de cinco años después de la defenestración de Carlos Andrés Pérez; Lula se impuso en Brasil en la tercera elección presidencial realizada diez años después de la caída de Fernando Collor; Evo venció en Bolivia en los comicios efectuados dos años después de la huida de Gonzalo Sánchez de Lozada y seis meses después de la renuncia de Carlos Mesa; y Correa fue electo diez años después del derrocamiento de Abdalá Bucaram y dos años después del de Lucio Gutiérrez.

La lucha política es la más importante forma de lucha social, pero, en las condiciones actuales de América Latina, es también la más difícil. Los factores que influyen en la compleja relación existente entre los movimientos sociales y los partidos de izquierda en América Latina son: a) el rechazo a «la política» y a «los partidos políticos», basado en la tradicional dicotomía entre la «lucha política» y la «lucha social», estimulada por los centros de dominación imperialista como forma de dividir el sujeto social revolucionario; b) las aprehensiones derivadas de la subordinación a los partidos de izquierda de la cual fueron objeto en etapas anteriores; c) la diversidad y la heterogeneidad de los movimientos populares, muchos de ellos nucleados en torno a un tema único o con un enfoque corporativo; d) la ya mencionada erosión de la capacidad de intermediación social de los partidos; e) la impermeabilización neoliberal del Estado a la que también hicimos referencia; y, f) el alejamiento de sus bases de algunos partidos de izquierda, con la esperanza de alcanzar sus metas electorales, devenidas un fin en sí mismo, en función del cual se pliegan al *statu quo* neoliberal.[22]

La crisis del Estado neoliberal y el auge de la lucha de los movimientos sociales, analizados aquí como el segundo y el tercer proceso, respectivamente, que ejercen influencias determinantes en la situación política actual de América Latina, son los predominantes, en conjunto, entre 1994 y 1998. Los acontecimientos que marcan el punto de inflexión son la insurrección del EZLN, en enero de 1994, y el estallido de la crisis financiera mexicana, en diciembre de ese año, que destruyen la imagen de invulnerabilidad tras la cual el neoliberalismo escondía sus debilidades. En estos cuatro años, lo característico es la ocupación de crecientes espacios en los gobiernos locales y en las legislaturas nacionales por parte de fuerzas políticas de izquierda y progresistas, unida a la continuidad de las derrotas que sus candidatos presidenciales venían sufriendo, como las de Cuauhtémoc Cárdenas en México (1988, 1994 y 2000), Luiz Inácio Lula da Silva en Brasil (1989, 1994 y 1998), y Líber Seregni en Uruguay (1989), seguido de Tabaré Vázquez (1994 y 1999). Esas derrotas obedecen a que, si bien la omnipotencia neoliberal se había quebrado, los promotores de esta doctrina conservaban la capacidad de infundir miedo a la reacción que los acreedores internacionales de la deuda externa latinoamericana tendrían ante la elección de gobiernos de izquierda y progresistas.

No es casual que la primera elección de un presidente de izquierda en la actual etapa fuera la de Hugo Chávez en Venezuela, porque en ese país se produjo, a lo largo de la década de 1990, una agudización extrema de la crisis política, económica y social, que derivó en el colapso del Estado y el sistema de partidos creados en enero de 1958 mediante el Pacto de Punto Fijo,[23] en virtud del cual, ni siquiera el factor miedo pudo ser utilizado con efectividad contra su candidatura presidencial. Comienza así el cuarto proceso que aquí analizamos, el cual inicialmente pareció ser un acontecimiento excepcional provocado por la singularidad de las contradicciones de la sociedad venezolana, hasta que el triunfo de Lula en la elección presidencial brasileña de 2002, confirmó que no se trataba de un hecho aislado, sino del inicio de una tendencia.

¿Qué entendemos hoy en América Latina por gobiernos de izquierda y progresistas? Los llamados gobiernos de izquierda y progresistas electos en América Latina desde finales de la década de 1990, son en realidad gobiernos de coalición en los que participan fuerzas políticas de izquierda, centroizquierda, centro e incluso de centroderecha. En algunos, la izquierda es el elemento aglutinador de la coalición y en otros ocupa una posición secundaria. Cada uno tiene características particulares, pero es posible ubicar a los más emblemáticos en dos grupos. Estos grupos son: a) gobiernos electos por el quiebre o debilitamiento extremo de la institucionalidad democrático neoliberal, como ocurrió en Venezuela, Bolivia y Ecuador; y, b) gobiernos electos por acumulación política y adaptación a la gobernabilidad democrática, definición aplicable a Brasil y Uruguay.[24] Además, están los casos singulares de Nicaragua, El Salvador, Paraguay, Argentina y Perú.

La elección y la subsiguiente reelección de los presidentes Hugo Chávez en Venezuela,[25] Evo Morales en Bolivia[26] y Rafael Correa en Ecuador[27] tienen elementos comunes. En primer lugar, son resultado de la crisis de la institucionalidad democrático neoliberal que afecta a esas naciones, que puede calificarse de desmoronamiento en Venezuela y de debilitamiento extremo en Bolivia y Ecuador. Esas crisis son las que frustraron las maniobras del imperialismo y la derecha local destinadas a evitar la elección de estos mandatarios. La crisis política institucional es también el factor que hace necesario y posible el establecimiento de un nuevo orden constitucional y legal, acorde con la nueva correlación de fuerzas sociales y políticas.

Los liderazgos personales de Chávez, Evo y Correa, en el caso de Chávez, combinado con su capacidad de captar el apoyo de los sectores populares sin mediaciones partidistas, en el caso de Evo, con su capacidad de aglutinar a los movimientos indígenas y, en el caso de Correa, con su capacidad de aglutinar al movimiento ciudadano, constituyen el elemento principal de los procesos de transformación social que ellos encabezan, mientras que los partidos y movimientos políticos de la izquierda preexistente, tanto la llamada izquierda tradicional, como la surgida en la etapa abierta por la Revolución Cubana, desempeña un papel discreto, que se incrementa en la medida en que los mandatarios la invitan a incorporarse a los procesos que ellos lideran y que esa izquierda acepta participar.

Venezuela, Bolivia y Ecuador son países productores de hidrocarbu-ros, sobre los cuales sus gobiernos afirman la soberanía nacional. De ello se deriva un efecto positivo y otro negativo. El efecto positivo es que cuentan con recursos para sustentar su política de desarrollo económico y social. El efecto negativo es que esa política de desarrollo se ve neutralizada, en buena medida, por el rentismo, y es susceptible a críticas de los movimientos socia-les debido a las consecuencias económicas y medioambientales negativas del extractivismo, y por las concesiones a las empresas transnacionales y a las oligarquías nacionales. Tienen también en común el hecho de ser procesos de transformación social de signo popular que sufren los efectos de la campaña desestabilizadora desarrollada contra ellos por el imperialismo y sus aliados locales, que incluye los fracasados intentos de golpes de Estado ocurridos en Venezuela y Ecuador, el paro petrolero y el referendo revocatorio en Vene-zuela, y el estímulo al separatismo de los departamentos de la Media Luna en Bolivia, entre otros medios y métodos.

Además, en estrecha relación con lo anterior, Venezuela, Bolivia y Ecua-dor están ubicados en la región andino-amazónica, donde los Estados Unidos construyen una creciente red de bases militares que los rodea y desde la cual se pueden realizar acciones agresivas contra ellos, como los ataques quirúrgi-cos con equipos sofisticados de localización y «aviones inteligentes», que ani-quilaron los campamentos de los comandantes de las FARC-EP Raúl Reyes (en territorio ecuatoriano), Jorge Briceño y Alfonso Cano, en este último caso, siendo máximo jefe de esa organización, cargo que asumió tras la muerte, ocurrida por causas naturales, del comandante Manuel Marulanda.

En el caso de los gobiernos de Brasil y Uruguay, no obstante la distan-cia de tiempo y espacio que los separa de las experiencias socialdemócratas europeo occidentales de las primeras seis décadas del siglo XX, ambos pare-cen tener en común con ellas el haberse adentrado por un carril que no con-duce, ni a la ruptura ni al salto cualitativo del capitalismo a la emancipación social. La elección —y posterior reelección— de Luiz Inácio Lula da Silva a la presidencia de Brasil,[28] la de Tabaré Vázquez en Uruguay,[29] la de José Mujica también en Uruguay[30] y la de Dilma Rousseff en Brasil,[31] tienen elementos comunes. Aunque, en primer lugar Lula y, en segundo Tabaré, eran líderes con gran capacidad de convocatoria y movilización, similar a la de Chávez, Evo y Correa, en los casos de Brasil y Uruguay el liderazgo personal está combinado con un fuerte desarrollo organizativo y con una larga tradición de lucha de las fuerzas políticas, a saber, el Partido de los Trabajadores (fundado en 1980) y el Frente Amplio (fundado en 1973). Además, antes de llegar al gobierno, atravesaron por un largo período de acumulación política, que incluyó tres derrotas en elecciones presidenciales en cada caso.

Las tres derrotas consecutivas sufridas por el PT y el FA provocan en ambos un debate interno sobre si se debían a un alejamiento de sus posiciones y bases sociales históricas, o a una insuficiente moderación y un también insuficiente movimiento hacia el centro del espectro político nacional, dirigido a captar el voto de las capas medias, y a neutralizar la oposición de los poderes fácticos transnacionales y nacionales. En ambos, prevaleció esta última tendencia. Aunque en Uruguay fue derrotada varias veces la precandidatura presidencial del artífice del corrimiento hacia el centro, el entonces senador Danilo Astori, este fue nombrado ministro de Economía en el gobierno de Tabaré y es el vicepresidente de la República en el de Mujica. Otro elemento es que en ninguno de estos dos países había una crisis política en el momento de la elección, sino más bien en ambos casos se jugó, en forma implícita, con el elemento de que, al ser partidos con fuerte arraigo popular, podían: evitar el estallido de una crisis política; mantener un neoliberalismo atenuado; y neutralizar las demandas del movimiento social. Con otras palabras, en estos casos hay una mayor adaptación a las reglas del juego de la llamada gobernabilidad democrática. No profundizamos más en los procesos políticos que se desarrollan en Venezuela, Bolivia, Ecuador, Brasil y Uruguay, ni incursionamos en los casos de Nicaragua, El Salvador, Paraguay, Argentina y Perú,[32] porque este ensayo forma parte de una antología en la que autores con credenciales muy autorizadas los abordan *in extenso*.

El quinto y último proceso que analizamos aquí es la contraofensiva del imperialismo norteamericano y la derecha local, destinada a recuperar los espacios políticos que han perdido en la región. ¿Cómo reaccionan el imperialismo norteamericano y la derecha latinoamericana ante los triunfos electorales de las fuerzas populares? El sistema de dominación continental implantado entre 1989 y 1994 pareció funcionar acorde a lo previsto durante la mayor parte de la década de 1990, «adornado» y «prestigiado» por la «tolerancia» demostrada ante los espacios institucionales ocupados por la izquierda en los parlamentos y en los niveles locales de gobierno de un creciente número de países. Una vez más, como ya ocurrió antes en la historia de las relaciones interamericanas, el imperialismo llamó a condenar toda interrupción del orden constitucional, un orden que creyó le sería eternamente favorable. Sin embargo, el «perfeccionamiento» del sistema de dominación agravó la crisis económica, política y social, y esta, a su vez, provocó el aumento de las luchas populares. En virtud de esa secuencia, a partir de la elección de Hugo Chávez a la presidencia de Venezuela, la balanza se inclinó a favor de los triunfos electorales de las fuerzas de izquierda y progresistas, y así sucedió lo que ni el imperialismo norteamericano ni buena parte de la propia izquierda esperaban: que la democracia representativa, implantada como plataforma de la reestructuración neoliberal, se convirtió en la plataforma para la elección de gobiernos de izquierda y progresistas de diversa composición y modulación. Ante esa realidad, una vez más, tal como había hecho en etapas históricas anteriores, el imperialismo norteamericano se ve compulsado a desechar la defensa del «orden constitucional» que proclamó como sacrosanto cuando lo consideró útil para apuntalar su dominación, pero que no le sirvió para evitar la elección de gobiernos «hostiles» y que, además, en naciones como Venezuela, Bolivia y Ecuador, se convirtió en un nuevo orden constitucional defensor de la soberanía y los intereses de los pueblos. De modo que era necesario hallar la fórmula para retornar a la desestabilización y el cuartelazo, pero con una «hoja de parra», como lo demanda el «cambio de época».

La hoja de parra de lo que se ha dado en llamar la *guerra de cuarta generación* o *guerra mediática*, se basa en el protagonismo principal de los medios de comunicación, que esconden el papel de los servicios especiales, de la diplomacia imperialista y hasta ocultan, opacan o justifican la agresión militar, tal como hicieron en Libia y ahora tratan de hacer en Siria e Irán. Una vez que son derrocados los gobiernos que el imperialismo considera enemigos, este procede a establecer, apuntalar y «legitimar» internacionalmente la otra «institucionalidad democrática», como ocurrió en Honduras.

En América Latina, para evitar el rechazo que provoca el recuerdo de los crímenes de las dictaduras militares de «seguridad nacional» de las décadas de 1960 a 1980, la «metodología» empleada sin éxito en el frustrado golpe de Estado de 2002 contra el presidente Chávez en Venezuela, y empleada con éxito en el golpe de Estado contra de 2009 contra Manuel Zelaya en Honduras, estipula que los militares golpistas desaparezcan de escena inmediatamente después del golpe de Estado, y que el papel político público lo asuman civiles que, por medio de una elección, una reforma constitucional o cualquier otra fórmula, impongan cuanto antes un nuevo *statu quo* «democrático» acorde a los intereses del imperialismo. Eso fue lo que el gobierno de los Estados Unidos intentó hacer, sin éxito, en Venezuela, Bolivia y Ecuador, y ese es el papel que le correspondió a Roberto Micheletti en Honduras. Por fortuna, tres acontecimientos posteriores ayudan a preservar la tendencia regional favorable a la izquierda: la elección a la presidencia de Dilma Rousseff a la presidencia de Brasil (2010); la elección de Ollanta Humala a la presidencia de Perú (2010); la reelección de Daniel Ortega a la presidencia de Nicaragua (2011); y la reelección de Cristina Fernández a la presidencia de Argentina (2011).

Palabras finales

América Latina está sujeta a un sistema de dominación transnacional que, por una parte, agrava las contradicciones económicas políticas y sociales, y le impide al Estado nacional cumplir sus funciones tradicionales de instrumento de la dominación del capital, todo lo cual constituye un poderoso incentivo para las luchas emancipatorias y abre espacios para la elección de gobiernos de izquierda y progresistas, pero, por la otra, conjura la posibilidad de una revolución entendida como ruptura violenta con el orden social imperante, y erige una cadena de obstáculos destinada a evitar la culminación de una revolución entendida como proceso de rupturas sucesivas de ese orden.[33]

A lo anterior se suma otro elemento crucial. Tras el derrumbe de la Unión Soviética, Schafik Hándal empezó a repetir una idea, que parece simplona, pero es más profunda que un sinnúmero de doctas reflexiones: «Habrá socialismo —decía Schafik— si la gente quiere que haya socialismo». Las preguntas que se derivan de esta idea son: ¿quiere que haya socialismo la gente de Venezuela, Bolivia, Ecuador, los países cuyos procesos políticos se corresponden con la definición de revolución entendida como acumulación de rupturas sucesivas con el orden vigente? ¿Quiere que haya socialismo la gente de Brasil, Uruguay, Nicaragua u otros países latinoamericanos gobernados por fuerzas de izquierda o progresistas? A estas preguntas tenemos que añadir otras: ¿sabe la gente de esos países qué es socialismo? ¿Comparten los líderes de esos países nuestro concepto de socialismo que, al margen de las diferentes condiciones, características, medios, métodos y vías, implica la abolición de la producción capitalista y del sistema de relaciones sociales que se erige a partir de ellas y en función de ellas? ¿Hay en esos procesos fuerzas políticas capaces de concientizar a la gente para que quiera que haya socialismo? ¿Lo están haciendo? Todas estas preguntas son cruciales, pero las definitorias son las dos últimas.

Notas

1.   Néstor Kohan: *De Ingenieros al Che. Ensayos sobre el marxismo argentino y latinoamericano*, Instituto Cubano de Investigación Cultural Juan Marinello, La Habana, 2008, pp. 41-42.

2.   Ibídem: pp. 42-43.

3.   Se coloca entre comillas la palabra electoral al referirnos de la derrota de la Revolución Popular Sandinista porque, si bien es cierto que el Frente Sandinista de Liberación Nacional perdió el gobierno en la elección general del 26 de febrero de 1990, el resultado de esa consulta popular estaba predeterminado por una guerra de desgaste sistemático, dirigida y financiada por el gobierno de los Estados Unidos, de alrededor de una década de duración.

4.   Se refiere a la desmovilización del Movimiento 19 de Abril (M-19), en marzo de 1990, y del Movimiento Guerrillero Quintín Lame, del Partido Revolucionario de los Trabajadores y de parte del Ejército Popular de Liberación, estos tres últimos en febrero de 1991.

5.   Véase a Carlos Marx y Federico Engels: «Manifiesto del Partido Comunista», *Obras Escogidas* en tres tomos, Editorial Progreso, Moscú, 1972, t. 1, pp. 111-115.

6.   Para un análisis integral sobre la concentración transnacional del capital, véase a Rafael Cervantes, Felipe Gil, Roberto Regalado y Rubén Zardoya: *Transnacionalización y desnacionalización: ensayos sobre el capitalismo contemporáneo*, Editorial Félix Varela, La Habana, 2002.

7.   La Cuenca del Caribe comprende a México, Centroamérica, la franja norte de América del Sur, y los archipiélagos e islas ubicados en el Mar Caribe.

8.   La destrucción ocasionada por la I Guerra Mundial y, mucho más aún, la causada por la crisis de 1929-1933, provocan la desconexión económica de América Latina de las metrópolis neocoloniales con las que mantenía una relación basada en la exportación de materias primas, la importación de productos manufacturados y capitales, y el crecimiento indetenible de la deuda externa con la cual cubría los déficits en la balanza de pagos provocados por ese intercambio desigual. El esquema de acumulación abrazado por las naciones más fuertes de América Latina para hacer frente a esa desconexión fue el desarrollismo, asentado en la Industrialización por Sustitución de Importaciones (ISI). Se trata de una modalidad de capitalismo de Estado destinada a movilizar los recursos económicos y naturales de la nación, estatales y privados,

para la crear una industria nacional y un mercado interno. Véase a Francisco Zapata: *Ideología y política en América Latina*, El Colegio de México, Centro de Estudios Sociológicos, México D.F., 2002, p. 142.

9. Para conocer en detalle las opiniones del autor sobre el impacto de la concentración transnacional del capital en América Latina, véase a Roberto Regalado: *La izquierda latinoamericana en el gobierno: ¿alternativa o reciclaje?*, Ocean Sur, México D.F., 2012, pp. 23-38.

10. Para conocer en detalle las opiniones del autor sobre el impacto de la avalancha universal del neoliberalismo en América Latina, véase ibídem: pp. 39-58.

11. Para conocer en detalle las opiniones del autor sobre el impacto del derrumbe de la URSS en América Latina, véase ibídem: pp. 59-89.

12. Para conocer en detalle las opiniones del autor sobre el impacto de la neoliberalización de la socialdemocracia europea occidental en América Latina, véase ibídem: pp. 90-119.

13. La Coordinadora Guerrillera «Simón Bolívar» fue creada en 1987 por las Fuerzas Armadas Revolucionarias de Colombia-Ejército del Pueblo, el Ejército de Liberación Nacional (ELN), el Movimiento 19 de Abril (M-19) y el Ejército Popular de Liberación (EPL), momento en que el auge de la lucha revolucionaria en Centroamérica y en la propia Colombia llevó a estos movimientos insurgentes a considerar que se iniciaba una nueva etapa de flujo ascendente de la vía armada. En la medida en que esa expectativa no se cumplió, esta experiencia se fragmentó. El M-19 y el sector mayoritario del EPL se desmovilizaron a inicios de la década de 1990, mientras que las FARC-EP y el ELN mantienen la lucha armada hasta el presente.

14. Ya antes se habían malogrado otros procesos de lucha armada revolucionaria, el gobierno de la Unidad Popular chilena, los gobiernos militares progresistas de Perú, Panamá, Bolivia y Ecuador, y la Revolución Granadina del Movimiento de la Nueva Joya.

15. Véase a Roberto Regalado: *América Latina entre siglos: dominación, crisis, lucha social y alternativas políticas de la izquierda* (edición actualizada), Ocean Sur, México D.F., 2006, pp. 195-196.

16. La democracia neoliberal se caracteriza por el culto a los elementos formales de la democracia burguesa, tales como el pluripartidismo, las elecciones periódicas, el voto secreto, el rechazo al fraude, la alternancia en el gobierno y otros, pero con un Estado desprovisto de la capacidad de ejercer el poder político real y, por consiguiente, ubicado fuera del espacio de confrontación gramsciano, en el que la izquierda y el movimiento popular pudieran arrancarle concesiones en materia de política social y redistribución de riqueza.

17. El Sistema Interamericano fue originalmente formado por la Junta Interamericana de Defensa (JID, 1942), el Tratado Interamericano de Asistencia Recíproca (TIAR, 1947) y la Organización de Estados Americanos (OEA, 1948). A raíz del triunfo de la Revolución Cubana, en función del proyecto contrainsurgente denominado Alianza para el Progreso, a ese sistema se le incorpora un nuevo organismo, el Banco Interamericano de Desarrollo (BID, 1962).

18. A raíz del golpe de Estado de marzo de 1964 contra el presidente João Goulart en Brasil, que da lugar al prototipo de las dictaduras militares de «seguridad nacional» que

funcionaron en América del Sur hasta 1989, el presidente Lyndon Johnson, estableció que *los Estados Unidos prefieren contar con aliados seguros a tener vecinos democráticos*, definición conocida con el término Doctrina Johnson.

19. Para conocer en detalle las opiniones del autor sobre la reestructuración del sistema de dominación continental del imperialismo norteamericano, véase a Roberto Regalado: *América Latina entre siglos: dominación, crisis, lucha social y alternativas políticas de la izquierda*, ob. cit., pp. 165-181 y 222-223.

20. Para conocer en detalle las opiniones del autor sobre la agudización de la crisis socio-política en América Latina, véase ibídem: pp. 182-190 y 224-226.

21. Se refiere a los derrocamientos de Fernando Collor de Mello en Brasil, Carlos Andrés Pérez en Venezuela, Abdalá Bucaram, Jamil Mahuad y Lucio Gutiérrez en Ecuador; Fernando de la Rúa y sus sucesores inmediatos en Argentina, y Gonzalo Sánchez de Lozada y Carlos Mesa en Bolivia.

22. Para conocer en detalle las opiniones del autor sobre el auge de los movimientos políticos y social-políticos, véase a Roberto Regalado: *América Latina entre siglos: dominación, crisis, lucha social y alternativas políticas de la izquierda*, ob. cit., 190-198 y 226-230. Véase también a Roberto Regalado: *La izquierda latinoamericana en el gobierno: ¿alternativa o reciclaje?*, ob. cit., pp. 156-173.

23. Pacto político establecido por los partidos Acción Democrática (AD, socialdemócrata), Unión Republicana Democrática (URD) y Comité de Organización Política Electoral Independiente (COPEI, demócrata cristiano), para respetar el resultado de las elecciones celebradas en Venezuela tras el derrocamiento del dictador Marcos Pérez Jiménez, ocurrido el 23 de enero de 1958. Con el Pacto de Punto Fijo, más que aquel acuerdo puntual, se estableció el compromiso de respetar la alternabilidad en el gobierno por parte de las dos fuerzas políticas principales de la época, AD y COPEI, fundamento de la llamada IV República, que deja de existir a partir del triunfo electoral de Chávez en la elección presidencial de diciembre de 1998, inicio de la Revolución Bolivariana y despegue de la V República.

24. Agrupamientos similares hace Claudio Katz al hablar de *gobiernos centroizquierdistas*, en Argentina, Brasil y Uruguay; y de *gobiernos nacionalistas radicales*, en Venezuela, Bolivia y Ecuador. Según Katz, los primeros mantienen una relación ambigua con el imperialismo, defienden los intereses generales de los capitalistas, en tensión con varios sectores de empresarios, y toleran las conquistas democráticas, pero obstaculizan las reivindicaciones populares; y los segundos promueven un curso económico más estatista, mantienen fuertes conflictos con los Estados Unidos, chocan con la burguesía criolla, y llevan a la práctica un proyecto que oscila entre el neodesarrollismo y la redistribución progresiva del ingreso. Véase a Claudio Katz: *Las disyuntivas de la izquierda en América Latina*, Ediciones Luxemburg, Buenos Aires, 2008, pp. 39-40.

25. Hugo Chávez fue electo a la presidencia de Venezuela en 1998 y reelecto en 2002 y 2006.

26. Evo Morales fue electo a la presidencia de Bolivia en 2005 y reelecto en 2009.

27. Rafael Correa fue electo a la presidencia de Ecuador en 2006 y reelecto en 2009.

28. Luiz Inácio Lula da Silva fue electo a la presidencia de Brasil en 2002 y reelecto en 2006.

29. Tabaré Vázquez fue electo a la presidencia de Uruguay en 2004.

30. José Mujica fue electo presidente de Uruguay en 2009.

31. Dilma Rousseff fue electa presidenta de Brasil en 2010.

32. Para conocer en detalle las opiniones del autor sobre los gobiernos de izquierda y progresistas existentes en América Latina, tanto los de Venezuela, Bolivia y Ecuador, como los de Brasil y Uruguay, e incluso los que aquí se mencionan, pero no se abordan como tales, es decir, los de Nicaragua, El Salvador, Paraguay, Argentina y Perú, véase a Roberto Regalado: *La izquierda latinoamericana en el gobierno: ¿alternativa o reciclaje?*, ob. cit., pp. 188-200.

33. Para conocer las opiniones del autor sobre las definiciones de *revolución como ruptura violenta con el orden social imperante*, y de *revolución como proceso de rupturas sucesivas de ese orden*, véase ibídem: p. 18. Para mayor información sobre el tema, véase a Claudio Katz: Claudio Katz: *Las disyuntivas de la izquierda en América Latina*, ob. cit., pp. 34-51.

La izquierda latinoamericana a veinte años del derrumbe de la Unión Soviética*

Gilberto López y Rivas

Introducción: definiendo al sujeto

La izquierda, como fenómeno político, ideológico y social en América Latina, y partiendo de la experiencia mexicana, no es homogénea ni monolítica; por lo tanto, ¿podemos identificar una izquierda, o es más exacto referirnos a las izquierdas? Existe un conjunto de principios políticos e ideológicos básicos que definen a las organizaciones de este signo y una gran diversidad de enfoques teóricos y prácticas que las distinguen. No es mi objetivo hacer un inventario, pero, actualmente, se identifican al menos cuatro expresiones:

a) Una izquierda organizada en partidos que privilegian la acción electoral, forman parte del sistema político y actúan dentro del marco institucional. Los orígenes de estas entidades partidistas son diversos; pueden incluso provenir de movimientos armados, como el Frente Farabundo Martí para la Liberación Nacional (FMLN), el Frente Sandinista de Liberación Nacional (FSLN), la Unidad Revolucionaria Nacional Guatemalteca (URNG), o de antiguos agrupamientos obreros, socialistas o frentes democráticos, como el Partido de los Trabajadores brasileño (PT), el Partido de la Revolución Democrática mexicano (PRD) y el Frente Amplio uruguayo (FA).

b) Una izquierda que mantiene la lucha armada como una de las vías para conquistar el poder político, a partir de diversos programas

---

* El presente trabajo sintetiza varios artículos y reflexiones, en la idea de un acumulativo que dé cuenta de la temática requerida por el editor.

nacional-democráticos, socialistas y estrategias de guerra popular prolongada. Colombia y México cuentan con este tipo de organizaciones político-militares, como las Fuerzas Armadas Revolucionarias de Colombia (FARC) y el Ejército Popular Revolucionario (EPR), respectivamente.

c) Una izquierda social, inorgánica y diversa, pero con mucha presencia en la sociedad civil y en la intelectualidad, con múltiples expresiones en torno a movimientos reivindicativos puntuales (derechos laborales, ecología, género, jóvenes, entre otros) y a través de organismos no gubernamentales vinculados a la promoción y defensa de los derechos humanos. Aquí también entraría una amplia gama de organizaciones políticas no vinculadas directamente con los partidos.

d) Una izquierda autonomista vinculada a la resistencia de los pueblos indígenas y a las expresiones autonómicas de diversos sectores sociales. Aquí se integran formas organizativas, como el Ejército Zapatista de Liberación Nacional (EZLN), y agrupamientos en defensa de los territorios y sus recursos, espacios autogestionarios, en tanto actores, o acompañando a los procesos autonómicos.

Saldando cuentas con nuestro pasado

Si se pretende entender la izquierda actual, debemos partir del análisis del retroceso histórico que significó que los viejos paradigmas se vinieran abajo con la desaparición de la Unión Soviética y el bloque de países socialistas de Europa del Este. También hay que tomar en cuenta la introducción de capitalismo de Estado en China y una variedad del mismo en Vietnam, y el caso muy particular de Corea.

De este bloque de países, queda solo Cuba, que representa la perseverancia de un sistema socialista con sus peculiaridades nacionales en la conformación de su proceso revolucionario, sus dirigentes y su enfrentamiento con Estados Unidos por más de cincuenta años, que lo han hecho un caso único e inédito.[1]

No obstante y, paradójicamente, existe un avance en la izquierda porque la implosión y caída de estos regímenes —muchos de ellos burocráticos, corrompidos, violatorios de la idea de democracia, aún de la democracia socialista, o sea, violatorios de sus propias leyes, por ejemplo, en el caso de la Unión Soviética—, han representado la posibilidad de un progreso en las ideas de liberación y socialismo, y con esto, la posibilidad de un pensamiento ya no marcado por dogmas o manuales, sino basado en realidades muy acuciantes, incluso amenazantes contra la existencia de la propia especie humana y, en consecuencia, en el imperativo de pensar con cabeza propia.

Así, se puede observar un retroceso histórico y, a la vez, la posibilidad de un avance sobre las bases de la experiencia de esa debacle, y del análisis autocrítico que tenemos que hacer de todo lo ocurrido; e insisto, «autocrítico», porque no se puede analizar lo que acaeció en el socialismo real como una cuestión separada de nuestra práctica; esto es, de nuestra militancia bajo los parámetros de ese sistema.

Es posible observar las diferencias del pensamiento marxista en América Latina hoy, a la luz de todo lo acontecido; hay conceptos y términos que ya no se utilizarían en un curso, o en una conferencia pública, pues esta debacle se debe también a lo que nuestra generación aprendió como «disciplina del militante» y a la idea recurrente de «no dañar a la revolución y darles armas a sus enemigos», esto es, la falta de un pensamiento crítico y de una posición basada en un análisis de las realidades a las que nos enfrentábamos, o a lo que realmente sucedía en la Unión Soviética, o bien, a lo que realmente pasaba en América Latina.

De manera concreta, vivimos el resultado de nuestras derrotas —en parte— por la falta de una mentalidad propia; y de aquí que se puedan rescatar personajes como Rosa Luxemburgo[2] o Raya Dunayevskaya,[3] pues estas pensadoras, en retrospectiva, vislumbraron con anticipación lo que podría resultar de la experiencia socialista. Ellas tuvieron la capacidad de observar muchas de las razones por las cuales —imperialismo aparte y como factor constante— ocurrieron ciertos hechos históricos. Ejemplo preciso es el caso de la crítica temprana de Luxemburgo al modelo soviético que se construía; o bien, el planteamiento de Dunayevskaya sobre la suplantación de la clase por el partido y todas sus críticas al vanguardismo inherente. El marxismo olvidado de Mariátegui, para el caso del estudio de lo étnico-nacional, que fue «descubierto» por nosotros en los años sesenta, es otro ejemplo pertinente. La necesidad de dar una explicación, hace volver a estos orígenes, a estos pensadores que hasta cierto punto se consideraban periféricos y sus planteamientos eran asumidos como «heterodoxos».

Del «no ha pasado nada» a renuncias al socialismo... y temas a debate

Hay cierto tipo de orfandad de la generación perteneciente a los sesenta y setenta que creció sujeta a estas disciplinas, a estas formas de hacer política, bajo estos planteamientos de manual y de consigna, de acatamiento estricto a la disciplina de los partidos, de la lucha ilegal o clandestina, y otros. Todo ese universo ha tenido que ser visto a la luz de lo ocurrido, y de ello mucha gente ha optado «por tirar al niño con el agua»; se han vuelto no autocríticos, sino más bien, han renunciado al marxismo y al socialismo e, incluso en algunos casos, se han pasado al campo de la derecha, no solo como ideología, sino también como ejecutores de políticas públicas, como asesores contrainsurgentes y como ideólogos de la represión.

Es necesario señalar que existe una gama de experiencias personales relacionada con el cómo se asume la derrota estratégica de la desaparición del campo socialista, tanto en el terreno de la praxis como en el de las ideas; algunos compañeros no han querido remontar este trauma y siguen pensando exactamente igual, como si nada hubiera pasado: son estas posiciones ortodoxas las que repiten los lugares comunes, no permiten la expresión de lo nuevo y persisten en ver el mundo entre «amigos» y «enemigos», entre lo que es «políticamente correcto» y lo que «no es políticamente correcto», y que siguen actuando con la inercia de esos años y de esas ideas que llevaron a la debacle e implosión del mundo socialista, porque en el caso de la Unión Soviética —que conozco desde dentro y desde cerca—, fue una implosión lo que ocasionó su derrumbe; esto es, la evidencia de la contrarrevolución en el seno mismo del partido y del gobierno, de los altos cargos del Estado, que dio al traste con el régimen socialista.

Estos personajes que transitan todavía por la política de izquierdas —muchas veces con muy buena fe y con una honradez muy reconocible—, no abonan a ideas renovadas o críticas para realmente elaborar un pensamiento nuevo sobre una gran variedad de temas, pues actúan, repito, como si no hubiera pasado nada.

Así, encontramos por un lado grandes retrocesos y, por otro lado, grandes retos. Sin duda, todo está por hacerse, no hay nada escrito. Algunos nos hemos especializado en algún tipo de tema —por nuestras carreras profesionales, por la manera en que nos vinculamos a la práctica política—, en mi caso particular, a la llamada cuestión nacional, que permitió hacer una revisión de las posiciones del marxismo tradicional, y proponer planteamientos renovados, en específico, en el desarrollo del etnomarxismo o pensamiento crítico sobre la cuestión étnico nacional.[4]

Con todo, hay temas tabús que necesitan ser tocados, que necesitan ser discutidos, porque hoy en día no hay una fórmula, no existe un modelo. Por ejemplo, el partido como «Estado Mayor» de la revolución, que da lugar, casi en todos lados, a entidades burocratizadas, militarizadas, autoritarias que violentan el propio centralismo democrático, que deviene un partido divorciado de las masas, que da pie a una burocracia privilegiada, que, como toda burocracia, lucha para reproducirse como estamento y para conservar las ventajas que le da esa posición en la sociedad.

También, es necesario plantear la crítica al «obrerismo», que podría ser considerado como un reduccionismo proletarizante: la idea de la misión liberadora *per se* de la clase obrera. Lo que ha demostrado la historia del capitalismo es que la clase obrera tiene intereses específicos, y por ende, puede caer en el corporativismo que constituye el polo opuesto de la hegemonía. ¿Qué significa esto?, pues que la clase obrera no tiene necesariamente la capacidad para «representar a toda la sociedad». Este debate se relaciona con la llamada «dictadura del proletariado», un concepto negativo porque, como sostiene Pablo González Casanova, «ninguna dictadura es buena, aunque sea del proletariado».[5]

Leopoldo Mármora plantea, en 1986,[6] que la construcción del socialismo debe ser pensada como una tarea nacional popular que incluye el conjunto de los sectores que conforman el pueblo, en su acepción clasista, no en su significado étnico y nacional, o sea, el conjunto de las clases subalternas, y, por lo tanto, no existe una jerarquización de sectores populares que daría pie a que se privilegie a una clase (la obrera), que incluso en nuestros países es minúscula en número y no tiene necesariamente una gran experiencia política, a excepción, claro, de casos como Chile o Bolivia. Este reduccionismo obrerista provoca la subestimación de importantes sectores con potencial revolucionario, como el indígena, los jóvenes, las mujeres. En suma, el marxismo tradicional olvidó colorear el mundo real, de tal manera que proyectaba sociedades donde no existía etnicidad, ni diferenciaciones e imaginarios raciales y, por lo tanto, las clases se veían abstractas, ahistóricas, sin un análisis concreto de sus características nacionales.

No se observó el potencial revolucionario del mundo indígena, al que siguió considerando como un «rezago», como un «atraso», y esto llevó a cometer graves errores, como en el caso de Nicaragua durante los primeros cuatro años de la Revolución Sandinista, cuando se produjeron enfrentamientos, distorsiones, planteamientos proletarizantes, que incluso provocaron una guerra étnica contra la Revolución. El Frente Sandinista de Liberación Nacional no tenía en su programa histórico, un proyecto sobre la cuestión étnica.[7]

Asimismo, la idea de la revolución social ha quedado abandonada y suplantada por el reformismo de la alternancia dentro del capitalismo, con partidos de una izquierda tutelada que se constituyen en un aparato de Estado más.[8]

Problemas de la izquierda partidista

En el análisis ya puntual de esta izquierda agrupada en partidos, y pensando nuevamente en el caso mexicano pero extensivo a otras latitudes, identifico al menos cinco problemas:

1. Vínculos muy débiles con los movimientos políticos y sociales. Un breve recuento de acontecimientos que de alguna u otra forma tuvieron una repercusión política importante en la vida de nuestros países, da cuenta de la falta de vinculación con los mismos de los partidos políticos de esta izquierda institucionalizada. De ninguna manera implica que la izquierda partidista no actúe durante los conflictos o movilizaciones, pero lo hace sin un programa organizativo de largo alcance y solo con fines electorales.

2. División interna que más que enriquecer a la izquierda por su diversidad, la empobrece por su disfuncionalidad. Hoy en día difícilmente podríamos tener un mínimo inventario de las fuerzas sociales de estas izquierdas nacionales. Las viejas (y muchas veces mezquinas) disputas y «purgas» en el interior de las organizaciones de la izquierda, la coop-

tación de algunas de sus fracciones e individuos por los grupos de poder económico y político, las traiciones a los idearios izquierdistas y libertarios emanados del siglo XX, el surgimiento de nuevas demandas políticas y sociales con sus consecuentes y originales formas de lucha, la llegada al poder político en países, estados, municipios y espacios legislativos de sectores de izquierda y la propia redefinición del sistema de dominio mundial, son algunos elementos que han hecho de la izquierda institucional un ente vasto, multiforme y con rumbos y acciones opuestos a los objetivos de transformación social.

3. Esta llegada al poder de la izquierda partidista la ha circunscrito a una política electoral antes que a una social y revolucionaria. La corrupción en el ejercicio del gobierno, en los cargos de elección popular por parte de sectores de la izquierda partidista, la ha sesgado hacia una política que ha privilegiado lo electoral en sus matices mediáticos, populistas y superficiales, relegando los objetivos históricos de la izquierda socialista. El cuidado de la imagen pública de quienes han llegado a ocupar cargos públicos ha sido el parámetro de muchas de las políticas ejercidas desde el gobierno. Y no solo eso, sino que con meros afanes electorales, los partidos de izquierda han buscado en los sectores y partidos de la derecha los personajes que les permitan triunfos en distritos en pugna. En el caso de México, la izquierda institucionalizada ha abandonado la idea de un cambio sustancial de las condiciones de vida de sus pueblos; también está el caso del PT brasileño, que remite a esta izquierda que ha aceptado las reglas del juego del capitalismo en su etapa neoliberal y que está muy satisfecha con la alternancia en el poder —siempre y cuando ellos tengan el gobierno. Lo que tenemos, entonces, es nuevamente la reproducción de una élite política, que termina traicionando, incluso, a sus propias bases fundacionales.

También, la cuota al interior de estos agrupamientos se convierte en la estructura misma de la institución partidista. La cuota se otorga siguiendo la lógica de grupos de poder clientelar, planillas, o también criterios de género y edad e, incluso, se llegaron a proponer razones étnicas, aunque esto fue abandonado en la práctica y en el ámbito estatutario. En estos últimos casos, se busca originalmente una política de discriminación positiva como correctivo del machismo, la gerontocracia o el racismo imperantes o tendenciales, pero poco a poco la sustentación y la discusión subyacentes dejaron de tener sentido y se transformaron en una hueca fórmula para que una determinada facción se hiciera de más espacios.

Las cuotas influyeron de manera determinante en la dinámica, funcionamiento y calidad de los grupos parlamentarios, gobiernos, órganos de dirección del partido, ya que muchos de ellos no fueron conformados por quienes mejor o adecuadamente tenían las cualidades o los conocimientos para ejercer determinada tarea de gobierno, dirección o representación. De hecho, se transformaron en un botín a repartir.

En el caso de los gobiernos locales, por ejemplo, los miembros del partido esperan ese tipo de distribución ya como algo natural o normal. Poco importa el desconocimiento sobre asuntos jurídicos, servicios urbanos, desarrollo social y otros. Se considera que la sola pertenencia a una de las facciones partidistas basta para ocupar cargos de responsabilidad en el gobierno.

Esto ocasiona que quienes ingresan a los partidos no lo hagan a partir de un reclutamiento con un período de prueba sobre las motivaciones reales del simpatizante para solicitar su incorporación, su conocimiento probado sobre los documentos, línea programática y principios del partido en cuestión, sino como una vía de ascenso en la escala social y una bolsa de trabajo.

El militante individual o fuera de los agrupamientos poderosos no tiene posibilidades de ocupar cargo alguno, a no ser que su prestigio personal sea tan reconocido que se imponga por sobre la lucha de facciones, o que juegue un papel de equilibro o de arbitro en los conflictos intergrupales. Al ser una lucha por el poder en el interior del partido, las campañas internas se convierten en verdaderas batallas en las que todo se vale.[9]

4. Desconexión con las fuerzas de la izquierda internacional, incapacidad para establecer vínculos orgánicos y solidarios con fuerzas de la izquierda internacional. No hay un programa sólido y comprometido de las organizaciones partidistas con sus contrapartes internacionales.

Existen algunos acuerdos coyunturales y encuentros casuales entre integrantes de las múltiples organizaciones con la izquierda internacional, como lo han sido, por poner un ejemplo, los encuentros de Porto Alegre o los organizados por el PT mexicano. Pero de ahí a que se tenga una plataforma internacionalista, existe un gran trecho que difícilmente se puede cubrir.

5. Un notable eclecticismo teórico que dificulta la ejecución programática de la izquierda. El marxismo se consolidó como la teoría de la izquierda internacional durante una buena parte del siglo XX. Las luchas contemporáneas le deben al marxismo muchas de las ideas y de los ejes ideológicos que les dan vida. Sin embargo, con la caída del bloque socialista y el consecuente desprestigio propagandístico que se le infringió al marxismo, se ha tendido a arrojar por la borda sus planteamientos metodológicos y sus nociones básicas que continúan teniendo, pese a todo, vigencia y utilidad en el mundo contemporáneo, sustituyéndolo por nociones de pragmatismo electoral e imagen mediática.

Las izquierdas institucionales debieran estar en una permanente búsqueda de formas y espacios para la expresión política de las mayorías nacionales. Sus partidos debieran organizarse democráticamente, esto es, organizarse desde abajo, para optar por un contacto estrecho con la sociedad y convertirse en un canal para el pronunciamiento ciudadano y sectorial. De esta forma, las izquierdas ganarían la credibilidad y confianza ante la sociedad que han perdido a lo largo de estos años, y contribuirían en la creación de una nueva cultura política. Simultáneamente, corregirían el grave error de hipertrofiar a las cúpulas dirigentes en detrimento de las organizaciones de base.

En el actual contexto, la izquierda institucional tiene como reto fundamental radicalizar la democracia en un proceso que implique romper las formas tradicionales de tutela por parte del Estado capitalista, que supone no solo reconocer al ciudadano y a los pueblos y sectores sociales emergentes como portadores de derechos y obligaciones, sino fundamentalmente como actores centrales en la búsqueda de la ampliación de derechos en las definiciones políticas, y en la construcción de un nuevo sentido de lo público y, por tanto, de las acciones de gobierno.

Los partidos de la izquierda institucional han devenido, en suma, administradores públicos y, en lugar de ser instrumentos de los movimientos sociales, se sirven de esos movimientos clientelarmente para la reproducción de sus dirigentes y para lograr posiciones de poder personal o de grupos corporativos.

Asimismo, los gobiernos y partidos de la izquierda institucionalizada mantienen propensión por proyectos desarrollistas y extractivistas[10] que sirven a una inserción internacional subordinada y funcional a la mundialización capitalista comercial-financiera y avanzan en la fragmentación territorial, con áreas relegadas y enclaves extractivos asociados a los mercados globales. Estos partidos y gobiernos muestran una insensibilidad mayúscula frente a los movimientos sociales, la diversidad étnica[11] y los reclamos de los pueblos indígenas para el ejercicio de las autonomías y la protección de sus territorios y recursos naturales.[12]

Construcción de poder popular

A partir de esta crítica hacemos una pregunta básica para distinguir a las izquierdas: ¿cuál es la participación de las masas en los procesos democráticos y revolucionarios que ellas impulsan? Con ello, caracterizamos a la izquierda como la fuerza política que desarrolla poder popular, poder comunitario, participación horizontal de las masas populares; en la medida en que la izquierda lucha por estas prácticas fundamentales, es realmente una izquierda. Si lo que va a desarrollar son programas sociales y representaciones permanentes en nombre de la revolución y la democracia, entonces, es otra cosa: reformismo en el más estricto sentido del término.

Esto nos lleva a observar modestos procesos que están teniendo lugar en América Latina y que son siempre dejados a un lado, menospreciados cuando se pone en el tapete de las discusiones la importancia que tiene la construcción de autonomías indígenas.[13]

Así, por un lado se tiene a la izquierda institucionalizada en busca de poder para sí misma y, por el otro, observamos esta democracia autonomista que crea poder comunitario. En un lado, la democracia tutelada por las fuerzas del mercado, los poderes fácticos y los sistemas de partidos de Estado y, por otro, esta democracia incipiente, amenazada, muy endeble porque se desarrolla en el mundo rural, caracterizado por la pobreza, por la escasez, por la contrainsurgencia, pero que está dando una idea de un tipo distinto de democracia. Ahí está el EZLN y sus gobiernos autónomos, que muestran una situación única en la historia de las fuerzas guerrilleras del continente americano cuando retira a todos sus cuadros políticos militares de las estructuras de gobierno, y ahí está la idea expresada en su lema «para todos todo, para nosotros nada», que cobra realidad y a través de la cual, los zapatistas renuncian a convertirse en una burocracia, no asumen para sí el control de los gobiernos y afirman «como los gobiernos son de las comunidades, de la sociedad civil, nosotros que somos los militares del pueblo, nos retiramos a nuestras posiciones de montaña y todas nuestras estructuras político militares dejan de ser la conducción de ese gobierno». Aquí hay un ejemplo de congruencia ética en construcción de poder popular a través de las comunidades.[14]

En este caso, las asambleas son las que nombran a quienes van a ocupar los puestos, que son, además, rotatorios y que no son pagados, es decir, no hay una construcción de burocracia, porque la gente que estuvo en el gobierno sale cada determinado período y entran otros de la propia comunidad: hombres, mujeres y jóvenes.

Esto nos remite a la propuesta de Rosa Luxemburgo[15] de los gobiernos consejistas, revocables, nombrados en asambleas populares, y también a la idea del gobierno de la Comuna de París, sin paga, y nos hace observar un proceso a partir de una idea distinta de la práctica política, con una gran importancia de la cuestión ética, donde no hay una doble moral ni existe una discrepancia entre decir y hacer, que ha caracterizado a las viejas burocracias del socialismo real.

En el grupo Paz con Democracia de México, elaboramos el documento «Llamamiento a la nación mexicana», publicado en noviembre del 2007 por *La Jornada* y *Rebelión*, en el que hacemos una propuesta, partiendo de estas realidades indígenas, que busca proyectar en la sociedad urbana y nacional, espacios donde sea posible la construcción de un poder desde abajo y a partir de la participación de todos y todas. Este tipo de dinámicas, que pudiera reproducirse en universidades, en los aparatos de gobiernos locales y otros, nos remiten a una democracia de construcción de poder popular

No fue sino hasta finales del siglo pasado que los pueblos indígenas (fundamento de la lucha agraria nacional), lograron integrarse al proceso de constitución democrática de la nación-pueblo. Solo a partir del levantamiento zapatista fue posible, en parte, que las izquierdas mexicanas re-conceptualizaran y reconfiguraran su discurso y su praxis política, de tal suerte que la antigua y compleja cosmovisión indígena y agraria mexicana no solo aportó elementos de discusión, sino que ha esbozado muchos de los problemas importantes en la agenda de la construcción de lo nacional-popular.

El nuevo zapatismo ha sido capaz de convocar y articular un movimiento social y político amplio que ha puesto en cuestionamiento la hegemonía nacional burguesa. Por otro lado, las izquierdas institucionalizadas o partidistas, y en buena medida la izquierda armada, no han podido evadir la discusión que el zapatismo ha planteado, aunque lamentablemente no han profundizado en la misma e, incluso, padecen de un autismo político, en ese y en muchos otros de los grandes problemas nacionales.

Los sistemas electorales han sido considerados por la propia teoría liberal como los mecanismos a través de los cuales se pueden dirimir toda clase de conflictos económicos, sociales, políticos y culturales. En este sentido, la teoría marxista clásica afirma que las sociedades capitalistas tienen una dicotómica formación: por un lado, una realidad conflictiva y contradictoria resultado de la explotación de clase y, por otro, una ilusoria equidad y armonía resultado del aparato ideológico que pretende equiparar jurídica y culturalmente a todos los individuos.

¿Cómo poder conciliar estas perspectivas en el mundo contemporáneo? ¿Cómo poder elaborar un pensamiento crítico y revolucionario que tome en cuenta las experiencias del socialismo real y que tome en cuenta, también, lo planteado por los indígenas? Aquí, recordamos nuevamente a Luxemburgo y Dunayevskaya, quienes se remitieron al mundo indígena para pensar en el futuro del socialismo, al igual que Mariátegui, quien consideró la articulación entre los pueblos indígenas y la revolución socialista.[16]

En el escenario de las luchas de transformación social se ha vivido, por cierto, un agotamiento de los esquemas revolucionarios que se acotaban a la toma del poder «por asalto». Si algo han legado las distintas experiencias revolucionarias es que no basta con apoderarse de las instituciones estatales para generar transformaciones profundas y duraderas en la sociedad. El poder no solo simplemente se trasmite o arrebata de unas manos a otras; tampoco es un lugar o una cualidad inmanente a la personalidad de algún líder. El poder es también una relación social que circula entre las distintas capas de la sociedad y no permanece siempre en un mismo polo. Este poder social circula en el imaginario de la sociedad, en la conciencia individual y colectiva de los ciudadanos, anida en la historia y en las contra-historias. Por ello, de nada sirve asaltar los aparatos políticos si dicho «asalto» no va acompañado de un trabajo continuo y permanente de la ciudadanía y de los pueblos. El poder, más que estar anclado en las instituciones, permanece circulando en la cultura política, en el actuar cotidiano de hombres y mujeres, niños, jóvenes y ancianos. Por ello, para transformar la sociedad, los partidos y organizaciones políticas deben asumir que más que dotadores de conciencia, son los vehículos para expresar el descontento, las críticas, las ilusiones y esperanzas que ya se encuentran merodeando en la conciencia colectiva de un pueblo.

Raúl Zibechi sostiene que el cambio social emancipatorio va a contrapelo del tipo de articulación que se propone desde el Estado-academia-partidos; la articulación externa siempre busca vincular el movimiento con el Estado o con los partidos, y en ella el movimiento pierde autonomía. Destaca las preferencias de los mayas zapatistas por lo que él denomina política plebeya, la de los de abajo, por sobre la izquierda institucionalizada que asume parcelas del aparato estatal, y en ese proceso, vira hacia la derecha, dejando a los movimientos sin referencia. De aquí se concluye que el divorcio entre la izquierda electoral y los movimientos no tiene solución; en suma, la construcción de una autonomía ligada a la emancipación solo pueden hacerla los de abajo, con otros de abajo, en los espacios creados por los de abajo.

Frente a estas formas de dominación desde el progresismo estatista, Zibechi propone: 1) comprender las nuevas gobernabilidades en toda su complejidad como resultado de las luchas, pero además como un intento para destruirlas; 2) proteger los espacios y territorios propios: 3) no sumarse a la agenda del poder, crear o mantener la propia agenda; 4) limitar campos, llamar las cosas por su nombre, lo que significa asumir la soledad respecto a los de arriba y, por lo tanto, la hostilidad de la izquierda institucional; 5) potenciar la política plebeya, la unidad en los hechos insurreccionales, en los modos de rebelarse, en poner en común las horizontalidades.[17] De aquí que resulta difícil, si no imposible, aceptar la tesis dicotómica, de cara a la elección presidencial mexicana de julio de 2012, planteada por nuestro colega Guillermo Almeyra en su artículo «El MORENA y otro proyecto de país» (*La Jornada*, 10/04/2011), en el sentido de que solo habrían dos opciones para el diverso y complejo movimiento anticapitalista mexicano, dentro del cual se encuentran los procesos autonómicos de los pueblos indígenas: apoyar al Movimiento Regeneración Nacional (MORENA) de Andrés Manuel López Obrador o mantenerse estérilmente al margen del mismo, buscar desprestigiarlo y debilitarlo ayudando así a la derecha.

La aportación que están haciendo las resistencias autonómicas a la transformación revolucionaria de México pasa por fortalecer sus procesos: desde la horizontalidad y radicalidad de sus luchas; desde la construcción de redes de comunidades, territorialidades y espacios urbanos y sectoriales en los que se impongan formas nuevas de hacer política; y desde la autonomía en el mantenimiento de programas que no se plieguen a la lógica, tiempos y procedimientos de una democracia tutelada por los poderes fácticos

El imperialismo y la izquierda

El imperialismo es una realidad constante que se renueva día con día: un imperialismo mucho más adaptativo, con tácticas militares basadas incluso en la antropología, en la sociología y que estudia nuestras realidades nacionales, con sus especialistas en estos campos.[18] Casos concretos se dan con la presencia de antropólogos en todas las brigadas de combate en Irak y en Afganistán; esto es, las nuevas guerras dan una gran importancia a la cultura y a las acciones mediáticas, a la industria del cine como socialización e ideologización de la vida cotidiana, a la televisión como alimento intelectual basura que estimula que millones de personas en el mundo vivan en el consumismo, la irrealidad, el hedonismo, el vaciamiento de su existencia.

Se educa a la juventud de las clases medias de nuestros países con los llamados «juegos de guerra», esto es, se les entrena para ser marines. El campo mediático y del entretenimiento es un ámbito donde los socialistas no hemos podido desarrollar un programa tan efectivo como el del capitalismo globalizado.

Así, existe un factor constante: un imperialismo que trabaja 24 horas al día, con una estructura de millones de personas analizando cómo impedir la revolución, cómo aniquilar a los revolucionarios. En esto se fundamenta el terrorismo global de Estado, que es el más peligroso por su capacidad de fuego, por su enorme logística, por sus formidables recursos financieros logrados a través también del narcotráfico.[19]

Este factor constante ha producido también una justificación constante. En la izquierda latinoamericana siempre hemos imputado al imperialismo lo que muchas veces han sido nuestros propios errores; por eso, existen sicarios mediáticos que nos acusan de que todo le atribuimos al imperialismo; pero esto es parte de una realidad —es una realidad a medias, teniendo en cuenta ese factor constante de sus intervenciones y sus injerencias en nuestros países. Aquí, también, hay que tomar en cuenta a Pablo González Casanova:

> No podemos quedarnos en el concepto de imperialismo sin señalar que en la etapa de la globalización las demarcaciones de las «fronteras», de lo «externo» y lo «interno» (que a los nacionalistas les sirvieron para ocultar las contradicciones internas atribuyendo todos los males a las externas) se ha confirmado cada vez más a lo largo del mundo. En el interior de las naciones está lo exterior. En cada Estado nación se dan los vínculos y redes con otros Estados-nación, con el capital multinacional y trasnacional, con el Estado global incipiente y con sus asociados locales. Las luchas tienen que darse en lo local, lo nacional y lo global, privilegiando unas y otras en forma práctica. Y sin descuidar ninguna.[20]

Con Obama tenemos 75 países con acciones encubiertas. Obama sumó 15 países más de los que tenía Bush con acciones encubiertas, y aumento 30% el presupuesto para esas acciones, que significan fuerzas especiales, militares, de inteligencia, policiales, torturadores profesionales, asesinos y matones, incluyendo en esta lista a Bolivia, México y Venezuela. Tenemos que partir de esa idea porque evidentemente que ese factor constante está ahí —si lo olvidamos nos aniquilan—, pero si le atribuimos a ese factor todo lo que hemos hecho mal a lo largo de ya casi un siglo, entonces lo que hacemos es reproducir errores para el futuro.

Los proyectos de intervención estadounidense, el Plan Colombia, ASPAN, el Plan Mérida, el Proyecto Mesoamérica, no solo amenazan la soberanía de nuestros pueblos, sino condicionan las potencialidades de nuestro desarrollo a la dinámica de los intereses económicos, de las utilidades de unos cuantos empresarios locales y estadounidenses. Por ello, es responsabilidad política de los gobiernos de izquierda trascender la mera gestión de necesidades para lograr ubicar en un contexto continental e incluso mundial la raíz de los problemas que cotidianamente enfrentamos. Mientras más participativa sea la sociedad, mientras más discuta, debata y se involucre en los asuntos públicos, tendrá mayores posibilidades de comprender lo que sucede más allá de nuestra realidad inmediata y resistir con éxito al imperialismo.

Reflexión final

No estamos en los mejores tiempos. Hoy tenemos un futuro incierto. Asistimos a un predominio de los enemigos de la humanidad en lo militar, económico y mediático. No obstante, el pensamiento crítico no debe inducir a la pasividad. Existen millones de personas resistiendo al capitalismo y a los efectos de la transnacionalización neoliberal. El futuro, como moneda, está en aire, está en que nos movilicemos, en que actuemos. Debemos concluir que la vida tiene que ser una eterna y permanente búsqueda y lucha por derrocar al capitalismo y que esta es la única forma de ser de izquierda.

Notas

1.   Véase a Gilberto López y Rivas: «El impacto de la revolución cubana en América Latina», *Rebelión* (02-11-2009).

2.   Véase a Isabel Maria Loureiro: *Rosa Luxemburg: os dilemas da ação revolucionária*, Editora UNESP/Fundação Perseu Abramo/Rosa Luxemburg Stiftung, São Paulo, 2004.

3.   Véase a Raya Dunayevskaya: (1910-1987), *Filosofía y revolución, de Hegel a Sartre y de Marx a Mao*, Siglo XXI, México D.F., 2009.

4.   Véase a Gilberto López y Rivas: *Antropología, etnomarxismo y compromiso social de los antropólogos*, Ocean Sur, México D.F., 2010. Véase también a Gilberto López y Rivas: «Etnomarxismo y lucha social», Conferencia Inaugural de la Cátedra Carlos Marx de la Universidad Autónoma del Estado de Morelos, *Rebelión*, 27/08/2011.

5.   Véase a Pablo González Casanova: «De la sociología del poder a la sociología de la explotación», *Pensar América Latina en el siglo XXI* (antología e introducción por Marcos Roitmann), CLACSO Coediciones-Siglo del Hombre Editores, Bogotá, 2009.

6.   Véase a Leopoldo Mármora: *El concepto socialista de nación*, Cuadernos de Pasado y Presente, México D.F., 1986.

7. Véase el capítulo sobre Nicaragua en Gilberto López y Rivas: *Antropología, minorías étnicas y cuestión nacional*, Aguirre y Beltrán, México D.F., 1988.

8. Véase a Marcos Roitman: *Democracia sin demócratas y otras invenciones*, Sequitur, Madrid- Buenos Aires-México D.F., 2007. Véase también a Roberto Regalado: *América Latina entre siglos: dominación, crisis, lucha social y alternativas de la izquierda* (edición actualizada) Ocean Sur, México D.F., 2006.

9. «En momentos en que el avance del proyecto depredador neoliberal impone a la población niveles casi delirantes de desigualdad, pobreza, opresión, corrupción, atropello, violencia y sometimiento al extranjero, la ausencia de las dirigencias perredistas, ensimismadas en sus disputas internas y en el aprovechamiento de privilegios jerárquicos y de posiciones de poder alcanzadas mediante el sufragio, constituye una dolorosa y exasperante defección». *La Jornada*: «El PRD: la trágica descomposición», editorial de *La Jornada*, México D.F., 24 de octubre de 2011.

10. Véase a Gilberto López y Rivas: «Carta abierta y urgente a Dilma Rousseff», *La Jornada*, México D.F., 01/02/2011.

11. Véase a Gilberto López y Rivas: «Los pueblos indígenas en el discurso de López Obrador», *La Jornada*, México D.F., 02/04/2011.

12. Eduardo Gudynas, investigador del Centro Latino Americano de Ecología Social, de Uruguay, escribe un importante artículo: «Diez tesis urgentes sobre el nuevo extractivismo, contextos y demandas bajo el progresismo sudamericano actual», en el que se analizan los fundamentos de las políticas que alientan a gobiernos de la izquierda institucionalizada en la realización de planes como el de Belo Monte, Brasil. De las tesis de Gudynas, resalto las siguientes: «1) Persiste la importancia de los sectores extractivistas como un pilar relevante de los estilos de desarrollo. 2) El progresismo sudamericano genera un extractivismo de nuevo tipo, tanto por algunos de sus componentes como por la combinación de viejos y nuevos atributos. 3) Se observa una mayor presencia y un papel más activo del Estado, con acciones tanto directas como indirectas. 4) El neo-extractivismo sirve a una inserción internacional subordinada y funcional a la globalización comercial y financiera. 5) Sigue avanzando una fragmentación territorial, con áreas relegadas y enclaves extractivos asociados a los mercados globales. 6) Más allá de la propiedad de los recursos, se reproducen reglas y funcionamiento de los procesos productivos volcados a la competitividad, eficiencia, maximización de la renta y externalización de impactos. 7) Se mantienen, y en algunos casos se han agravado, los impactos sociales y ambientales de los sectores extractivos [...]. 10) El neo-extractivismo es parte de una versión contemporánea del desarrollismo propia de América del Sur, donde se mantiene el mito del progreso bajo una nueva hibridación cultural y política».

13. Véase a Leo Gabriel y Gilberto López y Rivas: *Autonomías indígenas en América Latina. Nuevas formas de convivencia política*, Plaza y Valdés, México D.F., 2005. De los mismos coordinadores: *El Universo autonómico: propuesta para una nueva democracia*, Plaza y Valdés, México D.F., 2008.

14. Véase a Gilberto López y Rivas: «28 años de lucha y congruencia ética», *La Jornada*, México D.F., 25/11/2011.

15. Véase a Rosa Luxemburgo: *Obras Escogidas*, t. 1, Escritos Políticos I, Editorial ERA, México D.F., 1978.

16.   José Carlos Mariátegui: *Siete ensayos de interpretación de la realidad peruana*, Biblioteca Amauta, Lima, 1976.

17.   Raúl Zibechi: *Autonomías y emancipaciones: América Latina en movimiento*, Editoriales Bajo Tierra y Sísifo, México D.F., 2007.

18.   Véase a Gilberto López y Rivas: «Antropología, Contrainsurgencia y terrorismo global», *Contexto Latinoamericano* no. 7, México D.F., 2008, pp. 111-119.

19.   Marcelo Colussi: «*El narcotráfico: una arma del imperio*», *Argenpress, Buenos Aires*, 2010.

20.   Pablo González Casanova: *De la sociología del poder a la sociología de la explotación. Pensar América Latina en el siglo XXI*, ob. cit.

La izquierda revolucionaria, antes y después de la caída de la URSS

Hugo Moldiz

> *Revolución es sentido del momento histórico; es cambiar todo lo que debe ser cambiado; es igualdad y libertad plenas; es ser tratado y tratar a los demás como seres humanos; es emanciparnos por nosotros mismos y con nuestros propios esfuerzos; es desafiar poderosas fuerzas dominantes dentro y fuera del ámbito social y nacional; es defender valores en los que se cree al precio de cualquier sacrificio; es modestia, desinterés, altruismo, solidaridad y heroísmo; es luchar con audacia, inteligencia y realismo; es no mentir jamás ni violar principios éticos; es convicción profunda de que no existe fuerza en el mundo capaz de aplastar la fuerza de la verdad y las ideas. Revolución es unidad, es independencia, es luchar por nuestros sueños de justicia para Cuba y para el mundo, que es la base de nuestro patriotismo, nuestro socialismo y nuestro internacionalismo.*

> Fidel Castro[1]

La tenaz resistencia de la izquierda revolucionaria latinoamericana del siglo XX a la permanente agresión del imperialismo y la vigorosa irrupción de otro tipo de fuerzas de izquierda en el siglo XXI, que ha superado la *forma partido* de organización —sin negarla—, han convertido a América Latina y el Caribe en un espacio de disputa entre dominación y emancipación. En el primer grupo destaca Cuba, su revolución, su partido y su pueblo, sin cuyo ejemplo de lucha y consecuencia, las aguas turbias hubiesen parecido más profundas, y en el segundo grupo sobresalen Bolivia, Venezuela y Ecuador, por haber desplegado «formas no convencionales» de organización y lucha, que constituyen aportes valiosos a la teoría y la práctica política emancipadora.

Con este primer párrafo lo que se pretende decir es, sin complejos y dubitaciones, que América Latina y el Caribe cada vez que ha tenido la condición de posibilidad de avanzar hacia su emancipación, ya sea parcial o plena, lo hizo al influjo de la radicalidad de las fuerzas sociales y políticas de izquierda. Las pocas veces que se ha visto épocas de luz en el horizonte, es cuando el conocimiento y la práctica emancipadora han tenido la oportunidad de contar con espacios de reproducción para su férreo enfrentamiento con los partidarios externos e internos de la enajenación y, como se encarga de mostrarnos la nueva historiografía latinoamericana, no se ha llegado a los objetivos propuestos, en parte por el abandono y la inconsecuencia del reformismo, que ha preferido redefinir sus términos de relación con las fuerzas oscuras del imperialismo antes que conocer el avance arrollador y creador de las fuerzas de la revolución.

América Latina y el Caribe han sido tales cuando sus fuerzas sociales y políticas han sido radicales, cuando con métodos adecuados a las exigencias de la contienda han tenido la capacidad de poner en jaque a sus enemigos, de concentrar sus esfuerzos para atacar las causas estructurales de la dominación, y cuando las fuerzas revolucionarias se han puesto a la cabeza de los ideales de independencia, soberanía y dignidad. Pero, cuando se ha perdido radicalidad y los temores se han apoderado de la dirección de las guerras y las batallas de distinta índole —desde las políticas hasta las militares, pasando por las económicas y las ideológicas—, se ha sido testigo silencioso, quizá cómplice, de la «deslatinoamericanización» a la que nos han empujado las fuerzas imperiales y sus apoyos domésticos en cada uno de los países del continente. Los métodos de lucha pueden variar y los objetivos estratégicos redefinirse, pero las fuerzas de izquierda en Nuestra América, o son radicales, o su destino inevitable es facilitar, aun a costa de su voluntad, las estrategias de dominación.

Por lo tanto, nunca tan valioso como ahora hacer un análisis de lo que se entiende por izquierda antes y después de la caída de una experiencia concreta de construcción socialista en el siglo XX; de los «hilos ocultos» que unen a la izquierda revolucionaria del siglo precedente y del actual, pero también de sus diferencias por resolver, del papel de la izquierda reformista en igual período de tiempo, así como de sus variantes que las acercan y alejan de las fuerzas de la revolución y de sus despliegues, desafíos y peligros que enfrentan, en un contexto mundial bastante complejo.

En los tres grandes momentos de la lucha por la emancipación de este continente,[2] los actos inaugurales o fundacionales de las gestas por la ruptura con el sistema de dominación han sido protagonizados por los pueblos en su máxima radicalidad. Eso sucedió desde Manko Inka, Amaru, Katari, Hatuey, los araucanos y otros, en las grandes rebeliones indígenas para expulsar al invasor europeo, en la revolución negra en Haití y las guerras de la independencia lideradas por Bolívar, Sucre, Morelos, Martí y otros, para romper las cadenas que ataban a la metrópoli, así como con el alzamiento de los «barbudos» en Cuba, con Fidel Castro a la cabeza, las experiencias guerrilleras en Bolivia, Perú y varios países de Centroamérica en la década de 1930, y luego en las de 1970 y 1980, para alcanzar la ansiada meta de la liberación nacional.

La radicalidad, por tanto, depende de la situación concreta que enfrentan los pueblos y sus organizaciones emancipadoras, de las relaciones de fuerza, del contexto interno e internacional y del desplazamiento que protagoniza cada una de las fuerzas en disputa. Es evidente, por ejemplo, que la proclamación del carácter socialista de la Revolución Cubana se aceleró en respuesta —la única que cabía en ese momento— a la agresión que el imperialismo estaba desplegando contra la mayor de las Antillas, de la cual la invasión mercenaria por Playa Girón, en 1961, fue el detonante para pasar de un nivel a otro. Es altamente probable que la dirección de la Revolución Cubana, cuyo núcleo central expresaba la rica síntesis de la articulación dialéctica del pensamiento martiano y el marxismo, se hubiese tomado un tiempo más antes de señalar claramente el horizonte socialista del proceso, si al mismo tiempo la situación concreta no la llevaba a una radicalidad en esa dirección.

Y, continuando con los ejemplos, pero esta vez en el siglo XXI, también es inobjetable que la ampliación de la democracia —que apunta a trascender la forma democrático representativa liberal, aunque partiendo de ella— es una bandera de organización y movilización de los pueblos que en la América Latina actual se han propuesto superar el orden capitalista de la vida social. A cada agresión del imperio hacia los procesos de cambio en esta parte del mundo, las fuerzas sociales y políticas —fundidas en una sola en el caso de Bolivia—, han respondido con mayor ampliación de la democracia, tanto de aquellas que estuvieron subsumidas, como la directa, deliberativa y comunitaria, como de la propia democracia liberal representativa, que el imperio presentó desde fines de los años setenta en su versión más restringida de la que ya es en sí misma.

Y siguiendo a esos hilos ocultos de la historia de los que hablaba Martí, la relación entre los tres momentos de posibilidad de emancipación en América Latina está determinada por la posición de las fuerzas sociales y políticas, empezando por las comunidades indígenas entre los siglos XVI y XVIII, frente a las lógicas de sometimiento. Dicho de otro modo, el pensamiento y la acción condescendiente con las formas políticas de la dominación y la colonialidad del poder, por muy bien intencionados que hayan sido, a lo único que han tributado es al aislamiento de las fuerzas revolucionarias y a su posterior derrota, así como a reforzar el sometimiento y la explotación de los pueblos.

De hecho, la rápida movilidad de los partidos de centroizquierda o socialdemócratas en la década 1990 hacia posiciones neoliberales, configuró un cuadro adverso para el pensamiento revolucionario y la práctica transformadora, y facilitó la puesta en escena de la estrategia de la gobernabilidad democrática de la administración Bush. Organizaciones políticas de prestigio como el APRA[3] en el Perú, el peronismo en Argentina, el MIR[4] en Bolivia y otras renegaron de sus orígenes, arrearon las banderas con las que nacieron y asumieron como suyo el Consenso de Washington y el resto del recetario elaborado por los instrumentos de la dominación transnacional: el Fondo Monetario Internacional y el Banco Mundial.

La izquierda reformista le hizo mucho daño a la izquierda revolucionaria en la segunda mitad del siglo XX al frenar el impulso que el triunfo de la Revolución Cubana le había dado a la lucha de los pueblos, creando la ilusión de alcanzar progresivamente la justicia social sin un cambio radical del sistema capitalista, otorgando un sentido nacional a sectores de la burguesía y desalentando la organización de formas de lucha más radicales contra las clases dominantes. Esa izquierda también despertó en la población la ilusión democrática que las clases dominantes siempre se encargaron de negar por la vía de las dictaduras militares, que en los hechos representaban su instrumento preferido para gobernar en función de sus intereses. El politólogo Roberto Regalado lo explica de la siguiente manera:

Tres factores explican la sublimación de la democracia burguesa por parte de aquella izquierda que brotaba o rebrotaba a la legalidad en la década de 1980: 1) el deslumbramiento provocado por lo que, con excepciones como las de Chile y Uruguay, era su primer acercamiento a los atributos formales de ese sistema en una región cuya historia está plagada de gobiernos dictatoriales y oligárquicos; 2) el que aquel primer contacto con la democracia burguesa ocurriera en uno de los peores momentos de la teoría y la praxis de la revolución y el socialismo, es decir, durante la crisis terminal de la URSS; y, 3) porque esa izquierda prefería interpretar el impulso del gobierno de los Estados Unidos al llamado proceso de democratización de las décadas de 1970 y 1980 como una garantía del fin de las dictaduras, en vez de como lo que era: una forma de restringir la naciente democracia.[5]

La historia del reformismo en América Latina no es sustancialmente diferente a la registrada en Europa, donde empujó a Lenin y Rosa Luxemburgo a criticarlo por favorecer a las corrientes capitalistas, al margen de las buenas intenciones que ha podido muchas veces tener. El conductor de la primera revolución socialista triunfante en el mundo del siglo XX, sostiene que «el reformismo, incluso cuando es totalmente sincero, se transforma de hecho en un instrumento de la burguesía»,[6] y la comunista alemana aclara la relación dialéctica entre revolución y reforma al señalar que «existe un vínculo indisoluble entre reforma y revolución: la lucha por las reformas es el medio, mientras que la lucha por la revolución social es el fin»,[7] pero al mismo tiempo aporta elementos inconfundibles para identificar la relación antagónica entre revolución y reformismo.

Quien se pronuncia por el camino reformista en lugar de y en oposición a la conquista del poder político y a la revolución social, no elige, en realidad, un camino más tranquilo, seguro y lento hacia el mismo objetivo, sino un objetivo diferente: en lugar de la implantación de una nueva sociedad, prefiere unas modificaciones insustanciales de la antigua [...] no busca la realización del socialismo, sino la reforma del capitalismo.[8]

Pero si el reformismo ha sido nocivo para la perspectiva emancipadora, no menos dañino lo ha sido el ultraizquierdismo, que tiene la enorme «virtud» de sobredimensionar la situación, los métodos y los objetivos de la movilización política de «los de abajo» y que ha conducido a los pueblos, en la más de las veces, a derrotas tácticas y estratégicas muy profundas a partir de la «creencia» de la inexorabilidad del derrumbe del capitalismo y la inevitabilidad de la llegada de la revolución y el socialismo.

Uno de los graves equívocos de la ultraizquierda es su idealismo al cosificar las ideas y los conceptos, al convertir los instrumentos y métodos para el análisis concreto de la realidad concreta, en objetos sacrosantos para acompañar las acciones de fe de su militancia. Esa tendencia —bastante conocida en América Latina, pero no por ello reducida en su influencia—, al querer encajar la realidad a las ideas, muchas veces ha terminado seduciendo a amplias fracciones del pueblo con el ofrecimiento de un rápida y contundente victoria sobre el imperialismo y la burguesía que nunca se ha producido. Todo lo contrario, lo que hace es socavar la estabilidad de gobiernos progresistas con perspectiva revolucionaria, infringir duros golpes a la moral de las fuerzas populares y facilitar a las fuerzas conservadoras la recuperación de espacios y de su propio poder.

Una expresión de esta reaccionaria idealización de la realidad y de los métodos es fomentar el antagonismo y construir una dicotomía entre lucha armada y participación electoral, cuando más bien la historia de América Latina aporta ejemplos del carácter relativo que tienen ambas vías. La elección de un método incorrecto para enfrentar una determinada situación conduce a la derrota inevitable. Ya José Martí advirtió que era criminal quien conducía al pueblo a una guerra que se podía evitar, pero también tan criminal el que le impedía participar de una guerra inevitable. En síntesis, no hay que confundir objetivos con métodos y un saldo que puede sacarse después de valorar las experiencias de la izquierda en los siglos XX y XXI es que es tan mala la fetichización de la vía armada como de la vía electoral, así como negativa la tendencia a fetichizar el poder.

No hay mejores ejemplos para insistir en este tema —ya que ahora vuelve a ser una amenaza para varios procesos revolucionarios en curso, ya sea por la ortodoxia de su discurso y práctica, como por la incorporación de otras fuerzas de izquierda infantil de nuevo tipo— que hacer referencia a los hechos que ocurrieron en la segunda mitad del siglo XX y principios del siglo XXI: la lucha armada hizo posible que las revoluciones triunfaran en Cuba y Nicaragua, pero de las dos, solo la primera se mantuvo victoriosa.

La segunda sufrió un duro revés en 1990 cuando unas inevitables elecciones generales, convocadas a manera de darle una salida a diez años de sangrienta agresión imperialista, dieron el triunfo a los enemigos del sandinismo. La otra cara de la medalla está representada por Venezuela, donde el pueblo y el liderazgo de Hugo Chávez se alzaron victoriosos en las elecciones de 1998 —en medio de un océano neoliberal en el continente, en el que Cuba era la única excepción—, para dar inicio a un proceso revolucionario que en 2012 cumple 14 años. Bolivia, Ecuador y otra vez Nicaragua, por citar a los de avanzada, se sumaron a la tendencia a través del uso de mecanismos institucionales pero que trascienden el mero triunfo electoral. Es decir, no es el triunfo por la vía de las armas o las urnas lo que asegura, en sí mismo, el inicio de un proceso revolucionario ni mucho menos su triunfo. Ambos tipos de victoria pueden facilitar el arranque y despliegue de la revolución —vista como proceso— si se articulan con otro tipo de condiciones objetivas y subjetivas, como también pueden convertirse en meros instrumentos de reproducción de las lógicas de poder del capital. De hecho, una de las amenazas para los procesos de cambio que en la actualidad se vienen desarrollando en varios países del continente es la confianza ciega en la institucionalidad como instrumento de transformación, lo que le cierra el camino al papel protagónico del pueblo, que es el verdadero constructor y la garantía de un proyecto revolucionario.

De ahí que la significación histórica de lo que pasa en Venezuela, Bolivia, Ecuador y Nicaragua es por doble partida: por un lado, convierte la lucha electoral en un instrumento de disputa para fines distintos de los concebidos por la derecha en los años setenta y ochenta, ya que luego de aprehenderlo emprende el camino de su transformación y ampliación y, por otro lado, abre la condición de posibilidad de avanzar por el sendero de la emancipación a través de incorporar a esa democracia formal burguesa —ya modificada en parte— otras democracias que convierten la abstracta bandera de la democracia en un bandera concreta que amenaza los intereses imperiales.

De ahí que la recuperación de las banderas de la izquierda viene otra vez de sus corrientes revolucionarias —de viejo y nuevo cuño— y de otra mucho más institucional pero altamente progresista, como es la expresada en el Partido de los Trabajadores (PT) de Brasil y el Frente Amplio (FA) de Uruguay.

Lo demás fue arrasado por las olas conservadoras, junto a una intelectualidad que renegó del marxismo que en su momento había abrazado.

La perspectiva para América Latina —en medio de un cuadro bastante
complejo y repleto de peligros— es alentadora, en general, a dos años de la
segunda década del siglo XXI, sobre todo si el punto de partida es el cuadro
de derrota política, ideológica y moral que abrazó a las fuerzas sociales y
políticas del continente en los años noventa, producto del derrumbe de la
URSS y el bloque socialista del Este. Hoy puede decirse que hay un ambiente
de esperanza que contrasta mucho con el escepticismo y la frustración que
produjo la primera experiencia real de constitución de gobiernos y procesos
revolucionarios con un horizonte socialista y comunista. La izquierda todavía está muy lejos de concluir un balance de lo que ha significado la primera
experiencia socialista y sus aportes —entendidos como balance de lo que se
debe hacer y lo que no se debe hacer— a las luchas emancipadoras del siglo
que las vivimos a ritmos más acelerados de lo que fueron los anteriores, pero
no hay duda que dentro de lo trágico que resultó en su momento la desaparición de un contrapeso real para los Estados Unidos, al mismo tiempo ese
hecho universal abrió más espacios para que la izquierda revolucionaria de
América Latina critique la realidad con sus propios ojos y sus propias perspectivas, para luego tener la posibilidad de transformarla.

Cuando se aprecia el mundo como tal y no una parte de él, cuando se
tiene la capacidad de mirar los grandes retrocesos a los que nos conduce el
capitalismo como humanidad, lo que se nota es el surgimiento de voces y
luchas de descontentos muy grandes. Y cuando uno se pone a examinar con
mayor cuidado el origen de esas luchas y las tendencias, lo que se observa
es que América Latina se ha convertido en el escenario más interesante y
alentador para las rebeliones con horizonte emancipador. Es decir, quizá
frente a las recetas bibliográficas cuya lectura bastante daño le hicieron a
cierta izquierda, puede haber una sensación de retroceso de la situación que
se tenía en el pasado, pero cuando se analiza la realidad concreta del mundo
de hoy —con un planeta y una humanidad amenazadas en sus existencias,
con una crisis profunda en Europa en todos los planos—, lo que se ha conquistado en Nuestra América es mucho. Ya Marx acertadamente llamaba la
atención al afirmar que «cada paso de movimiento real vale más que una
docena de programas».[9]

Pero también sería un grueso error no reconocer que esa condición de posibilidad de la emancipación de América Latina está jugando contra el tiempo y contra los peligros —de los cuales hablaremos más adelante— que acechan a los procesos de avanzada. La acumulación de demandas durante casi dos siglos y la presión de la ideología consumista desarrollada por el capital, además del papel activo de la derecha, están empujando a amplios sectores de la población a expresar grados de intolerancia con los gobiernos de izquierda que, vaya paradoja, son los únicos que han empezado a responder esas demandas.

Hay una diversidad de causas que explican la situación actual de las izquierdas en esta parte del mundo, pero quizá podríamos hacer mención a: la profundidad de una crisis del capitalismo mundial cuyos alcances se muestran multidimensionales; la pérdida de hegemonía de los Estados Unidos y la re-emergencia de un «latinoamericanismo» que recupera la historia de resistencias indígenas a la invasión europea; el ideario de los grandes independentistas que luego fueron traicionados por las elites locales; las luchas revolucionarias de las décadas de 1930 y 1960; y la aparición de liderazgos colectivos e individuales a partir de la segunda parte de la década de 1990.

La historia es testaruda. No pasaron ni cinco años desde la caída del bloque socialista para que los ideólogos imperiales que le proclamaban al mundo «el fin de la historia» empezaran a bajar de tono. El proceso de transnacionalización de la economía latinoamericana, que empezó en los ochenta y adquirió mayor velocidad al derrumbarse la URSS, mostraba que no existía correspondencia entre el crecimiento rápido de los volúmenes de exportación reales y el nivel de vida de la mayor parte de la población. Las ganancias de las transnacionales se incrementaban y las desigualdades sociales se amplificaban. La propia CEPAL reconoce que entre 1990 y 1997 la pobreza disminuyó en la región de 41% al 36%, pero que esta volvió a duplicarse a partir de 1998 por el impacto que empezaba a tener el «efecto tequila» de 1994 y la caída de los mercados asiáticos en 1998.[10]

El mundo se volvió unipolar, sí, pero las fisuras y las contradicciones en el sistema capitalista no dejaban de aflorar. El tiempo de la unipolaridad le anticipaba al imperialismo más problemas de los que era previsible con la URSS de pie. Desde que se proclamó hegelianamente el «fin de la historia»,[11] el capitalismo ha experimentado tres crisis cíclicas, las de 1997, 2008 y 2011, sin haber logrado encontrar una puerta de salida que facilite la reproducción ampliada del capital. Todo lo contrario: la reunión del G-20 en Londres en 2009, la de Seúl en 2010 y la de Cannes en 2011, no han podido superar las recetas que están orientadas al sector financiero y no al sector real de la economía, lo cual coloca a Europa en el peor momento de su historia después de la II Guerra Mundial[12] y encuentra a los Estados Unidos recurriendo a alternativas cada vez menos pacíficas para remontar la crisis. De ahí que, como advierte el geógrafo inglés David Harvey, una suerte de retorno a los mecanismos extraeconómicos utilizados durante la fase de la acumulación originaria del capital, al que le llama «acumulación por desposesión», y su combinación con dispositivos económicos propios de la reproducción ampliada, es lo que el capitalismo ha puesto en marcha para remontar una crisis multimensional: financiera, productiva, energética, alimentaria, climática, política y moral.

Esto quiere decir que el capitalismo busca resolver su crisis por la vía de la violencia, el despojo y el asalto, como lo hizo en sus orígenes y como lo hace ahora en Asia y África, donde el uso de su poderosa maquinaria bélica acompaña una inusual campaña recolonizadora. El objetivo es apropiarse de los recursos naturales y direccionar el curso de la sublevación social. Al margen de las invasiones a Afganistán e Irak, con resultados más que negativos para los planes imperiales,[13] el «modelo libio»[14] se convierte en una amenaza para el mundo, pues la tentación de usarlo en América Latina es muy grande para la ultraderecha estadounidense. Los objetivos: derrotar la emergencia de los pueblos y sus fuerzas políticas; acabar con los gobiernos de izquierda y progresistas; y apoderarse de los recursos naturales que existen en este continente.

Pero esta contraofensiva imperialista en el mundo encuentra a una América Latina que a pesar de la diversidad política e ideológica de sus gobiernos ha ido caminando gradualmente, desde la mitad de la década de 1990, hacia un punto de encuentro: la aspiración de tener menor grado de dependencia de los Estados Unidos. Cuatro señales con puntos de partida distintos han contribuido a emprender ese camino a gobiernos, líderes y partidos que en el pasado jamás hubiesen dudado de profesar su lealtad a los Estados Unidos.

En primer lugar, los efectos dramáticos que para México ha tenido la suscripción de un tratado de libre comercio en 1994 y la progresiva desaceleración de la economía estadounidense que, a partir de 2008, se ha vuelto inmanejable y se ha convertido en una verdadera pesadilla para las amplias clases medias. A ese tratado se opuso el Ejército Zapatista de Liberación Nacional (EZLN) con un sorpresivo levantamiento, el 1ro. de enero de 1994, que sirvió para contagiar de optimismo a la izquierda del planeta.

En segundo lugar, la irrupción de una sublevación social y democrática que en algunos países ha logrado «elevarse» a la categoría de gobiernos y abrir procesos profundos de cambio y, en otros, ser una piedra en el zapato de gobiernos de derecha.

En tercer lugar, el silencioso avance, incluso despreciado por muchos, de novedosos esquemas de integración y foros políticos en América Latina. La Alianza Bolivariana para los Pueblos de Nuestra América-Tratado de Libre Comercio de los Pueblos (ALBA-TCP) irrumpió en 2004,[15] un año antes de declararse en Mar del Plata el fracaso del proyecto de Área de Libre Comercio de las Américas (ALCA). Cuatro años después apareció con vitalidad Unión de Naciones del Sur (UNASUR), sin cuyo dinamismo no se hubiera aterrizado, el 2 y 3 de diciembre de 2011, en la constitución de la Comunidad de Estados Latinoamericanos y Caribeños (CELAC).

En cuarto lugar, el crecimiento de la ola de descontento en Europa y los Estados Unidos contra los gobiernos, parlamentos, líderes políticos y partidos de distinto corte ideológico, que no encuentran una respuesta para enfrentar la crisis, excepto los despreciados recortes de los gastos sociales, la disminución de la inversión y una mayor desregulación de los mercados. En síntesis, las mismas medidas que pusieron a América Latina y el Caribe al borde del abismo hace más de dos décadas.

Pues eso explica por qué América Latina es el centro mismo de esta nueva etapa del movimiento mundial de la sociedad contra el capitalismo colonial/moderno. El actual nuevo período implica, en esta perspectiva, el conflicto más profundo del capitalismo colonial/moderno y nos coloca a todos en una auténtica encrucijada histórica.[16] Está claro que esa encrucijada es vencer o morir.

Las dos fuentes de la izquierda de hoy

Pero que América Latina y el Caribe se encuentren en la condición de posibilidad de avanzar por los caminos de la emancipación no se debe solo a la magnitud de la crisis del capitalismo mundial. De hecho, se requiere de una subjetividad colectiva convertida en fuerza material para enfrentar a las diversas formas de enajenación y tener la posibilidad de la victoria. El capitalismo puede estar en crisis pero no va a caer solo: para que ello ocurra, como bien advirtiera el líder de la primera revolución socialista de la primera mitad del siglo XX, es necesario que «alguien» lo haga caer.

No hay que darle demasiadas vueltas al tema. Sin desmerecer las grandes rebeliones y guerras de liberación nacional desencadenadas contra el imperialismo en la década de 1930, en procura —como anota acertadamente el politólogo Roberto Regalado— de una reforma social progresista,[17] este tercer momento emancipador en América Latina encuentra en la Revolución Cubana su acto inaugural y el punto de referencia. Quedan registradas en la memoria colectiva las enseñanzas del cardenismo en México (1934-1940), las hazañas del «Pequeño Ejército Loco» de Augusto Cesar Sandino en Nicaragua (1934), la sublevación indígena y campesina en El Salvador liderada por Farabundo Martí (1932) y el Peronismo en Argentina (1946-1955), así como las lecciones derivadas de la Revolución Boliviana (1952), pero es el triunfo de la Revolución Cubana el que marca un punto de inflexión a favor de las fuerzas revolucionarias y progresistas del continente.

Por tanto, dos son las fuentes más importantes que alimentan a la estructuración de un cuadro favorable para que América Latina avance en lo que va del siglo XXI por el camino de su emancipación.

La primera fuente de alimentación del resurgimiento de la perspectiva emancipadora de Nuestra América es, como se apuntó líneas arriba, la Revolución Cubana. Con el triunfo revolucionario conquistado por Fidel Castro y el Ejército Rebelde, ese 1ro. de enero de 1959, América Latina ingresaba a su largo tercer momento emancipador, en medio de avances y retrocesos, como los registrados con la experiencia guerrillera del Che en Bolivia (1967), los gobiernos militares nacionalistas de Juan Velasco Alvarado, Omar Torrijos, Juan José Torres y Guillermo Rodríguez Lara, en Perú, Panamá, Bolivia y Ecuador, respectivamente, entre finales de la década de 1960 e inicios de la de 1980, el intento de la vía pacífica institucional al socialismo con Salvador Allende en Chile a principios de la década de 1970 y la ola de dictaduras militares que los Estados Unidos instalaron en el continente a partir de 1971, en estricta aplicación de la Doctrina de la Seguridad Nacional y de la que la llamada «Operación Cóndor»,[18] un mecanismo internacional, incluso extracontinental, para perseguir y desbaratar a la oposición, principalmente de izquierda, que constituye una de sus manifestaciones más emblemáticas.

En medio de esa contraofensiva imperial cuyos orígenes se los debe encontrar en la Doctrina Johnson,[19] las fuerzas emancipadoras no han dejado de librar sus heroicas batallas, como sucedió con las guerrillas de Guatemala, El Salvador y Nicaragua. En este último país se registra, después de Cuba, la segunda victoria de una revolución a través de la lucha armada, el 19 de julio de 1979.

La clave de la resistencia cubana a más de 50 años de criminal bloqueo —lo cual a estas alturas ya constituye una victoria en sí misma—, es la férrea unidad que el pueblo cubano ha construido en torno al Partido Comunista de Cuba (PCC), el gobierno y sus organizaciones de masas, a lo que se suma el amplio movimiento de solidaridad mundial organizado en defensa de la revolución más radical del continente y que le infringió al imperialismo su primera derrota militar. La enseñanza más importante es que nunca hay que dejar de luchar y que, como dijera Fidel Castro el 1ro. de mayo de 2001 en La Habana: «revolución es el sentido del momento histórico y es cambiar todo lo que debe ser cambiado [....]».

Y tan referente es la Revolución Cubana que, incluso a contramarcha de pensadores bien intencionados[20] y ante un cierto «estancamiento» de los nuevos proyectos revolucionarios, el proceso de actualización del socialismo en ese país está volviendo a incubar iniciativas y lecciones de gran utilidad para las luchas emancipadoras en el mundo en general, y en América Latina y el Caribe en particular. El proceso empezó con la publicación de los Lineamientos de la Política Económica y Social del Partido y la Revolución, en octubre de 2010, que dio inicio a la etapa precongresal; en abril de 2011 se los aprobó, en el VI Congreso del PCC, con más del 60% de modificaciones sugeridas por cerca de 8 millones de cubanos en asambleas; y en enero de 2012 una Conferencia Nacional del PCC introdujo ajustes a la estructuras partidistas, a los métodos y estilos de trabajo.

Las organizaciones de izquierda del mundo, particularmente de América Latina y el Caribe, los movimientos sociales y los propios intelectuales orgánicos todavía tienen mucho por estudiar de la primera revolución socialista en el continente. Hay mucho por conocer y aprender de lo que se debe hacer y, a manera de síntesis, se puede decir que las lecciones positivas que Cuba le da al mundo son: la unidad como condición de la victoria; la capacidad de renovar su socialismo; la construcción del socialismo como creación heroica; la consulta permanente al pueblo; la necesidad de contar con un partido o instrumento político; la capacidad de defender la revolución; la autocrítica como método de reinvención; siempre decir la verdad; y nunca perder de vista al enemigo principal.

Pero si hay algo que la Revolución Cubana —su partido, su gobierno y el pueblo— le aportan al mundo es la gran lección del internacionalismo y la solidaridad con los pueblos. Muchos pueblos, incluso conducidos por gobiernos de derecha, han recibido el apoyo desinteresado en muchas áreas, pero principalmente en materia de salud, lo que en buenas cuentas implica el cumplimiento del pensamiento martiano de que «patria es humanidad».

También es cierto que la propia Revolución Cubana arroja algunas lecciones de lo que no se debe hacer, ya sea porque las condiciones han cambiado o porqué hay medidas que nunca se las tuvo que tomar y que solo se explican por una imprecisa lectura de la coyuntura o por un grado de madurez específico no suficientemente alto como para enfrentar algunos problemas determinados. Fidel Castro y luego Raúl Castro han dado muestras muy claras de autocrítica, cada quien en su momento, de los errores que ha cometido la Revolución Cubana en sus más de 50 años de laboriosa construcción. Entre los más importantes se puede resaltar un «voluntarismo excesivo», que condujo a tomar medidas propias de una sociedad comunista cuando todavía no se ha concluido el tránsito al socialismo; un notorio paternalismo que indujo al igualitarismo; el desequilibrio entre estímulos materiales y morales; el escaso interés por alcanzar niveles de eficiencia en las empresas estatales; el no acompañar la planificación de la economía con elementos de descentralización; y el haber reducido el concepto de propiedad social solo al ámbito estatal.

La segunda fuente del resurgimiento de la perspectiva emancipadora en América Latina y el Caribe es la irrupción de renovadas fuerzas y líderes de izquierda en la segunda mitad de década de 1990. Pero no se trata de las de viejo cuño. Son más bien fuerzas «no convencionales» las que se han levantado desafiantes al orden establecido, en las cuales —no exentas de grandes dificultades— está depositada la esperanza de construir un orden social radicalmente diferente al determinado por las lógicas destructivas del capital.

La composición nacional-cultural o social de estas fuerzas emancipadoras es heterogénea, aunque con el común denominador de que todas están subsumidas real y formalmente al capital. En unos casos es la fuerza indígena-campesina (como en el sur de México, en Ecuador y en Bolivia) y en otros se trata de ciudadanos liderados por fracciones de las clases medias. Todas estas fuerzas sociales están mayoritariamente en el gobierno a la cabeza de líderes de distinto corte: el indio Evo Morales en Bolivia, el jefe militar Hugo Chávez en Venezuela y el intelectual de clase media Rafael Correa en Ecuador.

La emergencia indígena-campesina en Ecuador y Bolivia es importantísima, en términos teóricos y de práctica política, pues implica la materialización de una crítica radicalmente efectiva a la modernidad al superar el principio de división entre sociedad política y sociedad civil. El hecho de fusionar las luchas sociales y políticas en una sola lucha ha implicado, no solo la recuperación de un rasgo de la comunidad agredida y desestructurada por el capitalismo colonial, sino una recuperación de la comunidad como horizonte emancipador, independientemente de llamarse socialismo comunitario, Vivir Bien o Buen Vivir. Por lo tanto es el llamado a establecer una relación de armonía entre el ser humano y la naturaleza.

Para ser más precisos, en la irrupción de los pueblos indígenas —sobre todo de Bolivia y Ecuador— existen tres aportes fundamentales a la teoría y práctica emancipadora.

El primer aporte consiste en sostener que el horizonte emancipador al que apuestan los pueblos indígenas es restablecer, previa redefinición del concepto, la vigencia de una comunidad basada en la reciprocidad, la solidaridad y la cooperación entre sus miembros. Es la superación de la odiosa diferencia entre sociedad civil y sociedad política, cuya forma política estatal se terminó de definir en el capitalismo y que reproduce el poder colonial de una manera muy efectiva, incluso a pesar de gobiernos de izquierda bien intencionados.

El restablecimiento de la comunidad como horizonte, que es un retorno al pasado sobre las condiciones actuales, es para los pueblos indígenas una sociedad —distinta a la sociedad capitalista— descolonizada y con plena igualdad y libertad sustantivas para todos sus miembros, que desde el siglo XIX se llama comunismo, cuya primera fase de transición —con el socialismo de por medio— será demasiado larga.

No se puede dejar de apuntar que en esta emergencia de los pueblos indígenas y/o originarios también existen corrientes anticomunistas y antiizquierdistas en general, muchas de ellas con vínculos bastantes estrechos con organizaciones de la derecha internacional que estimulan la concepción de que en el mundo hay lucha de razas y no de clases. Estas fracciones indianistas de derecha son las que hasta ahora, felizmente, las corrientes revolucionarias al interior de los pueblos indígenas han logrado desplazar. Esta derecha indígena, con tendencias liberales muy marcadas, recibe financiamiento desde los Estados Unidos para desarrollar matrices de opinión bastante adversa a los procesos de cambio que vive América Latina.

Por lo tanto, las propuestas del Vivir Bien o del Buen Vivir pueden significar el horizonte para superar el capitalismo, pero también para darle una fachada ideológica y facilitar la reproducción de la dominación y las diversas formas de enajenación. Las experiencias concretas de Bolivia y Ecuador no arrojan señales contundentes como para llegar a conclusiones más o menos definitivas, en parte por ser un concepto en construcción y también, para no ser ingenuos, porque esa construcción es parte de la disputa entre corrientes que se colocan al interior de esos procesos y gobiernos en bandos opuestos en su relación antagónica o complementaria con el capital.

Es importante aclarar, sin embargo, que no todos los indígenas que critican a Evo Morales y Rafael Correa están en el lado reaccionario de la geografía política, sino que las actitudes de una parte de ellos responden a preocupaciones legítimas generadas por algunas medidas de los gobiernos que esos mandatarios encabezan, las cuales ponen de manifiesto que aún resta mucho por avanzar para lograr una articulación intercultural entre lo que los pueblos indígenas y los pueblos no indígenas conciben por horizonte emancipador. Uno de los temas del debate es qué se entiende por un nuevo modelo de desarrollo, que no sea funcional a la lógica de reproducción de las fuerzas destructivas del capital. Esa es una tarea vital para la izquierda revolucionaria del siglo XX y también para aquella del siglo XXI.

De hecho, ese horizonte emancipador —alejado de las visiones metafísicas o esotéricas que también están presentes en algunas corrientes indianistas claramente ganadas por el anticomunismo—, es el que se muestra como uno de los principales aportes de los pueblos indígenas de América Latina y el Caribe, y es convergente con la aspiración de los trabajadores —cuando se convierten en clase autónoma, diferente—, de romper con todo tipo de enajenación, sobre todo del trabajo.

Otro aporte indígena es convocar al restablecimiento de una relación de armonía entre el ser humano y la naturaleza, en un momento histórico en que el capitalismo compensa los problemas que enfrenta, en su incontrolable sed de expansión, por la vía de una más intensa sobreexplotación de la fuerza de trabajo, a costa de un interrumpido proceso de deterioro mayor de la Madre Tierra.

Este aporte recupera esa cosmovisión indígena en la que el hombre es parte de la naturaleza y no está situado por fuera de ella, que plantea la premisa de que no hay recursos naturales o bienes de la naturaleza que sean inagotables, ni mucho menos seres humanos que tengan capacidad de vencer los desórdenes climáticos que está provocando el despliegue incontrolable de las fuerzas destructivas del capital.

Finalmente, otro aporte es que la resistencia a la modernidad capitalista y la lucha por una sociedad que supere las lógicas del capital es posible desarrollarlas mediante formas no partidarias de organización o, al menos —lo que parece ser más correcto luego de hacer una evaluación de los casos boliviano y ecuatoriano—, que es posible alcanzar esos objetivos históricos no solo o no exclusivamente desde el partido. Articular la forma comunidad con la forma partido se presenta como parte de los desafíos impostergables.

Esto implica asumir que la forma-partido corresponde a una forma de organización política de la civilización moderna y que las civilizaciones preexistentes a la invasión europea mantienen todavía bastante enraizadas otras formas de organización, deliberación, toma de decisiones y ejecución de las tareas decididas por la asamblea de la comunidad que superan la lógica instalada por el sindicato o el partido. Es verdad que los pueblos indígenas expresan predominantemente un rechazo a los partidos, particularmente porque son parte de la historia de exclusiones a las que fueron sometidos y esa es una carga muy pesada que los partidos de izquierda están obligados a llevar y, sobre todo, a rectificar.

El reconocimiento de «otras» formas de organización y participación política es salir de la tramposa dicotomía a la que nos conduce el pensamiento burgués cuando separa lucha política y lucha social. Esta impugnación de los pueblos indígenas y afrodescendientes es parte de la crítica radical a la modernidad y apunta a reivindicar que «la lucha política no solo es una forma de lucha social, sino que constituye la forma superior, la forma más completa y efectiva de lucha social».[21]

Los tres aportes han sido bastante grandes en el sur del continente y vitales para la emergencia de los procesos de cambio, aunque, como es obvio, tampoco se han desarrollado linealmente y mucho menos están exentos de los grandes peligros que los acechan.

De hecho, los orígenes del instrumento político en Bolivia y Ecuador hay que encontrarlos en la rica acumulación de formas de auto-organización y auto-representación que las clases subalternas, en este caso indígena-campesinas, desarrollaron al margen y contra el Estado. Ambas experiencias políticas, de las cuales queda con vigor la boliviana, dieron por finalizado el comportamiento dual y contradictorio de esa parte mayoritaria de la población, que sindicalmente era radical en las calles al momento de plantear y demandar del Estado atención a sus reivindicaciones, pero profundamente conservadora al momento de votar en las elecciones generales o locales, lo cual obviamente beneficiaba a los partidos de derecha. Es la organización autónoma de la clase, como diría Marx desde el *Manifiesto del Partido Comunista*, solo que en el caso de las formaciones sociales boliviana, ecuatoriana y mexicana no es la clase obrera industrial —hoy más bien debilitada por los cambios operados en el mundo del trabajo— sino más bien la comunidad —con su fuerza productiva y revolucionaria, como también anotara el filósofo de Tréveris en sus escritos posteriores a 1881— la que se levanta contestataria en busca de su emancipación. Es un sujeto histórico que va más allá de la clase obrera industrial: es mucho más amplio y diverso, sin negar por eso al viejo y nuevo proletariado. Para ser más preciso, es la clase y lo nacional-cultural, como doble contradicción con el capital, lo que aumenta la potencialidad transformadora de las fuerzas en lucha. De ahí que exista una relación estrecha entre la lucha anti-capitalista y descolonizadora en la memoria larga de los pueblos indígenas y el arsenal teórico-práctico acumulado en sus resistencias a los Estados monoculturales y las caricaturas republicanas.

Empero, en Ecuador, a diferencia del predominio indígena-campesino en Bolivia, se ha registrado una crisis en el protagonismo orgánico de las fuerzas originarias, principalmente explicada por lo mal paradas que están sus organizaciones, ante el resto de la sociedad ecuatoriana, después de la traición del coronel Lucio Gutiérrez[22] y por los roces con el presidente Rafael Correa, quien más bien ha encontrado su base social y fuerza transformadora en el movimiento ciudadano que lo respalda masivamente.

Y el caso de Venezuela es bastante diferente a los dos anteriores en términos de composición social o nacional-cultural. En Venezuela los indígenas son una minoría y en más de dos décadas de neoliberalismo se profundizaron los rasgos clientelares y de corruptela de los sindicatos, además de la deserción de muchos dirigentes históricos de la izquierda. Tuvo que ser un movimiento patriótico, militar-cívico, a principios de los noventa, encabezado por el teniente coronel Hugo Chávez, el que sentara las bases de la rearticulación de las banderas de la revolución.[23] En las revoluciones no hay recetas y es el presidente bolivariano quien está desplegando esfuerzos «desde arriba»[24] para organizar, compactar y proyectar la unidad del pueblo, como condición fundamental para el avance de la revolución.

Sin embargo, sería injusto afirmar que a la izquierda emergente en el siglo XXI no le aportó nada la vieja izquierda revolucionaria. No lo hizo orgánicamente en todas partes, es verdad, pero la irrupción del protagonismo indígena-campesino en Bolivia y Ecuador, así como la construcción de un movimiento bolivariano y ciudadano en Venezuela y también Ecuador contó con la participación de cuadros políticos —hombres y mujeres— vinculados a organizaciones radicales e, incluso, que salían de experiencias armadas. En el caso boliviano desempeñaron un papel muy activo en la construcción del instrumento político[25] los cuadros que procedían del Ejército de Liberación Nacional (ELN), dividido en varias fracciones, y luego, a partir de las elecciones generales de 2002, también aportaron lo suyo cuadros del Ejército Guerrillero Tupac Katari (EGTK), de donde proviene el actual vicepresidente Álvaro García Linera.

Entonces, el común denominador de las experiencias más de avanzada en América Latina, donde se están desarrollando procesos revolucionarios, es que estos se hicieron con «fuerzas no convencionales» que sustituyeron la falta de partido, el liderazgo de la tradicional clase obrera industrial y el programa. De hecho, no estuvo presente ninguno de esos tres componentes del catecismo marxista.[26] Es más, esas «tres condiciones fundamentales» de la revolución comunista no se presentaron ni existieron en las dos revoluciones del siglo XX, al punto tal que es el Movimiento 26 de Julio el gran conductor de la llamada fase insurreccional en Cuba y es el Frente Sandinista de Liberación Nacional el que se pone a la cabeza en Nicaragua.

Podemos decir, retornando al cuadro de situación de la América Latina del siglo XXI, que es altamente probable que no se hubiese llegado hasta donde se está en la actualidad, de otra forma que no sea mediante la convergencia de la lucha social y política de los movimientos sociales, más allá de los partidos tradicionales de izquierda.

Tres tipos de fuerza y los puntos del encuentro

Una mirada de la geografía política de América Latina veinte años después del derrumbe del bloque socialista europeo permite identificar a tres tipos de fuerza social y política, sus puntos de encuentro y las formas de su despliegue en una coyuntura mundial particularmente compleja.

Primero, una izquierda revolucionaria, particularmente presente de manera predominante en los gobiernos y Estados miembros del ALBA-TCP. Estamos hablando, en rigor, de Cuba, Venezuela, Bolivia, Nicaragua y Ecuador. Lo común en este grupo de la izquierda revolucionaria es que desde sus Estados, gobiernos y partidos/fuerzas político-sociales apuestan por actualizar el socialismo, en el caso de Cuba, y de construir un orden posliberal no capitalista, en los otros, ya se llame Socialismo del Siglo XXI en Venezuela, Socialismo Comunitario o Vivir Bien en Bolivia, Buen Vivir en Ecuador y Socialismo Humanista en Nicaragua. A este bloque obviamente hay que sumar al Frente Farabundo Martí para la Liberación Nacional (FMLN) de El Salvador y a los dos grupos guerrilleros colombianos: las Fuerzas Armadas Revolucionarias de Colombia-Ejército del Pueblo (FARC-EP) y el Ejército de Liberación Nacional (ELN). El FMLN es el que llevó a Mauricio Funes al gobierno pero El Salvador no ha ingresado al ALBA-TCP por la posición más conservadora del presidente Funes. Las FARC-EP y el ELN enfrentan una contraofensiva implacable de los Estados Unidos a través del gobierno colombiano, cuya estrategia contrainsurgente ha logrado comprometer en parte a Venezuela y Ecuador.

Esa izquierda es la que hasta ahora cuenta a su favor con la iniciativa permanente, aunque, como se ha señalado, sus orígenes son distintos. En cuatro de ellas (Cuba, Nicaragua, El Salvador y Colombia) sus orígenes más recientes se encuentran en la segunda mitad del siglo XX, al influjo del camino de esperanza abierto por el triunfo de la Revolución de Octubre de 1917 y el desarrollo de la primera experiencia socialista. En los casos de Bolivia, Venezuela y Ecuador, se los encuentra en la década de los noventa del mismo siglo, aunque adquieren su verdadero «sentido histórico» al comenzar el siglo XXI, inaugurando —a manera de parafrasear a Alejo Carpentier— un *siglo de luces*, en medio de la penumbra sembrada por el dominio del capital.

A esta izquierda es a la que hay que «echarle la culpa» de haber sacado de entre los escombros la vigencia de la palabra revolución, claro está, siempre reconceptualizada en directa correspondencia con las condiciones objetivas y subjetivas de cada momento. Las revoluciones rara vez comienzan como tales.[27] Son creaciones heroicas de los pueblos y de sus líderes que la mayor parte de las veces superan los planes estratégicos. No hay felizmente recetas de ninguna naturaleza y las revoluciones, miradas como procesos y no como actos, siempre imponen desafíos que, para ser encarados exitosamente, demandan de los pueblos y las fuerzas políticas y sociales una necesaria duplicación de esfuerzos. Lo contrario es el anticipo de una derrota inevitable y el preludio de un endurecimiento de los dispositivos de enajenación y dominación.

Salvo Cuba, donde la revolución social se encuentra —con sus idas y vueltas— en un proceso de actualización desde 2010 —aunque habrá que decir en rigor que su renovación[28] ha sido permanente desde aquel histórico triunfo en 1959—, en el resto de los países al mando de la izquierda revolucionaria se ha producido un desplazamiento de los viejos bloques en el poder por otros y se colocan todavía en el plano de revoluciones políticas, restando mucho por recorrer para ser catalogadas como revoluciones sociales propiamente dichas.

Dentro de este primer bloque de las fuerzas de izquierda en la región, como ya se ha señalado, también figuran aquellas fuerzas que no han llegado a la categoría de gobiernos y que desarrollan, por tanto, distintas modalidades de oposición a gobiernos de derecha. El ejemplo más destacado de este subgrupo lo representa la insurgencia armada colombiana de las FARC-EP y el ELN, cuyas causas estructurales que explican su aparición hace décadas no han sido resueltas. Por el contrario, no solo han empeorado esos problemas estructurales, sino que, además, desde mediados de los años noventa ese país devino punta de lanza de la contraofensiva político-militar de los Estados Unidos en América Latina.

Segundo, una izquierda reformista, constituida por los partidos en función de gobiernos en Brasil, Argentina, Uruguay, El Salvador, Uruguay, Paraguay y Perú. El que se lleva la flor es obviamente el PT de Brasil, que tampoco es algo homogéneo. Cabe hacer justicia respecto a la diferencia entre el presidente Mauricio Funes de El Salvador —que forma parte de este tipo de izquierda moderada— y el FMLN que, más bien por historia y lucha, se ha ganado con sangre un peldaño dentro de la izquierda revolucionaria. En Uruguay también encontramos dentro del FA a partidos y movimientos más de izquierda, aunque determinados a comportarse en la línea de la reforma por una serie de factores objetivos y subjetivos propios de la especificidad actual de su país.

Pero la izquierda reformista también está fuera del gobierno. De todas ellas, destacan las organizaciones políticas mexicanas: el Partido de la Revolución Democrática (PRD) y Partido del Trabajo (PT), que no terminan de quebrar el sistema político hegemonizado durante décadas por el Partido Revolucionario Institucional (PRI) y después por el Partido Acción Nacional (PAN), en lo que parece ser una hegemonía neoliberal canalizada por ambas fuerzas. En 2006, un vergonzoso fraude electoral le arrebató a Andrés Manuel López Obrador —el líder más visible de esta parte de la izquierda mexicana— la presidencia de la república y este año, 2012, vuelve a intentarlo.

La tensión entre la línea revolucionaria y la reformista también se ha desarrollado dentro de los partidos comunistas de América Latina. La mayor parte de los partidos comunistas, con honrosas excepciones, cuyos liderazgos rejuvenecidos dieron virajes hacia posiciones revolucionarias, en uno u otro momento comprendido entre las décadas de 1960 y 1980, se mantuvieron más cerca de las banderas del reformismo. Destacan entre esos nuevos liderazgos Schafik Hándal del Partido Comunista de El Salvador, Gladys Marín del Partido Comunista de Chile, Patricio Echegaray del Partido Comunista de Argentina, Narciso Isa Conde del ya desaparecido Partido Comunista Dominicano, Humberto Vargas Carbonel del también ya desaparecido Partido Vanguardia Popular (comunista) de Costa Rica y Rigoberto Padilla, del también desaparecido Partido Comunista de Honduras, que ratificaron el camino de la revolución socialista a poco del derrumbe de la URSS.

Dejando por aclarado que a este grupo de PCs no pertenece el Partido Comunista de Cuba (PCC), cuya fundación se hizo muchos años después del triunfo revolucionario de 1959 sobre la base del Movimiento 26 de Julio, es importante subrayar que el salvadoreño Hándal, fallecido en enero de 2006 al regresar de Bolivia después de participar en la posesión de Evo Morales como Presidente, fue uno de los más críticos a la línea reformista.

Esta izquierda partidaria de la reforma, como habla una larga tradición latinoamericanista y mundial, no es homogénea, pues si bien comparte la idea de la gradualidad, hay partidos que sustentan a los gobiernos progresistas que reivindican el horizonte socialista, aunque también hay de los que piensan en un «capitalismo serio» y «más humano». Entre los que no reniegan del socialismo, pero apuestan a llegar a esa meta mediante una serie de acercamientos sucesivos —lo cual ya plantea una concepción de la historia bastante lineal—, pesa mucho en la formulación de su estrategia y táctica concretas la certeza de que las reformas adoptadas desde el poder político del Estado pueden conducir, sin traumas de ningún tipo, a superar el orden capitalista.

Esta es una izquierda «posibilista»,[29] que se mueve entre reivindicar algunos ejes del socialismo y otros de un nacionalismo revolucionario que continúa aspirando a materializar el mito del desarrollo, sin proponerse romper con las estructuras que hacen ese «todo» capitalista. Algunas fracciones del peronismo, marcado por el peso de su historia, están más cerca del nacionalismo y es un ejemplo de lo que se está diciendo.

Pero también están los reformistas, los que no reniegan del capitalismo, pero lo quieren más humano y serio —lo cual ya es otro problema de concepción—, entre los que prevalece mucho el sueño de construir Estados-nación cohesionados y un capitalismo latinoamericano —con el liderazgo de las burguesías nacionales, no todas, de unos cuantos de esos países—, capaz de tomar decisiones autónomas respecto del centro imperial. No hay mejor prueba que la ofrecida por uno de sus exponentes más grandes: Brasil. La presidenta de ese país, Dilma Rousseff, ha sostenido: «Nos estamos dando cuenta que asociar nuestro desarrollo al de América Latina, además de imperativo, ético, también es una condición para la sostenibilidad del desarrollo de la región».[30]

Pero, a diferencia del siglo XX, en la actualidad existe cierta aproximación entre la izquierda revolucionaria y la izquierda reformista. Hay momentos en que la línea de separación entre ambas vertientes es tan tenue que los esfuerzos por diferenciarlos se caen abajo. Es decir, en momentos como los de ahora, con una burguesía imperial que se atribuye el derecho de fijarle el destino a todo el mundo, es posible encontrar más coincidencia entre los reformistas que discursivamente no niegan el socialismo y la izquierda revolucionaria que lo reivindica abiertamente. Esa es la verdad y esas son las diferencias con las que se debe trabajar a partir de la coincidencia de la necesidad de enfrentar los planes del imperio. Al preguntarse qué entender por gobiernos de izquierda y progresistas en la América Latina del siglo XXI, Regalado lo plantea de la siguiente manera:

> Los llamados gobiernos de izquierda y progresistas electos en América Latina desde finales de la década de 1990, son en realidad gobiernos de coalición en los que participan fuerzas políticas de izquierda, centroizquierda, centro e incluso de centroderecha. En algunos, la izquierda es el elemento aglutinador de la coalición y en otros ocupa una posición secundaria. Cada uno tiene características particulares, pero es posible ubicar a los más emblemáticos en dos grupos, y hacer referencias a los casos que no encajan en alguno de ellos. Estos grupos son: 1) gobiernos electos por el quiebre o debilitamiento extremo de la institucionalidad democrático neoliberal, como ocurrió en Venezuela, Bolivia y Ecuador; y, 2) gobiernos electos por acumulación política y adaptación a la gobernabilidad democrática, definición aplicable a Brasil y Uruguay. Además, están los casos singulares de Nicaragua, El Salvador, Paraguay, Argentina y Perú.[31]

Tercero, está la vieja y la nueva ultraizquierda, que como ya hemos señalado abona con su concepción idealista el terreno para el despliegue de las fuerzas de derecha, incluido obviamente al imperialismo. De la vieja ultraizquierda ya es conocida su experiencia y sobre todo la aplicación mecánica del marxismo, al cual lo han convertido en Biblia. Es esa izquierda que, por citar un solo ejemplo, tiene una concepción economicista y reduccionista del proceso de formación de las clases sociales, lo que le ha llevado a un cierto tratamiento colonial de los pueblos y las naciones originarias.

En la nueva ultraizquierda quizá es posible identificar dos tipos de corrientes: los autonomistas más radicales y los esencialistas del indianismo. Las primeras son bastante hipercríticas con los gobiernos de izquierda y progresistas de América Latina por no acelerar la desaparición del Estado. Los segundos cuestionan todo tipo de proyectos de industrialización y niegan la existencia de las clases sociales independientemente de la voluntad de los sujetos; es una izquierda radicalmente medioambientalista. Ambas corrientes terminan coincidiendo en su férrea oposición a gobiernos como los de Evo Morales y Rafael Correa, y favoreciendo, sin pretenderlo, la estrategia de desgaste que el imperio ha puesto en marcha. Tampoco se puede pasar por alto a las consecuencias de esa errónea manera de percibir a la izquierda, incluso reformista, que hasta ahora es inexplicable, la de «La otra campaña» que el EZLN desarrolló en México en las elecciones de 2006 perjudicando más a López Obrador que a los candidatos de la derecha.

En cuarto lugar están las fuerzas y los gobiernos de derecha, cuyo distanciamiento temporal y parcial con los Estados Unidos se debe a un efecto combinado de la crisis que agobia al país más poderoso del mundo, hoy incapaz de ofrecer alternativas viables, y a la fuerza que ha cobrado en más de una década la izquierda revolucionaria con la puesta en marcha, entre otras cosas, de iniciativas de integración regional y Sur-Sur que abren una ventana de oportunidades para buenos negocios.

Obviamente, a los efectos del presente trabajo, de los cuatro grandes grupos mencionados, nos interesan los tres primeros, para identificar a las distintas corrientes de la izquierda, sus continuidades históricas, sus desplazamientos tácticos y estratégicos, los sujetos que las respaldan y sus horizontes de reforma o emancipación.

Con una adecuada lectura en términos generales de la experiencia socialista en la URSS y del Este de Europa, por un lado, y el infatigable trabajo por la unidad que hace la Revolución Cubana, por el otro, las perspectivas estratégicas de los dos grandes tipos de izquierda en América Latina, sin dejar de lado sus diferencias, tienen su base en varios puntos de encuentro. Atrás han quedado las discusiones inquisitorias de unos respecto de otros, para dar paso a formas de unidad dentro de la diversidad antes inimaginables.

Un punto de encuentro entre las fuerzas revolucionarias y las partidarias de la reforma social progresista, es la apuesta por una democracia mayor de la que ha conquistado el continente después de cerca de 25 años de dictaduras militares, de democracias restringidas y de la aplicación de la estrategia de la gobernabilidad democrática, todas impulsadas por los Estados Unidos.[32] Es conocido que ante el desgaste de las dictaduras militares de «seguridad nacional», el imperialismo puso en marcha, a partir de la administración Carter (1977-1981) un repliegue ordenado de los militares a los cuarteles, a la par del ejercicio de democracias controladas altamente compatibles con sus intereses estratégicos en la región. También es conocido que a partir de Bush se viene ejecutando la estrategia de la gobernabilidad democrática en la que se registraron, por más de una década, alternancias dentro del mismo proyecto de dominación imperial.

Tanto desde la izquierda revolucionaria, que en el pasado muchas veces absolutizó el uso de la violencia como único método de transformación —confundiendo las vías con el objetivo—, como desde la izquierda reformista, que históricamente minimizó el papel de la movilización social a favor de las negociaciones cupulares, se ha ido aportando, en la teoría y la práctica, a una concepción de la democracia superadora de los estrechos límites liberales. La democracia, por tanto, se convirtió en un espacio de disputa de proyectos antagónicos,[33] entre la gama de izquierdas anteriormente señalada y las fuerzas de derecha, con el añadido que las segundas se han visto cada vez más tentadas de retornar al uso de la violencia cuanto más las primeras han ido conquistando posiciones. Ese es el caso de lo que ha sucedido con el fallido golpe de Estado contra Chávez, en 2002, los planes desestabilizadores contra Evo Morales, en 2008, el golpe de Estado contra Manuel Zelaya en Honduras, en junio de 2009, y el intento de derrocamiento de Correa en Ecuador, en 2010.

Este uso contrahegemónico de la democracia,[34] que ayer fue un instrumento de desideologización y desorganización del pueblo, le ha permitido a las fuerzas de izquierda —revolucionarias y reformistas— enfrentar exitosamente batallas electorales y ganar el gobierno con una perspectiva distinta a la pensada por los ideólogos del imperialismo. Es decir, la apuesta de incorporar a la izquierda en la carrera electoral como forma de domesticación ha funcionado parcialmente en la década de 1990, por la vía de la «captación» de una buena cantidad de partidos e intelectuales de la izquierda reformista, muchos de ellos bastante próximos a la socialdemocracia europea, ya que se encuentra en proceso de negación desde principios del siglo XXI por la fuerza y la direccionalidad distinta que le ha dado la izquierda revolucionaria a su participación en la lucha electoral.

Es evidente que las fuerzas políticas y sociales de izquierda, revolucionarias y reformistas, se han apoyado sobre grandes movilizaciones sociales para ganar elecciones y constituir gobiernos revolucionarios y progresistas, pero también existen diferencias en el valor que cada una de estas fuerzas le otorga a las victorias electorales en su diseño estratégico.

Otro punto de encuentro es la integración de América Latina y el Caribe, por encima e independientemente del corte político-ideológico de los Estados, gobiernos y las fuerzas políticas. En esta confluencia hay razones históricas y pragmáticas que tienen que ver con el objetivo de alcanzar una mayor interrelación entre países que juntos cuentan con la mayor reserva de gas natural, agua dulce, biodiversidad y minerales del planeta.

De hecho, en medio de la profundidad de la crisis del capitalismo central, esta emergencia de un nuevo tipo de integración ha dado lecciones muy importantes en menos de tres años. El intercambio intrarregional, sin contar a los Estados Unidos y Canadá, ha crecido a ritmos sostenidos y ha determinado, junto a la demanda china, un crecimiento de las capas medias y un mayor flujo comercial interestatal y público-privado que en más de dos décadas de fundamentalismo neoliberal no se había registrado.

Es evidente que el «motor político» de la tendencia integradora está formado por las fuerzas y gobiernos de izquierda que integran el ALBA-TCP y dónde sus países miembros han podido incidir, y el «motor económico» lo viene desempeñando Brasil, ahora seguido por Argentina, a través de MERCOSUR, sin cuyo empuje la situación hubiese sido más compleja. Si bien hay que tener cuidado de fragmentar la realidad como lo hace el positivismo, es en el ámbito de las autonomías relativas de la política y la economía donde hay que ubicar el papel que las fuerzas revolucionarias, en unos casos, y las reformistas, de otra parte, en este proceso de integración.

La contradicción entre la apuesta por un orden social radicalmente distinto al impuesto por el capital y el impulso de un capitalismo latinoamericano «serio y humano» pasa por un tiempo, no sabemos cuánto, a un segundo plano frente a la coincidencia general entre las fuerzas sociales y políticas que sustentan ambas perspectivas estratégicas para avanzar hacia una mayor independencia económica y soberanía política[35] frente al imperialismo y el capitalismo central.

Siempre en el contexto de los puntos de encuentro, ambos tipos de izquierda han puesto en marcha, allá donde son gobierno, programas de redistribución de la riqueza nacional, especialmente expresados en bonos sociales, para atender a los sectores más vulnerables de la población: niños, ancianos, mujeres embarazadas, desempleados y otros.

De hecho, dado los efectos negativos provocados por el neoliberalismo en más de dos décadas, no hay partidos y movimientos en funciones de gobierno en América Latina y el Caribe que no haya apelado, desde el primer año de sus mandatos, a estas modalidades de transferencias de recursos a amplios segmentos de la población, con lo cual —según reconocen estudios de las Naciones Unidas y la CEPAL—, han sacado a porcentajes significativos de la población de la extrema pobreza.

Los grandes desafíos

Si como se ha señalado las revoluciones deben ser miradas como procesos y no como actos, y si la transición de una forma de organización de la vida social basada en la ley del valor hacia otra fundada en el respeto a todas las formas de vida será mucho más larga de lo que imaginaron los clásicos, los desafíos de la izquierda, sobre todo de la revolucionaria, son varios y complejos.

El primer desafío, quizá el más grande, es seguir desplegando la capacidad de administrar bien la energía acumulada en años de avances y retrocesos, y cuidar los espacios conquistados en más de una década de haber recorrido un sendero posliberal. Un paso en falso, con forzadas radicalidades, puede romper la convergencia construida con la izquierda reformista y/o con los partidarios de un capitalismo latinoamericano «serio y más humano».

Si se registra una ruptura de esta sinergia lograda entre las distintas fuerzas que apuestan a una mayor autonomía frente a los Estados Unidos —que es la línea de demarcación en América Latina—, solo será favorable para las fuerzas conservadoras del gran capital transnacionalizado, y para que el imperialismo restablezca su dominación y hegemonía en este pequeño rincón del mundo donde se está intentando avanzar hacia otro tipo de sociedad.

Pero para mantener esta confluencia, no es el inmovilismo, que a veces se aprecia en los partidos y movimientos sociales y políticos revolucionarios, lo que ayudará a mantener y proyectar los espacios conquistados. Tampoco es «auto-secuestrarse» ante las dubitaciones de las corrientes reformistas, que nunca ocultarán sus temores a una mayor radicalidad de los pueblos.

Los factores clave, que han acompañado a este tipo de izquierda a pesar de las duras derrotas que ha sufrido en sus intentos emancipadores, son no perder la iniciativa y, sobre todo, mantener la autoridad moral para seguir siendo la primera en enfrentarse al imperialismo por las causas más nobles y humanas. La enseñanza martiana de que *la mejor manera de decir es hacer*, nunca debe ser perdida de vista.

La izquierda revolucionaria ha logrado avanzar mucho en poco tiempo, pero no puede quedarse contemplando pasivamente lo andado; está obligada a ser cada vez más creativamente heroica como señalaran Simón Rodríguez al decir *o inventamos o erramos* y José Carlos Mariátegui al afirmar que *la revolución no es ni calco ni copia, sino creación heroica.*

Un segundo desafío, en la dirección señalada, es continuar por el camino de la ampliación de la democracia. No hay donde perderse, como ha señalado Boaventura de Sousa Santos: «la defensa de la democracia de alta intensidad es la gran bandera de las izquierdas»[36] y esto implica no encajonarla en una camisa de fuerza institucionalizada. En el momento en que las revoluciones se institucionalizan, la razón de Estado termina asfixiando las iniciativas sociales. Pero esto que es más valido para la izquierda revolucionaria, no deja de serlo también para la izquierda reformista que si algo ha aprendido es que la fuente de su poder viene de la amplia participación de «los de abajo».

Las experiencias socialistas del siglo XX han demostrado el daño irreparable que le hace a la unidad del pueblo y el gobierno aplicar prácticas autoritarias y negadoras de la democracia, que no es otra que coartar la más amplia participación de la sociedad en los temas de interés nacional o local. No hay perspectiva emancipadora o dirección rumbo al socialismo sin la profundización de la democracia,[37] de una en la que el pueblo de objeto de disputa de los políticos liberales se convierte en sujeto histórico en su ejercicio.

Tanto la izquierda revolucionaria como la izquierda reformista se han apoyado en la defensa de los valores de la democracia —amenazados por la tendencia belicista de los Estados Unidos y sus socios locales— y en la movilización social para conquistar gobiernos. La única diferencia, nada despreciable, es que la izquierda revolucionaria ha provocado un «desborde de la democracia» que, en los hechos, se ha convertido en un instrumento efectivo para abrir un proceso revolucionario con horizonte emancipador.

Las experiencias venezolana, boliviana y ecuatoriana muestran lo valioso que ha sido la convocatoria a la Asamblea Constituyente como espacio de materialización de la más amplia democracia, radicalmente distinta a la democracia representativa. El sujeto histórico de los procesos de cambio en cada uno de estos países ha sacado del baúl de los recuerdos otras formas de pensar-hacer-vivir democracia que virtualmente han subvertido, con la sola arma de la movilización, los fundamentos de la democracia liberal. Los tres países han incorporado en sus textos constitucionales otras formas de pensar-hacer-vivir la democracia: la directa, participativa, deliberativa y comunitaria. Sería ingenuo pensar que la democracia representativa ha sido desplazada, pero también lo sería asumir el discurso del enemigo y afirmar que no se han registrado transformaciones en esa democracia pensada para la dominación. El hecho de que las grandes sublevaciones en Bolivia, Ecuador y Venezuela hayan sido un anticipo de futuras victorias electorales, da cuenta que es la democracia participativa, directa, deliberativa o comunitaria el escenario en el que se ha ido gestando la dirección de la sociedad y diseñando los trazos generales del nuevo Estado. Es en la democracia de la calle, en la que los pueblos han triunfado previamente a su victoria institucional en las urnas: esa es una verdad que los ideólogos burgueses pretenden enterrar por las grandes lecciones teóricas y políticas que aporta a la práctica universal.

La puesta en marcha de esas otras formas no liberales de democracia ha otorgado a las autoridades del Estado y a los dirigentes sociales un alto grado de legitimidad, pues es evidente que ese «mandar obedeciendo» representa la única manera de producir y reproducir la política, el proyecto histórico y la defensa de la perspectiva revolucionaria. Es con esas «otras» democracias con las que el pueblo triunfó ante los aprestos golpistas en Venezuela, Bolivia y Ecuador.

No habrá revolución triunfante en el siglo XXI que no parta de la más amplia participación del pueblo y de la radical ampliación, por tanto, de la democracia emancipadora que trasciende la mera asistencia de la población a la selección de autoridades por la vía del sufragio universal. Los pueblos quieren votar y elegir, pero también deliberar, ser escuchados y decidir.

Esto conduce a un tercer desafío: establecer una relación de nuevo tipo entre el Estado y la sociedad, entre el Estado y la comunidad. Uno de los ejes de la movilización indígena en países como Bolivia y Ecuador ha sido su crítica radical a la modernidad, donde, por ejemplo, se produce la separación entre *sociedad política* y *sociedad civil*. Para buen entendedor, entre los llamados a gobernar y los convocados a resignarse a ser los gobernados.

Es cierto que un primer paso para modificar esa relación de jerarquía dominadora ha sido dado por la vía de la fundación de otros tipos de Estado, cuya forma política en los casos boliviano y ecuatoriano es la plurinacionalidad, y en el caso venezolano el poder popular. Desde ambas vertientes, cada cual obedeciendo a la especificidad concreta, se apunta a fortalecer los procesos revolucionarios.

Sin embargo, la materialización de esos nuevos tipos de Estado está encontrando muchas dificultades, algunas previsibles y otras inesperadas. Entre las primeras está el hecho concreto de que la construcción de un nuevo Estado se desarrolla paralelamente al proceso de deconstrucción del viejo, lo cual genera confusiones y desesperaciones. Las lógicas instaladas por el capital durante casi dos siglos, entre ellas de la fetichización del Estado, tanto de parte de las autoridades como de la sociedad, difícilmente desaparecerán de la noche a la mañana y el tiempo será más largo de lo pensado.

Esos nuevos tipos de Estado contemplados en las constituciones boliviana, ecuatoriana y venezolana son más horizontes a construir, que realidades objetivas hoy. Hay elementos en los que se ha avanzado, por ejemplo, en materia de descolonización, pero hay otros rasgos del Estado-nación que se mantienen invariables y que han conducido a muchos intelectuales a adoptar una posición hipercrítica contra esos procesos de cambio. Una de esas expresiones es la fetichización del poder y del Estado.

A pesar de que el Estado y el poder son relacionales, tanto las autoridades como sectores estratégicos de la sociedad que hicieron posible estos procesos revolucionarios, les otorgan un papel sobredimensionado que conduce a la mistificación y cosificación. Las autoridades incurren en la tentación hegeliana de pensar que el Estado lo puede todo y el sujeto histórico se desestructura a sí mismo al esperar todas las respuestas de la maquinaria estatal antes que seguirle apostando a su participación. Es decir que la destrucción del Estado capitalista y la construcción de un Estado no capitalista, junto a la protagónica participación del sujeto histórico —que es plural— representan las condiciones, por doble partida, *sine qua non* para que la revolución no se coma a sí misma.[38]

Como se podrá ver, sin especulaciones de ninguna naturaleza, existe una corresponsabilidad de lo que está pasando en algunas experiencias de América Latina, tanto en las autoridades estatales como en los movimientos sociales y sus direcciones. Existe siempre una inclinación a concentrar la crítica en el Estado y no apreciar las subjetividades que se mueven en la sociedad, particularmente en el bloque que hizo posible el inicio de los procesos de cambio.

Las experiencias boliviana y ecuatoriana muestran que hay momentos en la historia en que los pueblos hacen revoluciones, desplazan al viejo bloque en el poder por otro nuevo en el que participan, pero inexplicablemente no asumen su nueva condición —de haberse elevado a la categoría de clase dominante diría Marx— y retornan, con todo lo peligroso que es para las revoluciones, a un papel pasivo, corporativo y en defensa de sus intereses particulares. Abandonan su condición de clase o bloque dirigente, pierden sentido de lo universal y vuelven a levantar las banderas sectoriales, salarialistas e inmediatistas que, obviamente, son alimentadas y amplificadas por la derecha.

Quizá ayude a pensar mejor lo que está sucediendo y los peligros que acechan, ir más allá de la división «revoluciones desde arriba» y «revoluciones desde abajo»,[39] a partir de los conceptos de Estado pleno y óptimo social, de Antonio Gramsci y René Zavaleta, respectivamente, que se presentan como muy útiles en términos teóricos y prácticos para identificar el rumbo que debería tener el establecimiento de una relación de correspondencia entre el Estado y la sociedad, entre el Estado y la comunidad.

Ambos intelectuales, el uno italiano y el otro boliviano, tienen varios textos sobre la teoría del Estado. En la mayor parte de sus producciones Gramsci insiste en que la fuerza de la revolución debe conducir a transitar de un Estado restringido (predominio de las relaciones de dominación/subordinación y las funciones represivas) a otro tipo de Estado en que las funciones educativa/administrativas se presenten como las más importantes (Estado pleno); es decir, no es la sociedad la que se diluye en el Estado (un rasgo central en los regímenes autoritarios) sino que el Estado se va extinguiendo en la sociedad (es el no-Estado o semi-Estado del que nos habla Marx).

El pensador boliviano, que de hecho fue un estudioso del teórico italiano, sostiene que el óptimo social o la ecuación social[40] es una relación de correspondencia entre el Estado y la sociedad, de tal manera que los objetivos y fines de uno son los mismos que del otro. En síntesis, es cuando hay una relación no asimétrica ni antagónica entre la sociedad política y la sociedad civil.

Es evidente que ese horizonte estratégico apuntado por ambos pensadores, que no hace más que recoger los aportes de Carlos Marx, es el comunismo, al cual obviamente le precede un largo proceso de transición, mayor al pensado por los clásicos: uno porque no hay ninguna posibilidad de alcanzar esa meta en un solo país, por muy revolucionario que este sea, y segundo, por la complejidad mayor que se ha abierto con otra de las fases a las que nos ha conducido el imperialismo a través de la denominada globalización o mundialización.

Una de las críticas más duras contra Evo Morales en Bolivia de parte de algunos intelectuales —paradójicamente unos de izquierda, otros que lo fueron y no pocos de derecha—, es que el proceso de cambio está fortaleciendo al Estado de manera excesiva, ya sea por su participación en la economía (un 35% de presencia en la composición del PIB) o por un sobredimensionado papel en su rol de autoridad. Está claro que se ha escrito mucho sobre el Estado pero no se lo termina de entender hasta ahora.

Hay que decir que Bolivia, de manera más o menos similar a la realidad de otros países latinoamericanos, ha contado con un Estado aparente,[41] que a diferencia de los Estados modernos nunca tuvo la capacidad, así sea en términos de subordinación, de incluir a los sectores demográficamente más grandes e importantes. Sencillamente los «invisibilizó» mediante una colonialidad del poder altamente compatible con el capitalismo. Los indígenas de las tierras altas (aymaras y quechuas) y de las tierras bajas (cerca de 32 naciones originarias muy pequeñas en número de población) fueron borrados de la configuración política y reducidos, en el mejor de los casos, a su condición de etnias, que en la Bolivia con aspiraciones modernas implicaba asignarles su condición de inferioridad.

Y entonces, de ahí se desprende un cuarto desafío para la izquierda revolucionaria, pues independientemente de la naturaleza de los actores y la especificidad en la que se mueven, es la problemática del Estado, su tipo de relación con la sociedad y el carácter de la transición. Esta es una discusión vieja, es verdad, pero hasta ahora no plenamente resuelta.

Los procesos revolucionarios requieren de un Estado fuerte, de eso no hay duda, pues se debe encarar no solo la construcción de lo que el capitalismo colonial nunca hizo y reconstruir lo poco bueno que por efectos de la lucha social se conquistó en décadas, además de estar preparados para la defensa de la revolución. Empero, no es el Estado capitalista y su maquinaria la que se requiere para esas grandes tareas. Pensar eso implicaría incurrir en el plano de la subjetivación idealista (es que las cosas saldrán bien ahora porque los hombres buenos han desplazado a los malos) y no se estaría prevenidos de que ese tipo de Estado, como diría Marx, nacen de la sociedad pero cada vez más se van separando de ella, para actuar contra ella.

Lo que se necesita es otro tipo de Estado para la transición que vaya dejando atrás las lógicas de dominación y represión al servicio del capital y se vaya convirtiendo en un espacio para concentrar la participación del pueblo y desarrollar las lógicas del trabajo y la vida. Un primer paso ha sido dado en Bolivia y Ecuador al definir la forma política de ese tipo de Estado, basado en el reconocimiento de lo plurinacional, lo cual ya implica empezar a dejar atrás el Estado-nación, adecuado a los fines de exclusión colonial.

La transición no puede pretender anular al Estado en un período corto, más aún cuando en formaciones sociales como la boliviana, la ecuatoriana y la venezolana, estos solo han existido en su formato aparente. El Estado será necesario en la medida que actúe en sintonía con el protagonismo del pueblo en la perspectiva de la construcción de un orden social con igualdad de derechos sustantivos y oportunidades reales para todos.

Ahora, como se trata de construir un Estado distinto al que se ha tenido hasta ahora, y recogiendo las experiencias históricas del socialismo en el siglo XX en Europa y el aporte de los pueblos indígenas, de lo que se trata es de debatir cuánto de Estado necesitamos fortalecer y dónde fortalecerlo y cuánto de sociedad y comunidad requerimos organizar y consolidar y dónde organizarla y consolidarla. Vista la historia larga, así como la ecuación liberal es cada vez menos Estado y cada vez más mercado, un proceso revolucionario debe sentar las bases materiales y subjetivas para la ecuación cada vez menos Estado, cada vez más comunidad.

Un quinto desafío para la izquierda en general, revolucionaria y reformista, aunque más para la primera que la segunda, es cómo transitar de un tipo de producción a otro, lo que significa abandonar el carácter primario exportador que se le ha asignado a nuestras economías, en mayor o menor medida, desde la colonia. Entonces, la situación se vuelve mucho más compleja para los países productores de minerales e hidrocarburos, pues es la industria extractivista y no otra la que representa la principal fuente generadora de ingresos que luego, en aquellos donde el Estado ha recuperado el protagonismo, se canalizan hacia programas sociales o incluso el aumento de salarios.

A diferencia de los siglos XIX y XX en los que la izquierda luchaba contra la enajenación del trabajo, en el siglo XXI se ha añadido un problema tan o más serio que el anterior: la enajenación de la naturaleza, en dimensiones nunca vistas en el pasado. De ahí que no sea casual que el sociólogo belga François Houtart señale que el capitalismo amenaza en la actualidad a sus dos fuentes generadoras de riqueza: a los seres humanos y la naturaleza.[42]

Una marcha de indígenas de las tierras bajas en Bolivia entre agosto y octubre de 2011 ha puesto de manifiesto, al margen de la instrumentalización que hizo la derecha nacional e internacional del conflicto, el enorme desafío que existe para lograr un equilibrio entre el aprovechamiento racional de los recursos naturales, el cuidado de la naturaleza y el ser humano. Las visiones fundamentalistas de un lado (neodesarrollistas) y de otro (ultramedioambientalistas) no tienen cabida.

Pero pasar de una economía a otra requiere de un proceso de transición que trasciende a la voluntad política de los gobiernos de izquierda y progresistas. Depende de varios factores: transformar las ilusiones consumistas y desarrollistas bastante fuertes en los propios impugnadores del desarrollismo, sustituir la lógica del valor de cambio por el valor de uso, concebir otra manera de reproducir la vida e incluso contar con otro tipo de tecnología que no privilegie la mera obtención del lucro (alta productividad y alta tasa de rentabilidad) a costa de exprimir a fondo de la fuerza de trabajo y deteriorar al máximo la naturaleza.

Eso requiere de una revolución muy profunda en la economía, no de un país sino del mundo o al menos del continente. Esa convocatoria de Marx a la humanización de la naturaleza o la naturalización del ser humano que nos hace en los manuscritos económico-filosóficos de 1844 y en los propios Grundrisse de 1857-1858, es el llamado a tirar abajo al capitalismo y ese es un horizonte al que no se debe ni puede renunciar, pero es una demagogia pedirle mayor radicalidad en eso a gobiernos revolucionarios que en pocos años han hecho más de lo posible.

La izquierda está obligada a pensar en otro modelo de desarrollo —que en rigor es mejor llamarlo modelo o modo de vida— que rompa con la idea de la ilusión ascendente del progreso social y establezca una diferencia muy clara entre las fuerzas productivas destructivas —de la naturaleza y la humanidad— y las fuerzas productivas creadoras que nos aseguran no solo una ruptura con la lógica de funcionamiento y reproducción del capital, sino con otra manera de pensar la producción y la reproducción de la vida.

A manera de cierre

Para ir finalizando, con este trabajo lo que se ha querido es plantar tres ideas centrales.

La primera idea es que América Latina atraviesa por su tercer momento emancipador en las condiciones del siglo XXI, mucho más complejas que las de los siglos XIX y XX. A este momento no se hubiera llegado sin la consecuencia estratégica y la habilidad táctica de la Revolución Cubana —que es la cara más visible de la izquierda revolucionaria del siglo anterior— y sin la irrupción de otras fuerzas revolucionarias «no convencionales» en el presente siglo.

A esa izquierda cubana que ha inscrito con entrega y sacrificio su nombre, hay que sumar en su reconocimiento a la gama de movimientos de la década de 1930, aunque solo se propusieran una reforma social progresista —lo que ya era tremendamente revolucionario para ese período de entreguerras— y al Frente Farabundo Martí para la Liberación Nacional de El Salvador, la Unidad Nacional Revolucionaria Guatemalteca, el Frente Sandinista de Liberación Nacional de Nicaragua, el Movimiento de la Nueva Joya de Granada, el Ejército de Liberación Nacional de Bolivia, el Movimiento de Izquierda Revolucionaria y el Frente Patriótico Manuel Rodríguez de Chile, el Movimiento de Liberación Nacional Tupamaros de Uruguay, el Ejército Revolucionario del Pueblo de Argentina y otros que aportaron a las luchas por la liberación nacional y el socialismo.

Esta es una izquierda que priorizó, sobre todo, el método de la resistencia y la lucha armada, por lo tanto con esquemas de organización y de relación con el pueblo adecuados a la vía históricamente determinada por la realidad objetiva. Ni más, ni menos. Que de todos esos intentos solo hubiesen triunfado las revoluciones cubana y nicaragüense —de las dos, la segunda tuvo que resignarse a dejar el poder al perder las elecciones generales diez años después—, no invalida lo que se hizo, ni tampoco oculta los errores estratégicos que se cometieron.

En la izquierda revolucionaria del siglo XXI, que se desarrolla en condiciones más complejas por la fase en la cual está la dominación imperialista, el método privilegiado es la lucha social y política de masas. Les corresponde a los movimientos sociales —no a todos— el mérito de haber «fundido» la lucha social y política en una sola, de construir sus organizaciones políticas desde lo sindical, de incorporar la participación de militantes de la izquierda revolucionaria del siglo XX, de construir un sujeto histórico a la medida de su tiempo (plural) y liderar procesos de cambio.

Las condiciones objetivas y subjetivas en las que se ha movido la izquierda revolucionaria del siglo XX son radicalmente distintas de las que acompañan hoy a la izquierda —revolucionaria y reformista— del siglo XXI. No hay que olvidar que lo concreto es concreto porque es la síntesis de múltiples determinaciones;[43] lo otro es idealismo puro elevado a la categoría de metafísica. Entonces, las diferencias entre una izquierda y otra están determinadas por las realidades distintas en las que se han movido y el denominador común es la lucha por la emancipación.

La segunda idea es que en este tercer momento emancipador de América Latina, que se inicia con el triunfo de la Revolución Cubana en 1959, la condición de posibilidad de avanzar hacia el horizonte de la emancipación plena —lo que equivale en la hora presente pasar de la revolución política a la revolución social a través de un complejo y largo proceso de transición—, está en dependencia de la capacidad que tengan las fuerzas radicales para sumar otros esfuerzos y no caer en la tentación de adoptar falsas posturas, idealistas y románticas, que a lo único que pueden ayudar es al desmoronamiento de los cimientos que se están construyendo.

No por siempre decirse se ha actuado en consecuencia. No hay que perder de vista al enemigo principal. El conquistar una mayor autonomía de los Estados —muchos de ellos gobernados por la izquierda reformista— frente a los Estados Unidos es un golpe muy duro para la insaciable sed de dominación del imperialismo más poderoso que la humanidad haya conocido jamás. Y al mismo tiempo, esas reformas, sin una izquierda revolucionaria que sepa halar la pita cuando tenga que hacerlo, tampoco darán el resultado que se espera. Ahí el papel de los movimientos revolucionarios.

Esto no implica asumir el posibilismo del siglo XXI, quizá mucho más negativo que el conocido en el siglo XIX, pues los problemas que enfrentaba la clase obrera en ese momento son de lejos menores de los que enfrenta la humanidad en el siglo XXI. No es inmovilismo sino una permanente creatividad, en medio de una revolución ininterrumpida, que tenga en cuenta el grado de maduración de las condiciones objetivas y subjetivas para preparar cada salto que se pretenda dar en esta larga lucha.

La tercera idea es que la izquierda, revolucionaria y reformista, a veinte años del derrumbe de la URSS y el bloque socialista en Europa, está en condiciones favorables para la disputa por la hegemonía, en parte porque se «latinoamericanizó» el pensamiento emancipador. Y esto se lo hizo recogiendo el mejor aporte de los clásicos del marxismo y de muchos de sus consecuentes seguidores, pero también sacando del fondo de los baúles las grandes contribuciones de pensadores y luchadores latinoamericanos como Bolívar, Martí, Mariátegui, el Che Guevara y otros, además de recibir con humildad las enseñanzas de Fidel Castro.

La izquierda en América Latina está mejor. No tiene casi nada que esperar de sus pares de Europa. Lo que está peor es cada vez el mundo, con un imperialismo que representa una verdadera amenaza para la humanidad y el planeta.

Notas

1. Fidel Castro Ruz: Discurso pronunciado el 1ro. de mayo del 2001, *Granma*, 2 de mayo de 2001, p. 4.

2. Un libro del autor de este texto, titulado *América Latina y la tercera ola emancipadora* —que pronto será publicado por Ocean Sur— hace una reclasificación de la historia de esta parte del mundo a partir de una reconceptualización del término emancipación.

3. Acción Popular Revolucionaria Americana (socialdemócrata).

4. Movimiento de Izquierda Revolucionaria (socialdemócrata).

5. Roberto Regalado: *La izquierda latinoamericana en el gobierno: ¿alternativa o reciclaje?*, Ocean Sur, México D.F., 2012, pp. 180-181.

6. En su polémica con los liquidadores de Petersburgo, Lenin los considera aliados de la burguesía al hacer creer a los trabajadores el beneficio estratégico de las medidas reformistas. Véase a Vladimir Ilich Lenin: «Marxismo o reformismo», *Obras Completas*, Editorial Progreso, Moscú, 1984, t. 24, p. 1.

7. Rosa Luxemburgo: «Reforma o revolución», *Manifiesto: tres textos clásicos para cambiar el mundo*, Ocean Sur, México D.F., 2006, p. 77.

8. Ibídem: p. 135.

9. Carlos Marx: «Crítica del Programa de Gotha», *Obras Escogidas* en tres tomos, Editorial Progreso, Moscú, 1984, t. 2, p. 8.

10. *Gazeta Mercantil Latinoamericana*, São Pablo, 22 de mayo de 2000.

11. No es Fukuyama el que por vez primera hace uso del «fin de la historia». En rigor, lo hace Hegel en su *Filosofía de la historia*, que luego sería criticada por Marx. El filósofo idealista alemán sostenía que «*La historia mundial viaja de oriente a occidente, porque Europa es absolutamente el fin de la historia*». Véase a István Mészaros: «Más allá del Capital», *Pasado y Presente* 21, La Paz, p. 17.

12. Le ha correspondido a la canciller alemana Ángela Merkel en el último trimestre de 2011 hacer esa afirmación al expresar que, si el plan de salvataje concebido junto al francés Sarkosy no funciona, el resultado inevitable será la desestructuración de la eurozona.

13. La salida de las tropas estadounidenses de Irak se ha desarrollado en medio de un gran júbilo popular y la estabilidad del gobierno fabricado por las fuerzas de ocupación está más que amenazada.

14. Uno de los consejeros para asuntos internacionales del mandatario estadounidense, Ben Rhodes, dijo a la revista *Foreign Policy*, el 26 de agosto, que el «modelo libio» puede servir para el cambio de regímenes en otros países. Véase a *Cubadebate*: 27 de agosto de 2011.

15. En una sorpresiva iniciativa, minimizada y ridiculizada por la mayor parte de los medios de comunicación del mundo, los presidentes de Cuba y Venezuela, Fidel Castro y Hugo Chávez, anunciaban en el Teatro Carlos Marx, en La Habana, en noviembre de 2004, la puesta en marcha de un nuevo esquema de integración basado en la cooperación, la solidaridad y la complementariedad. En 2006, se sumó Bolivia con Evo Morales y luego Nicaragua, Ecuador y otros hasta llegar a 8 miembros permanentes y algunos observadores.

16. Aníbal Quijano, en una entrevista a un medio digital ecuatoriano.

17. Roberto Regalado ofrece un panorama extraordinariamente rico, con lujo de detalles, del desarrollo de la lucha social y política en esta parte del mundo en sus libros, *América entre siglos: dominación, crisis, lucha social y alternativas políticas de la izquierda* (Ocean Sur, México D.F., 2006) y *Encuentros y desencuentros de la izquierda latinoamericana: una mirada desde el Foro de São Paulo* (Ocean Sur, México D.F., 2008).

18. La «Operación Cóndor», diseñada por la CIA y con su centro de operaciones en Chile, con la dictadura de Augusto Pinochet, fue ejecutada con prioridad contra la izquierda revolucionaria, cuyos militantes fueron asesinados donde quiera que se encontraban.

19. La Doctrina Johnson estableció que los Estados Unidos prefieren contar con aliados seguros a tener vecinos democráticos.

20. El brasileño Emir Sader sostiene que «La Isla dejó de ser un referente activo para la izquierda continental, como sistema político o como modelo socioeconómico». Emir Sader: *La venganza de la historia*, Biblioteca Era, Buenos Aires, 2006, p. 119,

21. Roberto Regalado: *La izquierda latinoamericana en el gobierno ¿alternativa o reciclaje?*, ob. cit., p. 159.

22. El rápido abandono y deserción de Lucio Gutiérrez de la causa indígena-popular que lo llevó a la presidencia, debilitó a la organización matriz de los pueblos indígenas, la Confederación de Nacionalidades Indígenas del Ecuador (CONNAIE), y a su expresión política, Pachakutik, que se ha convertido progresivamente en un partido tradicional.

23. A Chávez, cuya irrupción en la política ya se dio en 1982 con la formación del Movimiento Bolivariano Revolucionario 200 (MBR-200), hay que atribuirle la gran insurrección cívico-militar de 1992 contra el presidente Carlos Andrés Pérez, que si bien fracasó militarmente en su propósito de la toma del poder, representó la respuesta popular al Caracazo de 1989 —una dura represión en la que murieron miles de hombres y mujeres que protestaban por la situación de miseria— y el anticipo de la victoria político-electoral de 1998, cuando en la patria de Bolívar la revolución liberadora retornaba sobre nuevas condiciones. Véase a Hugo Moldiz: «Chávez, un líder de su tiempo», *Correo del Alba* no. 11, Instituto Internacional de Integración Andrés Bello, La Paz, 2011, pp. 28,29 y 30.

24. La argentino-cubana Isabel Rauber, al momento de hacer referencia al socialismo histórico del siglo XX, lo critica por haber sido parte de las revoluciones «desde arriba» y sostiene que para que una revolución sea triunfante en el siglo XXI debe ser «desde abajo». Véase a Isabel Rauber: *Revoluciones desde abajo*, Fundación Boliviana para la Democracia Multipartidaria, La Paz, 2011.

25. El instrumento político empezó su proceso de construcción en 1988, en el Primer Congreso de Unidad de la Confederación Sindical Única de Trabajadores Campesinos de Bolivia (CSUTCB), se fundó en marzo de 1995 con el nombre de Asamblea por la Soberanía de los Pueblos (ASP) y en 2002 participó en las elecciones generales con la sigla Movimiento Al Socialismo (MAS).

26. Cuando un tipo de izquierda fosilizó la concepción creadora de Marx y Engels, lo que hizo es convertir ese pensamiento e instrumento revolucionario en una Biblia, antes que —como reflexionaba Lenin— en una guía para la acción.

27. El politólogo argentino Atilio Borón sostiene que las revoluciones y las luchas por el socialismo en el siglo XXI no serán la excepción a esa regla. Atilio Borón: *El socialismo del siglo XXI ¿hay alternativa después del neoliberalismo?*, Ediciones Luxemburg, Buenos Aires, 2008, p. 137.

28. La Revolución Cubana muchas veces ha copiado y copiado mal, como reconociera Fidel Castro en una intervención ante estudiantes en la Universidad de La Habana en 2005. Pero, hay que decir que se ha reinventado en la más de las veces, lo que le ha permitido sobrevivir a los planes del imperialismo.

29. Los posibilistas, cuyos orígenes están en Francia en la segunda mitad del siglo XIX, eran partidarios de utilizar los mecanismos y espacios que brindaba la democracia burguesa para obtener mejoras en las condiciones de vida de los trabajadores, en detrimento de la lucha por la transformación social revolucionaria. Para mayor información sobre los orígenes del posibilismo, véase a G.D.H. Cole: *Historia del pensamiento socialista II: marxismo y anarquismo* (1850-1890), Fondo de Cultura Económica, México D.F., 1986, pp. 305, 397-398 y 410-411. Véase también a G.D.H. Cole: *Historia del pensamiento socialista III: la Segunda Internacional (1889-1914)*, Fondo de Cultura Económica, México D.F., 1986, pp. 18-24, 48 y 304-308.

30.   La presidenta brasileña pronunció esas palabras el 2 de diciembre de 2011 en Caracas, en la primera jornada de trabajos de la Comunidad de Estados Latinoamericanos y Caribeños. Fuente, *Telesur*.

31.   Roberto Regalado: «El derrumbe de la URSS y el cambio de época en América Latina», en la presente antología, p. 90.

32.   Para obtener información la *gobernabilidad* y la *gobernabilidad democrática*, véase a Roberto Regalado: *América Latina entre siglos: dominación, crisis, lucha social y alternativas políticas de la izquierda*, ob. cit., pp. 65-74 y 230-233.

33.   «La democracia liberal está hoy vigente en casi todo el continente y es en su seno que las fuerzas del socialismo y las fuerzas del fascismo se enfrentan». Boaventura de Sousa Santos: *Refundación del Estado en América Latina*, Plural Editores, La Paz, 2010, p. 57.

34.   Esto «es el uso contrahegemónico de instrumentos políticos hegemónicos como son la democracia representativa, los derechos humanos y el constitucionalismo» para fines distintos a los concebidos por las fuerzas del capitalismo. Ibídem: p. 59.

35.   Le correspondió decir al Che que no se puede ser independiente frente al imperialismo si también no se cuenta con soberanía económica, aunque a diferencia de lo que piensa el reformismo eso solo es posible con el socialismo. Ernesto Che Guevara: *Che Guevara presente, una antología mínima: independencia política y soberanía económica*, Ocean Press, Melbourne, 2005.

36.   El mensaje está contenido en una Carta a las Izquierdas, publicado por *Rebelión* en octubre de 2011.

37.   Frei Beto sostiene, en una entrevista difundida por ALAI, que el socialismo es la profundización de la democracia y eso significa cada vez más participación popular.

38.   Hugo Moldiz, ¿*Reforma o revolución en América Latina? El proceso boliviano*, Ocean Sur, México, 2009, p. 20.

39.   Isabel Rauber señala que en el siglo XX la dinámica mayor de los procesos con perspectiva emancipadora se expresaron en «revoluciones desde arriba» y que la característica más importante de lo que sucede ahora es que los pueblos están abriendo «revoluciones desde abajo». Véase a:Isabel Rauber: *Revoluciones desde abajo*, ob. cit.

40.   «La mera superioridad del Estado sobre la sociedad no hace un optimo, sino una paralización o vida circular a la que Marx describió como el despotismo asiático. A la inversa, la mera supremacía no organizada de la sociedad sobre el Estado compone solo una relación aleatoria y puede desorganizar o refutar toda política, buena o mala». René Zavaleta: *Lo nacional-popular en Bolivia*, Plural Editores, La Paz, 2008, p. 51.

41.   René Zavaleta señala que el Estado aparente es cuando se produce un desprendimiento falso entre Estado y sociedad, en virtud del cual se llama Estado, por nominalismo, a una fracción, cuando, en verdad, el germen estatal está todavía sumido en la sociedad civil. Véase a René Zavaleta: *El Estado en América Latina, cuatro conceptos de democracia*, Los Amigos del Libro, Cochabamba, 1990, p. 84.

42.   Véase a Francois Houtart: «Los movimientos sociales y la construcción de un nuevo sujeto histórico», *Teoría Marxista hoy*, Clacso, Buenos Aires, p. 437.

43.   Carlos Marx: *Elementos Fundamentales para la crítica de la economía política (Grundrisse) 1857-1858, el método de la economía política*, Siglo XXI Editores, México D.F., 1971, t. 1, p. 21.

Gobiernos de izquierda, democracia participativa directa y construcción de poder constituyente

Marcelo Caruso

Asistimos en América Latina y el Caribe, al advenimiento y desarrollo de gobiernos denominados progresistas y de izquierda que oscilan entre las posiciones socialdemócratas de adaptación y humanización del sistema capitalista, y las que pretenden avanzar hacia una sociedad poscapitalista de corte socialista. Todos parten de aceptar su existencia dentro del sistema capitalista y tienen en común las políticas de corte antineoliberal, que priorizan los derechos humanos y el mejor vivir de la población. No surgen como un resultado de revoluciones clásicas que hayan expropiado el poder económico a las empresas transnacionales y a las oligarquías locales, sino que lo hacen como expresión de las crecientes luchas de resistencia social frente al capitalismo neoliberal y sus antipopulares políticas. Contienen potencialmente un sentir revolucionario que surge y se les impone desde los pueblos, sus organizaciones y líderes sociales, pero no son propiamente producto de procesos revolucionarios. Sin embargo, sí son analizadas como revoluciones desde los imaginarios de las dos partes enfrentadas: la que propone el avance al socialismo, y la que trata de hacer la contrarrevolución como tarea cotidiana. Pero, si hay algo que caracteriza el surgimiento de estos gobiernos, es que no existen sólidos y probados partidos revolucionarios que conduzcan sus experiencias, ni estrategias revolucionarias construidas de modo colectivo y democrático. Son todos, en mayor o menor medida, el producto de luchas sociales convertidas en esperanzas de cambio y de luchas electorales adoptadas por consensos generales desde distintos intereses políticos, que se vuelcan y concentran en figuras representativas de la izquierda amplia, donde las contradicciones y debilidades de sus orígenes, generan el fenómeno de gobernantes que, considerándose los artífices y destinatarios exclusivos de ese mandato popular, tienden a ponerse por encima de quienes los llevaron electoralmente al gobierno, de sus propios partidos, y de las alianzas y coaliciones construidas para lograr el triunfo electoral en las presidenciales.

Esta realidad, coyuntural para unos y estratégica para otros, ha generado un fuerte debate teórico y político sobre el paso del *gobierno* al *poder*, donde la perspectiva de recuperar los espacios de la democracia participativa directa como hilo conductor de ese salto, toma especial importancia. La búsqueda de alternativas democráticas a la democracia liberal burguesa, ha recorrido caminos que van desde la complementación participativa de la democracia representativa, pasando por los intentos de profundizarla y superarla, junto con intentos de construcción de ciudadanía colectiva desde una mirada de derechos humanos, hasta quienes se las han planteado como democracias directas desde nuevas relaciones de poder en particulares tránsitos al socialismo.

Comencemos por decir que, al ser gobiernos sometidos a elecciones dentro de la democracia liberal, pueden ser derrotados apelando a las múltiples prácticas viciadas en las que los guardianes del sistema son expertos: aprovechar y potenciar sus errores; generar conspiraciones; ejercer presión política, económica y militar, bases militares por medio; desarrollar campañas de desprestigio; imponer bloqueos económicos; estimular los separatismos y la división interna del bloque gobernante; y otros medios y métodos similares.

Se trata de gobiernos instalados utilizando el pluralismo electoral liberal, por lo que su credibilidad está sujeta a que mantengan esa regla del juego universal, supuestamente aceptada por todos. Hacen parte de ese pluralismo quienes respeten la Constitución vigente o reformada, así no la compartan. Esta es una situación de doble filo para ambas partes, pues si los enemigos de estos gobiernos acuden a golpes de Estado, como lo hicieron en el pasado y lo hacen en el presente, la consecuencia será el abrir ese camino también para los sectores de izquierda que desconfían con razón de instituciones al servicio de las clases tradicionales. Por eso han sido cuestionados, desde el mismo campo hegemónico, los golpes militares en Venezuela y Honduras, así sea superficial su rechazo, pues al fracasar uno y al quedar aislados los golpistas en el otro caso, lo que han generado es una mayor desconfianza popular en las «reglas universales del pluralismo», y la radicalización de los gobiernos progresistas que sienten la amenaza latente contra ellos, por encima de los discursos oficiales de Obama y la Unión Europea.

Pero aceptando la temporalidad de estos gobiernos, otra cosa es que se logren revertir los procesos de lucha que los instalaron, los cuales continúan en los sectores populares, sobre todo cuando se han alcanzado nuevas conquistas sociales, se han recuperado otras, y su organización social y política, autónoma e independiente, ha crecido paralelamente. A ello se agregan los cambios constitucionales ya instalados en las sociedades, que llevan a que la derecha venezolana realice su oposición al gobierno de Chávez, amparándose en el cumplimiento de la Constitución impulsada por el propio presidente Chávez.

La presión del sistema apunta a colocar a estos gobiernos democráticos y progresistas a la defensiva, a que diariamente reafirmen su compromiso con las reglas de juego democrático, pero siempre limitándolas al marco del liberalismo burgués y desconociendo como avances democráticos las formas de democracia participativa directa, que con muchas dificultades, propias y ajenas, los sectores populares van impulsando. No por casualidad a la caída del franquismo, del fascismo, del pinochetismo, de las dictaduras militares en Brasil, Argentina y Uruguay, o del uribismo en Colombia, los poderes continuadores de esos proyectos autoritarios, pasaron a negar su pasado y a refugiarse en el pluralismo liberal como el máximo de democracia posible de esperar, y así por otra vía dentro del mismo modelo, mantener el funcionamiento del régimen económico y la validación del régimen político de dominación.

Por eso no se justifica que estos gobernantes progresistas tengan inseguridad en revisar la historia política de sus países y sancionar en consecuencia a los sectores económicos y políticos que prohijaron grandes violaciones de los derechos humanos, en lo fundamental dirigidas a frenar el avance democrático de las organizaciones sociales y sus partidos de izquierda. Por el miedo a «reabrir heridas» no han sido capaces de abordar este compromiso histórico con las víctimas de las dictaduras que marcaron la región, como es el caso de los gobiernos de Luiz Inácio Lula da Silva y Dilma Rousseff en Brasil, y los Tabaré Vásquez y José Mujica en Uruguay. En realidad, lo que hacen es demostrarle a quienes impulsaron estas salidas antidemocráticas que la impunidad sobre el pasado y el futuro estará garantizada, abriendo camino a las repeticiones que pueden realizarse contra sus propios gobiernos. Esto confunde mucho a la gente ávida de justicia, que pierde confianza y seguridad para defenderlos, en particular cuando se presentan intentos de golpes, como el realizado en Ecuador contra el presidente Correa.

Pero la reflexión se complejiza cuando esos sectores desplazados de la gestión política del Estado y dispuestos a violar las reglas democráticas cada vez que consideren que su hegemonía corre peligros, enmascaran sus intenciones de defensa de las estructuras económicas de poder detrás de discursos democráticos y de derechos humanos, mientras articulan campañas globales para apoyarse en los errores y limitaciones propias de las características de estos procesos y de sus liderazgos personalistas, y así aislarlos, desprestigiarlos, preparando su derrota combinando todas las formas de lucha, comenzando por la mediática.

Y más se complica el escenario cuando estos gobiernos progresistas que expresan de distintas formas a las mayorías populares, intentan defenderse y sostenerse exclusivamente por la vía de los aparatos y las maniobras electorales, lo cual no hace más que alimentar de argumentos las campañas de desprestigio decididas a cortar su experiencia a cualquier costo político. Es decir, que el pluralismo respetuoso del juego democrático dura muy poco, dado que el accionar del contradictor con el cual existe un claro antagonismo, tiende a colocarse por fuera de las reglas de juego democráticas y radicalmente en contra de todo proceso que intente construir espacios de poder popular alternativo que vayan más allá de la democracia representativa. La salida no es la maniobra electoral ni las guardias pretorianas que los defiendan: solo un proceso democrático construido desde abajo, que cuente con ciudadanos informados, formados en sus derechos y organizados autónoma e independientemente, será capaz de generar e instalar desde su legitimidad, las políticas nacionales e internacionales, que puedan derrotar esa estrategia de la oposición marcada por la doble moral, el doble discurso y la decisión de acudir a la ruptura del orden democrático cuando las condiciones se lo permitan o la oportunidad se le aparezca.

Las comunidades populares, ávidas de participar e incidir sobre las políticas públicas que determinan su grado de acceso a los derechos económicos, sociales, políticos, culturales y ambientales, se han encontrado en estos ejercicios democráticos con los límites del Estado capitalista y la intolerancia de sus clases dirigentes, lo cual varía según la historia y las características de cada país. Eso no impide que como sistema sean cada vez más audaces y flexibles a la hora de cooptar discursos e ideas surgidos de las canteras sociales y de izquierda, siempre que no los afecten en lo estructural, pero también más inflexibles a la hora de confrontar toda democracia, y de construir sujetos sociales y políticos que modifiquen las relaciones de poder y pongan en riesgo la continuidad de su dominación.

La construcción individual y colectiva de pensamiento crítico

En las distintas experiencias de desarrollo de la democracia participativa directa, el paso a la acción consciente, organizada, transformadora, ha quedado por lo general condicionado a los necesarios pero insuficientes momentos de la formación política e ideológica que realizan los partidos de izquierda, soportes militantes de los nuevos gobiernos elegidos, pero también sus mayores críticos cuando se alejan de los acuerdos programáticos pactados. Estrategias de formación que en el mejor de los casos, logran construir en algunos de los líderes de los procesos, miradas generales alternativas al sistema, pero por lo general poco conectadas con las realidades y las prácticas de resistencia de la población, lo cual no facilita la apropiación de un pensamiento crítico autónomo y transformador. Estos talleres y cursos de formación política realizados desde la «oficialidad» de estos gobiernos progresistas y de izquierda, que son pocos y cada vez menos críticos y autocríticos, justifican sus flaquezas en la necesidad de «no afectar a nuestro gobierno», y lo que es más grave, con explicaciones tecnocráticas de las políticas públicas que muchas veces son incomprensibles para las personas del común.

La consecuencia nada casual de este déficit pedagógico crítico de las organizaciones políticas de izquierda, es que su originaria responsabilidad pasa a ser asumida por las dependencias del gobierno encargadas de la «formación para la participación», o por ONG contratadas para tal efecto, unas buenas, otras regulares y no pocas malas. Se multiplican los talleres que garantizan el almuerzo y los refrigerios, tan escasos en la dieta popular, y la formación se centra en el conocimiento de la normatividad vigente, de los derechos humanos y enfoques diferenciales en forma general, combinados con las rígidas rutas de acceso a las políticas de restitución de derechos vía asistencia estatal, que rápidamente conducen al asistencialismo. Son estrategias de formación acuñadas por el Banco Mundial, la derecha socialdemócrata y los sectores más retrógrados de la Cooperación Internacional, que separan la formación para la participación de toda construcción de sujetos colectivos organizados y conscientes; es decir, no logran impulsar a las clases populares más allá de lo concertado, con otras palabras, de lo impuesto por los representantes de la democracia representativa a los débiles actores que intentan crecer desde esa democracia participativa, lo cual deja las políticas públicas elaboradas desde espacios participativos sujetas casi exclusivamente a las relaciones de fuerzas en los parlamentos y consejos municipales, a la voluntad política del poder judicial, y a la relación de estos con los dueños del mercado.

Frente a estas dinámicas, disque formativas, los movimientos sociales y la izquierda partidista, se enfrentan a un enorme e importante desafío sin tener construidas en común estrategias políticas y pedagógicas dirigidas a la profundización de la democracia participativa y el poder dual. Esto los limita en la tarea de acompañar, alimentar políticamente y conducir la movilización popular, aun en el contexto trascendente de los distintos gobiernos progresistas y populares, de los cuales hacen parte, apoyan críticamente o fustigan por su adaptación posibilista. De allí que se tienda a desfigurar el sentido de la formación alternativa para la participación autónoma e independiente frente al Estado, ya que no es lo mismo que sea realizada por la propia organización social, étnica o de pueblos a fortalecer autónomamente, o por los partidos que las expresan políticamente, a que sea el propio gobierno progresista de un Estado —que sigue siendo capitalista y teniendo la capacidad de reproducir muchos de los vicios clientelistas y corruptos del pasado— el que intente realizarla. Pero aun aceptando que esa formación vía gobierno se realice desde miradas críticas al sistema, los resultados suelen ser poco trascendentes en tanto no logran consolidar desde las propias experiencias organizadas de la población, comprensiones y conciencias antisistémicas que se consoliden en el tiempo. Es casi una ley sociológica el que la organización social que se construye exclusivamente desde el gobierno progresista del Estado capitalista, solo existe mientras recibe dádivas y apoyos estatales, y qué sus líderes estén prestos a cambiar de discurso y de bando político cuando asuma un gobierno defensor del neoliberalismo.

Si el camino no es la acción paternalista desde el Estado que tiende a generar nuevas formas de asistencialismo y clientelismo, ni lo es el discurso ideológico separado de la realidad concreta, ni se trata del discurso que proclama la equidad sin mencionar las causas de la desigualdad: ¿cómo entonces realizar esas necesarias capacitaciones y formaciones sin caer en discursos anodinos, incomprensibles, desconectados de la historia de la lucha de clases y de la memoria social, y en particular, de las necesidades y problemas inmediatos de la población?

Se trata de desaprender todos los vicios de la democracia formal participativa, y al mismo tiempo, apropiarse de nuevos valores, comprensiones del mundo y estrategias concretas para el cambio. En los sectores populares que se integran a estos procesos con una conciencia social y de clase ya adquirida, la democracia directa como proceso para influir en las políticas públicas se presenta como una oportunidad para resolver algunas de sus necesidades inmediatas, y en la propia marcha, aprovecharla para fortalecer su organización en la capacidad de generar un poder capaz de presionar al Estado en lo local, con la proyección de extenderlo a lo regional, nacional y global. Sin embargo, la experiencia muestra que es bien difícil dar ese salto de lo local hacia una propuesta anticapitalista nacional y global que proponga cambios estructurales. Y más complejo es ese tránsito cuando los ideólogos del capital apuestan a descargar los costos sociales de la mundialización del capital sobre la gestión participativa de las políticas públicas locales, cual refinado entretenimiento que les permite mantener a los ciudadanos ocupados, individualmente participando en los problemas menos importantes, o realizando una veeduría social que controle la corrupción clientelista en los espacios locales, como muy bien lo analiza Jean Pierre Garnier.[1] Pero más complejo aún es lograr ese proceso de aprendizaje y acción política cuando la formación que se les brinda para la participación es simplemente técnica, procedimental, y sus contenidos políticos, cuando existen, no logran pasar de la denuncia general a las inequidades del sistema y de la importante, pero insuficiente, defensa y exigencia de las garantías para el goce de los derechos humanos.

En tanto se realiza esa formación política poco crítica en el contexto de la democracia que puede permitir la sociedad capitalista, los resultados son reducidos o por debajo de lo posible, ya que no solo es víctima de la instrumentalización de las instituciones, sino que debe enfrentar la competencia de medios de comunicación que siguen alimentando las representaciones y los imaginarios construidos durante décadas. A esto se agrega el debate interno, tanto con los dogmáticos que pretenden hacer revoluciones desde el gobierno, como con los sectores que dentro de la coalición gobernante están ganados por el discurso del posibilismo y la adaptación al sistema global, que creen que ya es muy avanzado y suficiente con impulsar programas que incluyen casi siempre la participación y el control social, como metodologías de priorización de unos escasos recursos y el soporte de las pequeñas luchas anticorrupción, bajo el lema del «fortalecimiento del Estado»... capitalista, y no el Estado social, participativo y democrático de derechos, que, sin ser el gran cambio estructural, permite avanzar en la estrategia de cambios sociales de corto, mediano y largo plazo.

Valga la aclaración que no dudamos en que es mejor para los sectores populares vivir en regímenes democráticos que tienen altos grados de posibilidades participativas pero también con muchos riesgos de cooptación y suplantación, que hacerlo en medio de dictaduras o de restringidas democracias representativas que hacen de la imposición y el *todo vale*, el camino principal para mantener la dominación. El interrogante surge cuando se busca comprender: ¿hasta qué punto con las experiencias de democracia participativa se está democratizando la sociedad en una perspectiva antisistémica, o hasta dónde se revalida y recicla al Estado capitalista para que frente a las exigencias sociales mantenga, por otros mecanismos, su poder hegemónico?

El debate en el seno de la izquierda para reflexionar acerca de tan importante problema, es aún insuficiente. Sin lugar a dudas, está penetrado por las intenciones y acciones perversas que han desarrollado los ideólogos del sistema para apropiarse de la bandera, originariamente popular, de la participación y la democracia directa;[2] pero nos interesa analizar las teorizaciones y discursos más generalizados que desde perspectivas de izquierda se realizan sobre el tema, a las cuales podríamos agruparlas en dos grandes vertientes:

1. Los que definen la propuesta como una búsqueda de construcción de ciudadanos conscientes de sus derechos que recuperan los espacios de lo público. Con palabras más académicas, ello incluiría a los que apuestan desde la teoría de la acción comunicativa, a fortalecer la interacción dialógica de los sujetos en los espacios de lo público.

2. Los que critican las políticas participativas por quedarse en niveles de incidencia y acción que no afectan lo fundamental de las agendas sistémicas, y por terminar siendo funcionales al sistema capitalista. Se ubican en este campo los que se atrincheran en la necesaria construcción de conciencia de clase, basando su accionar en un discurso ideológico de denuncia anticapitalista, pero al mismo tiempo subestimando los escenarios de la participación por reformistas o porque le compiten al «partido de la vanguardia», y lo que es más grave, critican olvidando las experiencias históricas.

Entre estas dos miradas flotan los sindicalistas como especímenes del pasado, quienes presienten la importancia de extender su acción de clase hacia los espacios de participación de las demás organizaciones populares, pero sin lograr superar el cerco de la defensa de sus conquistas corporativas, sea por la dura ofensiva del capital o por la burocratización y cooptación de sus dirigentes. Son los docentes, los maestros y profesores junto con los trabajadores de la salud, los que más comprenden la importancia de integrar su lucha con las comunidades.

Encontramos también allí a los viejos y nuevos movimientos sociales que, desde sus agendas particulares, intentan influir en los espacios de la definición de las políticas públicas. Indígenas que se movilizan en defensa de su relación ancestral con la naturaleza, la cual pasa por la recuperación de sus tierras; pueblos afrodescendientes que ya no solo reclaman la igualdad de derechos civiles, sino el reconocimiento de sus diferencias etnoculturales y de sus territorios; campesinos que exigen tierras y proyectos asociativos con apoyos integrales; desplazados por la violencia y la pobreza rural y urbana que exigen la restitución de sus derechos; movimientos de mujeres que buscan apasionadamente el no ser instrumentalizadas por las agendas globales y posicionar perspectivas de género frente a las agendas públicas; espacios de coordinación social para luchar contra megaproyectos y por causas medioambientales; pobladores de territorios con fuertes características que determinan o marcan la vida económica de la región, como zonas contaminadas por un mismo fenómeno, zonas de fronteras, cuencas hidrográficas, zonas de explotación minero energéticas y barrios sin servicios; grupos de jóvenes que se organizan alrededor de la cultura, la universidad, la música y las barras bravas del futbol, y desde ese accionar canalizan su mirada crítica y rebelde; y junto a ellos movimientos etáreos, de opción sexual, de derechos humanos, de exigencias de inclusión en los servicios públicos del Estado y otros. Particular importancia toman para responder la interrogante planteada, los movimientos y redes contra la gran minería, los ambientalistas y ecologistas radicales que defienden las riquezas naturales, el agua, que alertan sobre la mortalidad prematura del planeta y llaman a organizarse y participar para impedir las nefastas consecuencias sobre el metabolismo de la naturaleza de esta sociedad determinada por los intereses de lucro y monopolio del mercado.

Los gobiernos de izquierda como alternativa

Es a los gobiernos elegidos para encontrar salidas de izquierda frente a la crisis del modelo neoliberal, a los que les compete comenzar a revertir la situación, comenzando por repensar un nuevo papel del Estado, tanto en lo local, nacional e internacional, y de la democracia participativa en la cual deberá sustentarse. Sin embargo, en tanto gobiernos de alianzas con sectores de la burguesía nacional y, por consiguiente, con rumbos en disputa, la lucha interna por definir la estrategia hace parte de una lucha de clases mimetizada tras los debates del modelo de crecimiento y distribución de la riqueza. ¿Acaso es coherente que puedan existir estrategias y programas de gobiernos alternativos construidos en conjunto con los neoliberales en sus distintas versiones e intereses? Porque una cosa es la agenda posible de realizar en una determinada correlación de fuerzas que obliga a concesiones, y otra que la estrategia construida previamente para cambiar esa correlación de fuerzas, la pongamos sobre la mesa de la negociación con los poderes tradicionales. Si esto sucede, significa que la táctica se convierte en estrategia y se comienza a extraviar el rumbo de cambio social e histórico. Y lo que es peor, comienzan a influir más los «aliados» neoliberales que la base social que los llevó al gobierno. Realidad que con distintas formas y contenidos es permanentemente reproducida desde el poder económico capitalista y desde la estructura del aparato del Estado, condicionando las intenciones iniciales de los gobernantes elegidos.

Los parlamentos han sido uno de los más sólidos nichos de la resistencia contra el cambio social. La disputa interna no se ha basado en el debate sino en la oposición a todo lo que propongan los gobiernos progresistas o de izquierda, lo que ha complicado mucho el avanzar en legislaciones que propicien cambios estructurales. Por el contrario, la norma confirmada en todos estos procesos, es que la disputa política en esos escenarios parlamentarios y de la división de poderes, tiende permanentemente a enredar, confundir los debates y a dilatar las decisiones por las que el pueblo ha votado. De allí que el desprestigio de estas instituciones legislativas siga creciendo, de la mano con el descrédito de la política y de sus partidos tradicionales, mientras en la lucha de resistencia, persisten los movimientos sociales alternativos en la tarea de sostener y empujar a sus gobiernos para que cumplan con sus compromisos.

Esto no se da sin una fuerte y no siempre callada lucha al interior de quienes apoyan desde distintas posiciones los procesos. El tener que convivir con un aparato estatal corrupto y penetrado por sus enemigos políticos, pone a los caudillos presidenciales a desconfiar de todos los que los rodean, salvo su pequeño grupo de confianza. Liderazgos importantes y sectores sociales y políticos, son relegados por diferencias que en el pasado se considerarían normales, y se tilda su crítica de excesiva. Toma de decisiones personales del presidente hacia abajo, luego de debates consultivos sin poder de decisión. El resultado es un debilitamiento de los partidos de izquierda en los que han nacido, que pierden su nexo con la base social que los utilizaba como instrumento de mediación ascendente, y se refugian para justificar su acción en las actividades parlamentarias. De hecho los partidos supuestamente de gobierno quedan entre la espada y la pared, pagando frente a su base social los incumplimientos o decisiones inconsultas de sus gobiernos, y recibiendo por parte de los gobernantes, de sus acólitos beneficiados con puestos en el aparato estatal, la crítica permanente por su «radicalidad», «ortodoxia», o su «incapacidad de ser pragmáticos», todo con la resonancia de los medios del sistema que hacen festines con estos choques. La consecuencia para el gobernante es encerrarse más en su círculo de decisiones, y el crecimiento de los liderazgos personales con los riesgos permanentes de los vicios del caudillismo.

Es esta una situación casi continental que empuja a los sectores populares movilizados a disputar los espacios y las agendas sociales y políticas, donde la propuesta de la insurgencia armada se ve superada, históricamente reformulada en la necesidad de someterse al mandato del pueblo soberano, como sucede en Colombia. Su lucha vanguardista prolongada cada vez más alejada del sentir popular, la lleva a la derrota política y de esta a la militar. Pero por otro lado crecen las insurgencias populares que controlan ciudades por meses como la Comuna de Oaxaca en México, tiempo durante el cual desaparecen las formas tradicionales de gobierno institucionalizado, y priman las de tipo asambleario, deliberante y decisorio,[3] lo cual subordina y obliga a los pequeños grupos armados de la región a respetar sus decisiones. Hoy ya se reconoce que el poder no nace del fusil, pero es bueno también recordar que no nace de las elecciones de la democracia liberal; si bien la tendencia de la época es de aprovechamiento de los espacios electorales para intentar iniciar los cambios, el acudir a una u otra opción deberá ser sin lugar a dudas, maniobras o ambigüedades, una consecuencia de las decisiones populares en su búsqueda permanente por construir, afirmar y ampliar nuevas relaciones de poder surgidas desde la resistencia y acción de los pueblos por defender y garantizar sus derechos y transformaciones sociales. La mediación de estas devaluadas formas de lucha no encuentra espacios cuando son los pueblos los que democráticamente y en plena movilización, deciden sus destinos. Lo que se ha llamado el poder constituyente.

En la última década asistimos a levantamientos populares que derrumban presidentes, como sucedió primero en Venezuela y posteriormente en Ecuador, Bolivia y Paraguay, y de los cuales luego de intentos fallidos, surgieron gobernantes que levantan las banderas más sentidas de sus pueblos. Pero todo este discurso de considerar que es la voluntad del pueblo organizado la que decide sobre el futuro de los gobiernos, tiende a dejarse en un segundo o tercer lugar cuando los que se han presentado como alternativos y democráticos, llegan a gobernar. En el mejor de los casos, las consultas a ese pueblo que los eligió o a sus líderes, son importantes por el debate que generan, pero no son obligantes ni plebiscitarias, lo cual las mantiene en el marco de la democracia liberal delegataria. Debates internos democráticos como los que se realizaban en la Comuna de París, en los soviets iniciales, o en el propio partido de los bolcheviques, son desconocidos o despreciados por considerarlos como una iconografía sin vigencia, o se los desvía recordando los criminales métodos del estalinismo.

Esto se puede explicar también porque no existen experiencias de gobiernos nacionales que sin tener el poder económico y político asegurado, acepten como mandato las políticas que se puedan aprobar en los espacios sociales, locales y comunitarios. La más cercana es la del gobierno de Salvador Allende en Chile, en un contexto de Estados nacionales proteccionistas, de enorme riqueza como hemos analizado, pero que como parte del acuerdo básico de los gobiernos de la Concertación, fue relegada al baúl de los recuerdos en aras de la reconciliación, como sucedió en la España posfranquista. Y no es un problema de nostalgias o «saudades», sino de acudir a las enseñanzas de los procesos que nos precedieron, a la riqueza de la ciencia de la historia, que es la que por distintos canales nos permite no realizar copias mecánicas, aprender más rápidamente y no repetir los mismos errores, así sea en momentos y contextos diferentes.

Los intentos democráticos más avanzados de estas distintas experiencias de gobierno, apuntan a la profundización institucionalizada de la democracia participativa surgida desde las bases de las organizaciones sociales, como la instancia adecuada para permitir abordar y hasta resolver en los niveles locales los conflictos de la sociedad. Esto pocas veces va acompañado del proponerse construir con claridad nuevas órganos de poder popular, capaces de permitir afrontar la superación de las contradicciones estructurales del sistema. La realidad nos demuestra que estos importantes intentos participativos ayudan a recuperar el tejido social, a su formación política sobre la gestión del Estado, pero son insuficientes para resolver problemas económicos, sociales, culturales o ambientales que tengan relación con los intereses económicos dominantes. Es latente el riesgo de que pasada la euforia participativa inicial, y frente a la no posibilidad de lograr que sus esfuerzos transformadores de la realidad se conviertan en políticas públicas y tejidos políticos consolidados, aparezca la frustración, las nuevas castas que se apropien de la representación de los espacios participativos, y terminen generándose nuevas formas de dominación y clientelismo dentro de los mismos gobiernos progresistas y de izquierda, que serán el mascarón de proa de los que trabajan para reciclar y recuperar los espacios de gobierno y poder del sistema.

Pero mal se haría quedándose en las dificultades de los procesos participativos, sin intentar profundizar y reflexionar las riquísimas experiencias que se están realizando tanto en el campo constitucional como en la acción cotidiana. Y no se puede esperar a que finalicen para luego reflexionar sobre errores ya imposibles de corregir o experiencias exitosas que deben recogerse y generalizarse. Esta es la tarea fundamental de los partidos políticos en esta etapa histórica, como un puente político entre las reflexiones de los líderes sociales y los académicos.

Asambleas o procesos nacionales constituyentes

Los más radicales de los gobiernos de izquierda han avanzado en procesos de realización de asambleas constituyentes, que intentan plasmar sus intenciones estratégicas. En medio de grandes conflictos económicos, políticos y sociales, han sido confundidos por el momento del paso del poder constituyente al poder constituido, el cual se ha sometido a procesos electorales dentro del sistema de la democracia representativa que recortan la potencialidad de ese poder popular soberano. Con la excepción del caso boliviano, las propuestas constituyentes no surgieron desde abajo, desde procesos de debate amplio en la sociedad, sino de recintos parlamentarios convertidos en asambleas constituyentes donde llegan las propuestas de los expertos. Si bien esto no demerita la posterior apropiación de sus contenidos, como fue sucediendo en Venezuela y posteriormente en Ecuador, los resultados van mostrando que una cosa es la Constitución aprobada y otro su desarrollo, y que con las diferencias lógicas de cada proceso, no existe aún un sujeto social y político que se corresponda y se represente plenamente en la letra de esas cartas magnas. Nada más bello que la declaración de intenciones que encabeza las obras colectivas introductorias de sus nuevas constituciones. Ellas resumen las mejores intenciones que llevaron a los pueblos de Bolivia y Ecuador a derrocar gobiernos neoliberales y votar por proyectos progresistas, antiimperialistas, y de izquierda.

Podríamos decir que ambas centran su reflexión en las luchas sociales contra el colonialismo y el neoliberalismo, en los derechos humanos en toda su dimensión, y en los derechos de la naturaleza, fuente de reflexión que nos lleva a una mirada antisistémica. Pero nos falta en ambas la reflexión sobre el mundo del trabajo, sobre la explotación y alienación que nos sigue generando, de donde surge el otro vector antisistémico. Se refiere la boliviana a la redistribución del producto social, lo cual siendo importante, no logra definir la contradicción capital trabajo que la impide. Pero en ambas está clara la intención de avanzar hacia una democracia más incluyente y respetuosa de los distintos pueblos y sectores sociales.

Sin embargo, del preámbulo de una Constitución, a su contenido y de este a las leyes orgánicas y reglamentarias que lo aterrizan, hay un largo recorrido que puede realizarse tanto por los carriles regresivos de la democracia representativa, como está sucediendo, y como sucedió con constituciones avanzadas como la de 1991 en Colombia, o por la ruta del poder popular y comunitario capaz de democratizarlo desde sus propias luchas cotidianas.

Si entendemos que la superación de los espacios de la democracia burguesa depende de las correlaciones de fuerzas en el campo del tejido social y político, el acudir a espacios como las asambleas constituyentes nos permite realizar avances necesarios en la modificación del sistema legal, mientras se fortalece y madura el poder popular que permitirá y planteará nuevos saltos en la legalidad. Pero también debe estar claro que las constituyentes no construyen más poder popular que el ya construido; son cambios legislativos que, al mismo tiempo que construyen un nuevo sistema legal que refleja los cambios en las relaciones de poder durante un período de las luchas sociales y de clases, desde sus mismas convocatorias concertadas en los parlamentos, condicionan, delimitan e institucionalizan ese creciente poder popular dentro del Estado ya constituido. Es apostar ingenuamente todo al cambio constitucional que nace dentro del contexto del Estado capitalista constituido, esperando avanzar hacia un nuevo poder constituyente que gradualmente se convertirá en antisistémico. Cuando esta visión se convierte en la estrategia principal, lo que prima no es la gradualidad de los cambios sino su estancamiento y retroceso. Lo que se necesita es una acertada combinación de reformas y rupturas surgidas de la legitimidad del nuevo orden constituyente, con capacidad para movilizarse y transformar el orden constituido. Colocar todo el esfuerzo en una Asamblea Constituyente y su parlamento, encerrar todo en el espacio de los «representantes» de la sociedad sin que esta pueda incidir directamente sobre su desarrollo, es invertir la ecuación que lo determina.

No se trata tampoco de lanzar propuestas maximalistas que exigen que desde estos gobiernos se dé el salto inmediato al socialismo. Esas son posiciones que también desconocen, desde otra mirada, la correlación de fuerzas y la necesidad de procesos políticos que construyan con sus propios ritmos y plazos ese poder popular. Lo que queremos marcar es la diferencia y la confusión que se realiza del poder constituyente, el del pueblo organizado y movilizado en el llamado poder popular, con una Asamblea Constituyente construida y elegida desde los espacios de la democracia representativa, con todas sus limitaciones y potencialidades, más allá que en ella hayan sido elegidos como representantes los mejores luchadores y pensadores de la izquierda. Con palabras de Boaventura dos Santos:

> La voluntad constituyente de las clases populares, en las últimas décadas, se manifiesta en el continente a través de una vasta movilización social y política que configura un constitucionalismo desde abajo, protagonizado por los excluidos y sus aliados, con el objetivo de expandir el campo de lo político más allá del horizonte liberal, a través de una institucionalidad nueva (plurinacionalidad), una territorialidad nueva (autonomías asimétricas), una legalidad nueva (pluralismo jurídico), un régimen político nuevo (democracia intercultural) y nuevas subjetividades individuales y colectivas (individuos, comunidades, naciones, pueblos, nacionalidades). Estos cambios, en su conjunto, podrán garantizar la realización de políticas anticapitalistas y anticoloniales.[4]

Luego de presentar la importancia de esta ola de asambleas constituyentes que recorre América Latina, Boaventura se dedica a reseñar las dificultades que estos emprendimientos alternativos han encontrado, que no han sido pocas. Su análisis, muestra la unidad inicial entre la voluntad y el poder constituyente y el carácter del nuevo constitucionalismo que representa. Analiza con claridad la nueva corriente constitucionalista que se vive, surgida de relaciones de doble poder aun no resueltas, lo cual le confiere un carácter transicional al Estado revolucionario en su potencialidad e intenciones, pero este sigue siendo frágil en cuanto al sujeto revolucionario que la representa y la sostiene.

Sus mayores dificultades y amenazas provienen de tener que desarrollarse en medio de un Estado capitalista neocolonial aún no transformado desde sus estructuras esenciales: se mantiene el régimen político liberal burgués como modelo hegemónico; se mantienen también el modo de producción capitalista y las instituciones se oponen radicalmente al cambio. La correlación de fuerzas de los poderes constituyentes que llevaron a estos cambios constitucionales, la experiencia de poderes duales populares que la antecedió, no tenía los suficientes acumulados políticos y experiencias de refundación del Estado desde abajo, como para considerar que el salto que el autor registra, es sostenible en el mediano y largo plazo.

Pero como no se trata de sentarse a esperar que la revolución suceda por sí sola para llevar adelante la potencialidad de esa nueva constitucionalidad anticolonial y antineoliberal, la pregunta que nos surge es sobre dónde colocar los esfuerzos en esta lucha todavía desigual y violenta, y cómo lograr avanzar sólidamente desde abajo sin generar ilusiones ni apuestas de transformación que luego no sean posibles de aplicar, y peor aún, de sostener. No debe olvidarse que, como lo analizó entonces Marx, la lucha de los comuneros de París era materialmente imposible de sostener, pero todo lo que lograron demostrar como anuncio de una sociedad más justa e igualitaria, marcó los caminos para futuros contextos con mejores correlaciones de fuerzas e instrumentos políticos de lucha, que luego permitieron avanzar sobre sus enseñanzas.

La clave sigue siendo el ejercicio de la democracia en sus formas más directas, vinculando el debate cotidiano con las formas que toma el mundo del trabajo, y su papel en el ciclo de explotación de la naturaleza; esto acompañado de la intencionalidad clara de construir poder popular autogestionario que se encargue no solo de impulsar estos cambios constitucionales, sino de materializarlos en las realidades concretas, para sostenerlos y desarrollarlos posteriormente. Si esta aplicación sigue en la mano exclusiva de parlamentos surgidos de la democracia representativa liberal y con instituciones opuestas ideológicamente a su concreción, solo la fuerza de la movilización de ese poder constituyente podrá torcer sus intenciones e incluso llegar a utilizar formas de democracia representativa derivadas de una nueva institucionalidad surgida de la democracia directa, de lo cual los soviets nacidos desde los comités de fábrica, fueron una genuina expresión de poderes desde abajo que se convierten en el núcleo fundamental del nuevo régimen político.[5]

Si bien «el nuevo modelo de Estado implica una nueva institucionalidad, otra territorialidad pero también otro modelo de desarrollo»,[6] o más bien de crecimiento y fortalecimiento de la sociedad en su buen vivir, está claro que aún no representa un nuevo proyecto estructural de conducción y gestión democrática, tanto en lo político como en lo administrativo.

Es por esto de esperar que sus desarrollos nos muestren alternativas, opciones y nuevas luces hacia caminos democráticos distintos y superiores al de la representación y acción indirecta. Toda la esperanza se vuelca hacia una democracia participativa deliberativa y directa, de la cual hay muchas experiencias locales históricamente valiosas. Paradójica, o más bien inteligentemente, la democracia representativa trata de ser utilizada por los pueblos para elegir gobiernos que centran sus discursos electorales en la intención de romper con esa desigualdad social sostenida por una restringida democracia representativa. Triunfos electorales que los poderes dominantes muestran como un resultado y una gracia de la democracia representativa sistémica, como gobiernos que así como hoy llegan, mañana se acaban, donde lo que prevalecerá será el eterno retorno del poder político a los dueños del poder económico y financiero.

Lo que se observa es que el sistema, en tanto no puede o en algunos casos no quiere derrocar a estas nuevas experiencias de gobiernos, todos los días aprende a asimilarlos y a utilizarlos como ejemplo de la fortaleza de la sociedad capitalista, única sociedad y única democracia posible de concebir. Lo cual genera también reacciones que se expresan en discursos más radicales de algunos de los nuevos gobiernos, y sobre todo en ricos debates todavía retenidos dentro de sus estructuras militantes guiados por la preocupación de no alimentar nuevas formas de dominación burocrática como de gobernabilidad asistencialista, que faciliten los retornos al gobierno de las clases dominantes. Sin embargo, es aún insuficiente el debate alrededor de la importancia potencial y acumulativa de los procesos de poder popular, de sus límites y posibilidades de desarrollarlos como parte esencial de las experiencias de gobierno.

En todos estos gobiernos nacionales que se proponen como alternativos al modelo, y en particular en los gobiernos locales que los preceden o acompañan, se presenta la democracia participativa como la solución a los problemas de la inclusión del sector popular de la sociedad civil en las decisiones sobre políticas públicas. Desde distintas visiones ideológicas se habla del ciudadano pleno, de volver público lo público, de áreas públicas no estatales pero tampoco privadas, y se llega en algunos casos, como en Venezuela y Bolivia, a plantear la democracia directa o comunitaria como el eje del nuevo Estado en gestación, si bien no funcione así en la realidad. De tanto repetirlo desde el gobierno se pretende instalarlo en la realidad, pero con la gran limitación de que no existen espacios de puente y articulación entre ese potencial poder desde abajo, con los espacios de decisión en el gobierno.

Sin embargo, la tendencia mayoritaria entre los promotores del Banco Mundial de la democracia participativa, es a concebir la participación de los sectores populares exclusivamente en la definición de las políticas públicas locales, pero ajena, separada, o al menos lejana por lo «inaplicable», de las grandes decisiones en la economía, las finanzas, la ecología, y los temas políticos nacionales e internacionales. «Las comunidades no están para eso; no comprenden los grandes problemas, participan solo cuando tienen necesidades que resolver», según sentencia de un consultor del organismo en seminario de participación realizado en Bogotá.

Participación y poder en las nuevas constituciones

Esta concepción utilitarista cargada de subestimación a los sectores populares, ha sido superada en las nuevas constituciones, pero no así la posibilidad de superar el carácter local y consultivo de la participación social. En el caso boliviano fueron muchos los obstáculos generados por las imprecisiones de las reglas de juego sobre los márgenes requeridos para su aprobación, algo que luego se superó en el caso ecuatoriano. Sus tensiones fueron permanentes y la movilización popular fue confrontada con el ascenso de proyectos separatistas que pusieron en riesgo la unidad nacional. Su estructura de separación de poderes es la clásica, a diferencia de la Constitución ecuatoriana que incluye un nuevo poder en manos de los ciudadanos, el Consejo de Participación Ciudadana y Control Social[7] que rompe con los esquemas del Estado liberal, colocando la designación de los organismos de control por fuera del ejecutivo y el legislativo.

El enfoque de derechos en ambas constituciones es muy importante, tanto en los económicos, sociales como culturales y ambientales, como el considerar al agua como un derecho «fundamentalísimo»,[8] y el dejar en manos del Estado el manejo de los recursos naturales y la exclusividad de la comercialización de los hidrocarburos. Su defensa de la soberanía nacional, de la autonomía de los pueblos y de la vigencia de los Derechos Humanos es muy sólida y allí está su mayor fortaleza.

Si su aporte mayor es considerarse como un «Estado Unitario Social de Derecho, Plurinacional Comunitario», esa condición de plurinacionalidad se ve restringida cuando debe expresarse en la formación de un Congreso de dos cámaras, dado que no pudo imponerse la propuesta de hacerlo unicameral y con la ausencia de una circunscripción especial nacional para senadores y diputados indígenas, que solo pueden expresarse a través de los líderes indígenas que decidan incluirse en la listas de los partidos, en concreto del partido de gobierno, el MAS.

Un progreso común es el reconocimiento de los territorios indígenas y campesinos y sus autonomías, de su democracia comunitaria y su derecho propio, pero queda para el legislador la potestad de que reciban recursos del presupuesto nacional, más allá de las regalías sobre los recursos naturales de sus territorios. También se garantiza la consulta previa a los pueblos indígenas y originarios sobre la decisión de explotarlos o no, pero nuevamente queda en el legislador el carácter consultivo o decisorio de la misma. No supera en esto a la normatividad jurídica colombiana, que fue la más avanzada en su momento en el tema, pero donde la decisión final queda en manos del poder ejecutivo. Algo que comienza a cambiar con la ley de consulta previa aprobada por el nuevo parlamento peruano, pero que aún tiene por delante el desafío de su reglamentación.

Cuando la Constitución boliviana se refiere a la democracia directa se restringe a darle poder de decisión a través de referendos y revocatorias de mandatos, ambos dependientes del voto ciudadano y aclara que «las asambleas y cabildos tendrán carácter deliberativo». Impulsa la participación en el «diseño» de las políticas públicas, y «el control social sobre la gestión pública en todos los niveles del Estado». Pero tiene claro que cuando se trata de los municipios, regiones y departamentos, siempre está presente el carácter consultivo y deliberativo, quedando las decisiones en las autoridades surgidas de los procesos electorales clásicos. Las decisiones políticas, administrativas y presupuestales que son las que permiten ejercer una franja del poder, quedan en manos de las autoridades surgidas de la democracia representativa, tanto en lo local como nacional.

Las relaciones entre gobiernos alternativos, partidos y organismos de doble poder

Debatir si vivimos una ola revolucionaria que tendrá su necesario reflujo, si estamos frente a la regresión del péndulo, o si es una fase necesaria de transitar para pasar a otra superior, queda en el simple ejercicio analítico si no incorporamos la función, fuerza y maduración de los sujetos sociales y políticos.

Inicialmente las contradicciones que deben abordar estos gobiernos se concentran en lograr una mayor equidad en la distribución del presupuesto público, recuperar la soberanía sobre las empresas estatales y los recursos naturales, sin poder impedir que toda la economía de país (sea el servicio de la deuda, el recaudo fiscal, las condiciones de la fuerza de trabajo, la explotación de los hidrocarburos y la minería, la producción de alimentos, agrocombustibles, servicios), siga inmersa a través del mercado en el sistema global de producción capitalista.

Romper ese cerco les parece imposible a muchos de los que llegan a estos gobiernos, y proponérselo, aun como simple consigna agitadora, se interpreta con una relativa base de razón, como «ultrismo», radicalismo, y populismo, propio de quienes «no logran comprender las dificultades del actuar dentro de una economía globalizada y las reglas de juego de la democracia liberal burguesa». Se encargan de recordar que no se ha hecho una revolución social, sino un simple acceso al gobierno de un Estado capitalista; que las condiciones aún no son propicias, que se gobierna con aliados que no son de izquierda, y que se debe esperar, ganar tiempo. Si se tratara de quedarse dentro de los límites, o más bien, dentro de la trampa de lo que es posible realizar desde la democracia representativa y participativa rediseñada por la socialdemocracia, sin duda habría que darles toda la razón. Pero si se logra profundizar las apuestas de construcción de poder popular a través de experiencias de democracia directa con poder de decisión, se podrían mostrar nuevos caminos exitosos de desarrollo alternativo. La gran dificultad es que esa dinámica dialógica participativa, no deviene por sí sola en acciones anticapitalistas, y por lo tanto no construye mecánicamente un poder popular como algunos suponen.

Son aún muy cortos, aunque promisorios, los debates y experiencias concretas que desde lo económico integrador se propongan modelos económicos que permitan pensar la economía y la sociedad desde la superación del modelo capitalista en su fase neoliberal. La Alianza Bolivariana para las Américas (ALBA) ha desarrollado intercambios de experiencias muy valiosos, pero son aún muy pocos los procesos surgidos de experiencias asociativas de pequeños y medianos productores, que avancen hacia formas de intercambios de alimentos y productos en mediana escala. Las políticas macro de los gobiernos de izquierda no logran articularse con políticas micro, con producciones en pequeña escala que sean continuación o complemento de las crecientes inversiones estatales que los diferencian de los gobiernos neoliberales. La planificación de la economía desde una mirada que articule las políticas y empresas estatales con los esfuerzos productivos de las distintas formas de propiedad, privada, cooperativa y colectiva, aún no despega con la fuerza que merece. Pareciera que no se pudiera realizar ningún esfuerzo de cuestionar la gran concentración de la propiedad de medios de producción, ni de los circuitos monopólicos de la comercialización. Venezuela ha sido el país que, basado en sus ingresos petroleros, más ha avanzado en diseñar estrategias estatales de producción y mercadeo, así como grandes subsidios y apoyos para la creación de cooperativas agrícolas. Pero en tanto esta planeación de la inversión no ha surgido de los debates y propuestas de los sujetos sociales destinados al ponerse al frente de las mismas, su resultado productivo es muy reducido, salvo el caso de las empresas estatales donde ha funcionado el control obrero de la producción.

Lo que nos lleva a la idea de que el problema no es de mejores economistas y planificadores, sino de generación de espacios públicos de debate para escuchar y decidir los planes en conjunto con los interesados y necesitados en superar su pobreza y marginalidad; de la misma manera que requiere la consulta y decisión de los planes con los trabajadores que son el sostén de los procesos productivos y de servicios en manos del Estado. Como sucedió con el derrumbe del llamado campo socialista, las causas y las soluciones no hay que buscarlas inicialmente en la economía y el desarrollo tecnológico, sino en la castración y no promoción de los sujetos revolucionarios encargados de ponerle empuje, creatividad, ciencia y tecnología, al desarrollo de los ideales de mayor equidad e igualdad que hacen parte de sus programas electorales de gobierno.

Para ello se requiere de los instrumentos que permitan esa relación directa de ida y vuelta entre los nuevos gobernantes del Estado y las organizaciones sociales. Lo cual lleva a reconocer que los partidos y frentes electorales plurales que permiten el triunfo de estos gobiernos de izquierda, son aún ideológicamente frágiles, contradictorios, con corrientes en su interior que llegan a ser neoliberales, y que sus diferencias se agudizan cuando tienen que dirimirlas en debates y consultas internas, votos preferentes, o entrega de cargos y puestos a uno u otro sector. Y peor aún, cuando entran a copiar procedimientos perversos de un neoclientelismo que alimentan la delegación, fragmentación e individualización del poder colectivo, cuando no es la reproducción con otro discurso más «amable», de las relaciones de poder dominantes. Con el agravante de que los «tanques de pensamiento» del sistema se han especializado en aprovechar y agudizar estos errores y diferencias, para alejar el debate del objetivo central de avanzar en las transformaciones sociales. Son expertos en absorber y cooptar a los líderes que se asumen como «democráticos» frente a los que consideran «radicales», aprovechando sus flaquezas ideológicas, sus pérdidas de confianza en el pueblo, y sus aspiraciones de trascendencia personal.

El ejercicio de cargos en el Estado, en especial, el parlamentarismo, juega un papel importante en ese proceso de cooptación y deformación ideológica. Y si bien en cada país esto toma forma distintas, es común en aquellos partidos que tienen fuerte peso de corrientes conciliadoras y posibilistas, como sucede en Brasil y en menor manera en Uruguay, que una vez que se triunfa comienza una inversión de roles, donde los que deciden no son los líderes que continúan creyendo en el partido como expresión de los sujetos transformadores, sino los nuevos gobernantes con sus flamantes asesores técnicos y aliados. Gobiernos elegidos por los partidos de izquierda, se convierten en alianzas con distintos sectores del establecimiento donde el partido original pierde el control de la situación; sin embargo los costos políticos de la gestión les son cargados a quienes menos realmente deciden en el gobierno. Y para silenciarlos se acude al argumento de no dañar al partido y al proceso, algo que sucedió con la Alcaldía de Bogotá en los últimos dos períodos, donde ni el 10% de los altos funcionarios pertenecen al Polo Democrático Alternativo, pero la crítica va dirigida a destruirlo como responsable de todo lo que sucede en ese gobierno distrital. Solo los seis meses finales de gobierno decente en el 2011, que apeló a algunos cuadros antes vetados por ser de la izquierda del partido, mostraron todo lo que podía haberse realizado desde el gobierno de la capital.

Sucede entonces que la pirámide social política que ha permitido llegar al gobierno se invierte; el líder elegido como gobernante por su historia colectiva de lucha y su «carisma», pasa a ser la base de todas las decisiones mientras que las organizaciones sociales y los militantes que fueron el sostén del triunfo electoral, pasan a segundo lugar. Son lugares comunes el «ahora gobernamos para todos los ciudadanos y no solo los de izquierda»; «no entienden lo difícil que es gobernar porque nunca han gobernado», como si ellos sí hubieran gobernado, «creen que es soplar y hacer botellas», «son muy radicales», «hay que aliarse con otras fuerzas para tener gobernabilidad», «piden peras al olmo», «lo que seguro quieren son puestos», «mejor que se vayan del partido y dejen gobernar».

Es común en esta versión deformada y posibilista de los gobiernos de izquierda, que los cargos más importantes sean entregados a los aliados de último momento, que son los tránsfugas del barco de la derecha que presienten el triunfo de las opciones populares. Se repite esto entregando las áreas económicas, financieras y de planeación a funcionarios técnicos con experiencia laboral en instituciones multilaterales o gremios empresariales. El resultado está a la vista en los primeros años del gobierno de Chávez en Venezuela, y luego más claramente en el gobierno de Lula en Brasil, y en alcaldías como la de Bogotá dos veces ganadas por el PDA.

Pero tanto en los gobiernos que reniegan de su pasado de izquierda como en los que buscan aplicarlo con distintos énfasis, lo que prima es el liderazgo personalizado con ribetes mesiánicos, que rehúye al debate interno. El presidente o el alcalde de la capital, tiende a colocarse por encima del partido que lo eligió, y se hace muy difícil cualquier orientación o control político sobre su administración. Considerando la estigmatización de sectarismo que se endilga a la izquierda que mantiene su raíz marxista, en algunos casos con razón, es destacable que en esta nueva etapa cuando estos son los sectores que llegan al cargo máximo de gobierno, han demostrado que saben compartir mejor los espacios de gobierno con sus aliados de centro, que lo que sucede cuando los que llegan al cargo presidencial o alcaldía, provienen de corrientes moderadas. Con la llegada al gobierno de estos proyectos «posibilistas», la alianza política que funcionó por muchos años en el seno del partido entre distintas corrientes ideológicas, termina inmediatamente. El gobernante temeroso de los cambios y pensando desde su aspiración personal y de grupo, pasa a separar los votos que él sacó con los que sacó su partido en las corporaciones públicas, y asume la diferencia de los votos de opinión como votos propios que le permiten tomar distancia del partido.

Como si ese voto de opinión pudiera darse sin el respaldo de resistencias sociales y políticas que lo han acompañado por años. Tal es el caso del voto que llevó al reciente triunfo del sector de los «progresistas», escindido del PDA, que tuvo la inteligencia y olfato político de denunciar a tiempo la corrupción que roía al gobierno de Bogotá, cuyo alcalde nunca aceptó las críticas internas del partido que lo había elegido.

Si bien hay que considerar que estas son tendencias generales que no pueden trasladarse mecánicamente a todos los casos, los casos repetitivos son dicientes. Al militante importante que no logran cooptar a sus lógicas políticas de conciliación o corrupción, se lo desplaza de los espacios de gobierno, con lo que desaparece el debate democrático en los gabinetes y equipos de gobierno. Se acepta todo lo que proponga y decida el presidente, ministro o alcalde, lo que reduce el seguimiento objetivo de la cambiante realidad, aumenta el aislamiento, y lleva a que las decisiones se tomen con un círculo de incondicionales de confianza, donde lo que prima es una gran carga de obsecuencia y adulación. O en casos extremos lo que vale es su decisión personal por encima de las de sus asesores, parlamentarios y partidos. Un ejemplo sorprendente por provenir de un proceso de construcción de la izquierda profundamente democrático, como es el del Frente Amplio de Uruguay, es la decisión de su presidente Tabaré Vázquez en los últimos meses de su gobierno, de vetar una ley aprobada mayoritariamente por el Congreso de Uruguay y por toda su bancada, que legalizaba la interrupción del embarazo como una potestad de la mujer. Actos que por su carga simbólica hacen mucho daño a la imagen presidencial, a la política y a su partido. Así el gobernante se va alejando, a veces sin plena conciencia, de los espacios políticos y sociales de base, que son los buscan reflexionar y evaluar con objetividad sobre el curso de las políticas públicas, ya que por sus postergadas exigencias sociales, son los primeros interesados en que funcionen.

Un papel importante juegan en esto los académicos, tanto para realizar la crítica como para aportar sus ideas. Requieren de encontrar espacios flexibles en estos gobiernos donde poder proponer soluciones construidas en años de reflexiones científicas, algo que no siempre ha ocurrido. Un caso importante a destacar es el de la Universidad Bolivariana de Venezuela, la cual como política de universalizar el derecho a la educación, recibe en pregrado a todo estudiante que se postule. Con su desarrollo y maduración y a la espera de un partido que funcione, tiende a convertirse en el espacio de la reflexión crítica y autocrítica, donde líderes sociales que por primera vez acceden a una enseñanza superior, ahora desde una visión popular de las ciencias y de transformación social, con trabajos de grado aplicados a sus realidades concretas, trabajan también por evaluar y sistematizar el desarrollo de las políticas públicas nacionales en forma democrática participativa, sin temor a registrar las críticas que realizan sus alumnos.

Los liderazgos de gobernantes basados en el carisma personal y la popularidad electoral, son generalizados y muy importantes para lograr los triunfos electorales. Sus fuertes y temporalmente irremplazable liderazgos, tienden con el ejercicio del poder de gobernar, a suplantar los espacios colectivos destinados a construir las estrategias políticas de su gobierno. Estas tendencias se potencian ante la falta de reales partidos capaces de funcionar como conductores del proceso, a lo que se suma en algunos casos, la obsecuencia de los funcionarios que los rodean, incapaces de darles debates, internos o públicos, sobre el curso de su gestión. En esto pesa que quienes se animan a mostrar sus diferencias suelen ser desplazados de sus cargos en el gobierno, con lo que un problema político termina apareciendo como una disputa personalizada. De allí al amiguismo, a la tolerancia de «algunas» corrupciones, al clientelismo electoral «de izquierda», hay un corto trecho. Se reeditan desde el gobierno lo que se llamó en la Revolución Rusa los peligros profesionales del ejercicio del poder, donde por no tener referentes alternativos exitosos o no querer tenerlos en el caso de algunos gobiernos, se termina copiando la forma de gobernar y de hacer las políticas públicas que la burguesía instaló y validó durante varios siglos. Y es con estos métodos que se reproduce al interior del gobierno la capa de funcionarios oportunistas y corruptos que serán los primeros en traicionarlo cuando se tensione la lucha de clases.

Otra dificultad que se presenta en los gobiernos con mayor compromiso programático con las exigencias de las comunidades organizadas, como fue el caso de la Alcaldía de Porto Alegre, es que en la búsqueda de resultados exitosos se tiende a realizar un traslado permanente de los mejores cuadros sociales y políticos hacia los cargos públicos de gobierno. Eso es algo que en lo inmediato funciona bien, pero que con el tiempo provoca una influencia regresiva del aparato del viejo Estado sobre el pensamiento crítico de estos líderes —devenidos funcionarios— y genera un vaciamiento de los liderazgos sociales y políticos que obliga a una rápida renovación, no siempre exitosa, pues supuestamente «ahora son líderes que se deben formar para negociar con el gobierno amigo y no para confrontarlo». Esto genera distanciamientos entre la sociedad civil popular y el gobierno, y debilita la autonomía e independencia de clase de las organizaciones sociales y de los partidos que lo apoyan. Si en los Estados obreros o de transición al socialismo la experiencia bien dolorosa ha señalado la importancia de intentar la máxima separación posible de los cargos del partido con los del Estado revolucionario, con mucha más razón se requiere de esta separación entre los cargos de gobierno, sociales y de partido cuando el Estado sigue siendo capitalista: deben ser funciones separadas, pero con articulación política.

Una propuesta importante que ha surgido en la búsqueda de construir nuevas relaciones democráticas y de poder desde el ejercicio del gobierno, ha sido la de construir asambleas populares que actúen como bancada social que presione, controle y realice sus propuestas al gobierno desde adentro y desde afuera del partido. De la misma manera que se le reconoce el papel a la bancada parlamentaria de colocar debates y realizar vocerías partidistas, por qué negar esa función a quienes con sus luchas sociales, étnicas, o desde la diferencia, han sido determinantes para el triunfo electoral. Estas experiencias tienen también un sentido estratégico a diferencia del parlamento tradicional, pues además son los gérmenes de poder del nuevo Estado popular a construir. Son los órganos que en caso de perderse el gobierno, continuarán la lucha manteniendo sus banderas y programas exitosos, y reflexionando sobre las insuficiencias y errores cometidos. Se trata de sostener lo conquistado y ganar tiempo para que la revolución se extienda internacionalmente, mientras se forman nuevas generaciones de revolucionarios desde los espacios de doble poder, quienes oxigenaran el partido y los nuevos espacios de gobierno reconquistados.

Hoy en día y luego de tantas enseñanzas históricas, existe una mayor madurez en los sectores sociales, al punto que lo social y lo político, la elaboración de políticas y la acción y movilización por exigirlas o defenderlas, funcionan más naturalmente articulados sin perder su particularidad. Pero ese salto de lo social a lo político, no pasa consecuentemente por la politización del tejido social y su construcción como tejido político, lo cual lleva fácilmente a confundir lo político con lo exclusivamente electoral. Se salta de la democracia directa en lo social y lo local, a una acción política nacional que luego de grandes movilizaciones termina apostando todos sus acumulados a las instancias de la democracia representativa.

Se nos dirá con relativa razón que esa tarea de construir el poder dual o popular le corresponde al partido de izquierda y a las organizaciones sociales, pero poco lograría ese partido en el mediano y largo plazo, como sucedió en la URSS, limitándose a proclamar la necesidad del socialismo, con un discurso y un programa político, si no cuenta con el sujeto social político de clase, no necesariamente obrero en su inicio, que la lleve adelante. El gran problema es que en nuestra periferia subdesarrollada, el sujeto revolucionario surgido del mundo del trabajo y de su necesidad de transformar la naturaleza, se ha reducido, ha perdido organicidad sindical, no vive en su mayoría de relaciones salariales directas y colectivas, y en apariencia ha perdido la centralidad con la contradicción capital-trabajo. Se nos dirá también que eso ya sucedió en el pasado, y que revoluciones como la cubana y la vietnamita lograron triunfar y afirmarse sin tener una sólida clase obrera. Pero una cosa era con la existencia de un campo socialista que con todas sus contradicciones generaba confianzas sobre la posibilidad de una nueva sociedad, a tener que hacerlo en el capitalismo globalizado agresivo y sin referentes de pueblos que hayan logrado liberarse en este nuevo contexto. Lo cual nos lleva en apariencia a cerrar el círculo que nos regresa al dilema entre el posibilismo democrático adaptado a lo local, confrontado con el voluntarismo participativo acompañado del discurso ideologizado.

Concluyendo

Un punto particular para concluir, es reseñar el proceso más auténticamente de clase que promueve la democracia directa en la cogestión o dirección de lo público. Como ave Fénix regresa desde las cenizas el control obrero de la producción, la forma de democracia participativa directa que permite incidir y decidir sobre las políticas públicas productivas. El caso más auténtico es el de los trabajadores del aluminio en Venezuela que por iniciativa de la administración de la empresa y con el apoyo del sindicato y los trabajadores, se lanzaron a un proceso de gestión compartida de la empresa estatal. En estos casos la democracia directa es un componente determinante del metabolismo entre sociedad y naturaleza, y su nivel de desarrollo de clase supera los límites territoriales, marcando uno de los avances más estructurales en experiencias de tránsito hacia el socialismo. Por eso es de esperar que su profundo sentido anticapitalista haya asustado a más de uno de los funcionarios del gobierno y a los empresarios privados que viven del gran complejo productivo estatal, lo que llevó al cambio de quienes gerenciaban la empresa. Algo similar pero no institucionalizado sucedió en PDVSA durante el paro de los técnicos y profesionales de la empresa petrolera, donde simples trabajadores con el apoyo de las comunidades vecinas a los centros productivos, pusieron en marcha procesos productivos muy complejos y determinantes para la economía nacional. Darle toda la trascendencia, oportunidad y espacio político a estas experiencias de control de los trabajadores sobre la producción y gestión de las empresas estatales, integrarlas con los demás procesos de participación desde lo local territorial, y vincularla con el mundo de la naturaleza que la alimenta de materias primas y le da sustentabilidad ambiental, permitirá reconstruir el polo «de clase» que hegemonice procesos revolucionarios como el venezolano, que es algo más que tratar de construir una central obrera autónoma e independiente frente al Estado y el gran capital. Estas son las experiencias que el movimiento obrero tendrá que poner en el debate popular, comenzando por hacer de ellas un factor de su funcionamiento unitario.

Reestatizar empresas acompañadas de experiencias de control, cogestión y dirección obrera, algo que avanzó mucho en el Chile de Allende, y que en Bolivia tiene una tradición de muchas décadas de lucha, será el componente que permitirá que la democracia directa se articule con el mundo del trabajo, y que desde este se construya una nueva relación sistémica, armoniosa e integral, entre sociedad y naturaleza.

Serán las luchas sociales y políticas territoriales, y como parte de ellas, las experiencias de resistencia e imposición de gobiernos y poderes locales alternativos, con todas sus experiencias democráticas de doble poder surgidas y afirmadas desde el territorio con miradas globales, las que deben direccionar sus objetivos políticos para reconstruir la conciencia de que seguimos viviendo en una sociedad determinada por la centralidad del mundo del trabajo, y por la relación interdependiente con el mundo de la naturaleza. El territorio redefinido como parte del mundo global, sumado con el componente de la democracia directa que busca la cogestión, gestión y transformación del Estado, puede permitir superar la creciente deslocalización, tecnificación, flexibilización y precarización del mundo del trabajo, y jugar en muchos sentidos la función que realizaba la gran fábrica en países hoy desindustrializados. Su contradictor de clase es quien intenta apropiarse de los recursos que en ese territorio existen, incluida la fuerza de trabajo; y su acción colectiva es determinada por los distintos sujetos que hacen parte de la cadena productiva sin tener una relación salarial estable, la cual se amplía a todos los trabajadores de empresas de tecnologías de punta que hacen parte de la fase final de esa producción y comercialización a escala internacional. Quienes aportan su fuerza de trabajo en la extracción, mantenimiento o producción de un galón de hidrocarburos o de agrocombustibles, un galón de agua, una tonelada de mineral o de madera, un kilogramo de alimentos, una hectárea de tierra, un componente de la biodiversidad genética, un vendedor formal o informal que vende el producto final, pueden ser vistos desde la territorialidad como la parte de un todo que es la cadena productiva, donde lo determinante «en última instancia» de su condición de trabajadores, son los intereses de clase confrontados entre capital y trabajo, hoy ocultados y que es necesario develar en su nueva conformación. Y para dilucidar esta madeja que construye el capital para invisibilizar sus negocios, acciones e intenciones, los espacios de la democracia directa aparecen como los más favorables e indicados.

El metabolismo entre sociedad y naturaleza necesita de las experiencias de democracia directa y poder popular para articularse desde el mundo del trabajo; y las experiencias de construcción de poder popular autogestionario por la vía de la democracia participativa directa, requieren del metabolismo entre sociedad y naturaleza para asumirse y construirse como un movimiento social y político antisistémico determinado por la relación capital-trabajo. Los plazos, ritmos y formas concretas para lograrlo estarán siempre abiertos a la creatividad social y política de los sujetos revolucionarios de cada proceso local y nacional.

Los gobiernos de izquierda tanto locales como nacionales están aprendiendo en su misma práctica que una cosa es gobernar y otra transformar las relaciones de poder; que una cosa son las asambleas constituyentes y los referendos «afirmatorios» o revocatorios desde la democracia electoral representativa, y otra la deliberación y organización para la democracia participativa directa. Mientras que en el primer espacio el capitalismo y sus medios de comunicación tienen un peso muy fuerte capaz de revertir los procesos, en el segundo la relación es directa con la población, con sus necesidades, problemas y derechos a garantizar.

Para hacer del espacio del poder constituyente su principal estrategia, tendrán que revisar sus prevenciones con las exigencias de la población de la garantía de sus derechos humanos, en particular los económicos, sociales, culturales y ambientales. Ya es común que cuando acceden al gobierno, desaparezca gradualmente de la agenda el enfoque de exigencia al Estado de los derechos fundamentales, en tanto, se dice, «ahora nosotros gobernamos en nombre del pueblo y por lo tanto somos seremos lo principales defensores de los derechos humanos»; que se une con «ya no es necesario influir sobre el Estado para que garantice los derechos humanos, pues somos un gobierno popular». El argumento es parcialmente válido, pues solo se ha conquistado el aparato de gobierno, mientras que la estructura institucional y económica del Estado continúa en correspondencia con el sistema capitalista, y es por sí misma violadora de los derechos humanos fundamentales. Esto lleva a que los gobiernos actúen a la defensiva frente al tema, dejando todo el acumulado político de su lucha anterior por los derechos humanos, en manos de las clases desplazadas del poder y el imperialismo. En este sentido y dejando el tema para otro trabajo, el investigar y analizar la relación inherente a la sociedad capitalista frente a los derechos de la naturaleza en toda su dimensión, junto con los derechos de segunda y tercera generación surgidos de las luchas del mundo del trabajo y la existencia del campo socialista, no solo fortalecerá el apoyo popular a estos gobiernos progresistas y de izquierda, sino que será el «cemento ideológico», en palabras del fallecido maestro Orlando Fals Borda, del nuevo poder constituyente.

Encontrar los espacios para la reflexión colectiva de las distintas experiencias, sigue siendo la forma más rápida de aprender sin copias mecánicas ni repetición de errores. El Foro de São Paulo es el principal espacio común que tienen los partidos que encabezan estas experiencias, donde reflexionar sobre estos problemas nuevos y de gran complejidad. «La pregunta es hasta qué punto cada fuerza de la izquierda que accede al gobierno acepta ejercerlo como un fin en sí mismo, y en qué medida está decidida a quebrar la hegemonía neoliberal».[9] La ofensiva de las fuerzas conservadoras no permite muchos plazos para encontrarle la respuesta a este dilema. Las derrotas podrán darse como parte del juego de la lucha de clases, pero serán muy costosas y de largo plazo si las alcanzan apoyándose en la vacilación, las conciliaciones y los errores de estos procesos. Los éxitos serán de enorme trascendencia en la larga lucha por superar los largos siglos de la sociedad capitalista. Los pueblos, sus organizaciones sociales, sus partidos y movimientos de izquierda y sus gobernantes, son los que tienen la palabra.

Notas

1. Jean Pierre Garnier: *Contra los territorios del Poder, Por un espacio de debates y... combates,* Virus Editorial, Barcelona, 2006.

2. El caso pionero y más estudiado, ha sido el del municipio o prefectura de Porto Alegre, Brasil, con su experiencia del *presupuesto participativo.*

3. La Asamblea Popular de los Pueblos de Oaxaca, fue formada por delegados de los sindicatos de maestros y otros, y por las organizaciones indígenas y populares.

4. Boaventura de Souza: *Refundación del Estado en América Latina. Perspectivas desde una epistemología del Sur,* Ediciones Instituto Internacional de Derecho y Sociedad y Programa Democracia y Transformación Global, Lima, 2010.

5. Recordar el debate central que define el momento insurreccional: «Asamblea Constituyente o todo el poder a las soviets».

6. Boaventura de Sousa: *Estados Plurinacionales y Constituyente,* intervención en el Encuentro Internacional «Pueblos indígenas, Estados plurinacionales y derecho al agua», Quito 12-14 de marzo de 2008, editado por Lina Cahuasqui, ALAINET, REVISTA *Etnias & Política,* CECOIN-OIA, Bogotá, 2008.

7. Es función de este consejo, elegido por votación directa de la sociedad civil, nombrar al Procurador, al Defensor del Pueblo, a la Defensoría Pública, al Fiscal General, al Contralor General, al Consejo Nacional Electoral, al Contencioso Electoral y al Consejo de la Judicatura.

8. En la constitución boliviana.

9. Roberto Regalado: *Encuentros y desencuentros de la izquierda latinoamericana: una mirada desde el Foro de São Paulo,* Ocean Sur, México D.F., 2008, p. 249.

Las izquierdas en América Latina

Héctor Béjar

¿Qué se puede entender por izquierda en América Latina? Oscilamos entre abordar la amplitud del término *izquierda* abarcando a todas las propuestas de cambio social en beneficio de las mayorías populares y si nos inclinásemos por esa opción incluiríamos buena parte de los liberalismos y radicalismos del siglo XIX, los populismos civiles y militares, los cristianismos revolucionarios y progresistas del siglo XX; o también podemos optar por una definición estricta y entonces referimos a propuestas y acciones revolucionarias de origen y tradición marxista. Entre ambas opciones cabe una amplia gama de posibilidades. Aun en la más restrictiva, el plural *izquierdas* parece más adecuado para estudiar lo que en realidad es un mundo diverso de enfoques y métodos distintos de trabajo político por diversos grados de cambio o por la transformación de las sociedades latinoamericanas en el sentido de la cancelación definitiva del poder de las clases dominantes.

No solo las realidades son diferentes; también lo es la forma de verlas. La variedad de lo objetivo y subjetivo, la multiplicidad de aportes y puntos de vista es inevitable y necesaria si se quiere una aproximación mayor a la realidad social. Por eso es que la forma más o menos ortodoxa de ver la realidad o actuar en ella no discrepa ni se contradice con un enfoque abarcador de sectores, grupos y clases diferentes tratando de asumir la compleja realidad latinoamericana, y la relación entre distintos sectores democráticos cuyo rol en la lucha por la justicia social ha sido y es importante.

Y sin embargo esa riqueza de matices no debe ser una coartada que oculte nuestras grandes brechas, las contradicciones económicas y sociales que cual fallas geológicas nos dividen a los latinoamericanos en regímenes de ricos y pobres, explotadores y explotados, sistemas de dominación que no tienen justificación económica, política ni ética.

La confrontación entre pueblos y oligarquías, izquierdas y derechas, clases dominantes y dominadas, cubre la historia republicana de América Latina. Tiene su causa en las estructuras coloniales que las repúblicas no reformaron y que aún mantienen. En muchos países, liberales y conservadores se enfrentaron en contiendas políticas, polémicas intelectuales, guerras civiles, guerras de guerrillas o golpes de Estado durante el siglo XIX. Y después lo hicieron conservadores oligárquicos pro imperialistas y socialistas de todas las tendencias en el siglo XX. En el fondo de estas luchas políticas están presentes aunque no siempre visibles, nuestras injusticias económicas, sociales, étnicas, de género y culturales.

Estas contradicciones todavía no resueltas cubren distintos períodos. Las sublevaciones nacionales y populares causadas por el colonialismo inglés y el expansionismo norteamericano empiezan desde el amanecer del siglo XIX, nacen con las guerras de la independencia y la continúan. La Revolución Mexicana es previa a la soviética al comenzar el siglo XX y continúa la guerra cubana mambí contra España y los Estados Unidos. A su vez, la Revolución Mexicana influye sobre las emergencias populares de los años treinta después de la crisis de 1929; los gobiernos reformistas y populistas de los años treinta (Vargas, Yrigoyen, Busch, Villarroel) se encadenan con la misma influencia pero su ejemplo influye sobre los gobiernos democráticos de la posguerra mundial (Rómulo Gallegos, Bustamante y Rivero, Jacobo Arbenz) aniquilados por golpes de Estado tramados desde Washington; las revoluciones mexicana, boliviana, costarricense, guatemalteca, cubana y nicaragüense del siglo XX, triunfan pero a la vez son bloqueadas como la Cuba de Fidel o la primera Nicaragua sandinista, aniquiladas como la Guatemala de Arbenz y el Chile de Allende o frustradas como la Bolivia del MNR. Todo el continente, desde Haití hasta la Revolución Bolivariana contemporánea es, en realidad, un solo proceso, un solo gran combate contra la explotación y la dominación.

Pero la continuidad histórica no es solamente una característica de las izquierdas. En el primer tercio del siglo XX, las oligarquías de base terrateniente e ideología racista optaron primero por el nazifascismo y luego, después de la II Guerra Mundial, lo hicieron por el imperialismo y el macartismo. No hay que hacer un gran esfuerzo para verificar la continuidad psicológica, ideológica y de práctica política entre nazifascismo, imperialismo, y una parte extrema y todavía influyente del conservadorismo latinoamericano actual.

El macartismo de los años cincuenta inaugurado por Gabriel González Videla en Chile culminó en la Operación Cóndor iniciada bajo el modelo del Decreto de Noche y Niebla de Adolfo Hitler y Wilhem Keitel en 1941, primer precedente de la técnica de desaparición de personas. Los métodos franceses de tortura en la guerra de independencia de Argelia fueron trasladados al ejército argentino, después al chileno, y a otros ejércitos: forman parte de la tradición de la Escuela de las Américas. Y así es fácil encontrar un hilo conductor entre el nazifascismo derrotado en Europa y las acciones de la CIA en América Latina encaminadas a conseguir el objetivo imposible de exterminar a las izquierdas.

Asociados en su lucha contra reformas y revoluciones, imperialismo y oligarquías se dedicaron a golpes de Estado, asesinatos selectivos, torturas o represiones en masa. Las víctimas de este genocidio fueron incontables. Desde el sector popular las respuestas fueron la resistencia política o la lucha activa a través de movimientos sociales, revoluciones populares, guerrillas urbanas y rurales. Desde las elites intelectuales la denuncia del imperialismo y las propuestas revolucionarias de José Ingenieros, José Vasconcelos, Aníbal Ponce, José Carlos Mariátegui y otros pensadores abarcan utopías, reclamos, pero también diseñan planes de gobierno y estrategias revolucionarias.

Las oligarquías negaron a las izquierdas el acceso democrático al poder y se entregaron a su liquidación física mediante el genocidio político. Los herederos de la izquierda que sobrevivió a la Operación Cóndor y, en algunos casos como en el de José Mujica en Uruguay, sus propios líderes, han llegado a gobernar por las vías de la democracia representativa después de un período de represiones sangrientas. Pero lo han hecho pagando el costo del realismo político, en actitud tolerante por otras opciones, en alianza con corrientes socialdemócratas y aun con sectores de la derecha empresarial y política, respetando las reglas de la democracia representativa que en ocasiones denunciaron y repudiaron por su naturaleza excluyente y tramposa.

Avancemos de sur a norte. Los textos que se presentan en este libro permiten trazar un panorama de la nueva América Latina en que, al tiempo que las izquierdas llegan al gobierno o logran la legalidad, se renueva el sistema político pero no el sistema económico.

Argentina tiene la tradición de Hipólito Yrigoyen, del socialismo de Justo, Ingenieros y Ponce y el populismo de Perón. Primero con los militares de la denominada «Revolución Argentina» que derrocó a Perón y después con gobiernos dictatoriales y democráticos de diverso signo, programas imperiales fueron impuestos a un país que había logrado avances importantes en justicia social, organización popular, educación pública, difusión de las ideas revolucionarias, industrialización e independencia económica de los Estados Unidos. En los noventa desde el peronismo, Saúl Menem ganó las elecciones sosteniendo un programa de izquierda pero, como su par Fujimori en el Perú, una vez en el poder hizo un programa económico de derecha que tenía antecedentes desde Martínez de Hoz. Eran los años de la hegemonía del pensamiento único neoliberal que siguieron al derrumbe de la Unión Soviética y el sistema socialista europeo. Sin embargo, la resistencia popular tomó muchas formas y se tradujo, entre otras acciones, en la movilización de los piqueteros, la denuncia de los crímenes de la dictadura militar y la protesta contra el indulto a los genocidas del Plan Cóndor. Después de la crisis que produjo el programa de convertibilidad de Cavallo, el presidente De la Rúa fue derrotado, todo el sistema político entró en crisis de legitimidad y Néstor Kirchner triunfó el 2003 con el 22% del electorado. Luego vino la lucha contra el ALCA y la ampliación del MERCOSUR. Sin embargo, la izquierda no peronista no pudo construir un referente electoral y se dividió ante el surgimiento del kirchnerismo que se afirmó con Cristina Fernández hasta el presente. La izquierda no peronista no tiene opción propia.

Uruguay registra un largo recorrido de la izquierda: el Congreso del Pueblo en 1965; la fundación de la Convención Nacional de Trabajadores CNT, en 1966; y la creación del Frente Amplio en 1971 hasta el Encuentro Progresista del 2004 .

Desde el programa del FA que incluía la ruptura con el FMI, la reforma agraria y la nacionalización del comercio exterior y la banca hasta una extensa coalición que, al asumir un programa moderado, posterga los lineamientos fundadores a un futuro no determinado. El reciente triunfo de José Mujica ha confirmado un proceso en el cual los cuadros de la izquierda, ya en distintos niveles de gobierno como la Intendencia de Montevideo, han mostrado capacidad de gestión pública y se han afirmado en la administración del Estado. En este proceso, como se hace notar en el artículo sobre Uruguay, fueron renovadas las formas de representación interna y los métodos para tomar decisiones: un complejo juego entre identidades partidarias e ideológicas y acciones conjuntas, liderazgos individuales y conducción colectiva. ¿Quién incorpora a quién? ¿Es una izquierda modernizada la que está incorporando a una derecha tradicional que ya no es una amenaza a la democracia o una derecha conservadora dueña del sistema y del poder final la que acepta a una izquierda que no está dispuesta a seguir en el callejón sin salida de la guerra interna y prefiere ensayar el acceso al gobierno en vez de la conquista del poder? ¿Hasta qué punto es realmente posible otra opción? El proceso uruguayo es una lección de exitosa unidad para el resto de Latinoamérica pero no deja de ser una incógnita y un desafío en un pequeño país de larga tradición democrática pero recursos económicos y naturales limitados.

Con la dictadura de Pinochet y la matanza de izquierdistas de 1973, Chile jugó un largo período como paradigma del neoliberalismo e hijo preferido de Washington. La recuperación de la democracia fue un proceso doloroso y complejo en que una parte de la izquierda debió renunciar a su radicalismo, reconstruir sus organizaciones y recuperar sus relaciones con el pueblo y el resto de la sociedad. La Concertación de los noventa ya no fue la Unidad Popular de los setenta: recuperó espacios pero se desplazó hacia el centro político, obligada a ignorar su propio pasado, impedida de objetar el programa capitalista y la presencia de criminales de guerra en el parlamento y la vida política, como condición para su legalidad. Fue una izquierda amordazada y autocensurada hasta que el «modelo» neoliberal dejó de serlo y exhibió su verdadero rostro ante las nuevas generaciones. Esa circunstancia permitió un encuentro en las calles entre las viejas generaciones que mantuvieron una posición radical ante el sistema y las nuevas generaciones que surgieron en la renovación de la lucha por los derechos sociales y la educación pública.

Bolivia es un país que tiene al mismo tiempo una tradición revolucionaria indígena desde Túpac Katari hasta los quechuas y aimaras de hoy, una tradición revolucionaria popular desde la revolución de 1952, una tradición de lucha obrera con los mineros y la COB y una continuidad de radicalismo militar desde Busch y Villarroel hasta Juan José Torres. Pocos países en América Latina pueden exhibir esta concentración de luchas y combates que culminaron con la Constitución de 2004 y la presencia indígena en el gobierno y el parlamento bajo el gobierno de Evo Morales y el MAS. Al autoreconocerse como sociedad multinacional, Bolivia cambia de época y se encuentra consigo misma. Al elegir a Evo Morales, procedente del valle del Chapare, renueva la vieja dirigencia que venía desde la revolución de 1952.

El país tiene variados recursos naturales que le pueden permitir organizar una economía diversificada e independiente. Como en otros casos, el desafío consiste en lograr posiciones nacionales ventajosas frente al asedio del capital internacional y un entendimiento estable con sus vecinos Brasil y Argentina. Pero eso no es fácil. El desarrollo económico a la vieja usanza colisiona con la vida de las comunidades indígenas y locales. La economía sigue girando alrededor de la soja, el petróleo y el gas. La retórica por los derechos de la madre tierra no siempre se expresa en la política del gobierno. Las relaciones entre el gobierno y una parte del movimiento sindical y popular es tensa.

En Paraguay, el exobispo católico Fernando Lugo, candidato de la Alianza Patriótica por el Cambio, ganó las elecciones del 2008 derrotando al Partido Colorado que gobernó 61 años ese país después de la guerra civil de 1947 contra los febreristas. Aplastado por la guerra de la Triple Alianza dirigida por Inglaterra en el siglo XIX, y llevado a la Guerra del Chaco por los intereses petroleros de Rockefeller en 1930, luego víctima de la dictadura pronazi de Alfredo Stroessner, Paraguay es uno de los centros de las mafias capitalistas en el continente además de tener a la mitad de su población en pobreza y un régimen de corrupción institucionalizada.

La Alianza Patriótica está formada por el Partido Liberal Radical Auténtico de centro derecha, una alianza de partidos y organizaciones no gubernamentales de línea muy moderada, algunas de ellas vinculadas a los Estados Unidos. Amenazado por la crisis financiera mundial, ante una sorpresiva sequía y enfrentado a una poderosa red de corrupción, Lugo ha debido resolver las demandas del movimiento indígena desplazado de sus tierras que exige reforma agraria y tiene que hacer algo para desmontar el sistema de contrabando y corrupción en Paraguay. La derecha sigue agazapada en su poder económico y mediático acusándolo de ineficiencia y falta de autoridad debido a su estilo de gobernar distinto de los autoritarismos anteriores que ha logrado una transición sin violencia. Ha conseguido que Brasil reconozca la soberanía energética paraguaya a propósito del pago de la energía producida por la represa de Itaipú, lo que generará un ingreso de 360 millones de dólares anuales, se ha orientado hacia la gratuidad de la salud pública y se ha proyectado a una política internacional integradora con el resto de América Latina.

En septiembre del 2011 dieciocho partidos políticos y movimientos de izquierda incluido el Partido Comunista se agruparon en el Frente Guasú para participar en las elecciones del 2013 con un programa y candidatos propios. Paralelamente, se inscribió el Partido (ex Movimiento) de Participación Ciudadana que también se proclama de izquierda, liderado por la diputada Aída Robles.

Como se explica en el artículo correspondiente a Brasil, la sustitución del concepto clásico de revolución por el de «revolución democrática»; el cambio del anticapitalismo por la lucha contra la pobreza y el acento en el asistencialismo de las políticas sociales; el ideal de gobernanza eficiente, transparente y ética sustituye a la idea de gobierno popular. Son avances, actualizaciones, respuestas al asedio ideológico del neoliberalismo. Pero se sigue en el marco de un país injusto y desigual que enfrenta enormes desafíos en la violencia urbana de las mafias, la violencia rural de las corporaciones, el poder del capital y las transnacionales brasileñas y extranjeras, la presencia de casos de corrupción en niveles de la sociedad, la política y el Estado.

Como se juzga que no hay condiciones políticas para reformas estructurales se opta por una transición lenta y gradual, que mantiene la economía de mercado capitalista al tiempo que amplía las políticas sociales, mientras en el espacio internacional se juega a la emergencia de posiciones distintas a los poderes imperiales. Como se sabe, junto con China e India, Brasil es una opción alternativa al imperialismo de Wall Street y su rol es decisivo en el MERCOSUR, la integración energética con Venezuela, UNASUR o la reciente CELAC.

La izquierda peruana nació con el anarquismo de Manuel González Prada a fines del siglo XIX y con el marxismo heterodoxo de Mariátegui en los años treinta. Transitó por períodos de persecución entre 1933-1945 y 1948-1956. Intentó sin éxito soviets obreros en 1930, acciones armadas y guerrilleras entre 1961 y 1965. Inició y sostuvo el gran movimiento campesino de recuperación de tierras en los sesenta. Estuvo en el origen de todas y cada una de las reivindicaciones sociales obtenidas en beneficio de los trabajadores durante el siglo XX. Hubo de convivir con un proceso de reformas estructurales liderado por la revolución militar de Juan Velasco Alvarado entre 1968 y 1975. Pudo construir una pasajera etapa de unidad con las experiencias frustradas del ARI y la Izquierda Unida entre 1980 y 1987. Fue acosada por el terrorismo de Sendero Luminoso entre 1980 y 1990. Y debió enfrentar la marginación política que resultó del auge pasajero del pensamiento único neoliberal y la dictadura mafiosa de Alberto Fujimori entre 1990 y 2000. Fue víctima de su propio sectarismo y fanatismo que causaron múltiples divisiones y fragmentaciones entre estalinistas y todas las ramas del trotskismo, prosoviéticos, prochinos y proalbaneses, velasquistas y antivelasquistas, propiciadores de la lucha democrática o la lucha armada, reformistas o revolucionarios. Y también fue elemento clave en el mantenimiento del movimiento sindical urbano, la movilización campesina y las luchas por la recuperación de la democracia a partir del 2000.

Desde el 2010 un sector de esta izquierda múltiple y fragmentada, al lado del recién formado Partido Nacionalista, en realidad un movimiento aluvional sin principios, estructura ni programa claro, fue parte precaria de la Alianza Gana Perú que sustentó al gobierno del comandante Ollanta Humala, ganador de las elecciones del 2011 con el apoyo de la izquierda. Esa victoria fue una verdadera hazaña si se tiene en cuenta la millonaria y rabiosa campaña de estigmatización con que la derecha y los medios de difusión que monopoliza cubrieron el país. La mayor parte del pueblo resistió y dio su voto por una opción distinta al programa neoliberal.

Obligado por la presión coordinada de la derecha económica y política que no cesó de estigmatizarlo mientras mantuvo posiciones progresistas, sin posibilidades de satisfacer las exigencias sociales por el cumplimiento de sus promesas electorales, entre el chantaje de las corporaciones mineras internacionales y la resistencia de las comunidades locales, Humala ha desplazado cada vez más la orientación de su gobierno hacia la continuación del programa neoliberal, tiende a apoyarse cada vez más en las Fuerzas Armadas, va perdiendo el respaldo de los sectores pobres y ganando apoyo en la alta sociedad. No es todavía ni un gobierno derechista ni un gobierno militar: sus características serán moldeadas tanto por la presión del capital internacional como por la resistencia de los sectores populares.

Lo que se puede llamar derecha es un conglomerado de mafias de abogados y políticos al servicio de las empresas dedicadas al robo de los fondos del Estado más una parte de los servicios de inteligencia de las Fuerzas Armadas y los mercenarios del gran capital que operan en relación con la CIA.

Lo que se puede llamar izquierda es un complejo amplio, fragmentado y descoordinado de fuerzas sociales emergentes de diversos tipos, carente de instancias orgánicas comunes y democráticas y de un programa claro; pero con una gran capacidad para actuar contra el capital transnacional. No existe desgraciadamente en la perspectiva inmediata la posibilidad de construir un referente alternativo debido a que campea el individualismo y el oportunismo en todos los niveles regionales y nacionales. Los partidos, centrales obreras y campesinas y movimientos sociales de todo tipo son en realidad pequeños y muy activos grupos que carecen de bases estables y vida institucional.

Al lado de esta «derecha» y de esta «izquierda» crece un extenso sector emergente de microempresarios populares, traficantes, contrabandistas y capos de bandas dedicadas a todas las formas del delito alimentados por la abundancia de dinero proveniente de la minería y el narcotráfico.

Como se indica en el texto sobre Ecuador, el Partido Socialista Ecuatoriano fue fundado en 1926 y se escindió en 1931 dando lugar a la formación del Partido Comunista. En los años cuarenta propició la caída del gobierno de Arroyo del Río. Respaldó a Velasco Ibarra para después ser perseguido por este. Después de la Revolución Cubana y la ruptura chino soviética se formó el Partido Socialista Revolucionario (PSRE) mientras que la confrontación dentro del PC dio origen al Partido Comunista Marxista Leninista del Ecuador (PCMLE).

El general Guillermo Rodríguez Lara intentó poner en práctica un proyecto de nacionalismo militar entre febrero de 1972 y septiembre de 1975 hasta que fue reemplazado por un triunvirato militar que inició el retorno en 1979 a la vieja democracia electoral. Desde ese año la izquierda ecuatoriana se desenvolvió en una historia agitada de triunfos y derrotas que abarca los movimientos Pachakutik, instrumento electoral del movimiento indígena, Alianza País parte del gobierno actual, CONNAIE, CEDOCUT y UNE; participó en las luchas sociales y los procesos eleccionarios mediante el FADI y el comunista ortodoxo Movimiento Popular Democrático (MPD). Fue derrotada en 1984 por el proyecto neoliberal de Febres Cordero mientras el movimiento intelectual se alejaba del movimiento social. Aunque nunca se logró articular un movimiento político unitario como en Uruguay o Brasil, el resultado fue la derrota del corrupto sistema político de los Jamil Mahuad, Bucaram, Febres Cordero, Durán-Ballén, Jaime Nebot y Lucio Gutiérrez.

El triunfo electoral de Rafael Correa y su Proyecto de Revolución Ciudadana significó la culminación de este largo y complejo proceso de lucha popular que se expresó en la Constitución de 2008 y en una forma independiente del nuevo gobierno de Correa de conducir la política internacional con una clara posición latinoamericanista, cambios en la distribución de los recursos presupuestales y mayor inversión social. Pero hay distanciamiento entre las posiciones del Presidente y su aliado Alianza País, por una parte, y por otra, de las izquierdas y el movimiento social. Las causas de este distanciamiento residen en que las empresas insisten en la falta de respeto a la naturaleza y la ausencia de consulta a las comunidades indígenas y locales. Otras causas del distanciamiento son la ausencia de una política que conduzca hacia la reforma agraria, y el mantenimiento de las condiciones antilaborales de los gobiernos anteriores. El proceso ecuatoriano, como el peruano, carece de base institucional.

Distintos grupos socialistas unidos bajo la orientación de la Tercera Internacional dieron lugar a la fundación del Partido Comunista de Colombia en 1930. En sus primeros años de existencia, el PC promovió el Frente Popular que se expresó en el gobierno de la Revolución en Marcha de Alfonso López Pumarejo (1934-1938).

La oligarquía colombiana está entre las más viejas del continente desde las guerras de la independencia y el fracaso del proyecto unificador continental bolivariano. Hizo asesinar a Jorge Eliécer Gaitán y generó las guerrillas rurales como resistencia al genocidio que los terratenientes conservadores desencadenaron contra los liberales. Solo Rojas Pinilla escapó momentáneamente a su control antes de ser depuesto por un golpe de Estado.

En este clima de violencia, el Partido Comunista hizo parte de proyectos unitarios, como el Movimiento Revolucionario Liberal (MRL) y el MRL del Pueblo, en los tiempos del Frente Nacional; en la Unión Nacional de Oposición (UNO), el Frente Democrático, Firmes promovido por Gabriel García Márquez, Enrique Santos Calderón (después director de *El Tiempo*) y Gerardo Molina.

Cuando se proyectó la Unión Patriótica como referente electoral, esta fue exterminada dejando un saldo de 5 000 dirigentes y militantes asesinados, en su mayoría integrantes del Partido Comunista Colombiano.

Entre abril de 1991 y mayo de 1992, mientras fracasaba el diálogo entre la Coordinadora Guerrillera Simón Bolívar y el gobierno liberal de César Gaviria Trujillo, la Asamblea Nacional Constituyente con presencia de grupos guerrilleros desmovilizados del Movimiento 19 de Abril (M-19) y del Ejército Popular de Liberación (EPL) aprobó la Constitución de 1991. En los años siguientes apareció una izquierda que se desenvuelve en el espacio legal mientras en las zonas rurales sobrevive la izquierda guerrillera de las FARC y el ELN. La izquierda moderada trata de que el Estado Social de Derecho establecido por la Constitución de 1991 se torne en realidad, mientras en el plano económico avanza la inversión directa de las corporaciones transnacionales y los poderes mafiosos surgidos de tráficos distintos dominan áreas del territorio disputando poder con el gobierno central del Estado.

La candidatura de Luis Eduardo Garzón en 2002, su elección como alcalde de Bogotá en 2004, la candidatura de Carlos Gaviria en las elecciones presidenciales de 2006 con cerca del 25% de la votación y la elección de Samuel Moreno Rojas para la misma alcaldía en 2007 formaron parte del proceso que llevó al surgimiento del Frente Social y Político, el Polo Democrático Independiente (PDI) y el Polo Democrático Alternativo. El debate interno acerca de los secuestros y otros actos cometidos por guerrilla condujo a la ruptura mientras estallaban las denuncias de corrupción en la administración de Moreno Rojas en Bogotá. Gustavo Petro, a la cabeza de Progresistas, ganó la Alcaldía de Bogotá en noviembre 2011 mientras el nuevo gobierno de Juan Manuel Santos señalaba distancias respecto del uribismo. El Polo tiene ocho alcaldías, nueve diputados departamentales, más de 250 concejales en el país y treinta ediles de Juntas Administradoras Locales.

La distinción ineludible entre crimen y violencia, la necesidad de condenar todos los atentados contra los derechos humanos allí donde se produzcan y cualquiera sea el agente criminal, son temas que la izquierda colombiana no puede eludir. Mientras tanto las generaciones jóvenes que se movilizan alrededor de la defensa de la educación pública se han convertido en un nuevo actor social.

Como se dice en el texto sobre Venezuela, con el surgimiento del liderazgo de Hugo Chávez y el Proyecto del Socialismo del Siglo XXI, se ha producido una confluencia de varias matrices del marxismo venezolano entre 1927 y 1960: la ortodoxia marxista de origen soviético, la socialdemocracia, las tendencias procedentes de la Revolución Cubana y variantes derivadas del anarquismo y el trotskismo, la cultura sindicalista y el comunitarismo barrial. A ellas se agregan las nuevas generaciones juveniles que se identifican con Chávez.

A diferencia de los otros procesos latinoamericanos, el venezolano no ha tenido temor en reclamar un discurso socialista que es crítico respecto de las experiencias socialistas del siglo XX; y en hacer una política de lucha y confrontación con la derecha conservadora que ha polarizado al pueblo venezolano entre dos opciones. Esto corre paralelo con el liderazgo internacional de Hugo Chávez, que, al tiempo de promover la unidad latinoamericana, trasciende las fronteras venezolanas y continentales estableciendo activas relaciones con el Medio Oriente y las potencias emergentes en una situación internacional cada vez más tensa y peligrosa.

En Nicaragua, todavía se vive la secuela de la revolución sandinista en la medida en que el sandinismo sigue siendo un partido de masas. Al retornar al gobierno con el liderazgo de Daniel Ortega en alianza con los liberales constitucionalistas, el FSLN priorizó en su programa político la instauración de la democracia directa mediante lo que denomina Poder Ciudadano, en realidad el ejercicio del poder local como en Venezuela, Cuba, Uruguay y algunas ciudades de Brasil como Porto Alegre. Se ha erradicado el analfabetismo, se hace esfuerzos por la restauración del derecho universal a la salud y la educación, lo que ha permitido que Ortega y el FSLN sean reelegidos el 2011 con el respaldo de más del 50% del electorado nicaragüense. Sin embargo, así como la izquierda colombiana se encuentra frente al desafío de deslindar con los crímenes de guerra que se cometen en nombre de la revolución, la nicaragüense debe deslindar con la corrupción y el clientelismo que amenazan cotidianamente con impregnar el sistema político.

Los Acuerdos de El Salvador produjeron la desmovilización de 15 mil combatientes al tiempo que se incorporaban 100 mil militantes a la lucha política. El FMLN ha logrado convertirse en una gran fuerza política, mediante una amplia alianza con otras corrientes democráticas. Su triunfo ha precipitado la descomposición de ARENA, el instrumento político de la oligarquía durante el conflicto armado pero no de la oligarquía trata de ahogar al gobierno de Mauricio Funes.

Mientras tanto la pobreza se extiende y grandes sectores populares especialmente jóvenes se han entregado a la violencia delictiva. Como en México, Guatemala, Honduras, Colombia, Brasil, Perú y otros países, el territorio dominado por los dueños de maquiladoras, traficantes de drogas y personas, coexiste con el viejo Estado dominado por el capital.

La crisis del régimen del PRI en México produjo entre otros resultados el surgimiento del PRD que, luego de una etapa inicial de represión política, creció, se consolidó y declinó hasta dejar de ser una alternativa para el pueblo mexicano. Este año 2012 México tendrá otro proceso electoral en medio de un clima de violencia y corrupción. El proyecto político electoral del PRD parece haberse agotado pero la izquierda sigue presente en el pueblo y sin duda generará nuevas alternativas en el futuro.

Un recuento de lo expuesto permite destacar algunos puntos comunes que caracterizan la situación general de las izquierdas en América Latina.

América Latina es otra. Su población crece con sus megaciudades y sus poblaciones marginales. Una confusa aglomeración de multitudes, indefinible en términos de clase, emerge en casi todos los países, hambrienta no solo de pan sino de reconocimiento. Parte de sus habitantes emigran hacia países que suponen de abundancia. Los Estados ceden el control de la violencia a poderes mafiosos o son cómplices de ellos. Las viejas oligarquías retroceden o se esconden aislándose de la sociedad sin perder su poder económico ni sus prejuicios y prácticas racistas. El gran capital internacional avanza sin restricciones apoderándose de los recursos del continente. En medio de pobrezas y carencias, las masas son hipnotizadas por los medios y padecen adicción al consumo. La alienación cunde. Viejas institucionalidades como iglesias, familias, comunidades locales, entran en crisis.

Desde luego, hay un retorno a la legalidad, la época de las grandes persecuciones parece ser cosa del pasado aunque el peligro del regreso a las tinieblas de la represión siempre es posible, no es descartable dada la ferocidad mostrada por el imperialismo contemporáneo y la persistencia de una visión retrógrada, racista, macartista de las relaciones sociales en algunas oligarquías. Gente de izquierda, líderes del movimiento social, periodistas independientes del sistema siguen siendo asesinados por las mafias en México, Honduras, Colombia, El Salvador, Perú y otros países. Así como el infantilismo extremista de ciertas izquierdas tuvo que ver con el pretexto que se usó para la entronización de feroces dictaduras, la conquista y reconquista de la democracia es un logro que no pertenece a las derechas sino a las izquierdas, aun a las más radicales; y sigue estando en peligro.

Hay presencia de las izquierdas en varios gobiernos progresistas con cuadros que muestran cada vez mayor experiencia en gestión pública. Las izquierdas ya no están destinadas a la oposición sino que tienen voluntad y capacidad de gobierno. La misma existencia de gobiernos progresistas es uno de los resultados de años de lucha de la izquierda.

En lo político, hay convivencia con sectores de la derecha moderada y el capital en Nicaragua, Uruguay, El Salvador y Brasil. Existe distanciamiento entre gobiernos progresistas y las izquierdas partidarias como en Argentina. En otros países como Ecuador, Bolivia y Venezuela, hay una difícil relación con los liderazgos fuertes y personales (o personalistas) de los conductores. En México y Perú está todo por rehacer mientras las bandas criminales se convierten en actores políticos.

En lo económico, también la gama de expresiones gubernamentales progresistas es compleja y va desde la aceptación del mercado libre y la inversión extranjera con una débil regulación del Estado como en Brasil (país que en realidad es dirigido por un conglomerado monopolista y expansionista de empresas capitalistas unido estratégicamente al PT) hasta la persistencia de una visión crítica de la globalización y del capital, con una resurrección de los enfoques keynesianos, como en Venezuela. Programas de nacionalizaciones, estatizaciones, reformas agrarias o cambios sustantivos en las estructuras han sido postergados o abandonados, excepto en Venezuela donde la mayor hazaña de Chávez ha sido la recuperación de PDVSA que con Petrobras son las joyas de la corona latinoamericana.

En lo retórico y el discurso hay una variedad de opciones desde la postulación de un socialismo del siglo XXI antiimperialista en Venezuela hasta la propuesta de una democracia algo más radical, abierta y participativa que la burguesa como en Brasil y Uruguay.

En lo social, los gobiernos progresistas hacen énfasis en políticas sociales que incrementan la inversión pública en educación y salud y ponen el acento en políticas asistencialistas originadas en el Banco Mundial sin tocar lo básico del sistema en distribución de propiedad, ingresos y carga tributaria. Sin embargo, no se puede desconocer que la gente común, el pueblo, ha sido beneficiada con las misiones sociales venezolanas, el Hambre Cero brasileño o las pensiones no contributivas (no sujetas a contribuciones) en Bolivia y Argentina. En realidad, los gobiernos progresistas hacen un pálido reflejo de lo que fue el Estado europeo del Bienestar.

Todo esto sucede en un continente donde los conflictos estructurales no han sido resueltos, la pobreza persiste, la concentración de la propiedad se acentúa, la desigualdad entre pobres y ricos es insultante. ¿Hasta qué punto las izquierdas moderadas y pragmáticas siguen manteniendo los ideales (sabemos que ya no el programa) de las izquierdas históricas? Si al parecer no existen condiciones para avanzar en las transformaciones de la propiedad de la tierra, la participación en el goce de la riqueza, la distribución justa de ingresos, el ordenamiento de las ciudades y el pago de impuestos por los sectores ricos. ¿Cuánto puede durar la coexistencia entre el gran capital y una izquierda que posterga reformas profundas? ¿Quién está sirviendo a quién? ¿Cuál es el grado de radicalidad en que deben persistir las izquierdas que quieren ser auténticas, que no las conduzca a la marginalidad política o a la repetición de los callejones sin salida del pasado, pero que tampoco las lleve a aislarse de las demandas y expectativas populares? ¿Hasta dónde la aproximación a los círculos empresariales empieza a contaminar con sus prácticas algunas veces corruptas a una izquierda que se propone como una opción ética?

El deslinde con los crímenes de guerra en Colombia, con la corrupción y el clientelismo en Nicaragua, Brasil y México son desafíos de los cuales depende la relación de las izquierdas con la sociedad que está fuera del sistema político y lo rechaza.

No existen ni pueden existir opciones y propuestas generales pero eso no justificaría dejar todo a la espontaneidad. El gran riesgo es repetir la mediocre experiencia de la socialdemocracia europea constructora del Estado del Bienestar que en su momento superó la pobreza pero que no pudo alterar el carácter codicioso y angurriento del capital. O peor, correr la suerte del APRA peruana, la Acción Democrática venezolana o el peronismo derechista argentino sumidos en la degeneración política como consecuencia de su adicción a un poder que es esencialmente corruptor de vidas y conciencias.

Segunda parte
Situaciones nacionales

La izquierda a 20 años de la caída del socialismo en el este europeo. 20 años de la izquierda argentina

Julio C. Gambina

La poesía del tango «Volver»[1] alude a «que 20 años no es nada». Es el tiempo que separa la desarticulación de la URSS respecto del presente. La letra musical memora «que siempre se vuelve al primer amor», y arbitrariamente se me ocurre pensar en la circularidad de los acontecimientos que retornan «resignificados», iguales, aunque de otra manera. Pienso en la experiencia del proyecto del socialismo derrotado hacia 1991, aún antes quizá, y en su emergencia, nuevamente, bajo otras modalidades, en la región nuestrameri-cana en momentos de crisis mundial de la economía y sociedad capitalista.

La letra de la música del tango parece escrita con ese propósito, ya que al finalizar, los versos cantan que «aunque el olvido, que todo destruye, haya matado mi vieja ilusión, guardo escondida una esperanza humilde que es toda la fortuna de mi corazón». Lo destruido era la esperanza de construir una alternativa anticapitalista en el imaginario popular, que llevó a gene-ralizar en el sentido común de la sociedad el «fin de la historia» (Francis Fukuyama).[2] La ilusión, o el «mito de la revolución socialista» según lo con-ceptuaba el peruano José Carlos Mariátegui,[3] como «sueño eterno» según la mención del escritor argentino Andrés Rivera,[4] constituyen la esperanza renacida de la subjetividad en lucha de la izquierda mundial en la rebeldía contra el capitalismo. Trataremos de analizar el fenómeno de la derrota y las expectativas de la izquierda para el caso argentino.

La izquierda argentina en los noventa

Al momento de la desarticulación de la URSS se procesaba en Argentina el auge de las políticas neoliberales del gobierno de Carlos Menem (1989-1999), donde el ajuste y las regresivas reformas estructurales se definían con claridad.[5] La flexibilización laboral, las privatizaciones y la inserción subordinada eran la regla de funcionamiento para el reordenamiento capitalista en Argentina. La izquierda intentaba organizar alternativa política desde varios ángulos.

La novedad entre los partidos de izquierda era la alianza entre comunistas y trotskistas, que presentaron fórmula conjunta para las elecciones presidenciales de 1989 (Izquierda Unida), y que en 1990 desafiaron el consenso neoliberal convocando a una masiva concentración por el NO a las reformas que iniciaba el gobierno menemista. La «Plaza del No» fue el momento de mayor acumulación política de la izquierda partidaria en ese tiempo de emergencia del proyecto de la administración Menem. Este había ganado las elecciones presidenciales con un discurso reivindicador de los derechos de los trabajadores (salariazo, como dimensión de un importante aumento de salarios), de restauración de un modelo sustentado en la producción nacional (revolución productiva que deje atrás el patrón especulativo de acumulación) y una recuperación de la memoria histórica favorable al proceso nacional del primer peronismo (1946-1955), sustentado en derechos sociales y distribución progresiva del ingreso. Para muchos de sus seguidores, al asumir el programa del gran capital se confirmó la traición del menemismo, habilitando la fractura de una izquierda peronista, constituida como sujeto político en el debate continuado hasta el presente.

Pensando a la izquierda partidaria al comienzo de los noventa se destaca la tradición marxista, de bandera roja, y el peronismo en diversas variantes de la tradición nacional popular. Entre los primeros, la novedad deviene de la autocrítica realizada por los comunistas en 1986 y su reinserción en el espacio de la izquierda,[6] situación confirmada, más allá de rupturas en su seno, en el ejercicio de la unidad con partidos trotskistas (Argentina es uno de los países con mayor arraigo de esta corriente en el ámbito mundial), e incluso con corrientes peronistas. Las izquierdas partidarias, fuertemente reprimidas durante la vigencia del terrorismo de Estado (1976-1983) asumie-

ron la lucha democrática desde 1983 contra el proyecto liberalizador here-
dado de la dictadura y el posibilismo socialdemócrata supérstite en la década
de 1980 en el mundo, principalmente asentado en la experiencia europea y
que servía de referencia para la administración de Raúl Alfonsín, presidente
entre 1983 y 1989. Instalar la lucha por el socialismo o el programa de la liberación nacional y social suponía confrontar contra la rémora estructural de
los cambios impulsados en la economía, el Estado y la sociedad en tiempos
de dictadura; al mismo tiempo que se confrontaba con el posibilismo sustentado por el gobierno y los seguidores de Alfonsín, quienes reducían el plan
de acción política a la defensa de las formas democráticas sin aspiración de
cambio político.

Pero la izquierda no puede reducirse solo al ámbito de los partidos políticos. La crisis de los «partidos» y las formas de la representación política
lleva a que no solo existe izquierda partidaria, sino que esta se extiende en el
movimiento popular y en la sociedad con referencias intelectuales, artísticas
y éticas. En materia de los derechos humanos se producirá al comienzo de
la década «menemista» la mayor movilización popular contra el indulto a
los genocidas de la dictadura cívico-militar. El indulto era propiciado por el
gobierno y se buscaba dejar atrás la memoria de rechazo y repudio a la dictadura cívico-militar que llevara a la condena de los responsables del genocidio. Era un camino iniciado por el gobierno de Alfonsín con las leyes del
perdón, de punto final y de obediencia debida. Atrás quedaba el juicio a las
juntas militares desarrollado durante 1985 y el mensaje del «Nunca Más»,
para habilitar un tiempo de impunidad.

Las organizaciones de Derechos Humanos (DDHH) se multiplicaron durante
la dictadura y aún después bajo el régimen constitucional. Los DDHH eran
programa y parte de la subjetividad y organicidad de la izquierda y otros sectores democráticos. Las distintas visiones de la realidad política luego de la
dictadura produjeron la fragmentación del movimiento de DDHH, hecho que
no impidió la convergencia en momentos de confrontación con el proyecto de
las clases dominantes, especialmente en las conmemoraciones de cada aniversario del golpe del 24 de marzo de 1976 y en cada una de la manifestaciones
realizadas en demanda de Justicia, por juicio y castigo a los responsables de
delitos de lesa humanidad.

Sin embargo, ni la Plaza del No (1990), ni la gran movilización contra el indulto (1991) pudo frenar la iniciativa gubernamental, coincidente con las aspiraciones de las clases dominantes locales y globales por la liberalización. El indulto a los genocidas fue aprobado y se habilitó el camino de las privatizaciones de las empresas públicas, con una importante secuela de despidos.

Los comienzos de los noventa son importantes en movilizaciones de trabajadores contra las privatizaciones, donde la izquierda (partidaria, independiente y movimientista) jugó un gran papel en la denuncia de las burocracias sindicales, subordinadas al gobierno y al poder económico, cómplices del antipopular plan de regresiva reestructuración en desarrollo en ese tiempo por el gobierno peronista de Menem. Se destacan grandes movilizaciones y huelgas en el período, entre otros, la de los ferroviarios, que no obstante, no pudieron impedir las privatizaciones de los trenes.[7] El proceso privatizador en la Argentina se produce extensivamente entre 1992 y 1994, incluidos el petróleo y la energía, el agua, los servicios públicos, el transporte ferroviario, aéreo y naval, de cargas y de pasajeros, el régimen previsional; todo ello acompañado de la concentración y extranjerización en la propiedad de los principales medios de producción, que se generalizó con la crisis mexicana de mediados de la década de 1990.[8]

Quizá, el dato relevante del período en el movimiento de los trabajadores esté determinado por el surgimiento en 1992 del Congreso de Trabajadores de la Argentina, «el CTA», más tarde devenido en Central de los Trabajadores de la Argentina, «la CTA». La izquierda en las variantes ya planteadas, de tradición marxista y peronista, agrupadas o no en partidos, asumían el desafío de la construcción de un movimiento de trabajadores con autonomía de los patrones, los partidos y los gobiernos. Parte importante de esa tradición era la experiencia del primer sindicalismo en la Argentina, el construido a fines del siglo XIX y comienzos del XX, entre anarquistas, socialistas y comunistas, una situación que cambió rotundamente desde mediados de los años cuarenta para definir la unicidad del movimiento obrero bajo la representación mayoritariamente peronista de la Confederación General del Trabajo (CGT).

A comienzos de los años noventa se procesa la ruptura de la CGT. Es convergente con el similar proceso de constitución de una izquierda visible en el peronismo, que se expresa entonces en la acción de los diputados peronistas que formaron el Grupo de los 8. Entre ellos estaba Germán Abdala, dirigente de los trabajadores estatales y uno de los principales ideólogos y constructores de la CTA. El proceso de construcción de la CTA también fue posible por la convergencia de estos con la izquierda partidaria, especialmente los comunistas, que después de la autocrítica de 1986 se fueron insertando en el amplio campo de la izquierda. Se trataba de la vuelta a los caminos de la autonomía del movimiento de los trabajadores, en un período en que se procesaban nuevas formas de explotación del trabajo, con extensión de la precariedad laboral y con la convicción que era imposible derrotar a la burocracia sindical desde adentro de sus organizaciones, consolidadas con una institucionalidad que impide la renovación democrática de sus autoridades, y predispuesta a negociar con las patronales y los gobiernos según otra lógica del capitalismo, de una etapa del pasado (1930-1975) sustentada en el desarrollo del mercado interno y la acumulación fronteras adentro.

La CTA generará enormes expectativas durante la década de 1990 y se puso a prueba en la crisis política y rebelión popular de 2001, comienzo también de una crisis de la Central, que intenta superarse en la actualidad. Junto a ese fenómeno aparecerán experiencias diversas de organicidad autónoma del movimiento de trabajadores, por fuera de la CGT e incluso de la CTA, expresadas en comisiones internas gestadas en luchas concretas, en nuevas organizaciones sindicales invisibilizadas y condenadas a la clandestinidad por el poder y los gobiernos.

Lo destacado de la izquierda hacia 1990 está representado por los partidos de ese signo; la militancia y organizaciones de derechos humanos para no olvidar el significado del terrorismo de Estado e impedir el avance del «perdón»; y la militancia y nueva organicidad del movimiento de trabajadores en resistencia a la ofensiva del capital por la liberalización. Es justo señalar que, junto a esos tres principales afluentes de la izquierda con visibilidad entonces, emergían nuevos agrupamientos que asumían una multiplicidad de reivindicaciones que construyeron el programa diverso de la izquierda en ese tiempo y el siguiente hasta el presente. Remito a la lucha de las mujeres y las reivindicaciones de género, manifestadas, entre otras, en los anuales «encuentros de mujeres»; a la resistencia juvenil, especialmente entre los estudiantes para reconfigurar un movimiento estudiantil, principalmente en las universidades públicas; a la cuestión de la vivienda, la lucha por el hábitat y el territorio, sobre todo en tiempos de generalización del desempleo y el empobrecimiento de importantes sectores expulsados de sus ámbitos laborales y condenados a la sobrevivencia en el territorio; las luchas de las minorías y con especial destaque la visibilidad de las reivindicaciones de la lucha de los pueblos originarios, en un país de jactancia de origen europeísta, remitiendo al cajón de los recuerdos el pasado aborigen en la cultura local.

La década de 1990 y la crisis del 2001

Serán los años noventa los de la ofensiva del capital contra el trabajo. Es el decenio de consolidación del proyecto originario de la dictadura, que no pudo materializarse entonces, en totalidad, producto de la resistencia popular. Hizo falta el terrorismo de Estado para generar las condiciones, bajo gobiernos constitucionales, de un reaccionario reordenamiento del capitalismo en la Argentina en la década de 1990.

Esa ofensiva múltiple actuó sobre la economía, la política y la sociedad, disputando el consenso de la población para las políticas funcionales a las clases dominantes y sustentadas desde el gobierno, al punto de la reelección de Carlos Menem en 1995 para un segundo período, y ya sin escamotear el proyecto, claramente liberalizador, por la flexibilización salarial y laboral, las privatizaciones y la inserción subordinada al punto de definirlas como «relaciones carnales» con los Estados Unidos por parte del canciller menemista.

Durante esos años se procesa en la izquierda la derrota y el desarme orgánico e incluso intelectual con la consiguiente desacumulación de poder popular. El resultado será la fragmentación y el tránsito a la acumulación de fuerzas en diversas experiencias entre los partidos y los movimientos populares. Entre los primeros ocurren agrupamientos y reagrupamientos, de los cuales se destaca la expectativa generada hacia 1993 con el surgimiento del Frente Grande, producto del acuerdo entre dos frentes políticos que articulaban la experiencia del Grupo de los 8 diputados peronistas con fuertes disidencias con su organización de origen, otros grupos del peronismo y algunos de tradición en la izquierda, especialmente los comunistas. Las expectativas estaban en el agrupamiento político para desplazar al menemismo del gobierno en 1995, que como dijimos no ocurrió y convocó a nuevas rupturas y experiencias de agrupamiento electoral. El Frente Grande (desgajado de comunistas y sectores del nacionalismo popular) terminará habilitando en su fractura, una corriente que volvió a airear el proyecto de la derecha radical (Unión Cívica Radical) para ser gobierno con Fernando de la Rúa en 1999, y que terminara abruptamente con la crisis y rebelión popular del 2001.

La acumulación de fuerzas en la izquierda se desarrolla en simultáneo a la ofensiva del capital. El eje pasa en la izquierda por intentar organizar a los trabajadores y al pueblo en un momento de generalización del desempleo, el subempleo, la precariedad laboral y el empobrecimiento. Los trabajadores empiezan a organizarse fuera del sindicato, que ya no los reconoce entre sus miembros. El lugar de organización es el territorio, y en algunos casos visibilizan en la CTA su ámbito de contención, pues esta no agrupa solo a sindicatos, sino a los trabajadores en forma individual, sean pasivos o activos, formales o informales, ocupados o desocupados, solo interesando el carácter de trabajador o trabajadora. Las formas de organización se multiplican, sea con la CTA, en nuevas comisiones internas; en articulaciones regionales o nacionales; en el territorio como fogoneros o piqueteros, una identidad construida desde los primeros cortes de ruta y calles desplegados en la década y generalizados sobre el final, para ser una de las identidades de la rebelión popular en 2001.

El movimiento de resistencia a la globalización capitalista tiene su capítulo argentino, que es receptivo de campañas continentales y globales contra el endeudamiento externo, la militarización y el libre comercio. El nacimiento del Foro Social Mundial en enero del 2001 en Porto Alegre genera una masiva concurrencia de militancia argentina, primordialmente de movimientos populares y no tanto de la izquierda partidaria. Será la delegación argentina la mayor después de los locales brasileños, claro que favorecido por la cercanía geográfica y las expectativas que generaba la izquierda en el gobierno de la ciudad de Porto Alegre. El comienzo del 2001 es un momento de madurez y de internacionalización de las iniciativas de protesta de la izquierda política y social de la Argentina.

Las diversas luchas se extienden durante el año 2001 confluyendo una dinámica de acumulación de fuerza social y política institucional. En el primer sentido se destaca un crecimiento muy importante de la conflictividad social en el contexto de un proceso recesivo que se desplegará entre 1998 y 2002. En el segundo sentido, en las elecciones de renovación parlamentaria de octubre del 2001, la izquierda partidaria obtuvo el mayor nivel histórico de votación en el ciclo constitucional iniciado en 1983, colocando a los principales dirigentes de los partidos marxistas como legisladores de la capital argentina, aunque debe destacarse que un 25% se registró como voto nulo, lo que será luego base de la consigna «que se vayan todos» coreada por la pueblada del 19 y 20 de diciembre de 2001. La votación de la izquierda partidaria será un proceso especialmente verificado en la legislatura de la Ciudad de Buenos Aires (un 10% de los diputados locales), la vidriera de la política y el conflicto social.

La izquierda mostraba hacia el 2001 el mayor nivel de acumulación política en la etapa, tanto en el ámbito institucional como en su capacidad de movilización. Entre 1997 y 2001 la CTA había propuesto unos debates bajo la convocatoria a «un nuevo pensamiento», que tras multitudinarios encuentros consolidará un movimiento por una consulta popular (Frente Nacional de Lucha contra la Pobreza, FRENAPO) que desplegará en todo el país marchas, caravanas y un plebiscito que convocó a 3 100 000 personas, a dos días de la pueblada del 19 y 20 de diciembre del 2001 que culminó con la renuncia del gobierno de Fernando de la Rúa (1999-2001).

Esa acumulación de fuerzas permitió el desarrollo de una dinámica de movilización social que se extendió hasta el 2003, cuando desde el gobierno se normalizó la situación con el llamado a elecciones durante todo el año en diferentes provincias y el triunfo de Néstor Kirchner con apenas un 22% del electorado, luego de declinar la disputa en segunda vuelta del ganador Carlos Menem con un 24%. La izquierda partidaria ya no participaría con el volumen de votos obtenidos en octubre del 2001 e iniciaría un nuevo ciclo de fragmentación, de reagrupamientos, y de nuevos procesos de articulación con el movimiento popular.

Es cierto que la izquierda política y social había perdido una oportunidad histórica en el período de luchas de clases desplegado hacia el cambio de ciclo, pero será innegable, dicho esto una década después, que el 2001 ponía de manifiesto un cambio importante en el devenir histórico de la Argentina. El proceso reaccionario instrumentado desde el terrorismo de Estado, como parte de la ofensiva del capital, había llegado a su máximo límite y la izquierda había contribuido en forma muy importante a resistirlo y a generar condiciones de sentido común mayoritario contra las políticas de ajuste y reestructuración reaccionaria. En el futuro inmediato ya no podrá sostenerse un discurso de gobierno con el explícito programa liberalizador con que se construyó la hegemonía y la política de gobierno en los años noventa.

La izquierda desde el 2003

Con la llegada al gobierno de Néstor Kirchner (2003-2007) y luego de Cristina Fernández (2007-2011-2015) la situación de la izquierda se modifica en forma importante, tanto en el ámbito social como en el político.

Podemos confirmar que el fenómeno político del gobierno, el «kirchnerismo», contribuyó a la división en prácticamente todas las organizaciones sociales y políticas radicadas en el arco de la izquierda.

En primer lugar debe constatarse la sorpresa del resultado electoral, tanto porque Menem obtuviera la primera minoría, como por el programa de gobierno a desarrollar por el presidente electo. Poco o nada se sabía de Néstor Kirchner; solo su ejercicio del gobierno en la sureña provincia de Santa Cruz, dato poco alentador en una perspectiva de izquierda. La primera señal la otorgó con la continuidad del ministro de Economía Roberto Lavagna, que había iniciado su gestión en abril 2002 durante el gobierno de Eduardo Duhalde (presidente provisional entre enero del 2002 y mayo de 2003). En segundo lugar, al asumir Kirchner se propone la «reconstrucción del capitalismo nacional», convergente con la perspectiva de normalizar el funcionamiento de la sociedad capitalista desde la asunción de Duhalde (2002). El análisis desde la izquierda será el de una nueva etapa que hizo replantear la estrategia de lucha y alianzas en un trayecto muy diverso.

La pueblada de diciembre del 2001 es el punto más alto de la acumulación de poder popular y de la izquierda, que tendrá su límite en el asesinato de Maximiliano Kosteki y Darío Santillán, producido durante la represión policial a una protesta piquetera el 26 de junio de 2002. Durante todo ese período se desarrollaron experiencias de lucha y de organización de signo diverso, tales como asambleas barriales, empresas recuperadas por sus trabajadores, organizaciones comunitarias, territoriales, de piqueteros, los que articulaban en movilizaciones callejeras y múltiples debates que construyeron la consigna «que se vayan todos». Ese nivel de movilización hegemonizado por una izquierda diversa fue comenzando a frenarse con la iniciativa política del poder, especialmente desde el gobierno de Eduardo Duhalde (2002-2003), tarea culminada bajo la administración Kirchner.

Tanto la administración Duhalde, como la de Kirchner, trataban de normalizar el funcionamiento de la sociedad capitalista. Lo primero era desmovilizar una población que había ganado las calles durante los años de la crisis y la recesión (1998-2002). En otras ocasiones hemos acudido a la categoría gramsciana de «revolución pasiva» para explicar la disputa del consenso social desde el gobierno. Se asumieron variadas reivindicaciones populares y se hicieron efectivas desde el poder.[9] Entre ellas, muchas relativas a los derechos humanos, con fuerte impacto en organizaciones políticas y sociales, especialmente las defensoras de los derechos humanos, muchas de las cuales pasaron a apoyar a la fracción política en el gobierno.[10] El punto débil era la economía, pues la devaluación del 2002 había agravado la situación de los sectores más empobrecidos.

Desde el punto de vista político, el gobierno de Kirchner empezó a diferenciarse de su antecesor, líder peronista, y formuló una convocatoria transversal hacia otros sectores políticos, especialmente del arco de centroizquierda. Eso generó expectativas y constituyó una base de sustento político al gobierno, diferenciada del peronismo. Una parte de la izquierda social y política empezó a visualizar al kirchnerismo como «él» ámbito para la acumulación de poder, situación fortalecida con el cambio político en la región,[11] y el mayor vínculo de Argentina con los nuevos gobiernos que emergían. Este tema se potenciaría en los años siguientes, destacándose en ese plano dos situaciones. Una será la combinación de la lucha popular contra el ALCA y el accionar de los gobiernos del MERCOSUR, que en la reunión cumbre de Presidentes de las Américas en Mar del Plata (noviembre del 2005), impidieron la inclusión en la agenda de debates de la temática relativa al ALCA, tal como proponía George W. Bush y algunos gobiernos aliados. La otra será la suscripción de un acuerdo para constituir el Banco del Sur en diciembre del 2007 en Buenos Aires,[12] que anticipaba una convergencia para pensar en términos de soberanía financiera en la antesala de la crisis capitalista mundial en curso desde mediados del 2007.

La política de derechos humanos relativa a la dictadura genocida, generó importantes adhesiones en una parte del campo de la izquierda y las organizaciones sociales. Otros no se sentirán convocados por la continuidad de las violaciones a los derechos humanos en la vida cotidiana, no solo por efecto de las políticas económicas, sino por la criminalización continua de la protesta social y la novedad de la desaparición de Jorge Julio López,[13] testigo en las causas contra la represión. Sigue siendo un hecho en la Argentina la represión policial, especialmente entre jóvenes y pobres, del mismo modo que existen serias restricciones a la libertad sindical, con más de 2 200 organizaciones sindicales que demandan personería gremial y no les son otorgadas por las autoridades.

Junto a la política de derechos humanos, los lazos establecidos con los gobiernos latinoamericanos, entre otros manifestados en algunos cambios institucionales en los procesos de integración, especialmente la constitución de UNASUR,[14] que por definición excluye a los Estados Unidos, potenció la adhesión de cierta izquierda al gobierno. Otros sectores, por su parte, señalan la participación de Argentina en el G-20, principal ámbito de legitimación de las políticas del poder mundial, al punto de otorgar nuevamente funciones y dinero al FMI.[15]

El tema es que el kirchnerismo se transformó en la variable de fractura de la izquierda, entre los que están a favor, o en contra, una situación puesta en evidencia en divisiones de movimientos y partidos sobre ese eje, del mismo modo que agrupamientos de la izquierda se incorporan como aliados del gobierno, o por circunstancias especiales se retiran del mismo. El kirchnerismo es un eje falso de división en el campo de la izquierda, ya que el problema para la izquierda es la capacidad de confrontar con el capitalismo recompuesto según los intereses de las clases dominantes para favorecer la acumulación de riquezas, de ganancias y de poder.[16]

La referencia electoral de la izquierda marxista es muy baja, sin representación parlamentaria nacional. Los minoritarios éxitos electorales remiten a algunos pocos legisladores locales. El desafío para la renovación electoral es recuperar capacidad de inserción institucional. La izquierda independiente o radicada en nuevas representaciones institucionales (desprendimientos de los partidos tradicionales, incluida la izquierda) pretende refrendar cargos y aumentarlos para enfrentar la crisis de alternativa política. En varios movimientos sociales existe el debate sobre las formas de involucrarse en la política institucional, lo que motivó, entre otros, a que en torno a la CTA[17] surjan formaciones partidarias impulsadas a título personal por algunos de sus dirigentes.

Los desafíos a 20 años

En Argentina se necesita recuperar sentido popular en la lucha emancipadora y revolucionaria por el socialismo. Desde el gobierno y la izquierda asociada a su proyecto se plantea que la divisoria es entre el fortalecimiento del proyecto de gobierno o el retorno de la derecha. Desde otro ángulo se sostiene que esa es una posición política «posibilista», que el problema es que en la Argentina existe un debate entre las clases dominantes sobre el tipo de gobierno, si explícitamente funcional al discurso neoliberal, tipo Menem (1989-1999), o crítico como el actual, pero manteniendo un modelo favorable a la concentración y centralización del capital.

Es un tema que se verifica a escala global, en el debate en el G-20, con aquellos sectores minoritarios que pretenden la política del ajuste estructural (mayoritariamente en Europa) y los que impulsan la continuidad del salvataje del capitalismo con intervención estatal (EEUU). El problema pasa por superar los límites de esa contradicción y construir una política superadora del capitalismo en crisis, camino ensayado en los procesos más radicalizados de América Latina y el Caribe, que fuera puesto en evidencia cuando en diciembre del 2009 en Copenhague los países del ALBA sostuvieron que el problema no es el cambio climático, sino el capitalismo y su modelo productivo que amenaza a la tierra y a la humanidad.

El desafío en Argentina supone la acumulación entre los trabajadores y para ello resulta fundamental afirmar el camino de construcción de una CTA de millones, tal como formuló recientemente el Congreso de la Central.[18] Para la Argentina, la acumulación político social entre los trabajadores sigue constituyendo la base de una política de construcción de sujeto social para la revolución.

Pero no alcanza con acumular entre los trabajadores. Se requiere una política de acumulación de poder popular más amplio, situación que se verifica en la iniciativa de construir una constituyente social,[19] que empalma con el proceso de refundación institucional del proceso de cambio en la región latinoamericana, especialmente refrendado en las reformas constitucionales de Bolivia y Ecuador. El poder constituyente depende de la relación de fuerzas; por eso, la lucha emancipadora constituye un desafío para refundar la izquierda en nuestro país y en la región nuestramericana.

Hemos intentado una reflexión sobre el conjunto de la izquierda argentina, agrupada en partidos y en movimientos. El trayecto de 20 años se reconoce en una fuerte ofensiva de las clases dominantes en los primeros 10 años (1989-1999) y una resistencia con un importante papel de la izquierda que modificó sustancialmente el escenario político de la segunda década (2000-2010), pero curiosamente en la actualidad con menor peso específico en el ámbito institucional y en la capacidad de movilización articulada. Podemos intuir, quizá, que el imaginario y la tradición por cambios profundos son mayores que la capacidad de organizar esa cultura por la izquierda, mostrando los límites de los agrupamientos que pretenden construir este espacio político.

Desde la crisis del 2001 se procesan importantes debates y reagrupamientos de la izquierda argentina, que en la coyuntura actual, una parte por lo menos, intenta asumir el desafío de instalar en el imaginario social el anti capitalismo y la propuesta de transformación revolucionaria, socialista, de la sociedad en la Argentina. Aludimos a «una parte» ya que existen sectores y partidos que asumen la política oficial como el límite de lo que es posible en la coyuntura, y otra parte condenada a subsistir en la crisis de la izquierda partidaria, no solo por su escasa representatividad expresada en los momentos electorales, sino por su ineficacia en su modo de interpelar a las clases subalternas, desde un excesivo «vanguardismo» y de escasa conciencia y análisis de los cambios operados en la sociedad en general y en los de abajo en particular.

La realidad ofrece una posibilidad a la izquierda en Argentina, si es capaz de estructurar una política autónoma de los trabajadores, que pueda instalarse en el movimiento popular en su conjunto y no se ilusione con propuestas de mejoras en el marco de un capitalismo global en crisis.

Luego de las elecciones de renovación presidencial

Los resultados electorales de octubre 2011 para la renovación presidencial asignan un claro triunfo al oficialismo liderado por Cristina Fernández de Kirchner (CFK), quien obtuvo el 54% de la votación. El triunfo del actual gobierno incluye las mayorías necesarias en el parlamento, sea en las cámaras de diputados y senadores, que con legisladores propios y aliados podrá funcionar con quórum suficiente para legislar. El porcentaje obtenido es el mayor en la saga electoral desde 1983, el período más largo de vigencia constitucional en la historia de la Argentina, superando con el 54%, el 45,28% del 2007, que permitió el primer mandato de la Presidenta. Raúl Alfonsín había obtenido el 51,75% en 1983; Carlos Menem el 47,49% y el 49,98% en 1989 y 1995 respectivamente; Fernando De la Rúa el 48,37% en 1999; Néstor Kirchner el 22,24%. Las últimas dos presidencias pueden considerarse parte de un mismo ciclo, el «kirchnerismo», que tendrá a partir de ahora un tercer mandato, que algunos podrán definir en el «cristinismo». Serán doce años en un mismo ciclo político.

Sin duda, la situación económica y la sensación relativa a ella, es causa del consenso electoral en el gobierno de CFK. La ampliación del consumo tiene expresión en la capacidad de gastos de los sectores de altos y medios ingresos, tanto como en la franja de menores recursos. No hubo opción económica en la consideración de la mayoría de los votantes. Más allá de la economía, la política otorga algunas señales. Durante el 2008, el gobierno de CFK fue objetado desde los sectores más concentrados del agro, a los que se unieron las voces de otros ámbitos de las clases dominantes y la «derecha» política. Esa situación intervino en la derrota electoral de medio tiempo del gobierno de CFK (2009). Desde entonces y especialmente con la muerte de Néstor Kirchner (octubre 2010), la iniciativa política del gobierno favoreció la disputa del consenso. Se destaca en ese sentido la nacionalización del sistema de capitalización de pensiones y jubilaciones; la masividad de la Asignación Universal por Hijos de desempleados (abarcará a cerca de 4 millones de personas en 2012); y el matrimonio igualitario, entre otras medidas de importante aceptación social. A esos argumentos debe adicionarse el «capital simbólico» construido por el gobierno, tanto en el ámbito de los derechos humanos y asumirse como los «herederos» de las Madres de Plaza de Mayo, como en el «latinoamericanismo» esgrimido contra el ALCA y en la posterior configuración de UNASUR. Son elementos que enriquecen la comprensión del consenso generado y contribuye a explicar el alto porcentual de votación.

La oposición por «derecha» no pudo capitalizar el triunfo electoral del 2009 y corrió detrás de la iniciativa gubernamental para quedar sin juego en la elección del 2011, al punto que el segundo agrupamiento por votos, el Frente Amplio Progresista (FAP), se asume en la «centroizquierda» de las opciones políticas. El principal referente de la derecha partidaria, el jefe de Gobierno de la Ciudad de Buenos Aires, Mauricio Macri, aspira a canalizar desde ahora el liderazgo de ese espacio político en el proceso que se inicia con el segundo mandato de CFK. Estas elecciones dejaron a la derecha tradicional con su liderazgo vacante y fuera del gobierno. Al mismo tiempo, posicionaron una fuerza expectante de centroizquierda con el FAP, que aún muy lejos de la votación para el Frente para la Victoria (un 36% menos) emerge con un colectivo parlamentario y cierta capacidad de organizar a sectores sociales, especialmente trabajadores de la CTA. Una mención especial merece la izquierda trotskista (FIT), que aún lejos de obtener representación electoral pudo vencer su carácter testimonial y hacerse visible desde una campaña que la acercó a la sociedad. Los grandes perdedores de esta elección son los sectores tradicionales del peronismo y el radicalismo.

El cuadro político descripto, incluida la cuantiosa votación a CFK, son parte de lo que denominamos «crisis política» y búsquedas de nuevas representaciones. El kirchnerismo construyó desde la debilidad (2003), confirmó liderazgo sucediéndose en 2007 (CFK) y luego de la derrota electoral del 2009 reconstruyó consenso electoral (2011). En nuestra hipótesis, la disputa del consenso sigue abierta, especialmente desde la protesta y el conflicto social. Desde un punto de vista general puede considerarse la continuidad de la crisis del régimen político en la Argentina. Si bien ganó el voto peronista, en esta ocasión fue con la identidad del Frente para la Victoria (CFK), apoyado en la burocracia política y sindical del peronismo (PJ y CGT) y en aliados de centroizquierda (Nuevo Encuentro, la CTA intervenida por el Ministerio de Trabajo, y otros). Queda por analizar si ese caudal electoral afirma la tradición peronista o muta a consolidar el kirchnerismo, o el cristinismo. Sí queda claro que el bipartidismo, peronista y radical, vuelve a sufrir otro golpe, aunque hay historia de resurgimientos anteriores. El peronismo y el radicalismo siguen siendo las principales fuerzas de gobiernos provinciales, municipales y en espacios legislativos, pero en proceso estructural de crisis. La izquierda se presenta en diferentes variantes, dentro del gobierno, en el FAP, en el FIT, y aún en Proyecto Sur (liderado por Pino Solanas), con capacidad de actuar en el movimiento popular, en su organización y movilización, restando profundizar en su capacidad para construir poder propio en la coyuntura política y más allá.

La elección de CFK para un nuevo período no era una novedad desde la realización de las elecciones primarias en agosto del 2011, donde obtuvo el 50% de los votos. Las incógnitas provienen de la evolución de la crisis capitalista mundial y su impacto en la situación de la economía, lo que genera incertidumbre sobre el rumbo, sea por menor demanda de compradores en recesión, por reducción de los precios internacionales de las exportaciones de Argentina, o por las presiones sobre el precio de la divisa, todas situaciones que ya impactan en la merma de las reservas internacionales. En realidad nadie espera grandes cambios en la política económica, pero existen inquietudes sobre la disputa por el ingreso y la riqueza, con lo que ello puede implicar en materia de conflictividad social. La carestía de la vida empuja reclamos de mejoras en los ingresos populares que contrasta con la expectativa patronal por mantener la tasa de ganancia y con el propósito mediador del gobierno para reducir la presión al alza de los salarios. Las orientaciones del gobierno se enfocan en un mejor diálogo con la cúpula empresarial, ante la cual se presentaron recientemente sendos planes estratégicos, para el agro y la industria hacia el 2020. En ambos instrumentos, como en el Presupuesto 2012, se ratifica el modelo productivo asentado en el monocultivo, la mega minería a cielo abierto y una industria de ensamble.

Una de las interrogantes es la perspectiva de lo manifestado por el FAP. No es la primera vez que emerge una fuerza política por fuera del bipartidismo tradicional. Lo fue el Partido Intransigente en los ochenta, el Frente Grande en los noventa y en ambos casos fueron absorbidos, el primero bajo la hegemonía del PJ, y el segundo de la UCR. La clave estará en la capacidad de construir autonomía desde la organización y movilización popular, propuesta que involucra a los sectores y dirigentes de la CTA que participan en el proyecto institucional del FAP. Es una perspectiva que se procesa en la ampliación de las alianzas hacia el conjunto de la izquierda y el movimiento nacional y popular por la liberación, tanto como en la capacidad de articular poder popular. El gran desafío para la izquierda y el movimiento popular está en la capacidad de construir alternativa ante la crisis de la política.

Notas

1.   «Volver» (tango) compuesto en 1935. Música de Carlos Gardel y letra de Alfredo Le Pera.

2.   Francis Fukuyama escribe en 1989 un texto de interrogación sobre el fin de la historia, que transforma en libro en 1992 bajo el título «El fin de la historia y el último hombre», donde la tesis principal es que la caída del comunismo y el triunfo de las democracias

liberales marcaban el comienzo de la etapa final en la que no había más lugar para largas batallas ideológicas. Es una tesis que contribuyó a obstaculizar la perspectiva ideológica sobre la alternativa al capitalismo.

3.   En varias de sus obras el amauta se define por el rumbo socialista de la política de izquierda en la región, incluso cuando la Tercera Internacional abogaba por una perspectiva de revolución democrática, agraria y antiimperialista con vistas al socialismo. Mariátegui no se conformaba con el etapismo que supone primero desarrollar el capitalismo y luego entonces el objetivo socialista, sino, directamente asumir las tareas socialistas como horizonte civilizatorio a comienzo del siglo XX.

4.   Andrés Rivera: *La revolución es un sueño eterno*, Alfaguara, 1992. La novela es sobre la experiencia de la revolución de mayo de 1810 en el virreinato del Río de la Plata, asentada en la biografía del revolucionario Juan José Castelli.

5.   Julio C. Gambina y Daniel Campione: *Los años de Menem. Cirugía mayor*, Ediciones del CCC, Buenos Aires, 2003.

6.   En noviembre de 1986 se celebró el XVI Congreso del Partido Comunista de la Argentina, que realizó una autocrítica sobre las posiciones políticas en tiempos de la dictadura militar, calificándola como «oportunista de derecha». Ese proceso habilitó un debate sobre la historia política del PC conocido como el «viraje del PC» hacia posiciones de izquierda.

7.   Juan Carlos Cena: *El ferrocidio*, La rosa blindada, Buenos Aires, primera edición 2003, segunda edición (actualizada) 2008.

8.   La Encuesta de Grandes Empresas (ENGE) del Instituto de Estadísticas y Censos, INDEC, da cuenta del fenómeno. (http://www.indec.mecon.ar/).

9.   Se aprobó en el 2003 la anulación de las leyes de la impunidad (punto final y obediencia debida) mediante lo cual se reabrieron los juicios a los militares; se modificó la Corte Suprema de Justicia; se habilitó un proceso de negociación salarial en concomitancia con el crecimiento de la economía, lo que generó una ampliación del empleo, aunque se tratase de contratos precarios en su gran mayoría (se estima en más del 30% el empleo irregular); se habilitó una política social compensatoria que involucró a millones de personas.

10.   Entre las más reconocidas es el caso de Madres y Abuelas de Plaza de Mayo.

11.   Desde 1999 gobierna Hugo Chávez en Venezuela; en enero del 2003 asume Lula la presidencia de Brasil; mayo 2003 lo hace Kirchner en Argentina; en enero del 2006 Evo Morales en Bolivia; enero del 2007 Rafael Correa en Ecuador y Daniel Ortega en Nicaragua; en diciembre del 2007 Cristina Fernández en Argentina; en agosto del 2008 Fernando Lugo en Paraguay; en junio del 2009 Mauricio Funes en El Salvador. Si a eso se suma medio siglo de Revolución Cubana, se completa un cuadro político regional en la primera década del siglo XXI de signo contrario al clima político e ideológico vigente durante las décadas de los ochenta y los noventa.

12.   Suscribieron el acuerdo siete presidentes de la región, de Brasil, Chile, Ecuador, Paraguay, Uruguay, Venezuela y Argentina. Es poco lo que finalmente se avanzó a casi cuatro años de la voluntad de constituir una entidad de financiamiento regional.

13.   Desaparecido el 18 de septiembre del 2006, durante el gobierno de Néstor Kirchner. Era testigo de una causa judicial, habiendo sido él mismo desaparecido en 1976 hasta 1979. Continúa desaparecido.

14. Véase el portal de UNASUR: (http://www.pptunasur.com/inicio.php?idiom=1).

15. La relación del gobierno argentino con el FMI ha sido de fuertes críticas, pese a lo cual se cumplió regularmente con los pagos, cancelando anticipadamente la totalidad de la deuda por 9 500 millones de dólares en enero del 2006. Al avalar en el G-20 al FMI, el gobierno se vio obligado a recomponer relaciones y el Fondo fue convocado para asesorar en la elaboración de un indicador de precios confiable ante la crisis del Instituto Nacional de Estadísticas y Censos (INDEC).

16. Según las encuestas realizadas por la ENGE hasta el 2010, que registra anualmente el INDEC, se observa que la concentración y extranjerización de la economía es un dato creciente de la evolución económica del país.

17. La CTA está prácticamente dividida entre un sector favorable al gobierno y otro, mayoritario, que impulsa la autonomía. En ambos sectores existen dirigentes sindicales que impulsaron estrategias electorales que llevaron la voz de sindicalistas al parlamento. Véase (http://www.agenciacta.org/).

18. I Congreso Federal de Delegados de la CTA, realizado en Mar del Plata, el 23 y 24 de marzo de 2011.

19. Proceso definido desde el 2006 por la CTA y que tuvo picos de construcción a fines del 2008 en Jujuy y del 2009 en Neuquén, siendo la propuesta de constituir una asamblea social constituyente durante el 2012 previo procesos múltiples de construcción de asambleas distritales en varias ciudades del país. Véase (http://www.constituyente-social.org.ar/).

Bolivia:
la izquierda en una sociedad abigarrada

Patricia M. Chávez

El estudio de la izquierda en Bolivia no puede reducirse al análisis de los partidos políticos que se identifican como tales. Históricamente, lo político en nuestro país siempre desbordó los espacios institucionales fijados por la normatividad estatal. Por eso, aunque existen partidos políticos desde las dos últimas décadas del siglo XIX, aunque hay partidos de izquierda desde las primeras décadas del siglo XX, y aunque en la época neoliberal se impuso la forma partido como mediadora y monopolizadora de la representación y la participación social, los principales espacios de decisión y participación política de la sociedad fueron de hecho —y aún son— los gremios, los sindicatos obreros y campesinos, las centrales y subcentrales indígenas de tierras bajas, y otras organizaciones creadas por los sectores populares en sus momentos de insurrección, como la Coordinadora del Agua en el año 2000. Entonces, para hablar de la izquierda en Bolivia es necesario referirse a las fuerzas sociales, las cuales, según las circunstancias, cuajan en organizaciones o partidos que luchan contra la reproducción de los núcleos de desigualdad social. Lo contrario de las fuerzas emancipatorias son las fuerzas conservadoras, que también han organizado la defensa de sus intereses en partidos, gremios empresariales y otros tipos de organizaciones, y sobre todo, según el momento histórico, en los espacios de poder gubernamentales o locales, y que centran sus acciones en evitar y negar la posibilidad de una trasformación radical del sistema social reproductor de desigualdades.

La «izquierda» en condiciones de abigarramiento social

No es lo mismo plantearse el problema de la constitución de las fuerzas de izquierda en un país que ha desarrollado los elementos centrales de la reproducción capitalista, que en lugares donde la misma se halla desplegada de forma fragmentaria o parcial, porque en ambas la emergencia de las fuerzas políticas tiene características diferenciadas.

El esquema político resultante de una sociedad moderna (Estado-mediación-sociedad), es fruto de la desestructuración paulatina de las formas comunales agrícolas y artesanales como modos de identidad, y la estructuración de la sociedad como mero contrato de «interacción individual».[1] Al surgir el obrero colectivo, al descomponerse las anteriores maneras culturales que los trabajadores poseían para comprenderse a sí mismos y a todo lo que les rodeaba, se desmorona la «experiencia subjetiva de participar de los mismos fines y valores»,[2] y se erige una nueva interacción entre individuos atomizados, desarraigados, y poseedores de valores y fines distintos. La sociedad civil es el producto de la organización de esta ciudadanía enajenada, abdicante y particularista. Es el mundo de las identidades e intereses privados, donde los sujetos, aunque sea en apariencia, polemizan, deciden y actúan —ya sea sobre cuestiones públicas o particulares, da igual— en tanto son portadores de un interés personal, exclusivo. Lo «común» es construido, pues, por sujetos despojados de sus antiguos lazos comunales. Sin embargo, luego de la destrucción de la comunidad, la sociedad civil necesita imaginar una nueva forma de construcción de lo colectivo, necesita crear un lugar donde las distinciones, diferencias e individualismos se unan y reconcilien sin ser anulados. Es el momento de la constitución de un Estado-nación.[3] En él, los sujetos se ven a sí mismos como iguales y diferentes a la vez: diferentes porque son portadores de identidades e intereses diversos, e iguales porque todos tienen el mismo derecho a que sus diferencias sean representadas por el Estado. Es un proceso simultáneo de reconocimiento e integración de los particularismos. La nación es una forma de dotar de un trasfondo general a las individualidades. Es también, por tanto, «un artificio político»,[4] un intento de recrear ilusoriamente una comunidad que ya no existe prácticamente. La constitución de la representación estatal es, por tanto, una forma de «concentración de los modos de simbolización y ordenamiento moral e intelectual de la sociedad».[5] Se trata de hacer que esta —la sociedad civil— se sienta incluida y representada en el Estado, que crea en la exclusividad, superioridad y universalidad de los poderes públicos, aunque en realidad estos se cimenten en una estructura social basada en una situación de dominación. Entre más profunda sea esta sensación, más concentrado y consolidado estará el monopolio estatal de la política, y más ajena y alejada estará la sociedad civil de su tratamiento, «es como querer tener de polo contrario un conjunto vacío, pero necesario, como un afuera, que se vuelve también un abajo, en tanto la constitución del Estado crea la ilusión de su propia superioridad, aunque hable el lenguaje liberal de la vigilancia y el servicio a su sociedad civil».[6]

Cuando se ha logrado la concordancia entre «la dirección moral e intelectual en la economía y el gobierno político»,[7] es decir, la correspondencia entre el modo de trabajo y las creencias y vínculos sociales, se plantea el problema de cómo construir un nexo que relacione sociedad civil y Estado, es decir, la mediación política. La inclusión de los derechos civiles y políticos de los sujetos en la institucionalidad del Estado-nación es, precisamente, un terreno fecundo para la constitución de las mediaciones y para la subordinación de los sectores subalternos en términos de consenso, integración y sumisión. En una sociedad moderna, entonces, la forma partidaria es fruto de la separación entre sociedad y Estado, y las fuerzas políticas actúan sobre la base de esta precondición, la de la atomización de la sociedad y la del monopolio de la política y la fuerza centrado en el Estado. Con otras contradicciones pasando a segundo plano, las fuerzas, organizaciones y partidos de izquierda, fuera o dentro del Estado, generalmente centran su accionar en conflictividades como la de la opresión clasista, por ejemplo.

¿Qué ocurre en una sociedad que no ha sido totalmente sometida a los procesos de acumulación capitalista? ¿Cómo se configuran las fuerzas sociales? Al examinar la conformación social boliviana, encontramos la coexistencia de múltiples formas productivas, asociativas y culturales, correspondientes a la convivencia de diversos tiempos históricos en un mismo espacio social, y de las distintas maneras de constitución de su intersubjetividad social, de su heterogeneidad y de su relación subordinada al proceso de valorización del capital. A grandes rasgos son identificables tres grandes temporalidades civilizatorias o racionalidades económico-culturales: las formas modernas, las agrarias y las nómadas.[8] A esta convivencia jerarquizada de múltiples formas productivas, asociativas y culturales —procesos laborales precapitalistas subordinados formalmente a la reproducción capitalista—, sobre las que se levantan las distintas maneras de participación, organización y representación político-sociales se le ha llamado abigarramiento. Bolivia, según el sociólogo René Zavaleta, tiene una formación social abigarrada:

> Se dice que Bolivia es una formación abigarrada porque en ella no solo se han superpuesto las épocas económicas (las del uso taxonómico común) sin combinarse demasiado, como si el feudalismo perteneciera a una cultura y el capitalismo a otra y ocurrieran sin embargo en el mismo escenario o como si hubiera un país en el feudalismo y otro en el capitalismo, superpuestos y no combinados sino en poco. Tenemos, por ejemplo, un estrato, el neurálgico, que es el que proviene de la construcción de la agricultura andina o sea de la formación del espacio; tenemos de otra parte (aun si dejamos de lado la forma mitimae) el que resulta del epicentro Potosino, que es el caso de mayor descampesinización colonial, verdaderas densidades temporales mezcladas no obstante no solo entre sí del modo más variado, sino que también con el particularismo de cada región.[9]

Las formas políticas organizativas lejos de haberse uniformado en torno al mítico sujeto elector responsable únicamente ante sí de la negociación de su soberanía política, y agrupado en corporaciones de iguales que delegan por consenso el control de su voluntad general (los partidos), se manifiesta de muchos otros modos y a través de otras técnicas sociales de constitución de la voluntad general que limitan e interpelan la validez y la consistencia del partido y la forma electoral de la confirmación de los poderes públicos. Las formas corporativas de organización política impiden que la racionalidad mercantil capitalista emerja con fuerza y se convierta en un hábito de la sociedad boliviana áctual. Esto ha impedido que los intentos de los sectores dominantes por imponer una mediación partidaria hayan logrado cristalizar, pero: ¿qué retos implican para la izquierda? ¿Qué ocurre cuando en una sociedad, aún no fueron desmanteladas las formas económicas, políticas y sociales de otro tipo de sociedades y tiempos históricos? En nuestro caso, hablamos específicamente de pueblos indígenas que aún insisten y perviven con sus correspondientes formas materiales y organizativas aún vigentes.

El reto central es que en una sociedad abigarrada los núcleos de desigualdad y opresión no pasan solo por las contradicciones clasistas, pasan además por problemáticas como la de la colonialidad. Esto quiere decir que ser de izquierda no necesariamente significó asumir la complejidad de formas de dominio compuestas por desigualdades y opresiones raciales o culturales —y también de género. Debido a eso, a que el tema indígena o no existía o era relegado a un lugar secundario por los horizontes de la izquierda en las primeras décadas del siglo XX, desde fines de 1960 y sobre todo, en la época de 1970, se viviría una experiencia hasta entonces inédita: la conformación de partidos indigenistas, kataristas e indianistas, cuyos componentes de base y líderes eran comunarios provenientes del área rural y, en otros casos, indígenas que habían logrado ingresar a los espacios universitarios. La articulación partidaria había provenido en parte, de las experiencias del movimiento katarista en la ciudad de La Paz, que poco a poco se había introducido en esferas menores de la organización sindical. Una característica de la experiencia partidaria indígena, en cuanto a su estructura organizativa y a su construcción discursiva, será su cercanía a fracciones del movimiento sindical campesino. Todo esto hablaba de los límites de una izquierda, frente a la que sujetos provenientes de otros núcleos sociales, aparte de los modernos, sentían desconfianza y con la que no se sentían identificados, pues el problema de la opresión no solo era clasista o, en todo caso, se trataba de un clasismo que requería ser reinterpretado y complejizado. Parte de estos esfuerzos de renovación del horizonte de la izquierda —o mejor decir las izquierdas— en Bolivia, confluyó, por ejemplo, en los intentos de pensar simbióticamente marxismo y katarismo, aunque también existían otras tendencias contrarias que consideraban esa una tarea improbable y contradictoria debido a las prácticas coloniales de los militantes de la izquierda marxista, y viceversa, las corrientes de izquierda de inspiración marxista, trotskista y leninista consideraban que cualquier análisis quedaba trunco si no se incluía la crítica a la explotación del capital. Incluso la misma idea de izquierda fue puesta en entredicho por las corrientes indigenistas, porque según ellas la polaridad izquierda/derecha pertenecía a la historia y al pensamiento europeo.[10] En estos marcos pasamos a la revisión de lo sucedido con las tendencias izquierdistas partidarias y organizativas durante la era neoliberal.

Movimientos sociales y partidos de izquierda durante la época neoliberal

La crisis de los partidos de izquierda —sobre todo los autoidentificados con matrices marxistas, leninistas, maoístas y trotskistas— durante la época neo-liberal en Bolivia (1985-2000), fue profundizada sin duda por la crisis de la Unión Soviética y de las fuerzas y los horizontes ideológicos que la misma implicaba. Pero no había comenzado con la llamada caída del muro de Ber-lín, ocurrida a finales de la década de 1980 y a principios de la década de 1990, sino mucho antes, en 1985, con la llegada al poder de Víctor Paz Estens-soro y el Movimiento Nacionalista Revolucionario (MNR) en coalición con la derechista Acción Democrática Nacionalista (ADN), que cuestionaron y penalizaron de facto de la intervención política de las organizaciones sindi-cales —que desde la Revolución de Abril de 1952 hasta 1985 habían sido las verdaderas instancias de participación de la sociedad boliviana. Los parti-dos políticos, que durante los años de 1952 a 1982 no tuvieron otra salida que actuar dentro de la Central Obrera Boliviana (COB) —pues era el sindi-cato y no el partido, el mediador legítimo entre sociedad civil y Estado—, a partir de 1985 son obligados a encuadrarse en un proyecto democrático que tenía poco que ver con la democracia postulada por los trabajadores de la ciudad y el campo. Se trataba de una democracia regulada o impuesta desde el aparato estatal, que intenta sustituir despóticamente a los sindicatos como mecanismos de mediación y suplantarlos por los partidos. Desde entonces entramos a la época de la infructuosa búsqueda de una mediación partidaria que había permanecido en la sombra al menos desde la Revolución de 1952. Los partidos más radicales, como el Partido Obrero Revolucionario (POR) y el Partido Comunista Boliviano (PCB), que habían crecido al amparo de su activismo en los sindicatos, entran en un proceso de crisis al igual que la COB. Esta crisis es acelerada por factores cuyo control estaban fuera del alcance del poder público, como la elevación de los costos de producción minera a causa de la baja de la ley del mineral, pero surgida ante todo por los límites de la forma de regulación de la fuerza de trabajo (el llamado Estado benefactor) y la disposición de las elites dominantes locales y extranjeras, de pasar a la conformación de unas nuevas relaciones de poder económicas y políticas para la producción y apropiación de la riqueza social.[11] El empleo del aparato del Estado y de sus recursos ideológicos contra las movilizaciones populares durante el gobierno de Paz Estenssoro, fue intensamente violento y autoritario. Este fue el período en que Bolivia fue insertada a los procesos mundiales de liberalización y modificación radical de la forma de desarrollo del capital, pues fue promulgado el decreto supremo 21060 (de despido masivo de trabajadores mineros) y con él la Nueva Política Económica. Se comenzó a hablar del «nuevo» papel que los sindicatos deberían jugar en la etapa actual; estos deberían superar su «cultura política autoritaria» y su política de enfrentamiento, para adoptar medidas de concertación.[12]

La llamada modernización del Estado estaba ligada estrechamente a medidas neoliberales:

> [...] la reforma modernizante emprendida en 1985 tiene objetivos ciertamente ambiciosos. La reducción de las funciones económico-empresariales del Estado, la expansión del mercado y del rol dirigente de la empresa privada, el abandono de políticas públicas de corte populista y corporativista, la constitución de una alianza entre el Estado, los grupos empresariales (generalmente de tendencia exportadora) y los estratos de profesionales con una buena formación moderna, el debilitamiento del movimiento sindical radicalizado y el intento de vincular las economía de mercado con una nueva democracia liberal, estable y conectivamente aceptada.[13]

La elaboración de políticas y estrategias destinadas a contrarrestar la crisis económica desatada durante el gobierno de Hernán Siles Zuazo (1982-1985), se llevó a cabo sin la consulta a los organismos sindicales, que fueron convocados posteriormente para ser informados sobre los principales lineamientos de la Nueva Política Económica. Un ejemplo de ello fueron las palabras del entonces ministro de Planeamiento y Coordinación, Guillermo Bedregal, que declaraba:

> Este esquema no tiene ningún tipo de paternalismo, no hemos consultado con nadie para que nos digan lo que tenemos que hacer, porque creo que el MNR sabe lo que tiene que hacer.[14]

En el cinismo de estas palabras queda resumido el nuevo orden político: el sindicato ya no iba a ser reconocido como interpelador legítimo de la sociedad ante el Estado y la manera de intervenir en la direccionalidad de las políticas públicas iba a asumir desde ahora la estrecha y privada forma de la constitución de partidos políticos, tomando en cuenta el previo debilitamiento de los partidos de izquierda.

La extirpación de las formas de organización y manifestación de intereses y necesidades populares, es el objetivo de las reformas legales dadas a luz en el transcurso de los gobiernos neoliberales. A pesar de ellas, los diversos sectores laboriosos empinaron sus energías sociales lo suficientemente alto como para mantener sus propias formas de expresión política. Por ello, todos los gobiernos denominados democráticos, excepto el de Siles, acompañaron las modificaciones y determinaciones constitucionales, con la utilización recurrente de medidas represivas y policiales. De 1985 a 1997, hubo cuatro Estados de sitio,[15] por lo menos treinta y cinco muertos entre mineros, campesinos y detenidos políticos en los enfrentamientos de estos sectores y organizaciones contra la policía y el ejército, una masacre,[16] un secuestro proveniente de la policía,[17] tortura psicológica y física a detenidos políticos, intervenciones policiales practicadas a las huelgas de hambre y a las manifestaciones de protesta, decenas de confinados, decenas de heridos, cientos de detenidos.[18] Esta situación llegó a sus peores momentos con las medidas represivas asumidas por los gobiernos neoliberales hasta 2005, año en que los sectores sociales lograron, luego de un ciclo de insurrecciones, la convocatoria a nuevas elecciones presidenciales, fruto de las cuales un representante de los sectores indígenas y populares, Evo Morales, arribó a los espacios de poder estatales. Lo relevante de todo este recuento del sistemático autoritarismo estatal aplicado paralelamente y como soporte de la «modernización política» es que contra lo que se enfrenta el Estado, o mejor, lo que busca refrenar y disciplinar es un conjunto de formas y técnicas de organización política popular mediante las cuales la población civil canaliza múltiples demandas, reclamos y significados de lo que entiende como la orientación de lo común, de lo público, del «buen gobierno». En el fondo se trata de generalizadas tecnologías de disciplinamiento del hábito político colectivo.

Otros partidos, como el Movimiento de Izquierda Revolucionaria (MIR) y el Movimiento Bolivia Libre (MBL), se acoplaron casi de inmediato a los proyectos liberales de construcción democrática, y ello fue posible porque en el fondo su lógica delegativa del poder —ellos como representantes de los intereses y la conciencia de la clase obrera— no era contraria a la lógica de la democracia como ilusión jurídica. Aunque ambos se autonombraban partidos de izquierda, lo hacían dentro de los límites y las reducciones que implica el hecho de que las fuerzas sociales y los partidos marxistas estaban siendo sometidos a procesos de persecución y represión sistemáticos. En esas condiciones, llamarse de izquierda en el parlamento hegemonizado por fuerzas neoliberales, sin cuestionar la médula de su orientación económica y política, implicaba ya la claudicación y la complicidad respecto a las acciones autoritarias del Estado contra la sociedad. Cabe mencionar que en este período nacieron partidos como Conciencia de Patria (CONDEPA) y Unión Cívica Solidaridad (UCS), que no reivindicaban ideologías de izquierda, sino a lo sumo una identidad popular o «chola», sobre todo por la composición social de su militancia, que frente a la rigidez y clausura de las estructuras de los partidos tradicionales, representaba una apertura a la participación de los sectores marginales sobre todo de las urbes. De todas maneras estos nuevos partidos se incorporan definitivamente a la nueva lógica política mercantil del voto instaurada por los gobiernos neoliberales.

En estas condiciones, la crisis de la Unión Soviética fue un factor más de la crisis de los partidos de izquierda bolivianos de tendencia marxista —con sus diversas variantes. Sin embargo, aún con sus estructuras sindicales desmanteladas, las fuerzas sociales emancipatorias, es decir, contrarias al modo de dominio neoliberal, estaban atravesando por un proceso de reorganización corpuscular. Cientos de militantes obreros y campesinos se organizaban en torno a redes muchas veces invisibles para los organismos represores. Fuertemente golpeados por las medidas neoliberales y por la crisis de los países comunistas, los partidos y las organizaciones de izquierda influidos por la ideología marxista redujeron su presencia —aunque no desaparecieron—, y comenzaron a cobrar fuerza el horizonte indigenista y las organizaciones de campesinos e indígenas. Ellos también experimentaron procesos de resignificación debido a los desafíos que implica una realidad en la que los componentes clasistas y coloniales constituyen a los sujetos populares.

La problemática del poder

El rearme organizativo de la sociedad civil cobra expresión concreta en las marchas de pueblos indígenas del oriente boliviano (década de 1990), la Guerra del Agua (2000), la Masacre de Octubre (2003), los bloqueos y movilizaciones que se sucedieron hasta el 2005, que señalan los momentos de desmoronamiento de la hegemonía neoliberal sobre el régimen social boliviano. En estos años lo que las fuerzas movilizadas reclaman es la transformación del orden social vigente. Cuestionan el monopolio partidario y la forma general de gestión de la política y la economía caracterizada por su manejo elitista. Se rechaza a los mediadores partidarios y sus coaliciones en el Estado y se replantea un debate sobre el sentido, los contenidos y los espacios de la idea de democracia y la participación política. El horizonte liberal de comprensión y ordenamiento del mundo social se quiebra y se introduce la perspectiva indígena más allá de las refuncionalizaciones e incorporaciones mutiladas que sufrió con anterioridad.

Simultáneamente, y sobre la base de esta ola movilizatoria se va constituyendo otro momento, el de la fundación de partidos políticos indigenistas, como el Movimiento Al Socialismo (MAS) y el Movimiento Indígena Pachakuti (MIP), que recuperando la memoria de las organizaciones indígenas, se piensan como «instrumentos» de estos sectores para acceder a los espacios de poder gubernamentales. La idea de «izquierda» queda en este momento ampliada y resignificada porque incluye la participación y el protagonismo de ideologías y sectores hasta ese momento subalternos. Aunque las diferentes corrientes existentes al interior de estos partidos, discuten los alcances y los límites que implica asumir una identidad izquierdista, en términos de posicionamiento dentro el sistema político en general y partidario en concreto, donde están también las representaciones de los sectores conservadores, asumen posicionamientos de izquierda, lo que en todo caso refleja la complejidad de la composición social del bloque popular boliviano.

De esa manera, desde el 2006 hasta la actualidad atravesamos por un proceso de reformas y cambios cuyo signo más emblemático está en el arribo de una cantidad inédita de indígenas a los espacios estatales. En el concierto internacional, esta gestión gubernamental es pensada como parte de las fuerzas de izquierda del continente, y a nivel interno se habla del «gobierno de los movimientos sociales», de un «proceso de cambio», de un «gobierno socialista» o de un «Estado plurinacional». Ciertamente todo esto es muestra de importantes transformaciones, que, no debe olvidarse, se fundan principalmente en las insurrecciones y resistencias de los sectores sociales. Sin embargo, algunos hechos reflejan las contradicciones y los límites de dicho proceso y la necesidad que existe de discutir sobre qué estrategias tienen que elaborarse, para que la llegada de la izquierda al poder del Estado se traduzca en la transformación del mismo en términos de democratización, y no derive en la integración y subsunción de los izquierdistas dentro de las estructuras jerárquicas y sistemas de privilegios y desigualdades clasistas coloniales y patriarcales que este espacio aún contiene.

Hasta el momento, aunque existen varios hechos que muestran los límites que las lógicas estatales y de dominio imponen sobre sus gestionadores, nos centraremos en dos de ellos por su significado. El primero es el llamado *gasolinazo* de diciembre de 2010, que implementó el aumento de los precios de los hidrocarburos —y por tanto de todos los bienes de consumo—, y que según las explicaciones de los operadores gubernamentales era necesario para el equilibrio macroeconómico del país. Más allá de la veracidad de esa razón, lo evidente es que implicaba un golpe terrible para la mermada economía popular, y fue decidido de la misma manera unilateral y vertical que utilizaban los regímenes neoliberales. Aunque la medida fue derogada días después debido a la convulsión popular que amenazaba con extenderse y radicalizarse, quedó claro que algo preocupante había sucedido en las esferas estatales. No era posible que los representantes populares que lo constituían no hayan podido prever la reacción social. O se estaba ante un preocupante proceso de aislamiento y alejamiento respecto a las pulsiones de la sociedad, o se estaba frente a un fenómeno de absorción respecto a las necesidades de reproducción del Estado —o ambos.

El otro momento es el del llamado conflicto del TIPNIS. En Bolivia, entre los departamentos de Cochabamba y Beni, se encuentra el Territorio Indígena y Parque Nacional Isiboró–Sécure (TIPNIS). Es parte de la Amazonía boliviana y poseedor de una gran biodiversidad, así como hogar de por lo menos 64 comunidades de indígenas chimanes, yuracarés, mojeños y trinitarios, eso a parte de los colonos de proveniencia andino occidental. Por lo menos desde el 2008 existen estudios que atestiguan la intención del gobierno actual de construir una carretera con la adjudicación de la misma a empresas brasileñas,[19] lo que quiere decir que ya en estos momentos tempranos del «proceso de cambio», estaban presentes elementos, no solo discursivos, sino de política pública que apuntaban, paradójicamente, a continuar con un horizonte capitalista desarrollista aun en contra de las demandas y las posibilidades políticas creadas por la ola de movilizaciones populares dadas en Bolivia del 2000 al 2005. Uno de los pasos que no se realizó fue el de la consulta a los pueblos indígenas del TIPNIS, para conseguir su legitimación para la construcción de la carretera mencionada. Por ahí debió comenzar todo, pero fue al revés, se comenzó con la negociación de créditos y contratos con gobiernos extranjeros, con la adjudicación de obras y la apertura de los primeros tramos del camino, cuando por determinación constitucional —Art. 352 de la Constitución Política del Estado boliviano—, tenía que realizarse una consulta previa y con la debida información a la población indígena de los territorios involucrados, para cualquier acto que implique explotación de recursos naturales o construcción de infraestructura. La desventaja de estos pueblos es que están en minoridad de condiciones. Son demográficamente más pequeños y sus organizaciones son más vulnerables ante el asedio de los núcleos oligárquicos de las regiones que ocupan. De un proceso que se llama a sí mismo plurinacional, «de cambio» y hasta «socialista», se espera que por lo menos se pongan en la mesa de la discusión y del debate públicos las nociones de desarrollo que se enlazan con la depredación de la naturaleza, y se contrasten con aquellas propuestas que piensan la economía y la política fuera de los marcos de explotación capitalista, y que sea la sociedad la que establezca que horizonte quiere seguir. Para eso son necesarios espacios donde se pueda ejercer la crítica y la autocrítica libremente.

Los ejemplos arriba vistos nos muestran contradicciones, alejamientos e inclusive rupturas entre gobierno y sociedad, y nos llevan a plantear la cuestión del poder: ¿para qué llega la izquierda —o cierta parte de ella— a los espacios estatales? ¿Basta con la presencia de representantes provenientes de sectores populares para que los mismos se transformen? ¿Es el Estado un espacio que puede descolonizarse o reproducirse al margen de las jerarquizaciones clasistas o de cualquier otro tipo? ¿Cómo? Lo evidente es que una de las tareas cruciales de las fuerzas de la izquierda boliviana es reconstruir permanentemente el significado y las prácticas del poder para no quedar subsumidas o cautivas de dinámicas que, tanto en los espacios de la vida cotidiana y en las esferas políticas de alcance público, reproducen desigualdades, marginación, explotación y dominio.

Notas

1. Luis Tapia: «Multiculturalidad y pluralismo», *Socialismo y Participación* no. 2, CEDEP, Lima, 1998, p. 71.

2. Ibídem.

3. Luis Tapia: *Turbulencias de fin de siglo*, Facultad de Ciencias Políticas-UMSA, La Paz, 1999, p. 24.

4. Benedic Anderson: *Comunidades imaginadas*, FCE, México D.F., 1994.

5. Luis Tapia: *Turbulencias de fin de siglo*, ob. cit., p. 23.

6. Ibídem: 24.

7. Ibídem: 30.

8. Luis Tapia: *La invención del núcleo común*, Muela del Diablo, La Paz, 2006.

9. René Zavaleta: *Las masas en noviembre*, Juventud, La Paz, 1983, pp. 16-17.

10. Véase a Javier Hurtado: *El katarismo*, HISBOL, La Paz, 1986. Véase también a Silvia Rivera: *Oprimidos pero no vencidos*, Aruwiyiri-Yachaywasi, Bolivia, 2003.

11. Varios: *Las reformas estructurales en Bolivia*, Milenio, 1998.

12. H.C.F. Mansilla: *La cultura del autoritarismo ante los desafíos del presente*, CEBEM, La Paz, 1991.

13. H.C.F. Mansilla: «Gobernabilidad, élite del poder y cultura política», *Socialismo, Autoritarismo y Democracia*, CEBEM-CLACSO, Venezuela, 1992, p. 96.

14. Godofredo Sandoval: *Las mil caras de movimiento social boliviano*, Offset Panamericana, La Paz, 1986, p. 42.

15. Dos, en 1985 y 1986, durante el gobierno de Víctor Paz Estenssoro; uno, en 1989, en el gobierno de Jaime Paz Zamora; uno, en 1995, durante el gobierno de Gonzalo Sánchez de Lozada, *Presencia Reportajes* del 12-4-1998.

16. Lorgio Orellana: «La Masacre de Navidad», *Nueva Sociedad* no. 153, Caracas, febrero de 1998. Véase también *Nueva Economía*, 29-10 al 4-11 de 1996.

17. El secuestro del presidente de la Comisión de Derechos Humanos Waldo Albarracín durante el gobierno de Gonzalo Sánchez de Lozada (1993-1997).

18. Véase *Presencia*, 31-7-94:1, *Presencia Reportajes*, 12-4-98; *Presencia*, 30-4-95; *Presencia*, 1-5-94; *Presencia* 28-5-95; y *Presencia* 20-10-96.

19. «La Presidenta de la Administradora Boliviana de Carreteras (ABC), Patricia Ballivián, suscribió en agosto del 2008 con el gerente de la empresa brasileña OAS Ltda., Geraldo Pereira, el documento de adjudicación de obra para la construcción de la carretera Villa Tunari - San Ignacio de Moxos, bajo la modalidad "llave en mano"». (http://levantate.over-blog.com/categorie-11334621.html).

Partido de los Trabajadores: una síntesis de múltiples determinaciones

Iole Ilíada Lopes

El Partido de los Trabajadores (PT) fue fundado formalmente el 10 de febrero de 1980, por lo que es una organización política relativamente joven. Sin embargo, la experiencia y el acumulado histórico de ese partido son considerables. No por casualidad, en 2010, el PT conquistó por tercera vez la Presidencia de la República. Durante los dos primeros mandatos la ocupó Luiz Inácio Lula da Silva y en el tercero la ocupa Dilma Rousseff.

Además de eso, el PT se convirtió, a lo largo de sus poco más de 30 años de existencia, en la alternativa electoral preferida por la mayoría de las clases trabajadoras, por sectores significativos de las clases medias y por cierta parte de la propia burguesía brasileña. Es la opción preferida de parte importante de las dirigencias sindicales, urbanas y rurales, con gran influencia entre las mujeres, la juventud y demás movimientos sociales.

Para comprender cómo, en un país en el que la izquierda jamás había constituido, de manera efectiva, una alternativa electoral capaz de polarizar la disputa con los sectores conservadores en el ámbito nacional, el PT pudo en tan poco tiempo llegar a gobernar Brasil, es preciso asumir ese acumulado histórico, efectivamente, como una «síntesis de múltiples determinaciones». Eso es lo que trataremos de hacer a continuación.

La izquierda brasileña y la fundación del Partido de los Trabajadores

El PT es, evidentemente, producto de la experiencia acumulada por la izquierda brasileña y fruto de un momento particular en la historia del país.

Cuando se fundó el PT, la dictadura implantada por el golpe de 1964 estaba en su fase terminal, y enfrentaba una fuerte oposición proveniente de movimientos políticos y sociales impulsados, en forma directa o indirecta, por la llamada crisis del modelo económico. A esa altura, una parte significativa de la izquierda tradicional había sido liquidada o sometida a un elevado grado de fragmentación, lo que abrió el camino para el surgimiento de una nueva izquierda, representante de la nueva clase trabajadora que emergió con el desarrollo económico posterior a 1964.

Esa nueva militancia, en su gran mayoría, no estaba organizada política y partidariamente. Pero en ese proceso de enfrentamiento directo a la derecha y al capital, se convenció de la necesidad de disputar el poder en otro ámbito y, por tanto, de la necesidad de crear un partido político. El Partido de los Trabajadores se corresponde, de esa forma, con el deseo de esa nueva vanguardia popular de construir un partido propio, bajo su control, superando los errores que se percataba que habían sido cometidos por aquellas agrupaciones más tradicionales. En ese sentido, una de las características de ese nuevo partido era la combinación de las luchas institucionales con la participación activa de los movimientos y luchas sociales, con el objetivo de acumular fuerzas para transformar la sociedad brasileña de una manera mucho más profunda.

En el proceso de constitución del PT, muchos autores identifican tres vertientes principales: los sindicalistas combativos, los cristianos progresistas y los militantes de la izquierda organizada.

La expresión «sindicalistas combativos» servía para caracterizar a los militantes del Nuevo Sindicalismo que protagonizaron las grandes huelgas de las décadas de 1970 y 1980. Los cristianos progresistas, a su vez, serían sobre todo aquellos sectores de la Iglesia Católica vinculados a la Teología de la Liberación. En cuanto a las organizaciones o partidos clandestinos de la izquierda que existían con anterioridad al PT, muchos de ellos optaron por ingresar al nuevo partido, pero querían seguir actuando en su interior como organización autónoma, lo que más tarde llevaría a aprobar una reglamentación sobre el derecho de tendencias en el PT,[1] que garantiza la pluralidad interna de opiniones, pero prohíbe el funcionamiento de «partidos dentro del partido».

No obstante, es importante señalar que, a lo largo de sus poco más de tres décadas de existencia, el PT siempre buscó hacer innovaciones organizativas con el objetivo de garantizar la democracia interna y la participación de la base militante. Citamos aquí, como ejemplos, la organización por *núcleos*, por *sectoriales*, la reglamentación del derecho de tendencias y el Proceso de Elección Directa (PED). Evidentemente, los resultados obtenidos por tales innovaciones fueron, y todavía son, objeto de debates y polémicas al interior del partido.

En el caso de los núcleos, que fueron instituidos con el propósito de descentralizar la participación en la vida partidaria, el problema es que esos espacios, que se organizaban por barrio, por categoría profesional, por local de trabajo o por movimiento social de actuación, terminaron agotándose. Mucho se ha discutido en el PT sobre la necesidad y también sobre las dificultades de su reestructuración. Es preciso recordar que las transformaciones sociales, económicas y culturales, sobre todo en el universo de las grandes ciudades, incidieron bastante sobre el grado de participación activa de la militancia y, por tanto, sobre la vitalidad de los núcleos.

En el caso de las tendencias, en el PT hay quien las considera la causa de las divisiones y disputas internas. Pero, vistas las cosas más de cerca, ellas son una consecuencia de esas divisiones y representan un método transparente de organizar las divergencias, que en general poseen un fondo ideológico y estratégico. Está claro que las tendencias no pueden predominar por encima del partido, porque eso significaría su fragmentación. Otro problema es la posibilidad de que se formen grupos internos organizados, no en torno a propuestas políticas, sino de intereses pragmáticos o de influencia de figuras públicas, pero eso podría ocurrir con o sin la existencia reglamentada del derecho de tendencias.

Las «sectoriales», a su vez, son instancias partidarias en las cuales participan los militantes que actúan en determinado movimiento social, como las mujeres, los sindicalistas, los que combaten el racismo, entre otros. Su objetivo es fundamentalmente garantizar un espacio de participación y discusión de la militancia social afiliada al PT, que crea un vínculo orgánico entre partido y movimientos. El desafío, aquí, es impedir que esa forma de organización particularice en demasía los debates específicos, y estos terminen quedando restringidos al ámbito de esos espacios, y que no se realicen, en forma efectiva, por el conjunto de los militantes y dirigentes del PT.

Sobre el Proceso de Elección Directa, recuérdese que el PT es el único partido brasileño que elige a todas sus direcciones por el voto directo de todos los afiliados y afiliadas. Tales elecciones deben considerarse positivas porque permiten que la participación democrática de una masa representativa de afiliados sea la que escoja a los dirigentes partidistas. Sin embargo, no puede ignorarse que ese procedimiento, mediante el cual se elije a las direcciones partidistas desde 2001, es vulnerable a los problemas que distorsionan la democracia institucional en cualquier ámbito, tales como la desigualdad material entre las fórmulas y candidaturas concurrentes, las afiliaciones en masa, o el ejercicio del voto sin conocimiento previo de las ideas defendidas por las fórmulas y candidaturas inscritas. Además de eso, la participación de los afiliados en la vida partidista muchas veces se restringe al acto de votar, y quien milita cotidianamente y ayuda a construir el PT tiene el mismo peso a la hora de elegir las direcciones que un afiliado que decida hacerse presente solo en el momento del Proceso de Elección Directa.

Brasil y el PT en los años neoliberales

Fundado en la década de 1980, el PT surge, en una aparente paradoja, en el momento en que en el mundo se producía el giro neoliberal. Eso se explica, como ya vimos, por las particularidades históricas del país. En ese período Brasil fue justamente marcado por un importante ascenso de las luchas sociales y por una gran participación de la sociedad brasileña en la lucha política.

No obstante, por esa razón, la introducción del neoliberalismo en Brasil se dio tardíamente, en relación al ocurrido en otros países.

Basta decir que de ese período data la fundación de varias organizaciones de los movimientos sociales, como la Central Única de los Trabajadores (CUT), en 1983, y el Movimiento de los Trabajadores Rurales Sin Tierra (MST), en 1984. Y desde el punto de vista partidario, además de la formación del PT, fue en esa década que se produjo la legalización de los partidos de izquierda que estaban en la clandestinidad, como el Partido Comunista de Brasil (PC de B) y el Partido Comunista Brasileño (PCB), en 1985.

Es también en este período que se instala el Congreso que aprobaría, en 1988, la nueva Constitución Brasileña, considerada bastante avanzada en términos sociales, justamente como reflejo de ese momento de movilización política.

No hay dudas de que ese fuerte ambiente de movilización y lucha social fue el fermento que permitió al PT acumular fuerzas en el período. En ese sentido, es preciso mencionar la destacada participación del PT en la Campaña por las Elecciones Directas (1983) y el Congreso Constituyente de 1986-1988.

Desde el punto de vista estratégico, la formulación más elaborada de este período data de 1987, cuando, en su V Encuentro Nacional, el PT estableció las bases de su política de acumulación de fuerzas para convertir a los trabajadores en clase hegemónica, extinguir al capitalismo y construir el socialismo, mediante un programa democrático-popular capaz de sistematizar las principales reivindicaciones de la clase trabajadora, que combina las tareas antilatifundistas, antimonopolistas y antiimperialistas. Si se toma en cuenta la situación histórica brasileña, la conquista de la Presidencia de la República era considerada un elemento central en esa estrategia, pues a partir de ella se podría impulsar ese proceso. Y ante la inevitable resistencia de la clase dominante, sería posible que los trabajadores tomaran conciencia de la necesidad de una ruptura y de la conquista del poder, llevando la lucha de clases del país a otro nivel. De forma bien resumida, esta era la «estrategia democrático-popular» defendida por el PT, y que orientó la acción del partido en la elección de 1989.

En 1989, con la primera elección directa a la Presidencia de la República después de los años de dictadura, el candidato Luiz Inácio Lula da Silva, lanzado por el PT y apoyado en la segunda vuelta por todas las fuerzas de izquierda del país, casi obtiene la victoria con un programa bastante radicalizado para la época. Lula obtuvo 47% de los votos, contra 53% el candidato victorioso, Fernando Collor de Mello.

Esa derrota por pocos votos consolidó al PT como el principal polo aglutinador de las fuerzas de izquierda, con condiciones reales de disputar los rumbos políticos del país. Pero esa derrota también abrió el camino a la aplicación en nuestro territorio de las políticas neoliberales.

Evidentemente, como había ocurrido en el resto del mundo, la ofensiva neoliberal combinada con la crisis del socialismo después de su derrota en el Este europeo, afectó políticamente a la izquierda brasileña en general.

Algunos sectores de la izquierda brasileña optaron por desconocer los cambios en la correlación de fuerzas y continuaron actuando como si estuviesen todavía en la coyuntura de 1989. Es el caso, por ejemplo, del Partido Socialista de los Trabajadores Unificado (PSTU), formado en 1994, cuando la Convergencia Socialista, una corriente trotskista que actuaba en el interior del PT, decidió fundar un partido propio junto con otros pequeños agrupamientos.

En sentido opuesto, otros partidos capitularon frente a las transformaciones objetivas y subjetivas, y optaron por abandonar los propósitos revolucionarios y socialistas. Es el caso de la mayoría del PCB,[2] que abandonó esa organización para fundar el Partido Popular Socialista (PPS), y que acabó convirtiéndose en uno de los principales defensores del proyecto neoliberal en el país.

El PT no optó ni por un camino ni por el otro. No obstante, es innegable que la nueva condición histórica resultó en alteraciones estratégicas y programáticas en ese partido, que fueron justificadas, por quienes las propusieron, como una respuesta necesaria a los nuevos desafíos planteados por la desorganización de las fuerzas de la clase trabajadora y el reflujo de las luchas sociales, pero que fueron también criticadas por amplios sectores del partido, que veían en tales medidas una confusión entre recurso táctico y recurso estratégico.

Citamos, como las principales reformulaciones programáticas de ese período, la sustitución del concepto clásico de revolución por el de «revolución democrática»; el abandono de la lucha contra el capitalismo por la lucha contra el neoliberalismo; la adopción de la idea de «modo petista de gobernar» como símbolo de eficiencia ética, y no necesariamente como el de gobierno compromiso con la clase trabajadora; la sustitución de la estrategia democrático-popular por una estrategia de centroizquierda.

En la nueva estrategia adoptada, las conquistas electorales, que siempre fueron consideradas una parte importante del proceso de acumulación de fuerzas, pasaron a ser el objetivo central, en nombre del cual debería concebirse la política de alianzas[3] y la lógica de organización partidaria.

Las respuestas dadas parecen haber ayudado efectivamente al PT a sobrevivir en aquella difícil coyuntura para los partidos de izquierda. El partido creció, si consideramos como indicador su inserción institucional y el número de afiliados. Pero es innegable que esa «flexibilización» del programa y de la estrategia partidaria provocó cambios importantes desde el punto de vista organizativo, político e ideológico. Entre ellas, citamos la reducción de la militancia voluntaria (sustituida por militantes profesionalizados), la hipertrofia de la lucha institucional y electoral en detrimento de la lucha y organización directa de las clases trabajadoras, y un cierto alejamiento del debate en torno del socialismo y de la estrategia, sustituido por discusiones más orientadas a la acción táctica e inmediata.

De cualquier manera, esa estrategia logró conducir al PT, en los comicios de 2002, al puesto político más alto del país, con la elección de Lula a la Presidencia de la República. Una vez en el gobierno, sin embargo, el PT chocó justamente con las dificultades provocadas por esas acciones, como veremos a continuación.

El PT y la elección de Lula

En 2002, después de haber concurrido a tres elecciones a la Presidencia de la República con la candidatura de Lula, el PT finalmente triunfó. Esa victoria, en gran parte debida a las insatisfacciones generadas por los años neoliberales en Brasil, no solo dentro de la clase trabajadora, sino también entre sectores de la burguesía, se dio justamente en un momento histórico en que la ofensiva neoliberal había empeorado la correlación mundial de fuerzas, reducido la capacidad del Estado de implementar reformas estructurales, y enflaquecido tanto la influencia ideológica del pensamiento de izquierda y la capacidad de organización y movilización de los movimientos sociales.

Además de eso, esta primera elección de Lula se produjo con apoyo no solamente de los partidos del «campo democrático-popular» —Partido Comunista de Brasil y Partido Comunista Brasileño en la primera vuelta, y también con el Partido Democrático Laborista (PDT, por sus siglas en portugués) y el Partido Socialista Brasileño (PSB), en la segunda—, sino sobre la base de una coalición más amplia, que incluía a sectores de la burguesía y hasta los propios partidos conservadores, identificados con la derecha.

Por otra parte, a pesar de haber sido derrotados en las elecciones presidenciales, los partidos de oposición siguieron siendo hegemónicos en los gobiernos estaduales y las prefecturas, en los poderes legislativo y judicial. Y la clase dominante, obviamente, mantuvo intacto su poder económico y su control de los grandes medios de comunicación.

Ese contexto llevó a la conclusión, por parte del gobierno, de que no había condiciones políticas para implementar el programa de reformas estructurales más amplias que había sido aprobado en el XII Encuentro Nacional del PT, realizado en 2001. La opción fue por una transición lenta y gradual, que mantenía aspectos de la política económica del gobierno anterior, al tiempo que trataba de adoptar algunas medidas de carácter antineoliberal, ampliar las políticas sociales, reducir la vulnerabilidad externa e inducir el crecimiento económico.

Esa política de transición buscó apoyarse en la formación de mayorías parlamentarias para obtener la necesaria *gobernabilidad*, que supuestamente permitiría materializar los avances deseados. Pero esa concepción parlamentarista convirtió al gobierno en dependiente de una mayoría de derecha y, por tanto, subordinado al fisiologismo predominante en los partidos conservadores.

Esa concepción de gobernabilidad parlamentaria, por un lado, y la pérdida de apoyo político de sectores que tenían expectativas demasiado altas sobre el gobierno, por otro, cobraron sus efectos sobre el PT, en un proceso que culminó con la crisis de 2005, cuando una serie de denuncias referentes al financiamiento irregular de campañas electorales funcionó como pretexto para una amplia campaña de desgaste del partido y el gobierno. Ese proceso, sin embargo, no logró el éxito esperado por los sectores de oposición. La crisis fue conjurada con la reelección de Lula a la presidencia, en 2006.

La crisis de 2005 hizo que algunos sectores del PT rompiesen con él e ingresaran en el Partido Socialismo y Libertad (PSOL), que había sido fundado un año antes debido a las insatisfacciones generadas por las primeras acciones del gobierno de Lula, sobre todo, con respecto a una reforma del sistema de asistencia social que restringió los derechos de los servidores públicos.

Una de las lecciones que la crisis de 2005 le dejó al PT es la referida a la difícil y necesaria separación entre partido y gobierno. El ejercicio del gobierno es siempre una experiencia contingente, circunscrita al tiempo y sometida a condiciones históricas y a la correlación de fuerzas imperante. Pero el partido, por su parte, debe ser el portador de un proyecto de futuro, y debe ofrecer un programa y una estrategia que posibiliten justamente la superación de las contingencias y la consecución de los objetivos históricos.

En un gobierno de coalición, esa separación se torna aún más vital. Y si en el sistema político vigente en Brasil es prácticamente imposible gobernar sin formar una coalición más amplia, el PT corría el riesgo de que el programa de la coalición, más moderado y más rebajado, acabase por contaminar sus propios objetivos y directrices programáticas, diluirlas y atraerlas hacia las posiciones más de centro. Lo que estaba en juego era su identidad política y la representatividad ante su base social histórica.

Dialécticamente, una vez más, debido a que sirvieron para arreciar la campaña de las clases dominantes y de los sectores conservadores contra el PT y contra Lula, la crisis de 2005 y la elección presidencial de 2006, operaron en el sentido de reafirmar esos vínculos partidistas y sus fundamentos ideológicos, a pesar de que, en las condiciones polarizadas de la lucha de clases, los responsables de la defensa del partido y del éxito de la elección fueron los trabajadores, los movimientos sociales y principalmente la base partidaria.

Ese movimiento fue también responsable de «empujar» al gobierno de Lula hacia la izquierda, y de posibilitar que el segundo mandato fuese superior al primero, desde el punto de vista de los intereses de la clase trabajadora.

La constatación de que esa falta de autonomía del partido con relación al gobierno fue problemática en el inicio del primer mandato de Lula motivó la aprobación, por unanimidad, de una resolución del III Congreso, convocado en 2007, en que el PT hizo una autocrítica por haberse comportado «casi como una "correa de transmisión" de las posiciones del gobierno hacia la sociedad y hacia nuestra base social».[4]

Otra preocupación expresada en aquel congreso se refirió justamente a los límites de la gobernabilidad institucional. Con respecto a eso, se construyó un consenso en el PT en torno a la necesidad de consolidar una especie de «gobernabilidad social», basada en la combinación entre la actuación parlamentaria, la acción del gobierno, la movilización social y la presión de la opinión pública.[5]

El PT y los desafíos actuales

En 2010, el PT conquistó mediante el voto popular un tercer mandato en la Presidencia de Brasil, esta vez con Dilma Rousseff, primera mujer que ocupa el cargo.

Una vez más, la campaña electoral —que fue a segunda vuelta pese a que Lula concluyó su mandato con un histórico 97% de aprobación—, fue marcada por una fuerte polarización, en la que la derecha económica y social buscó instrumentalizar los sentimientos más reaccionarios y conservadores contra el PT y su candidata, lo que produjo, como reacción, un fuerte apoyo y movilización de los movimientos sociales y de los intelectuales progresistas, sobre todo en la segunda vuelta, que resultó fundamental para la victoria obtenida.

Ya durante la campaña, el PT debatía la necesidad de que, si era electa, Dilma hiciese un gobierno superior al de Lula en lo referido a los intereses democráticos y populares, lo que implicaría la realización de las reformas estructurales necesarias: reforma política, tributaria, rural, urbana, en la educación y en la comunicación, entre otras.

Esas reformas siguen siendo determinantes para que los trabajadores pasen de la conquista del gobierno a la conquista del poder, lo que significa transformar la fuerza electoral del PT en fuerza social. Para eso, es necesario fortalecer su enraizamiento, organización y capacidad de hegemonía en la sociedad. También es necesario ser capaces de hacer una reflexión teórica y una formulación política más profundas sobre el actual momento histórico y sus características.

Desde el punto de vista estratégico, eso significa responder la pregunta: ¿de qué manera la presencia de la izquierda en el gobierno brasileño, más que mejorar la vida del pueblo, puede ser un instrumento efectivo para alterar estructuralmente la correlación de fuerzas a favor de los trabajadores, condición fundamental para la construcción del socialismo?

Significa también intensificar el trabajo de base junto a los trabajadores y demás sectores populares y medios y las propuestas de la izquierda. Esta es la única manera de convertir al partido en un instrumento efectivo para apoyar y fomentar las luchas masivas por reivindicaciones económicas, sociales y políticas.

Para ser capaz de enfrentar esas tareas, el PT necesita resolver algunos de sus principales problemas organizativos actuales.

El primero el de la formación política. El número de afiliados al PT ha crecido exponencialmente en los últimos años, lo que es deseable en un partido de masas. Pero es preciso convertir a esos afiliados en militantes. Y para eso se convierte en fundamental un trabajo organizado y capilar de capacitación teórica y política, dirigido a preparar a esa militancia, tanto para la lucha política y la disputa ideológica en la sociedad, como para la participación activa y crítica en la vida partidaria.

Cabe registrar positivamente, en ese sentido, que en su III Congreso el PT aprobó la creación de una Escuela Nacional de Formación —que, sin embargo, aún está en fase de creación, con la aplicación de las primeras experiencias de cursos. Ciertamente, todavía habrá que vencer muchas dificultades, antes de que podamos cosechar los frutos de ese trabajo.

El segundo es respecto a la comunicación partidaria. Aquí, además de dar especial atención al debate sobre la democratización de la comunicación en el país y el fortalecimiento de los medios contrahegemónicos y de izquierda, el PT necesita construir su propio sistema democrático de comunicación, que amplíe su capacidad de diálogo con la militancia, con su base social y con la sociedad en general.

El tercero, no menos importante, se refiere al combate a la influencia de los métodos burgueses de hacer política al interior del partido. Para ganar ese combate, es importante luchar para modificar la estructura y la cultura políticas brasileñas, que constituyen muchas veces una traba para el funcionamiento pleno de la democracia partidaria y para el fortalecimiento del PT. Por eso es que, entre las reformas estructurales a las cuales nos referimos anteriormente, es urgente hacer una reforma política.

Consideraciones finales

Como tratamos de demostrar en las páginas anteriores, la historia del PT debe ser comprendida en su dimensión dialéctica, a partir de las condicionantes objetivas y subjetivas existentes en cada momento, y de las opciones políticas que hicieron los sujetos sociales participantes en el proceso.

En sus poco más de 30 años de existencia, el PT se transformó en uno de los principales partidos de izquierda en el mundo. Pero, para mantener ese potencial acumulado y ampliarlo, el PT tendrá que tener en cuenta los desafíos antes mencionados.

Es sin duda una historia importante de victorias. Pero esas victorias no deben servir para turbar el análisis de los problemas que hay que enfrentar, y principalmente no deben llevar al PT a olvidar que el objetivo histórico por el que lucha es mucho mayor.

Finalmente, el PT no puede perder de vista que la defensiva estratégica en que se encuentra hasta hoy el socialismo, es solo una fase más del largo y contradictorio proceso de lucha engendrado por el desarrollo capitalista. De ahí la necesidad de que el partido reafirme siempre su lucha por el socialismo como única salida eficaz para superar la explotación, la desigualdad y la opresión que caracterizan el modo capitalista de producción.

Notas

1. Véanse las Resoluciones del V Encuentro Nacional del PT (1987) y el documento Reglamento de las Tendencias Internas (1990).

2. Después del X Congreso Extraordinario del PCB, en 1992, que formalizó su cambio de nombre y de orientación política, una parte de los delegados se retiró y decidió mantener la organización. De modo que el PCB sigue existiendo, pero ahora como un partido con presencia institucional y social mucho más pequeña.

3. Si inicialmente la política de alianzas del PT se ejecutaba solo con partidos del campo democrático-popular, pronto fue flexibilizada en el ámbito local y después nacional, para poder abarcar a partidos de centro y, en algunos casos, hasta partidos conservadores. Ejemplo de eso es la propia elección de Dilma Rousseff.

4. *Resoluciones del III Congreso Nacional del Partido de los Trabajadores*, Porto Alegre, Fundación Perseu Abramo, São Paulo, 2007, p. 103.

5. Ibídem: pp. 39-40.

En Colombia: crisis de la izquierda y vigencia del proyecto de unidad

Carlos A. Lozano

El derrumbe del «socialismo real»

La desaparición de la Unión de Repúblicas Socialistas Soviéticas, en 1991, antecedida del derrumbe del «socialismo real» en Europa Oriental, significó un duro golpe para el movimiento comunista internacional y para la lucha sindical y popular en todas las latitudes. Fue una derrota del movimiento obrero y de los sectores democráticos en todos los países. El impacto de este hecho histórico en la última década del siglo XX, fue de funestas consecuencias para el mundo, porque la unipolaridad, surgida sobre los supuestos de la victoria del capitalismo y el fracaso del socialismo, generó nuevas formas violentas del proceso de acumulación del capital.

> La crisis del socialismo, en particular la desaparición de la URSS y cuanto ella representaba, afectó ideológica y políticamente a la izquierda, y modificó la percepción y la confianza popular en sus grandes proyectos socialistas. No ha desaparecido la necesidad de un gran cambio radical alternativo al capitalismo. Sucumbió un modelo y un estilo de conducción de la sociedad. De un momento a otro se vinieron al suelo creencias arraigadas acerca del carácter de la época, la irreversibilidad de los regímenes del socialismo real y el apoyo de masas a las mismas. La enorme ofensiva neoliberal que acompañó y «explicó» a su modo, como triunfo unívoco del capitalismo la crisis socialista, movió presiones, internas y externas, para intentar «socialdemocratizar» la izquierda no sin cierto éxito. Una parte de los grupos guerrilleros se desmovilizó. Se acentúo la crisis de las fuerzas políticas y de las organizaciones sindicales y sociales.[1]

Así interpretaba el Partido Comunista Colombiano el impacto del derrumbe soviético, en medio de un debate ideológico, interno y externo, álgido y profundo, porque algunos intelectuales desencantados querían liquidar a la organización revolucionaria comunista. Unos pocos dirigentes sindicales se unieron al coro liquidacionista, que en Colombia no tuvo éxito. La confusión fue enorme. Se dejaban seducir por izquierdistas conversos al establecimiento y por la prédica de ideólogos de la derecha y del capitalismo que anunciaban el fin del comunismo y hasta de la historia.

> [...] cuando sobrevino el derrumbe del «socialismo real» en Europa Oriental, que llevó al colapso a la Unión de Repúblicas Socialistas Soviéticas, se anunció el fin de la guerra fría, la victoria del capitalismo y hasta el fin de la historia. La confrontación este-oeste y la contradicción internacional entre el capitalismo y el socialismo llegaron al final, dijeron los académicos burgueses, acabando el mundo bipolar de dos sistemas opuestos en enfrentamiento dialéctico y de búsqueda de supremacía histórica del uno sobre el otro. Emergió el mundo unipolar, dominado por el capitalismo, regentado en la peor de sus formas: el imperialismo, explicado por Vladimir Ilich Lenin como el desarrollo y continuación directa de las propiedades fundamentales en general del capitalismo [...].[2]

Por esta razón, para Lenin, de manera sencilla, el imperialismo es la fase monopolista del capitalismo.

En Colombia, con una clase dominante burguesa que siempre se apoyó en la violencia para conservar el poder, esta situación internacional era utilizada para «golpear a la izquierda y justificar la guerra sucia».[3] A la sazón, estaba en plena ejecución el exterminio de la Unión Patriótica (UP), fuerza importante de la izquierda, cuyo genocidio dejó un saldo de 5 000 dirigentes y militantes asesinados, en su mayoría integrantes del Partido Comunista Colombiano.[4] Con el pretexto del anacronismo de la izquierda, de su no razón de ser después del derrumbe del Muro de Berlín, desde el establecimiento se convocó a la desmovilización de las fuerzas guerrilleras y a la desaparición del Partido Comunista. Con este mismo argumento, desde las alturas del poder, se estimuló el exterminio de la izquierda, que entre otras cosas, con otros componentes, aún no termina.

«El Estado burgués cumple sus funciones mediante medios y métodos que varían acorde a las condiciones histórico-concretas. Entre tales variaciones se encuentra la fluctuación del grado de coerción y violencia empleado para garantizar la valorización del capital [...]»,[5] dice el intelectual marxista cubano, Roberto Regalado.

En Colombia sí que «el grado de coerción y violencia» de la clase dominante, contribuyó a intimidar a las masas en medio de la confusión y la defensiva, derivadas de la crisis del socialismo. También, por supuesto, afectó a la unidad de la izquierda y de los sectores democráticos, alteró la relación de fuerzas, porque apareció una «izquierda domesticada», con discurso socialdemócrata y reformista, pero en el fondo con posiciones débiles y de conciliación con la derecha. Derrumbe soviético y guerra sucia se convirtieron en factores de afectación de la «izquierda revolucionaria legal», en el entendido que la izquierda guerrillera no tuvo el mismo nivel de afectación, porque las causas políticas, económicas, sociales e históricas que originaron su existencia, estaban inalterables por la renuencia de la clase dominante a aceptar las reformas democráticas y debido a que el propio proceso político colombiano colocaba en el centro del debate nacional el tema de la paz y de la solución política del conflicto. Eso les daba a las guerrillas de las Fuerzas Armadas Revolucionarias de Colombia-Ejército del Pueblo (FARC-EP), el Ejército de Liberación Nacional (ELN) y un sector del Ejército Popular de Liberación (EPL), después de la desmovilización inocua de otros grupos insurgentes, un singular protagonismo político y militar.

Entre abril de 1991 y mayo de 1992, se realizaron diálogos en búsqueda de la paz, entre los integrantes de la Coordinadora Guerrillera «Simón Bolívar» y el gobierno liberal de César Gaviria Trujillo, cuando estaba en pleno desarrollo la Asamblea Nacional Constituyente con presencia de grupos guerrilleros desmovilizados como el Movimiento 19 de Abril (M-19), Quintín Lame, el otro sector del Ejército Popular de Liberación y algunos grupos menores.[6] Dichos diálogos fueron adelantados en Cravo Norte (Colombia), Caracas (Venezuela) y Tlaxcala (México). La ruptura de los mismos ocurrió por actos provocadores del EPL y en lo esencial porque la presión de la extrema derecha, el militarismo y el gobierno de Estados Unidos se lo impusieron así al gobierno nacional, que fue incapaz de favorecer una salida política de paz con democracia y justicia social.[7]

Esta combinación de guerra sucia y publicidad tendenciosa y fatalista del derrumbe soviético, mediatizó la lucha social y popular en Colombia en la década de 1990 y comienzos del siglo XXI. Al tiempo que algunos de sus dirigentes, traumatizados por la crisis ideológica y atemorizados por la guerra sucia, sugerían que estaba superada la etapa de los partidos de izquierda y revolucionarios, porque en los tiempos de la unipolaridad el capitalismo estaría obligado a actuar con rostro humano. «Capitalismo con corazón», decían otros, al tiempo que daban por sepultada la lucha de clases. «Llegó el momento de la concertación», pregonaban, haciéndoles el coro a los capitalistas. Más que la concertación era la conciliación de clases, práctica que tanto daño le hizo al movimiento sindical y al proyecto unitario democrático.

Pero la realidad demostró otra cosa. La Constitución Política de 1991 no significó cambio alguno en la vida del país, porque el régimen dominante no cambió para nada. Casi de inmediato, después de la aprobación de la Carta Magna, el 4 de junio de 1991, comenzó la contrarreforma para modificar sus aspectos positivos. Al lado de los Derechos Fundamentales y del llamado Estado Social de Derecho, la burguesía impuso la economía de mercado capitalista al servicio de los intereses de los poderosos y de las transnacionales. Como dicen algunos economistas la política neoliberal quedó institucionalizada, con un modelo de Estado violento como lo ha sido siempre para reprimir las luchas populares. Esa naturaleza del Estado nunca la perdió, porque la entonces nueva Constitución no introdujo cambios en las fuerzas militares y sobre todo en la concepción de seguridad nacional con que siempre había actuado.

Esta Constitución, modificada a su capricho reeleccionista, ultraderechista y fascistoide, fue la que le sirvió de base legal a Álvaro Uribe Vélez, por ejemplo, para implementar la política de «seguridad democrática», nefasta para el país en los últimos nueve años y medio, incluyendo el año y medio del gobierno de Juan Manuel Santos, heredero de la doctrina de la seguridad nacional, orientada desde el Pentágono, con el Plan Colombia y otras formas de dominación imperialista.

Unidad y crisis del socialismo

En general, la izquierda colombiana, desde comienzos del siglo XX, tuvo un instinto hacia la unidad, para buscar formas de convergencia a fin de contrarrestar el poder de la oligarquía dominante y violenta. En los antecedentes de la fundación del Partido Comunista de Colombia (como se llamaba antes), en 1930, distintos grupos socialistas, a pesar de la estrechez y del sectarismo, buscaron unirse bajo la orientación de la III Internacional. El Partido Comunista, en sus primeros años de existencia, promovió el Frente Popular, línea política propuesta por la III Internacional, que tuvo tímida expresión en el primer gobierno de Alfonso López Pumarejo (1934-1938), llamado de la Revolución en Marcha.

Posteriormente, a pesar de errores históricos, posiciones sectarias y vanguardistas, el Partido Comunista hizo parte de importantes proyectos unitarios, como el Movimiento Revolucionario Liberal (MRL) y el MRL del Pueblo, en los tiempos del Frente Nacional bipartidista y excluyente; en la Unión Nacional de Oposición (UNO), el Frente Democrático, Firmes (promovido por el ahora Premio Nobel Gabriel García Márquez, el después director de *El Tiempo* (diario decano de la derecha y el establecimiento), Enrique Santos Calderón y el maestro Gerardo Molina, figura emblemática del socialismo en Colombia. También la Unión Patriótica, quizás el más importante y exitoso proyecto revolucionario de unidad de la izquierda, acabado a tiros por la guerra sucia. Para los comunistas colombianos no ha sido ajena la política de unidad, no solo en el plano electoral, sino en la búsqueda de una convergencia revolucionaria para la transformación de Colombia en la vía del socialismo humanista, como lo calificó Gilberto Vieira, figura emblemática del comunismo colombiano en el siglo XX y por más de 40 años secretario general del partido.[8]

En Colombia, la unidad de la izquierda ha sido planteada como una necesidad histórica, no solo en la lucha electoral, sino también en lo sindical y popular, porque es la manera de acumular fuerzas para lo fundamental: el proceso revolucionario de profundas trasformaciones políticas, sociales, económicas y culturales. Tiene que ver con la soberanía nacional, la dignidad del pueblo y el poder político democrático y popular, esto es, con la lucha patriótica y democrática para la conquista de un nuevo poder de base popular.

Lo que denominamos movimiento popular no es otra cosa que la acción práctica del pueblo transformada en fuerza social. Importan las dimensiones de esta fuerza social, pero también el grado de conciencia acerca de los objetivos de cambio en la sociedad y el Estado. Uno y otro aspecto hacen relación a la acumulación de fuerzas de la lucha de clases. El objetivo mayor es promover, alcanzar y dirigir la revolución social a un verdadero cambio radical, a una sociedad igualitaria, de justicia social, desarrollo equitativo enriquecimiento cultural y humano. Tal sociedad la hemos relacionado con un socialismo humanista, que sea superación de la explotación capitalista, pero asimismo, del despotismo de clase que se ha manifestado en la violencia histórica desde el poder oligárquico contra el pueblo colombiano, en la discriminación de género, en la intolerancia frente a las opciones individuales de vida, en el racismo, etcétera.[9]

Así explica, de manera sucinta, la posición de los comunistas colombianos frente a los procesos de unidad en el largo aliento, el secretario general del Partido Comunista Colombiano en la actualidad, Jaime Caycedo Turriago.

Esta visión, aunque planteada en 2007, refleja lo que ha sido la posición comunista frente a la unidad de la izquierda. No se alteró siquiera en los años noventa, con el caos y la confusión de la llamada crisis ideológica y del debate con los liquidacionistas en la izquierda, porque, además, la lucha por la solución política del conflicto colombiano, la existencia de la Coordinadora Guerrillera «Simón Bolívar» y los diálogos en Caracas y Tlaxcala, contribuyeron a que el tema de la unidad popular se colocará en el centro del debate nacional entre las organizaciones de la izquierda, después de la crisis soviética.

El XVI Congreso del Partido Comunista Colombiano, en 1991, propuso la unidad de las organizaciones de la izquierda revolucionaria en un solo partido. Concretamente, la invitación fue dirigida al Movimiento A Luchar y al Partido Comunista de Colombia (M-L), sin cerrar la posibilidad para que otras fuerzas se sumaran a este audaz proyecto. Se rompió así con el criterio vanguardista, hegemónico y excluyente, que había caracterizado al Partido Comunista y a otros movimientos y partidos revolucionarios.

Desde antes, Gilberto Vieira había advertido esta posibilidad:

Bueno, en el pasado el Partido Comunista declaraba que era la vanguardia de la clase obrera, etcétera, etcétera, la frase consabida de todos los partidos comunistas. Este planteamiento lo abandonamos hace varios años. En Colombia hay varios destacamentos de vanguardia revolucionaria y nosotros no tenemos pleito ni discusión con otros sectores en relación con este tema. Aceptamos que hay varias vanguardias y creemos que hay que demostrar cuál es la mejor, cuál es la más útil.[10]

El XVI Congreso fue más allá, porque al concepto de bloque hegemónico del poder dominante le opuso el de vanguardia colectiva, proponiendo la conformación de un solo partido de los revolucionarios colombianos. Ello en el contexto de la situación política e ideológica de la izquierda en 1991, tras el derrumbe soviético ya comentado. La izquierda revolucionaria se cualificó por decirlo así, mientras el resto de la izquierda, incluyendo a los grupos guerrilleros desmovilizados, se descomponía en corrientes socialde-mócratas, de centroizquierda, de centro y no faltaron los que se unieron a los grupos paramilitares, en particular numerosos excombatientes del EPL. Con el tiempo otros exintegrantes de grupos guerrilleros colaboraron con el gobierno de Álvaro Uribe Vélez, así como exmilitantes comunistas.

Después del derrumbe, quizás es más acertado utilizar el concepto espa-ñol de «izquierdas» para determinar la heterogeneidad de su militancia e ideologías. Existen diversas formas de percibir la izquierda, como también de explicar la perspectiva socialista. En estas condiciones, la pretensión del XVI Congreso del PCC fue crear un núcleo más avanzado, más definido, que al final no se logró, porque faltó decisión, audacia y superar viejas ataduras sectarias,[11] aunque la realidad demostró que la unidad tenía que ser más allá, amplia, de más largo alcance, tomando en cuenta la realidad colombiana, con peculiaridades propias, la que devino en el Polo Democrático Alterna-tivo (PDA). Esta compleja unidad de la izquierda, que tuvo éxitos innegables en el comienzo, determinaría las limitaciones, contradicciones y rupturas a su interior como se verá más adelante.

Antes del Polo, surgió el Frente Social y Político y su posterior fusión con Alternativa Democrática de la cual hacía parte el MOIR, movimiento de origen maoísta, antes aliado del Partido Comunista en la Unión Nacional de Oposición (UNO) y uno de los partidos históricos de la izquierda. Esta izquierda más definida da el salto hacia la conformación del PDA, en 2005, al unirse con el Polo Democrático Independiente (PDI), integrado por socialdemócratas, centroizquierdistas y «pragmáticos» que reivindicaban la necesidad de ser gobierno de cualquier manera y a cualquier precio. Así surge el Polo Democrático Alternativo, como algo nuevo y trascendental, sin precedentes en las luchas por la unidad popular del pueblo colombiano.

El Polo Democrático Alternativo

El Polo Democrático Alternativo es una de las conquistas más importantes de la izquierda en Colombia en todos los tiempos. Significó la organización de las izquierdas variopintas. Un proyecto que parecía inalcanzable pero que se consolidó con la fusión del PDI y Alternativa Democrática. En el primero estaban representados algunos sectores del M-19 y otros grupos guerrilleros desmovilizados en la última década del siglo XX, casi a la par del derrumbe soviético; unas corrientes socialdemócratas de izquierda reformista antes ligadas al Partido Liberal; la Alianza Nacional Popular (ANAPO), partido nacionalista fundado por el general Gustavo Rojas Pinilla y su familia, dictador entre 1953 y 1957, derrocado por un movimiento cívico y popular; y sectores independientes de personalidades varios de ellos salidos del Partido Comunista con la crisis del socialismo. El segundo, Alternativa Democrática, estaba formado por el Frente Social y Político con presencia del Partido Comunista Colombiano, Presentes por el Socialismo y otras agrupaciones socialistas y «camilistas» (en alusión al cura guerrillero Camilo Torres Restrepo) y personalidades, entre ellos, el maestro Carlos Gaviria Díaz, exmagistrado de la Corte Constitucional, Luis Eduardo Garzón, exdirigente comunista y expresidente de la Central Unitaria de Trabajadores, quien luego se fue para el Polo Democrático Independiente, Orlando Fals Borda, destacado sociólogo y profesor universitario, entre otros; y el MOIR. Es dable destacar, que Luis Eduardo Garzón, del Frente Social y Político, pasó al Polo Democrático Independiente, luego estuvo en el Polo Democrático Alternativo y ahora es dirigente del llamado Partido Verde; una capacidad de mutación política e ideológica, que no es insólita en algunas personalidades colombianas, incluyendo a la izquierda.

Como se puede apreciar, el PDA nucleó a un vasto sector de la «izquierda legal», la misma que se expresa en el movimiento sindical, en el movimiento popular y las ONG de derechos humanos. Podríamos decir que abarcaba al movimiento urbano de la izquierda y a una parte del sector agrario vinculado al Partido Comunista Colombiano. En el fondo, era un frente de izquierda, aunque algunos de sus dirigentes sin partido, le daban el alcance de ser el partido de la izquierda. Estos planteaban que, a su interior, debían formarse tendencias, reglamentadas en su funcionamiento, previa disolución de los partidos que hacían parte del «nuevo partido». Sin embargo, en la práctica se impuso la idea del frente amplio, de la convergencia de partidos y movimientos de izquierda, unidos en torno a un Ideario de Unidad, programa básico para la cohesión política e ideológica.

El Polo Democrático Alternativo surge después del acuerdo político, el 6 de diciembre de 2005, entre el PDI y Alternativa Democrática, en un momento histórico especial, cuando en América Latina comenzaba a imponerse la tendencia de corrientes democráticas y antiimperialistas, que establecieron gobiernos antineoliberales, distanciados de la sempiterna férula del imperialismo de Estados Unidos, que siempre trató al continente latinoamericano como su patio trasero. Sin embargo, paradójicamente, en Colombia, tras el fracaso de los diálogos de paz, en 2002, se abrió paso una tendencia ultraderechista que se impuso entre 2002 y 2008 en los dos gobiernos nefastos de Álvaro Uribe Vélez y que se prolonga de alguna manera hoy en el gobierno de Juan Manuel Santos.

El actual mandatario, exministro de Defensa del gobierno de Uribe Vélez y artífice del bombardeo en Angostura, Ecuador, en 2008, al campamento de Raúl Reyes, miembro del Secretariado de las FARC en la época, insiste en la política de «seguridad democrática» de guerra y represión contra el pueblo de su predecesor. No hay un cambio sustancial como algunos aseguran en el país y en el exterior y mucho menos ruptura con la línea de los últimos ocho años de los dos gobiernos uribistas. Las diferencias entre Uribe y Santos son de forma; ambos coinciden en favorecer el proceso de acumulación capitalista, sustentado en la política neoliberal del libre mercado y en la violencia del poder. Aunque Uribe Vélez, por supuesto, se apoyó en los sectores más descompuestos y mafiosos de la oligarquía, mientras que Santos lo hace en la burguesía tradicional, ligada a los intereses del imperialismo norteamericano. El estilo del actual presidente es más sereno, más decente, pero orientado a los mismos intereses de clase de Uribe.

Es necesario señalar que las diferencias de Santos y Uribe corresponden a enfoques distintos sobre aspectos que no comprometen la reproducción del poder de la gran burguesía. Washington, de su parte, expresó en su momento su oposición a la reelección de Uribe. Tales diferencias no justifican las ilusiones del oportunismo en una pretendida tendencia progresista y humanitaria, representada por el vicepresidente [Angelino] Garzón. Tampoco tiene sustento en la realidad la tentación en sectores del propio PDA e, inclusive, del PCC en el sentido de pensar posible una colaboración con el gobierno como lo ha planteado [Gustavo] Petro en el plano de la política agraria, en el tema de la restitución a las víctimas y el del agua, como aspectos puntuales de una supuesta coincidencia.

El gobierno de Santos refleja en sus rasgos principales la continuidad de las líneas económicas y sociales del proyecto de clase que se desenvolvió en los últimos ocho años del gobierno uribista y que a su vez es una continuación de las políticas tradicionales de la gran burguesía colombiana. Con Santos un sector representativo de la gran burguesía tradicional aliada de Washington asume las riendas del poder ejecutivo; este sector coloca los intereses de clase por encima de los desbordes autoritarios y personalistas que caracterizaron al gobierno de Álvaro Uribe.[12]

La antesala de la conformación del Polo Democrático Alternativo fue la candidatura presidencial de Luis Eduardo Garzón, en 2002, y su posterior elección, en 2004, como alcalde de Bogotá, el segundo cargo más importante del país, como suele decirse. La aparición del PDA en el escenario político fue de gran importancia para la unidad popular en Colombia. Un acontecimiento que se creía de enormes proyecciones, que logró posteriormente una importante bancada parlamentaria y numerosa representación popular, casi el 25% de la votación en las elecciones presidenciales de 2006 con la candidatura del maestro Carlos Gaviria y mantener la alcaldía de Bogotá, en 2007, con Samuel Moreno Rojas, no podía menos que despertar tanto entusiasmo.

Era común escuchar la premonición de que las elecciones dividían a la izquierda. No obstante, la unidad ha sido posible en medio de un proceso electoral. Es algo inédito, por la significación de las fuerzas que reagrupa, en realidad la izquierda más definida —en sus distintos matices— y los sectores intermedios que se han definido de centro izquierda. A diferencia de otros intentos de reagrupamiento de corrientes intermedias, que excluían conscientemente a la izquierda más comprometida con el sentir popular, en esta ocasión ese esquema limitante y oportunista se ha roto. La izquierda [...] es un factor dinámico del nuevo proceso sin ceder en los principios ni en su proyecto transformador.[13]

El PDA se presentó con bastante éxito. A pesar de las limitaciones, las contradicciones y hasta la falta de cohesión, las dos alcaldías de Bogotá, representadas en Luis Eduardo Garzón y Samuel Moreno, gobernaron con proyectos de inclusión social y de defensa de la salud y la educación públicas, en momentos de fuertes coletazos del neoliberalismo contra el sector estatal y los beneficios sociales, política promovida desde el poder central. Tal vez, lo más significativo fue la labor parlamentaria, ejerciendo el control político en memorables debates de la bancada polista.

Sin embargo, las diferencias y contradicciones pesaron más en el desarrollo del PDA. Un sector importante, la «centroizquierda», representado en socialdemócratas reformistas y oportunistas de todos los lados, comenzó a fomentar el objetivo de llegar al gobierno a cualquier precio. No importa bajo qué condiciones. Durante el gobierno de Uribe Vélez, inclusive, hubo quienes se acercaron a él en temas como el conflicto armado interno, ante el cual el Polo en el Ideario de Unidad planteaba la solución política negociada, en el fondo, respaldando la guerra con llamados a la «unidad nacional». La tesis de la «asfixia democrática», que planteaba el hacer las reformas políticas y sociales desde el gobierno, para exigirle a la guerrilla la desmovilización o la derrota con las «armas del Estado». El debate interno que semejante exabrupto precipitó, llevó primero a la salida de Luis Eduardo Garzón, quien fundó con otros derechistas el Partido Verde, integrado en la actualidad a la llamada Unidad Nacional del presidente Juan Manuel Santos. Después, condujo al permanente debate con el grupo centrista, con parálisis de la dirección del PDA, porque con un discurso en apariencia reformista, en el fondo lo que practicó fue el liquidacionismo de la izquierda como un proyecto emancipador. Fue un proceso de descomposición política e ideológica.

Sin embargo, el debate interno continuó, con dos líneas enfrentadas, estimulado por la derecha y los grandes medios de comunicación, que le apostaron a la destrucción del Polo por la vía de la división y las rupturas. Las ilusiones de que eran posibles acuerdos con el gobierno de Santos erosionaron más la confianza entre los dirigentes y agrietaron más sus relaciones, porque al contrario, la mayoría polista, exigía mantener el carácter de oposición y de alternativa al régimen.

El pretexto de la ruptura llegó con las denuncias de la corrupción en las contrataciones de la administración de Bogotá de Samuel Moreno Rojas, elegido por el Polo Democrático Alternativo. La iniciativa de abrir el debate público y nacional, partió de Gustavo Petro, excandidato presidencial del Polo, elegido alcalde Bogotá, el pasado 30 de octubre, en nombre de un movimiento llamado «progresistas» y por fuera del Polo. Antes del escándalo, Petro quiso pactar con la ANAPO de los Moreno Rojas para hacer la mayoría en la Junta Nacional y poder expulsar al Partido Comunista y al MOIR, calificados por él como «izquierdistas recalcitrantes». Como la familia Moreno no se prestó para semejante maniobra divisionista, Petro decidió sacar a la luz pública el tema de la contratación. A la dirección del PDA le faltó entereza desde el principio para guardar distancia de los presuntos actos dolosos del alcalde Samuel Moreno, de su hermano Iván, senador del Polo y de otros miembros de la administración distrital. Un gobierno de la izquierda tiene que diferenciarse de la derecha por la ética transparente y la pulcritud en el manejo político y administrativo. En realidad, el alcalde hizo acuerdos con otros partidos del establecimiento, de tal manera que la corrupción fue un carrusel de irregularidades en que participaron integrantes de diferentes partidos. Si algo quedó en claro es que el Alcalde de Bogotá fue elegido por el Polo, pero gobernó sin el Polo, como lo hizo también Luis Eduardo Garzón.

Este escándalo salió a flote en medio de la campaña electoral departamental y municipal, que el 30 de octubre pasado culminó con la elección de gobernadores, alcaldes, diputados, concejales y ediles locales en las grandes ciudades. Fue aprovechado por la derecha y los grandes medios para adelantar una especie de linchamiento del Polo, el mismo que no se hizo con los partidos de la parapolítica, que tienen en la cárcel a varias decenas de senadores, representantes y dirigentes por los nexos con los grupos paramilitares. Otra expresión de intolerancia y sectarismo, porque mientras a los otros partidos gobiernistas de la llamada «unidad nacional» no los responsabilizaban de las acciones criminales de sus dirigentes, al Polo le cayeron con todo por el caso de Bogotá. Es la vieja práctica del unanimismo, de descalificar de cualquier manera a la izquierda y a quienes ponen en peligro el poder de la clase dominante oligárquica. Es otra manifestación de la guerra sucia en Colombia: la combinación del exterminio físico de los partidos revolucionarios y de izquierda con el linchamiento moral si es el caso.

Al Polo Democrático Alternativo le fue mal. De un lado por el voto castigo, como dice la alcaldesa Clara López Obregón; pero de otro lado, por errores propios y por la campaña de desprestigio y de ensañamiento de la «gran prensa» y de las encuestas. Los candidatos en Bogotá, sobre todo, fueron borrados de las encuestas, como si no existieran. Estas fueron unas elecciones sin garantías, antidemocráticas, llenas de ventajas para los candidatos del establecimiento o de los aceptados por este. El establecimiento no ocultó la intención de borrar del mapa a la única fuerza de oposición al gobierno.[14]

El proyecto de la izquierda está vigente

Como era de esperarse, esta cadena de situaciones en plena campaña de las elecciones regionales, sumió al Polo Democrático Alternativo en una crisis profunda, hasta el punto que perdió la Alcaldía de Bogotá con Gustavo Petro. La «gran prensa», la derecha y los conversos, pregonan la liquidación del Polo y hasta su pronta desaparición. Por supuesto que el retroceso fue significativo, pero los resultados electorales demuestran la presencia nacional con más de 600 mil votos. Tiene 8 alcaldías, 9 diputados departamentales, más de 250 concejales en el país y 30 ediles de Juntas Administradoras Locales, que significan menos de lo que tenía como representación electoral, pero que son una fuerza política con presencia nacional.

> [...] el Polo está lejos de desaparecer, aunque sus directivos y militantes deben adelantar un serio debate, profundamente autocrítico, para superar los errores y deficiencias. Hay varios elegidos, entre ellos dos diputados del Partido Comunista y alcaldes en municipios del sur del país y del eje cafetero. Está lejos de quedar borrado del escenario político, pero el Polo Democrático Alternativo debe relanzarse como un proyecto de izquierda, con vocación de poder. Es el desafío que tienen los polistas.[15]

El PDA es un partido joven. Poco más de un lustro de existencia. Mucho menos que los partidos del establecimiento que nacieron con la República, después de 1810. Puede rectificar. El proceso es de refundación pero superando graves errores y falencias. El principal: el divorcio de la lucha de masas y de las movilizaciones sociales. Un partido con vocación de poder no puede reducir el ámbito de su accionar a las campañas electorales y a la lucha parlamentaria, importantes, pero insuficientes, ante la realidad de la multiplicidad de formas de la lucha popular en Colombia.

No puede ser ajeno a esos espacios, porque allí, en la lucha popular, la izquierda hace su propia experiencia y construye la unidad. En Colombia, en momentos que retrocede el Polo, aumenta la movilización de masas, de los estudiantes y los trabajadores contra el neoliberalismo y la voracidad del capital. La unidad de la izquierda no se agota en el Polo Democrático Alternativo, pues fuera de este se expresa en acciones sociales y populares de importante fuerza. En el centro de la actividad política está el tema de la paz, de la solución política del conflicto colombiano, que no tiene solución por la vía militar. La salida está en desenredar el nudo gordiano de las causas políticas, sociales y económicas que lo originaron, que no pueden superarse por la renuencia del poder oligárquico, negado a los cambios y que se apoya en la violencia contra el pueblo. Son aspectos que debe asimilar el Polo, realidades nacionales de singular interés de las fuerzas progresistas y democráticas. Superando el estorbo reformista y centrista que neutralizó su actividad definida en los últimos años, casi que depurado ya, tiene que estar abierto para que otros sectores revolucionarios y de izquierda lleguen o se acerquen a él.

> El andamiaje institucional guarda relación con el apuro de Santos por destruir en breve plazo las fuerzas revolucionarias ante el temor de una agudización de la crisis nacional. En este sentido deben entenderse el escalamiento de la guerra y la prioridad de la solución militar bajo la forma de la decapitación selectiva de la insurgencia para cerrar estratégicamente las posibilidades de una solución política negociada (SPN). El asesinato de Alfonso Cano, cuya estatura revolucionaria silencia la imagen de criminal orquestada por el gobierno, es un severo portazo a la solución política. Justamente por eso, la lucha por la paz cobra una renovada y trascendental importancia, que puede definir el curso de las salidas a la crisis.[16]

El Polo Democrático Alternativo tiene plena vigencia. La izquierda más avanzada tiene un espacio político propio, ligado a las luchas populares y por la transformación de fondo del país. Una izquierda con vocación de poder, con principios fincados en la necesidad de una organización propia, que actúe con independencia y autonomía del poder dominante, sin temor a enfrentar el desafío de la paz con democracia y justicia social. El proyecto del Polo debe colocarse en la dirección de los cambios que se dan en América Latina y que son el germen hacia la segunda emancipación de los países latinoamericanos, hermanados en la causa bolivariana de la unidad y del cambio social.

> Consecuentemente se hace mucho más urgente la reestructuración orgánica, la reorientación como proyecto y la ampliación del Polo como parte del proceso de superación de su crisis. La experiencia de la unidad enseña que se requiere una identidad de objetivos, de métodos democráticos y de convivencia de proyectos afines para las transformaciones sociales y políticas. La izquierda no puede ser estribo para que otros cabalguen en función de intereses corruptos. Además, las propuestas de la izquierda no son incompatibles con la unidad más amplia, el respeto a la diversidad y el rechazo al sectarismo.[17]

El Comité Ejecutivo del Polo convocó para 2012 el Seminario Ideológico y después el III Congreso Nacional en la perspectiva de su reestructuración, refundación como dicen algunos, sobre bases sólidas ideológicas, que no den la menor duda de su carácter de ser alternativa al sempiterno e injusto poder de la oligarquía colombiana.

Notas

1. *Documentos del Partido Comunista Colombiano. ¡Abrir una alternativa democrática!*, Bogotá, 1995, pp. 26-27.

2. Carlos A. Lozano Guillén: «El capitalismo es violento por naturaleza», Carlos A. Lozano Guillén (compilador) *Civilización o Barbarie*, Izquierda Viva, Bogotá, 2011, p. 141.

3. Partido Comunista Colombiano: op. cit., p. 27.

4. La Unión Patriótica fue el movimiento político de unidad de la izquierda, propuesto por la guerrilla de las FARC en los diálogos de paz con el gobierno de Belisario Betancur, en 1984, e integrado por el Partido Comunista y otros sectores, que se presentó en las elecciones con éxito. Fue exterminado por el entramado de las fuerzas militares, paramilitares, narcotraficantes y políticos de los partidos tradicionales. En la

Comisión Interamericanas de Derechos Humanos cursa una demanda por genocidio político contra el Estado colombiano.

5. Roberto Regalado: *América Latina entre siglos: dominación, crisis, lucha social y alternativas políticas de la izquierda*, Ocean Press, Melbourne, 2006, p. 31.

6. La Asamblea Nacional Constituyente fue convocada durante el gobierno de César Gaviria Trujillo, porque fue el compromiso con los grupos guerrilleros desmovilizados del M-19, EPL, Quintín Lame y otros, en la idea de construir un «Estado Social de Derecho». Pero en realidad fue el pacto entre estos grupos y los partidos tradicionales, liberal y conservador, para establecer unas normas de descentralización, derechos fundamentales y mecanismos de participación, a cambio de institucionalizar la economía de libre mercado neoliberal. Temas como el bipartidismo y el carácter de las fuerzas militares no se tocaron para nada. La oligarquía engañó a los desmovilizados porque poco a poco fue desmontando la esencia de la Carta Constitucional de la cual a estas alturas queda muy poco. Fue la razón para que las FARC y el ELN no aceptaran participar en la Constituyente y menos aún desmovilizarse. Por lo demás, porque el mismo día que se eligió la Asamblea Nacional Constituyente, el gobierno ordenó el ataque a Casa Verde, sede del Secretariado de las FARC.

7. En 1991, mientras funcionaba la Asamblea Nacional Constituyente, las FARC, el ELN y un sector del EPL, integrados en la Coordinadora Guerrillera «Simón Bolívar», presionaron diálogos de paz con la toma de la embajada de Venezuela en Bogotá. El Gobierno los rompió alegando que el EPL atentó contra la vida del entonces Presidente del Senado, en el caso de la ETTA de Caracas, y luego secuestró a un exministro que falleció en cautiverio. Estos dos actos provocadores, fueron utilizados por el gobierno de César Gaviria como pretexto para romper los diálogos ante la presión de la derecha y del gobierno de Estados Unidos.

8. Gilberto Vieira White, secretario general del Partido Comunista Colombiano durante 42 años, una figura emblemática del comunismo en el siglo XX, fue autor de numerosos libros y parlamentarios en varios períodos.

9. Jaime Caycedo Turriago: *Colombia en la hora latinoamericana*, Ediciones Izquierda Viva, Bogotá, p. 139.

10. Marta Harnecker: *Combinación de las formas de lucha. Entrevista con Gilberto Vieira*, Ediciones Suramérica, Bogotá, 1989, p. 57.

11. Como inicio del proceso unitario fue decidida la fusión de los tres periódicos de la izquierda revolucionaria: *Voz, A Luchar* y *Revolución*. Después de seis meses de discusión para tal efecto, la propuesta mayoritaria fue sacar un periódico pero con tres partes cada una para cada partido. Por supuesto que nunca se implementó semejante propuesta.

12. *Informe al Comité Central del Partido Comunista Colombiano*, realizado en octubre de 2010, revista *Taller* no. 26, Bogotá, enero-marzo de 2011, pp. 75-76. Angelino Garzón fue un destacado dirigente sindical. Hizo parte de la dirección nacional del Partido Comunista Colombiano, del cual se retiró en 1991, poco después del derrumbe soviético, con un pequeño grupo de militantes. Fue ministro de Trabajo del gobierno de Andrés Pastrana, gobernador elegido en el Valle del Cauca, embajador del gobierno de Álvaro Uribe Vélez en Ginebra y en la actualidad es vicepresidente de la República. Gustavo Petro fue miembro del M-19, aunque no de sus principales dirigentes. Luego de la desmovilización, fue parlamentario con relativo éxito. Contribuyó a fun-

dar el Polo Democrático Alternativo, del cual se retiró en 2010, después de haber sido su candidato presidencial. Fue elegido alcalde de Bogotá en 2011, sin el apoyo del PDA. Uno de sus objetivos ha sido la liquidación de la unidad de la izquierda.

13. Jaime Caycedo Turriago: op. cit., 161.

14. Hernando López: «Avanza la derecha, retrocede el Polo: Elecciones a la colombiana», *Voz*, edición 2614, 2 de noviembre de 2011, p. 9.

15. Ibídem: p. 9.

16. Partido Comunista Colombiano: «Declaración del Comité Central del Partido Comunista Colombiano del 19 de noviembre de 2011», *Voz*, edición 2617, 23 de noviembre de 2011, p. 9.

17. Ibídem.

Reflexiones sobre la izquierda chilena

Guillermo Teillier

Hace algo más de veinte años que terminó la dictadura de Pinochet en Chile. Tres factores crearon las condiciones para ponerle fin: primero, la resistencia de la izquierda, iniciada desde el mismo día del golpe de Estado, el 11 de septiembre de 1973;[1] luego, la política de rebelión popular y desestabilización de la dictadura impulsada por los comunistas; y, en la etapa final, las protestas populares y la incorporación al campo opositor a la dictadura de sectores de centro.

¿Qué ocurrió con los partidos de izquierda después del plebiscito del 5 de octubre 1988,[2] en el que el NO a la dictadura abría paso a la llamada «transición a la democracia»?

En realidad, las cosas estaban definidas desde antes del plebiscito: partidos de centro y de izquierda concurrieron a un acuerdo que propiciaba una transición, pactada entre la dictadura —que era apoyada por las fuerzas de la derecha— y la «oposición democrática», la cual excluyó a un sector de la izquierda, en especial, al Partido Comunista de Chile (PCCh).

Nuestro partido, estando aún ilegalizado, votó por el NO y, posteriormente, apoyó, desde fuera y con reservas, la postulación de Patricio Aylwin a la Presidencia de la República, quien surgió como el candidato de la Concertación de Partidos por la Democracia (Concertación),[3] frente al candidato de la derecha. Esa contienda se efectuó con Pinochet todavía en el poder y al frente de las Fuerzas Armadas. Después del triunfo de Aylwin en la elección presidencial de 1989, se inició el largo periplo opositor del PCCh al modelo neoliberal y a la Constitución que le da sustento institucional,[4] un periplo que aún perdura. La contradicción principal en Chile, para los comunistas, es neoliberalismo o democracia.

Es verdad que para la primera elección parlamentaria posdictatorial, en 1989, un sector del Partido Socialista, que fuera aliado estratégico de los comunistas en el gobierno de la Unidad Popular (UP) encabezado por el presidente Salvador Allende, intentó establecer lazos permanentes con el PCCh mediante la creación de una organización instrumental llamada Partido Amplio de Izquierda Socialista (PAIS).[5] Sin embargo, esa construcción fracasó y, además, en lo principal, a poco andar, el programa que la Concertación —el cual prometía transformaciones democráticas profundas, una nueva Constitución, soberanía económica e, incluso, revisar las escandalosas privatizaciones de empresas del Estado realizadas por la dictadura— quedó en la nada. Por el contrario, los partidos de la Concertación, con cierto beneplácito, se dejaron atrapar en las redes del neoliberalismo y la rémora antidemocrática dictatorial: con más privatizaciones, sin reformas políticas y con un Estado subsidiario que llevó la educación, la salud y la previsión social por un camino, casi sin retorno, hacia la privatización y el lucro.

La izquierda estaba definitivamente fracturada, dividida en sectores opuestos. Incluso la dirigencia del Movimiento de Izquierda Revolucionaria (MIR) acordó disolver su partido y, a título personal, varios de sus dirigentes históricos ingresaron a partidos de la Concertación y hasta ocuparon cargos en el gobierno. La izquierda opositora quedó formada por el PCCh, la Izquierda Cristiana (IC) y un sector minoritario del MIR.

La crisis del socialismo real en Europa incrementó el aislamiento y produjo un momento de crisis en el PCCh. Desde sectores oficialistas y desde el interior del partido mismo, se apostó a su desaparición. Algunos de sus dirigentes reconocidos emigraron hacia la Concertación por una mezcla de razones ideológicas e intereses personales. Por otra parte, se produjo una escisión hacia la izquierda de militantes que habían formado el Frente Patriótico Manuel Rodríguez (FPMR), el brazo armado del PCCh durante la lucha contra la dictadura.

En medio de la exclusión y la crisis, y con todas las pérdidas de cuadros sufridas en la lucha antidictatorial, la etapa de reconstrucción del PCCh fue larga y dura. No obstante, el partido logró legalizarse, participar en todas las contiendas electorales, tener presencia en la mayoría de las organizaciones sociales y ser pieza importante en las movilizaciones. En ese proceso, pudo elegir concejales, alcaldes y, finalmente, diputados, mediante un estrategia clara de revolución democrática, y tácticas muy acotadas al análisis de cada momento político y de la correlación de fuerzas. Una de las características de su fortaleza actual es que ha logrado mantener su independencia política y, sobre esa base, buscar las alianzas necesarias para conseguir los objetivos de poner fin a los amarres de la dictadura que persisten, y crear condiciones para establecer una nueva democracia, participativa e igualitaria, mediante transformaciones institucionales, económicas, sociales y culturales.

Veinte años después del fin de la dictadura, la derrota sufrida por la Concertación en la elección presidencial de 2010 ha producido un cambio en la situación política. Las izquierdas se reencuentran de nuevo, aunque sea solo formalmente, en la misma condición de fuerzas opositoras al gobierno de derecha. Lo que está por verse es, y no sería nuevo en la historia de Chile, si será posible el acercamiento de posiciones en torno a la idea de avanzar en el cambio del modelo imperante, que está en crisis y del cual hasta ahora participaba la Concertación.

Se hace cada vez más patente una crisis de representación. Las encuestas indican que el gobierno de derecha, encabezado por el presidente Sebastián Piñera, tiene un fuerte rechazo de más del 65% de la ciudadanía. Lo mismo ocurre con la Concertación, a pesar de que la oposición en su conjunto aparece casi con un 50% de aprobación. Las movilizaciones sociales del último tiempo, en especial, las motivadas por reivindicaciones en el sector de la educación, han puesto en el centro la exigencia de transformaciones políticas de fondo. Esto es lo que estará en juego en los próximos procesos electorales, el de alcaldes y concejales en 2012, y el presidencial y parlamentario en 2013. Sin embargo, esas elecciones tendrán dos características nuevas: una es que las movilizaciones sociales aún pueden ser de gran envergadura porque nada se ha resuelto respecto de las exigencias ciudadanas; y, la otra consiste en que se realizarán con un nuevo padrón electoral que incorpora a más de 4 millones y medio de electores, con inscripción automática y voto voluntario.

Para el conjunto de la oposición, para todos los que quieren transformaciones de fondo, en especial, para la izquierda, se abre una gran oportunidad. Es posible lograr acuerdos y, mediante una correlación de fuerzas favorable al interior de una convergencia programática, garantizar su cumplimiento con la presencia del movimiento social, siempre y cuando se asuma que no se puede aspirar, de nuevo, a gobiernos como los que han existido en estos últimos años.

Es indudable que también hay factores de dispersión en el conjunto de la izquierda, los cuales la derecha observa atentamente e, incluso, pretende encausarlos para revertir lo que ya prevén como el motivo de su derrota en los comicios venideros.

¿Cuales son los partidos de izquierda que deberían intentar llevar adelante un nuevo acuerdo transformador de la sociedad chilena, aun teniendo en cuenta que algunos de ellos, durante 20 años, postularon un modelo diferente, pero que, dadas las nuevas condiciones, están obligados a reconsiderar su situación, acuciados, tanto por la movilización social, como por sus propios adherentes, que exigen cambios?

1. El Partido Socialista, pluriclasista, de amplia representación social y política, constituido por sectores y sensibilidades de matriz ideológica diferenciada o matizada, que se refleja en un discurso con diferencias que lesionan su perspectiva estratégica, emergiendo muchas veces desde su propio seno posiciones contradictorias que atentan contra su influencia política y especialmente contra su estabilidad como fuerza de gobierno.

   El PS, que vivió la experiencia de la UP con una posición revolucionaria, de transformaciones sociales, en la situación posdictadorial en que pasó a formar parte de la Concertación, se impuso como fórmula de gobierno el mantener una cohesión de discurso y práctica que determinó siempre una menor influencia de los sectores ubicados más a la izquierda dentro de ese partido, orientados a la transformación de carácter estructural. Por el contrario, mediado por su reconfiguración y por el perfil de los cuadros que se adhieren a él en los últimos 20 años, fue asimilado a la gobernabilidad tecnocrática neoliberal.

   Así, la orientación crecientemente neoliberal del Partido Socialista en cuanto a la concepción estructural de la sociedad, matizada solo por una perspectiva de transformación de carácter cultural y de convivencia ciudadana, obstaculizó toda posibilidad de articular un bloque de izquierda con real sustento de masas.

Por otra parte, al inicio de la transición posdictatorial, el Partido Socialista se fortaleció, en el plano intelectual y de la representación simbólica, con la inclusión de cuadros provenientes del MIR y del Movimiento de Acción Popular Unitaria (MAPU). Con otras palabras, cuadros de dirección de ambos partidos se incorporan a los gobiernos de la Concertación, lo que a la postre debilita el radio de acción de la izquierda no parlamentaria.

2. El Partido Por la Democracia, de matriz conceptual de izquierda, pero de práctica progresista, con representación esencialmente de sectores medios, se abre un tímido espacio en sectores populares.

En cuanto a su sustento intelectual, especialmente en el momento fundacional y luego al inicio de la transición, el PPD se nutre de cuadros pertenecientes al Partido Comunista, lo que le permite hasta hoy conservar capacidad para analizar la realidad desde una matriz donde se conservan categorías como clase y movilización social, lo que en cierta forma le permite alinearse en función de sus objetivos estratégicos y contar con un soporte doctrinal para enfrentar los desafíos políticos.

Pese a lo anterior, en el PPD cohabitan sectores con diferencias ideológicas sustantivas, que comprenden desde matrices de análisis de sustrato neoliberal hasta sectores progresistas especialmente en el plano cultural.

3. El Partido Radical Social Demócrata (PRSD)[6] conserva un suficiente grado de inclusión social en sectores medios, no obstante su débil representación electoral. Su antecesor, el Partido Radical, fundado en 1863, estaba formado en sus orígenes por sectores oligarcas y burgueses, pero en la década de 1930 se incorporan a él sectores con vocación social republicana, defensores del funcionamiento efectivo de la democracia representativa, pero siempre mediados y restringidos por la acción de las corrientes de derecha existentes en su seno, que asumieron posiciones muy retrógradas, al menos, en dos ocasiones históricas: en los años cincuenta con la dictación de la llamada ley maldita; y en 1964, con su apoyo a la derecha, que contribuyó a que esta avanzara hacia el golpe de Estado en 1973.

En el PRSD no se observa una matriz ideológica, al menos en el plano intelectual, que asuma categorías marxistas o que se plantee la transformación estructural de la sociedad, de lo cual se deriva su práctica social. Sin embargo, lo que sí manifiesta es una gran vocación de formar parte de las estructuras de poder, lo que se ha traducido en que tuvo participación en los gobiernos previos a la UP, en la misma UP, en la adhesión de sectores del partido a la dictadura de Pinochet, en la creciente presencia en los gobiernos que tuvo en los gobiernos de la Concertación y, en la actualidad, en su movimiento orientado a superar a la Concertación como fórmula política, sin atreverse aún a romper los vínculos con ella.

La Concertación es una alianza en que convergen partidos de izquierda y progresistas, el PS, el PPD y el PRSD, con el partido de centro, el Partido Demócrata Cristiano (PDC). El origen de esa alianza se encuentra en la salida pactada de la dictadura y en la restrictiva transición que se instala. Si al comienzo de esa transición la izquierda de la Concertación se vio constreñida, en su discurso y en su acción, por las limitantes del pacto de paz social impuesto tras el plebiscito de 1988, esa auto restricción orientada a restablecer una normalidad política-social, perdió centralidad desde la segunda mitad de la década de 1990, momento a partir del cual en la Concertación se abre espacio, de forma hegemónica, una aceptación plena de las nociones de gobernabilidad política y de las directrices emanadas del Consenso de Washington.

Los partidos de izquierda de la Concertación ejecutaron una política pública durante veinte años, en la que la estrategia para mantener cohesión social se situó en la aplicación de un modelo caracterizado por la dualidad en la forma de abordar las demandas y urgencias sociales: por un lado, focalizó los recursos y el gasto fiscal en los sectores más excluidos y con menos participación económica, con lo cual propiciaron crecientes grados de clientelismo, pasividad psicosocial y dependencia de la subsidiariedad; por otro, destinaron hacia vastos sectores bajos y medios de la población una política de aumento del acceso a bienes y servicios, con un creciente consumo, pero siempre por la vía del mercado y desde los sistemas crediticios. Todo lo anterior, estuvo mediado por los principios de estabilidad macroeconómica, crecimiento y superávit estructural, y por un enfoque del combate a la pobreza que desatiende aspiraciones de transformación, como la erradicación de la desigualdad social y el fomento de la activa participación de la sociedad en su propio desarrollo.

Dicha ecuación de política pública fue consolidando en los partidos de izquierda miembros de la Concertación, una generación de cuadros con una mirada tecnócrata de la sociedad, propensa a ejecutar políticas que canalicen el funcionamiento de las instituciones del Estado por los conductos del mercado, en lugar de estar orientadas a la satisfacción de necesidades sociales, con lo cual privilegian de forma implícita la adaptabilidad social dentro de la insatisfacción cultural y estimulan una sociedad pasiva, autoinhibida, dependiente y clientelar.

A pesar de que la Concertación y, en particular, la izquierda de la Concertación, fue percibiendo en esos veinte años el agravamiento del desgaste de su modelo de conducción político y económico, su alto grado de inclusión en el andamiaje económico del país y la necesidad de hacerle más y más concesiones a la derecha (por ejemplo, en el sistema educacional) para mantenerse en el ejercicio del gobierno, le impidió abordar el creciente descontento y distanciamiento de la sociedad con reformas políticas, que se expresó en una importante escisión, la del sector liderado por Marco Enríquez-Ominami, quien concurrió como candidato a la elección presidencial de 2009, en la cual obtuvo el 20,14% de la votación, resultado que fractura el llamado *sistema binominal*, impuesto por la saliente dictadura de Pinochet como parte del proceso de transición, que adjudica literalmente todos los cargos de elección popular a las dos principales coaliciones políticas existentes en el país, la Concertación y la Alianza por Chile (de derecha). De la convergencia de sectores políticos y sociales de centroizquierda e izquierda generada por la candidatura presidencial de Enríquez-Ominami, nace una fuerza política con el nombre de Partido Progresista (PRO), ya inscrito oficialmente en varias regiones del país, y que se encuentra en proceso de completar la recolección de firmas y los trámites para lograr su registro como fuerza política nacional, que amenaza con menoscabar el caudal electoral de la Concertación en los comicios municipales de 2012.

El Partido Comunista, principal referente de izquierda no concertacionista, ha sido históricamente un partido con una amplia representación social y política, que tras la salida de la dictadura, debido a las condiciones institucionales que esta lega, fue excluido en el plano de la representación político-electoral, y sus esfuerzos por articular un movimiento político-social amplio —que cuestione las bases del modelo neoliberal impuesto desde la dictadura y fortalecido durante la transición— fueron obstaculizados incluso por la izquierda de la Concertación.

Una mirada retrospectiva permite constatar que la política de Rebelión Popular de Masas desplegada por el PCCh, generó las condiciones para la desestabilización de la dictadura. Sin embargo, los otros partidos de oposición lo fueron aislando, y se instaló abruptamente una diferencia de fondo sobre el contenido y la forma de ponerle fin a la dictadura, y sobre las características de la transición política y económica. La hegemonía cultural de carácter neoliberal reinante durante los años noventa, significó para los comunistas un aislamiento de la vida política en cuanto a agenda pública, en un contexto de alta dispersión y decepción ideológica y política de la izquierda nacional.

La izquierda no comunista esgrimía en forma crítica el argumento de la necesidad de articular una mayoría nacional sobre la base de un nuevo proyecto de izquierda, de carácter renovado y pos-socialismo real, para cuestionar la opción de los comunistas dirigida a avanzar en una convergencia de mayorías críticas a las bases fundacionales del sistema vigente, lo que propendía más al debilitamiento y aislamiento de la política de los comunistas. Dado lo anterior, el PCCh acentúa como estrategia una defensa irrestricta de sus principios, con acento en la mirada ética de la política y sustentada en una crítica estructural a las bases conceptuales del modelo de crecimiento económico y social, mediado por una matriz ideológica marxista común que, a la postre, le permite cohesión estratégica de discurso y acción, que centra sus esfuerzos en develar la naturaleza desigual del sistema y el carácter regresivo de la sociedad chilena.

Por lo mismo, la táctica desplegada por el PCCh durante los años noventa y hasta la segunda mitad de la primera década del siglo XXI, se focalizó en un paulatino esfuerzo electoral de visibilidad política y electoral, con pequeños avances cuantitativos, pero de alto significado simbólico (triunfo en algunas alcaldías), mediante alianzas con otros partidos de izquierda no pertenecientes a la Concertación y el fortalecimiento de representación en el espacio social (sindical, universitario y otros), sobre la base de un proyecto en el que se destaca la idea de articular adecuadamente un movimiento nacional de carácter político social.

Sin embargo, dicha formulación era insuficiente para alcanzar mayorías nacionales orientadas a provocar cambios institucionales, que, de paso, fortalecieran una posición de izquierda, toda vez que en el discurso se totalizaba y homogenizaba a la izquierda concertacionista como un todo neoliberal y no se hacia la distinción respecto de matices y diferencias notorias en dicha alianza, lo cual impedía un proceso de convergencia política.

Desde el año 2005, el PCCh, al connotar que cuenta con una adhesión y fuerza política propia estable y segura, a la vez de nítida en sus pretensiones estratégicas, estima llegado el momento para tratar de emprender alianzas con otros sectores menos resueltos a la transformación de las estructuras sociales, pero que resultan necesarias para dinamizar los procesos políticos, asumiendo el carácter diferenciado de la izquierda de la Concertación y, por lo mismo, la disputa de orientación de dicho espacio político en el contexto de una evidente crisis de significados y correlaciones de fuerza.

En esta perspectiva, el PCCh ha encontrado resistencias especialmente en sectores como el Partido Humanista, que formó parte de la Concertación y en grupos escindidos de su propio partido, de muy baja adhesión política y social, pero que logran instalar críticas eventuales que fragmentan la acción de la izquierda.

Existen varios grupos acotados a sectores específicos de la sociedad, como los estudiantes, los pobladores o el mundo sindical. Muchos de ellos centrados en el problema de definir el proyecto de izquierda y, por lo mismo, desprovistos de una táctica orientada a la acumulación de fuerzas y a la búsqueda de nuevas correlaciones políticas.

En los últimos años se constituyen la Nueva Izquierda, también integrada por sectores medios y derivados de las universidades y del PCCh, y engrosada por exmilitantes de la Surda, quienes pasan a formar parte del Movimiento Amplio de Izquierda Socialista (MAIS), cuyo núcleo fundacional proviene de exmilitantes del PS, que buscan una fusión con el MAS, también escindido de ese partido.

Considerando los partidos antes descritos, una reflexión orientada al significado sobre la izquierda chilena de estos últimos veinte años, en la que se visualice su involución y evolución, pasa por remontarse necesaria y obligadamente al final de la dictadura y al inicio de la transición. Al respecto, el pacto constituyente de la transición chilena, con sus evidentes restricciones institucionales, limitada concepción democrática y apego irrestricto a la lógica dominante del mercado, entre otras variables, hace posible que se materialice una desafección creciente de vastos sectores de la izquierda tradicional de Chile respecto de una genuina vocación de transformación y cambio social. Los grupos dirigentes de dichas colectividades expresan una visión de transformación restrictiva, acotada y supeditada a las acotadas posibilidades permitidas la institucionalidad, a través de un discurso que desecha el cambio institucional, haciendo primar la noción de gobernabilidad a partir de una alianza con los sectores de centro (Democracia Cristiana) para mantener una mayoría nacional y el consenso con la derecha en materia legislativa.

Así, al inicio de los años noventa, se cristaliza una reflexión y práctica de los partidos de izquierda pertenecientes a la Concertación, en la que las dos grandes derrotas del movimiento político y social de la segunda mitad del siglo XX, en este caso el proyecto y gobierno de la Unidad Popular, y luego el enfrentamiento a la dictadura, son integrados en un diagnóstico que propicia una marcada ruptura con los proyectos históricos de dichas colectividades y que de forma reactiva se expresa en una formulación que restringe su rol en términos de apelar a la movilización social.

La izquierda chilena se fractura en dos sectores, uno mayoritario por dos décadas, en este caso la izquierda de la Concertación, cuya fórmula de gobernabilidad encontró fuerte respaldo ciudadano a partir de un crecimiento económico sostenido, que si bien no abordó de forma correctiva el problema de la desigualdad social y, muy por el contrario, lo acentúo, sí generó ingresos y mayor consumo como fórmula de aprobación social. Y el otro sector de izquierda, en clara aversión al modelo político impuesto desde la dictadura, pero desprovisto de una mayoría social que la respalde, esto último acentuado por la dificultad endógena que persiste por años para explicar las causas y las secuelas en las derrotas. Este es el escenario que cambia desde el ascenso de la derecha al gobierno.

Frente a la conflictividad social que emerge tras la partida de la Concertación del gobierno, la izquierda de esa coalición, responsable de la profundización del modelo sociopolítico, hoy fuertemente cuestionado, inicialmente apela a una explicación más centrada en un cuestionamiento ciudadano a las formas de hacer la política, que al agotamiento de un sistema y de una gobernabilidad, del que se deriva la necesidad de establecer un nuevo pacto social y de perfeccionar los mecanismos de participación. Lo hace con la intención de omitir u obviar en dicho análisis la valoración de la ciudadanía de lo que hasta aquí se ha obrado en materia de desigualdad e inclusión, evitando con ello abordar la profunda deuda social y la creciente brecha económica entre pobres y ricos que, de paso, afecta a la llamada clase media restringida en sus aspiraciones por la alta concentración de la riqueza.

La izquierda no alineada con lógicas de gobernabilidad se centra en el agotamiento del modelo institucional y en la pérdida de validez social del pacto existente para la convivencia. Dichas miradas divergentes tienden a converger en cuanto al diagnóstico, no todavía en materia de proyecto a desarrollar.

En el caso de los partidos con matrices de izquierda integrantes de la Concertación, sus expectativas han variado de forma sustantiva. Durante su presencia en los gobiernos de la Concertación, sus principales preocupaciones se centraron en el aumento del crecimiento económico y en la ampliación de cobertura de servicios sociales con base en la subsidiariedad del sector privado, desplegando paralelamente estrategias, por lo general obstaculizadas por su socio de alianza, la Democracia Cristiana, orientadas a reformas en el plano de las libertades culturales. En la actualidad dicha perspectiva no encuentra respaldo en la sociedad chilena, por su insuficiencia y falta de proactividad para provocar cambios no solo en la forma sino que en el fondo de las estructuras sociales.

La opción política-ideológica de la izquierda de la Concertación progresivamente repercute en su matriz conceptual, causando una pérdida de confianza respecto de sí misma, de su voluntad para despertar y estimular a las masas y consecuentemente de sus capacidades transformadoras.

Desde las movilizaciones del 2011, la creciente conflictividad social que en la actualidad experimenta el país, revelaría el fin de una era y con ello el cuestionamiento a una política pública de derecha que la izquierda de la Concertación contribuyó a instalar. La noción de consumo como factor de cohesión social se encuentra en crisis, agravada por la corrupción que se expresa en la colusión de grandes cadenas minoristas o en el blanqueo de activos de los mismos que cuestionan la raíz conceptual del modelo basado en la libre competencia y en la regulación del mercado. La ausencia de una política de Estado que resguarde el interés nacional ante las grandes trasnacionales —en especial las mineras—, que proporcione protección social, que regule la simetría entre los trabajadores y el mundo empresarial, y proporcione cobertura social de servicios sociales con dignidad, son demandas de amplio apoyo y de corte ciudadano, junto a la necesidad de construir una democracia inclusiva y participativa, y el crecimiento sustentable y con respeto por el medio ambiente y las comunidades. Estas son solo algunas de las demandas sociales y políticas de las que la izquierda de la Concertación ha sido esquiva y negadora por dos décadas.

Queda por ver si la izquierda de la Concertación será capaz, no solo de diagnosticar, sino también de favorecer un proyecto transformador que neutralice las posiciones neoliberales que contiene en su seno, considerando que en ella participan dos generaciones de cuadros formados exclusivamente en las políticas públicas de corte neoliberal. Se hace evidente la incapacidad de dicho sector para mantener coherencia y unidad política, dada las dificultades para situarse con propiedad en la comprensión de un nuevo eje cultural, en el que los movimientos sociales constituyen sujetos activos que interpelan a las tradicionales y restrictivas formas de participación ciudadana que han primado en estos veinte años.

Se aprecia un constante afán de la izquierda de la Concertación por mantener un equilibrio de adhesión social entre sectores sociales de izquierda y de centro. El nuevo momento político obliga a esta izquierda a asumir actualmente las transformaciones en el discurso y la demanda social, pero se siente amenazada de que dicho énfasis social y político repercuta en la pérdida de apoyo de sectores del centro político.

A la izquierda de la Concertación se le dificulta situarse y, consecuentemente, asume con temor la emergencia de nuevos movimientos sociales, desprovista de claves comprensivas para la conducción e inclusión en dichos sectores desde la identidad partidaria. Se encuentra tensionada e interpelada frente al desafío de recuperar el poder y la iniciativa en el plano gubernamental, pero a la vez de ceder poder hacia el mundo social y a la ciudadanía. Dicha tensión se aprecia especialmente en el funcionamiento de los parlamentarios de dicho sector, que insisten forzosamente en razonamiento tutelares, acicateados por la influencia que la derecha ejerce sobre ellos mismos. Esta tensión es la causa de la formación de un «eje» gravitacional integrado por el PS y la DC, llamado a mantener la cohesión de la Concertación, frene las tendencias centrífugas que se dan desde las bases y en especial desde el PPD y el PRSD.

Un aspecto de especial connotación para la izquierda concertacionista es el de cómo va a recuperar la confianza perdida entre vastos sectores de la ciudadanía por causa de errores, de la falta de voluntad política para impulsar cambios, o por lo que «dejó» de hacer cuando pudo hacerlo según la percepción mayoritaria de los chilenos, incluyendo a sus propios adherentes.

Por otra parte, la izquierda representada por el Partido Comunista, durante las dos décadas señaladas, estuvo excluida del debate público y extremadamente restringida en su representación político-electoral, desplegando una acción política orientada, que consideraba la disputa de los procesos electorales, pero especialmente a un proceso constante de fortalecimiento, no obstante los retrocesos, para la representación y conducción del movimiento social. Dicho diseño le permite en la actualidad y dentro del contexto de la derrota de la Concertación y del triunfo de la derecha, una presencia y comprensión del mundo social que lo mantienen como una de las principales fuerzas políticas con asiento en las demandas ciudadanas, considerando sectores como salud, trabajo, educación, vivienda, medioambiente y otros.

Por ello es posible afirmar que las demandas del mundo social de este período, especialmente en el mundo de la educación, en rigor, son formulaciones elaboradas por el Partido Comunista desde mediados del año 1995 en adelante.

Por lo mismo, la crisis de representación y de validez de la actual democracia y del modelo sociocultural de convivencia ciudadana, es un proceso al que el Partido Comunista, en términos de fortalecimiento de conciencia y mayorías político-sociales, viene contribuyendo por dos décadas, indistintamente y a pesar de la crítica de ausencia de un proyecto de transformación nítido y acordado por toda la izquierda.

En tal sentido, la apuesta que se revitaliza al cierre de este período es que, para el enfrentamiento de la izquierda con las posiciones neoliberales, lo más decisivo es contar con una voluntad permanente de no inhibirse para la movilización cuando las ideas no logran ni alcanzan la innovación que se requiere.

Así, desde las movilizaciones del 2010, la política de los comunistas diseñada en su último congreso, se viene verificando en los hechos. La ecuación «autonomía y unidad» en la práctica partidaria, entendiendo la autonomía especialmente en el proceso de estimulación de la movilización social e independencia frente a las decisiones de trascendencia política para el destino del país, conjugada con la búsqueda de una unidad incluso con sectores políticos de centro cuando estos despliegan prácticas políticas de aporte real al desarrollo de la democracia y a las demandas sociales, constituye la fórmula mediante la cual se apuesta a las rupturas institucionales.

Por tanto, la política desplegada por el PCCh se torna efectiva y se incrementa en incidencia social y cultural en la medida que se contextualiza en una estimulación permanente de la movilización social, pero sin forzar procesos que deben madurar en el seno del mismo movimiento social.

El punto de partida para concretar acuerdos o alianzas amplias, ya sea programáticas (de gobierno) o coyunturales (electorales o de incidencia social) es la construcción y consolidación de un movimiento político social alternativo, de izquierda, no concertacionista, que estimule y dinamice los procesos sociales y políticos desde una visión crítica y cuestionadora del modelo, con propuestas que realmente recojan el sentir popular.

El aporte que pueda hacer el PCCh a tal construcción (cuyo precedente podría considerarse el Juntos Podemos Más), se ve notablemente enriquecido por el alto grado de compenetración que ha tenido su política y el contenido de sus propuestas en el movimiento social, especialmente entre los jóvenes. Ha sido notable la adquisición de liderazgos juveniles, igualmente importante ha sido el hecho que las Juventudes Comunistas se desplieguen, a lo largo y ancho del país, como una fuerza influyente, en crecimiento, con capacidad de unir y otorgar conducción. De la mano de su contribución al movimiento social, el Partido Comunista ha fortalecido y desarrollado su capacidad de diálogo y de interacción con otras fuerzas y por tanto genera expectativas sobre lo que pudiera lograr, con un discurso cada vez más creíble entre las masas y los diversos actores de la política.

La principal interrogante es saber determinar con claridad y precisión el grado de celeridad de las transformaciones a las que Chile se verá expuesto en los próximos años, considerando en ello el grado de amplitud de las alianzas en el entendido de poder manejar la gradualidad de los cambios. Asimismo, es relevante constatar que el diseño del PCCh en lo grueso hasta hoy muestra pertinencia y efectividad, pero el contenido del período que se avecina necesita de un análisis cada vez más fino sobre el foco donde se debe colocar la mirada política estratégica.

Se eleva la importancia de observar y potenciar la disputa ideológica sobre los alcances de la construcción del actual período como un imperativo de crecimiento orientado a la necesidad de impedir que se acentúen miradas fragmentadas desde la izquierda, que retrasen las transformaciones y permitan la neutralización de la política del Partido Comunista mediante el arrinconamiento de sus posiciones, tanto por la derecha que ve en él y en su propuesta el principal peligro para la continuidad del modelo, como por sectores neoliberales de la Concertación que arrastren a esta de nuevo a la racionalidad neoliberal y de gobernabilidad de derecha.

El Partido Comunista se encuentra frente al desafío de articular un «gobierno de nuevo tipo», que bajo las condiciones de la constreñida democracia chilena pueda superar la institucionalidad vigente mediante un pacto político-social que se focalice en transformaciones que den paso a nuevos desafíos, apelando al poder de las masas y de la movilización ciudadana, pero procurando no precipitar un quiebre prematuro en una eventual alianza de gobierno. La expectativa central es la mantención, incremento y coherencia del vínculo social y político como factor clave para el desarrollo de un nuevo proyecto nacional con énfasis y sentido democrático.

Supone esta perspectiva, desterrar miradas fragmentadas que buscan una separación entre la expresión social y la expresión política de la sociedad chilena, instaladas como concepción predominante en el accionar de algunos sectores de izquierda en los que prima una racionalidad anticomunista que obstaculiza la articulación de una izquierda más sólida, en la perspectiva de un enemigo común que es la derecha.

Lo más positivo es que parte importante de la izquierda chilena tiende a dejar de lado la lógica de los eventos y visualiza el sentido proyectual en la construcción política, fijándose horizontes, objetivos y procesos acordes con dicha construcción, es decir, se recobra cierta capacidad de sistematizar los desafíos.

Los avances logrados coexisten con tendencias a la fragmentación por las posiciones de grupos que acentúan una radicalidad que solo se sostiene desde las formas y en clara disonancia, muchas veces, con las organizaciones sociales y las mayoritarias expectativas sociales. Por eso mismo, en ellos prima la mera radicalidad de las formas, desprovistas de contenido suficiente para la transformación social.

Lo obrado en los primeros quince años es esencialmente insuficiente, dada la incapacidad de centrar esfuerzos comunes para la movilización social. Lo obrado en los últimos cinco años de forma positiva, pone de manifiesto el fin de la influencia neoliberal en vastos sectores de la izquierda de la Concertación, a la vez que evidencia el crecimiento del Partido Comunista y de su influencia política y, con ello, el comienzo de una nueva alternativa para la izquierda.

En lo organizativo, el PCCh requiere crecer en cantidad de cuadros, en la formación política de los mismos para los nuevos desafíos y en sus capacidades organizativas, de forma coherente con la estructuración de la sociedad chilena. Por otra parte, la izquierda, de forma más genérica, debe saber identificar y representar correctamente los cambios de identidad de la sociedad, pensando en que, desde el año 2011, la movilización popular en curso da cuenta, no solo de un proceso en desarrollo de reacomodo de fuerzas políticas —que tiene evidente expresión en el movimiento social—, sino que, desde el punto de vista estructural, asistimos a un reacomodo de las clases, dadas las transformaciones y mutaciones ocurridas en materia de identidad y representación social de sí misma, lo que opera, por lo pronto, una legítima y genuina sensibilidad y aspiración de retorno a categorías de análisis como igualdad y derechos colectivos, pero aún fuertemente mediados por nociones muy arraigadas como estatus y movilidad social.

Por lo mismo, desde la perspectiva del Partido Comunista, la formulación de un proyecto de desarrollo nacional debe necesariamente orientarse a compatibilizar expectativas diferenciadas de un movimiento social y político con identidades en apariencia contradictorias, pero que comparten similares grados de exposición a la dominación neoliberal.

Asimismo, desde lo programático, en atención a las características de la transición por la cual atraviesa la sociedad chilena, reconociendo que parte importante del discurso del movimiento social se sostiene desde la noción de «movilidad social», dentro de los actuales patrones de desarrollo e identidad social, todo proyecto de izquierda, si bien debe orientarse a abordar el problema de la creciente desigualdad e insatisfacción social, también debe tener presente el problema de los altos parámetros de consumo alcanzados. En tal sentido, la conceptualización de pobreza y de las clases sociales requiere una nueva caracterización, habida cuenta de los evidentes cambios societales de estos últimos veinte años, son determinante para cualquier proyecto transformador.

Por otra parte, urge abordar en términos programáticos una propuesta orientada a fortalecer una noción de democracia participativa, dado el malestar social por la insuficiencia de la democracia, que corrija los crecientes grados de desligitimidad de la representación política, desde el espacio local-comunal de la sociedad, considerando en ello a las organizaciones sociales como actores relevantes que cuenten con mayores espacios de inclusión y deliberación. A su vez, es prioritario formular una propuesta que recoja las expectativas de los jóvenes no inscritos en los registros electorales.

Finalmente, hay que pensar en un esfuerzo unitario para la rearticulación de la izquierda chilena, a partir de que una clara noción transformadora del actual orden social requiere situarse en la perspectiva de desafíos de largo plazo. Pero, de forma previa, y como condición insoslayable, supone, en lo inmediato, leer correctamente las urgencias políticas y sociales del presente chileno.

Desde esta mirada, desplazar a la derecha del gobierno constituye una tarea que debe convocar a todas las fuerzas de izquierda, poniendo como elemento central de dicho esfuerzo la construcción de un programa que, junto con restringir el peso de las instituciones neoliberales, acentúe el papel del Estado y fortalezca los derechos sociales.

En esto, el rol de la izquierda de la Concertación es decisivo en cuanto a la celeridad de los procesos. Una posición de este sector genuina y consistente en el plano de las acciones con las demandas sociales de transformación, es indispensable para generar confianza y para movilizar a los sectores de centro, para la formulación de un proyecto y gobierno de carácter democrático.

La derecha y su gobierno bien lo saben. Si al inicio de su período presidencial desplegaron una táctica de corte neopopulista para dar respuesta a las expectativas sociales, táctica que se acentúo al inicio de las movilizaciones estudiantiles a través de una falsa empatía con la demanda ciudadana, hoy ha desplegado una táctica orientada a la invariabilidad sistémica de su modelo neoliberal. Lo estratégico para la derecha, más que la mantención de su gobierno, sigue siendo conservar las estructuras desiguales sobre las que se sostiene el modelo.

Notas

1. Tras una campaña de desestabilización política y económica desarrollada por el imperialismo norteamericano y la oligarquía chilena contra el gobierno del presidente Salvador Allende, este último fue derrocado, el 11 de septiembre de 1973, mediante un cruento golpe de Estado dirigido por el general Augusto Pinochet, quien ocupaba la jefatura de las Fuerzas Armadas. Ese día se inicia la dictadura de Pinochet que, además de su secuela de desapariciones, cárcel, muerte, tortura y exilio, se caracteriza por haber sido el primer gobierno del mundo en haber implantado, en 1976, la doctrina neoliberal como política oficial del Estado. La Unidad Popular, cuyo gobierno fue derrocado por Pinochet, estaba integrada por: el Partido Socialista, el Partido Comunista de Chile, el Partido Radical, el Partido Social Democracia, el Movimiento de Acción Popular Unitario, el Movimiento de Acción Popular Unitario–Obrero Campesino, la Acción Popular Independiente y la Izquierda Cristiana. Originalmente, también lo integró el Partido de Izquierda Radical, que luego lo abandona y se convierte en Movimiento de Izquierda Revolucionaria. [*N. del E.*].

2. Acosada por un creciente rechazo nacional e internacional, la dictadura de Augusto Pinochet convocó a un plebiscito, celebrado el 5 de octubre de 1988, en el que sometió a votación si una mayoría ciudadana aprobaba su continuidad en el ejercicio del gobierno u optaba por una transición pactada para el restablecimiento de la institucionalidad democrático burguesa. Aunque el dictador fue derrotado en el plebiscito, la llamada transición incluyó condiciones tales como la permanencia de Pinochet en la jefatura de las Fuerzas Armadas por un determinado período, el otorgamiento de la condición de *senadores vitalicios* a los jefes castrenses en retiro (incluido él), la impunidad de los crímenes cometidos por la dictadura y un conjunto de restricciones constitucionales que aún perduran. En síntesis, la transición derivó hacia una *democracia restringida* de tipo neoliberal, que fue utilizada como paradigma de las *democracias neoliberales* implantadas en América Latina en la década de 1990. [*N. del E.*].

3. La Concertación de Partidos por la Democracia fue fundada el 2 de enero de 1988 con el nombre de Concertación de Partidos por el NO, con el propósito de aglutinar a las fuerzas políticas de centro y centroizquierda, con vistas a participar en el plebiscito de octubre de ese año. La Concertación, que gobernó en Chile entre 1990 y 2009, está integrada en la actualidad por el Partido Demócrata Cristiano, el Partido Socialista, el Partido por la Democracia y el Partido Radical Socialdemócrata. Entre sus fundadores se contaban otros partidos que desaparecieron o se fusionaron con alguno de los miembros de la Concertación. Estos eran el Partido Democrático de Izquierda, el Movimiento de Acción Popular Unitaria Obrero Campesino, el Partido Liberal y otros movimientos políticos y sociales. [*N. del E.*].

4. La dictadura de Pinochet no solo implantó el modelo neoliberal, sino también fabricó en torno a él el mito del supuesto milagro económico chileno, que se difundió por el resto de América Latina y el mundo, como paradigma a seguir. En efecto, una parte de las oligarquías latinoamericanas se sintieron tentadas a emular el «milagro económico», pero estaban atemorizadas por el baño de sangre sobre el que se había sustentado. De modo que la continuidad de la política neoliberal por parte de los gobiernos de la Concertación le aportó al neoliberalismo el «rostro democrático», lo que llamamos *democracia neoliberal*, que contribuía a hacerlo atractivo para el resto de los gobiernos de la región. No obstante, ello no bastó por lo que también fueron nece-

sarias las presiones de las grandes potencias imperialistas y, en especial, las sucesivas renegociaciones de la deuda externa latinoamericana con el Fondo Monetario Internacional y el Club de París, que imponían los llamados planes de ajuste estructural como condición para el otorgamiento de nuevos créditos. [*N. del E.*].

5.   El PAIS estaba integrado por el Partido Comunista, el sector del Partido Socialista liderado por Clodomiro Almeyda, la Izquierda Cristiana, el Movimiento de Acción Popular Unitario y el Movimiento de Izquierda Revolucionaria. [*N. del E.*].

6.   El Partido Radical Social Demócrata surge el 18 de agosto de 1994 mediante la fusión del Partido Radical y el Partido Social Democracia. El PRSD se reconoce como el continuador del Partido Radical. [*N. del E.*].

La izquierda ecuatoriana 20 años después de la caída de la URSS

Germán Rodas

Breves antecedentes históricos de la izquierda ecuatoriana

En mayo de 1926 se fundó el Partido Socialista Ecuatoriano (PSE).[1] La influencia de la Revolución Mexicana iniciada en 1910 y del proceso de cambio estructural iniciado en 1917 en lo que sería la URSS, unida a la represión y masacre de obreros y artesanos que luchaban por sus derechos, ocurrida en la principal ciudad costera del Ecuador, Guayaquil, el 15 de noviembre de 1922,[2] se constituyen de alguna manera en los antecedentes fundamentales para el aparecimiento orgánico de la primera fuerza de la izquierda ecuatoriana, en cuya constitución acudieron fuerzas provenientes del liberalismo radical, militares jóvenes contestatarios de la plutocracia,[3] intelectuales de izquierda, grupos de obreros y artesanos, núcleos de anarquistas y una pequeña estructura de orientación comunista.

El Partido Socialista Ecuatoriano se escindió —de la misma manera que venía entonces ocurriendo en algunos países de Latinoamérica— a propósito del debate sobre la incorporación o no a la Internacional Comunista o III Internacional.

El sector del PSE que adhirió a la Internacional Comunista fundó el Partido Comunista del Ecuador (PCE). Aquello ocurrió en octubre de 1931. En mayo de 1933 se refundó el Partido Socialista, que desde entonces no se ha incorporado a ninguna internacional.

Bien puede decirse que los partidos socialista y comunista han constituido la matriz histórica de otras agrupaciones menores que fueron apareciendo en la vida nacional y cuya existencia, a veces, ha sido efímera. Algunas de estas organizaciones fueron escisiones,[4] unas veces del PCE y en otras oportunidades del PSE.

En los años cuarenta la izquierda ecuatoriana tuvo un notable crecimiento orgánico y político. Fue, entre otras fuerzas, la actora de la caída del gobierno de Alberto Arroyo del Río,[5] a su vez hipotecado a intereses norteamericanos, en cuyo período el país perdió un importante territorio nacional en la guerra con el Perú, que fuera fabricada por las transnacionales petroleras. A pesar de la activa presencia socialista y comunista, el régimen de José María Velasco Ibarra, que remplazó a Arroyo del Río, paulatinamente fue articulando un proceso económico y social diferente al que permitió que la izquierda lo respaldara entusiastamente, al punto que dicha izquierda política fue, finalmente, perseguida violentamente. Tales sucesos tuvieron orígenes en la realidad nacional, pero ante todo estuvieron marcados por el inicio de la guerra fría, asunto que es indispensable señalárselo en el contexto de este trabajo.

Hay que especificar que el momento más complejo para la izquierda ecuatoriana, en términos ideológicos y políticos, ocurrió en los años sesenta del siglo XX. Dicha circunstancia estuvo profundamente insertada a la realidad que había provocado el triunfo de la Revolución Cubana y, adicionalmente, la confrontación entre los partidos comunistas chino y soviético.

Estos hechos históricos dejaron una huella fundamental en la vida de la izquierda ecuatoriana. Por un lado surgió una corriente socialista revolucionaria que, influenciada por el castrismo y el guevarismo, proclamó la necesidad de orientar su acción por igual camino político-militar que había permitido al Movimiento 26 de Julio en Cuba tomar el poder en función de un proyecto revolucionario. Con la misma expectativa, de otra parte, sectores del Partido Comunista Ecuatoriano iniciaron un proceso de rupturas internas que, además, estuvieron atravesadas por las discrepancias que entonces se produjeron entre las metrópolis del comunismo: la URSS y China.

De la ruptura socialista emergió el Partido Socialista Revolucionario (PSRE) mientras que la confrontación al interior del PC provocó una ruptura que dio origen a la constitución del Partido Comunista Marxista Leninista del Ecuador (PCMLE).

La dictadura militar de los años sesenta,[6] concebida desde los Estados Unidos de Norteamérica —de la misma manera que sucedió en el resto del continente—, bajo la premisa de impedir el crecimiento del comunismo, que según ellos podía ser exportado o copiado —asunto que también jugó en el imaginario de algunos sectores de la izquierda—, produjo estragos orgánicos y políticos en la izquierda mediante la represión de la que esta última fue objeto.

A contrapelo, la dictadura militar de 1972,[7] constituida para implementar un proyecto nacionalista y desarrollista, fue el escenario para que se diferenciara la corriente comunista de la socialista, pues mientras la primera, de orientación soviética, adhirió al proyecto militar bajo el argumento de la importancia de apoyar los cambios que impulsaban los militares, la segunda, la socialista, mantuvo una postura de confrontación con el militarismo, tanto más que sus principales dirigentes fueron apresados.

El retorno a las elecciones hacia finales de los años setenta fue un punto de inflexión para la izquierda ecuatoriana. En su lucha contra de las dictaduras, los partidos de la izquierda se vieron obligados a intervenir en el proceso eleccionario. No había otra opción política.

Con tal oportunidad el PSRE y el PCE se agruparon, junto a sectores sociales y políticos de orientación progresista, patriótica o vinculados con la Teología de la Liberación, en el Frente Amplio de Izquierda (FADI) mientras que el PCMLE articuló un espacio político electoral denominado Movimiento Popular Democrático (MPD).

La reinserción electoral en la vida nacional se produjo en 1979. La izquierda ecuatoriana, desde entonces, participó activamente en los procesos eleccionarios mediante el FADI y el MPD, más allá que alguna corriente, como la del Movimiento de Izquierda Revolucionaria (MIR), señalara la inconveniencia de estar sujetos a la agenda del poder real, o como la que, a través de acciones político-militares,[8] enfrentó al régimen de Febres Cordero mediante la vía armada.

La activa participación electoral de la izquierda favoreció los contrapuntos con el sistema predominante. Permitió obtener ciertos espacios de poder local y regional, así como una constante presencia legislativa. Las normas electorales, a contrapelo, no posibilitaron acuerdos eleccionarios conjuntos, sobre la base de la necesaria unidad —tanto más que en los años ochenta el PSRE articuló un espacio socialista logrando unir en el PSE a las diversas expresiones de tal corriente— debido lo cual, en más de una oportunidad, la tendencia dispersó sus esfuerzos en conflictos electorales. No cabe duda en todo caso, que la izquierda logró una importante influencia, particularmente en el movimiento sindical y popular.

El derrumbe del bloque socialista europeo, un impacto en la izquierda ecuatoriana con diversos efectos

La caída del muro de Berlín entre el jueves 9 y el viernes 10 de noviembre de 1989, constituyó el principio del dramático final de un período que había vivido Europa del Este y cuya crisis, acumulada en muchas décadas, estalló en este episodio que, a su vez, precipitó el fin de un modelo —no de una doctrina— que se había edificado verticalmente, sin dar cuenta de la diversidad, propiciando la uniformidad del pensamiento, entre otras cosas. Ese proceso concluiría, poco más de dos años después, el 25 de diciembre de 1991, con el derrumbe de la propia Unión Soviética. Eso no implica desconocer que ese sistema se implantó en virtud de la lucha heroica de miles y miles de trabajadores, que buscaban mejorar sus condiciones vida a fin de sustituir el modelo capitalista que enriquece a pocos a costa de la miseria de los demás, con el objetivo de construir un mundo equitativo y de justicia, y sobre la base del pensamiento que habían construido los fundadores del socialismo científico.

No obstante, las deformaciones que fueron acumulándose a lo largo de los años hasta devenir en aquello que la prensa amarilla denominó «socialismo real», y que tuvo su origen en el proyecto concentrador de poder, nada tuvo que ver con los planteamientos del socialismo, con la formulación de una teoría profundamente humanista y, sobretodo, con las aspiraciones del género humano.

Finalmente lo que se derrumbó en Europa del Este fue una estantería que se había deteriorado por la manipulación del poder, sin que aquello implique obviar la necesidad histórica de reconocer los enormes logros que el socialismo que se articuló en aquellos años supuso para el mundo en diversos aspectos, y en relación con la vida de los preteridos. Y claro, tal proceso que significó, como infiero en líneas precedentes, el derrumbamiento del socialismo burocrático (de corte estalinista) en Europa del Este, tuvo efectos inmediatos en el Ecuador, tanto en la corriente de izquierda, como en el más amplio espectro de la ideología dominante.

Podría incluso, sin pecar de exagerado, señalar que en el país hubo también una caída del muro, lo cual determinó que la izquierda ecuatoriana se situé ante una realidad distinta a la que le habían obligado a pensar, debido a que la mayoría de sus «cuadros» se formaron en manuales ideológicos y políticos que reprodujeron mecánicamente la realidad europea que, aparte de su experiencia y desarrollo básicamente industrial, definió al mundo en dos polos: por un lado, los dueños de los medios de producción y, por otro, el «ejército» de los trabajadores, los proletarios; realidad esta que no correspondía a la del Ecuador, pues la diversidad social, cultural y étnica superaba la visión europea.

La situación histórica en referencia, no hizo sino plantear descarnadamente un hecho que la izquierda ecuatoriana, luego de algún tiempo, asimiló en el contexto siguiente: lo que se derrumbó fue el producto de las reformas autoritarias y burocráticas establecidas con un enfoque teórico mecanicista que solo dio cuenta de la hegemonía en su lucha por el mantenimiento del poder y donde la falta de pluralismo se expresó en aquello que se conoció como la revolución desde arriba.

Tomar conciencia de la crisis, le significó a la izquierda ecuatoriana, particularmente a la izquierda socialista, ser autocrítica frente a sus incomprensiones ideológicas y políticas que la condenaron, a lo largo de su historia, a cerrarse en un reduccionismo economicista que esperaba un mayor desarrollo de las fuerzas productivas y por ende el crecimiento de la clase obrera, para entonces hacer la revolución en una sociedad cuya diversidad, como ya lo he dicho, demandaba otro tipo de comportamientos.

Y mientras este fue el panorama de impacto al que se abocó la tendencia de izquierda, se comprenderá la arremetida ideológica desde el pensamiento político de la derecha, del sistema hegemónico y de sus recaderos, los cuales no dejaron de señalar que el fracaso de Europa del Este debía entenderse como el fracaso de una ideología, de un sistema, de un arquetipo que se había derrumbado para no reponerse más en la historia.

Todo este contexto desató en la izquierda un debate purificador. Purificador en la medida de la deserción de algunos de muchos de sus militantes que sin formación ideológica, alejados del pensamiento crítico, sin preparación teórica y sin praxis permanente (vicios que en la izquierda ecuatoriana se han vuelto reiterativos) optaron por el camino más fácil: el de la crítica malsana y nada constructiva respecto de las organizaciones de izquierda a las que habían pertenecido, o que convocados por los cantos de sirena de lo que parecía el fin de la civilización, constituyeron nuevas instancias políticas desde donde dijeron representar a esa parte de la sociedad que la izquierda ecuatoriana había omitido. También se refugiaron en las organizaciones políticas del orden establecido, mientras otros, por último, prefirieron la aventura desgastante de convertirse en «francotiradores», todo lo cual no hace sino dibujar el nivel de dispersión y de crisis que experimentó la izquierda ecuatoriana en este período, momento en el cual, además, el unipolarismo mundial hacía de cortina a los acontecimientos referidos.

En aquellos mismos años ocurrió un proceso de enorme trascendencia que no puede mirárselo como una circunstancia de dependencia estricta con la caída de la URSS, pero que ciertamente recibió su influencia y que estuvo explicado en la circunstancia histórica de los 500 años del descubrimiento de América, de la colonización del continente y, desde luego, de la resistencia indígena a estas circunstancias. Me refiero a la irrupción organizada del movimiento indígena en la vida nacional.

En efecto, en 1992 en el Ecuador se sucedieron momentos inéditos a propósito de lo que se denominó el levantamiento indígena:[9] tomas de iglesias, movilizaciones y otras acciones de gran magnitud. La voz de este sector social asumió el escenario nacional y se convirtió, también, en el nuevo reducto de algunos sectores vanguardistas de la izquierda que prontamente encontraron en el movimiento indígena la expresión fundamental del proceso revolucionario, a tal punto que estos sectores (muchos de ellos mestizos) indujeron a la formación de una expresión política, en 1995, que permitiría la constitución del Movimiento Plurinacional Pachacutik, el mismo que tuvo una activa participación en los procesos políticos de los últimos años, luego de los cuales, los sectores mestizos se han ido separando, o fueron separados de los cargos de dirección de Pachacutik, e incluso abandonando la militancia en esta organización política.

Los grupos indígenas que, como lo señalé, gestaron las movilizaciones de 1992 lograron de esta manera ganarse un espacio en la vida institucional del país, a más de promover sus inaplazables reivindicaciones, en un esquema que, lamentablemente, y por acción principalmente de los sectores mestizos, evolucionó hacia los desencuentros con las fuerzas políticas de la izquierda, las misma que habían intentado representar aquellos intereses, pero —hay que reconocerlo— con connotaciones vanguardistas.

Más allá de los fenómenos sociales inferidos en este texto, debe comprenderse que los sucesos que formaron parte del aparecimiento de las luchas indígenas y de su frente político, también forman parte de la resaca dejada por el colapso del bloque socialista europeo y su mención, en este apartado es estrictamente histórica.

El mundo unipolar y el proyecto neoliberal en el Ecuador

Luego de la desaparición del bloque de países de Europa Oriental era evidente que la humanidad transitaba bajo los intereses de un mundo unipolar. Expectativas contrapuestas, en unos casos, y disímiles en otros —porque las contradicciones al interior del sistema capitalista fueron mostrándose paulatinamente— se volvieron evidentes en las diversas regiones del mundo controladas por un pensamiento único y dispuesto a expandir el modelo económico que habían articulado para cumplir sus objetivos. Fueron los momentos de la globalización del neoliberalismo articulados por el poder hegemónico mundial aprovechando la ausencia de cualquier contrapeso.

En este contexto, a finales de 1992, llegaba al fin de su período el régimen de Rodrigo Borja,[10] que había sido testigo de la situación mundial de aquel momento, frente a la cual su partido de gobierno, puso las distancias pertinentes señalando que siempre había cuestionado al modelo socialista que se derrumbaba.

Frente a una oleada externa e interna que desdeñó al pensamiento de izquierda, en cuyo saco inclusive llegaron a colocar al régimen saliente de Rodrigo Borja, ante los cantos de sirena que señalaban la posibilidad de estructurar una nueva economía que, partiendo del achicamiento del Estado, favorecería a los sectores populares a propósito de la supuesta eficiencia de los grupos económicos privados y, ante todo, porque, debido a la crisis política de la tendencia de izquierda, la derecha política ecuatoriana encontró su mejor momento.

Tanto es así que la segunda vuelta electoral de 1992 enfrentó a dos candidaturas de la derecha ecuatoriana: Jaime Nebot[11] y Sixto Durán Ballén,[12] quienes definieron, por esta circunstancia, la Presidencia de la República. El triunfo correspondió a Durán Ballén, el mismo que para el ejercicio del gobierno había escogido como binomio a Alberto Dahik, un economista fundamentalista del neoliberalismo y, como tal, defensor a ultranza de esas propuestas.

A este período corresponde uno de los momentos más complicados en la lucha social, política y popular del país, pues se habían generado todas las acciones ideológicas necesarias para «convencer» a los ecuatorianos que la crisis de la población —expresada en la ausencia de atención a la salud, carencia de servicios básicos, entre otros— podía ser superada si se ponía en marcha el modelo privatizador que el neoliberalismo había proclamado como válido y óptimo.

Se promovió, bajo esta argumentación, una campaña constante para demostrar la ineficiencia del Estado y se llegó al extremo de descuidar a las instituciones estatales vinculadas con la telefonía, la salud y la seguridad social, con el objeto de acelerar la venta de las mismas, en cuyo trasfondo, además, se fueron articulando los negociados que formaban parte de esta operación.

No obstante la debilidad ideológica y orgánica de la izquierda, ante los sucesos que estaban provocándose en el país, tal tendencia pudo articular una respuesta y rearmar su influencia en el movimiento social, frente al modelo neoliberal en ciernes. De esta forma, las tesis privatizadoras fueron derrotadas en una consulta popular convocada por Durán Ballén.

Las izquierdas partidaria y social jugaron un rol fundamental para tal circunstancia, lo cual contribuyó a la tendencia para que saliera de su asfixia ideológica. Tanto es así que en 1995 los partidos socialistas y el Frente Amplio de Izquierda —frente político del PCE— resolvieron fusionarse en una demostración de reencuentro histórico y de madurez política que involucraba, también, independencia para actuar en la realidad nacional, a partir de sus propias interpretaciones de la situación ecuatoriana.

Esta determinación denotó la aprehensión de la compleja situación por la que atravesaba la ideología de izquierda y una respuesta adecuada frente a tal circunstancia que, lastimosamente, no prosperó en las filas del FADI con el mismo entusiasmo que en el PSE, pues volvieron a aflorar las discrepancias y prontamente se reconstituyó un Partido Comunista que siguió actuando al margen de la fusión e implementando la misma vieja práctica del colaboracionismo político.

Los actos de corruptela en los que, posteriormente, se vio envuelto el vicepresidente Dahik, debido a cuya circunstancia presentó la renuncia de su cargo, contribuyó a frenar en aquel período el proceso privatizador, más allá que el modelo neoliberal intentaba buscar nuevos reacomodos para el ejercicio presidencial inmediato.

La crisis política de fin de siglo en el Ecuador

El gobierno de Abadalla Bucaram,[13] que fuera defenestrado en virtud de las confrontaciones ínter burguesas —debido a sus resistencias ante los acuerdos comerciales con el área de incidencia norteamericana y a sus intentos por abrir relaciones comerciales con el mundo árabe, así como por alterar el ritmo del proceso privatizador y a los posibles beneficiarios de tal política y, además, como efecto de sus posturas nacionalistas que le confrontaron con el orden constituido— sucumbió en medio de la parálisis de la corrientes de izquierda del país, muchas de las cuales optaron por apoyar a Bucaram en la campaña electoral, convocadas por su discurso antinorteamericano, y a manera de corolario de un posible cambio de rumbo que la izquierda y los sectores populares demandaban, luego de haber combatido al proyecto conservador de Durán Ballén. Debe mencionarse, finalmente, que algunos sectores de izquierda prefirieron impulsar la figura de Bucaram con el ánimo fundamental de impedir el triunfo del derechista Jaime Nebot.[14]

No obstante, Bucaram no dio los pasos que la izquierda había demandado —con las cuales dijo coincidir cuando era candidato— y, en medio de confusas propuestas, fue siendo absorbido por las mismas reglas del orden constituido, lo cual a su vez dejó sin piso a algunas organizaciones sociales y políticas de la izquierda que habían confiado en su discurso.

El régimen que sucedió a Bucaram, cuando fue derrocado debido a la participación desestabilizadora de la derecha conservadora que buscaba retomar el gobierno para dar continuidad a su gestión, fue el de Fabián Alarcón,[15] un gobierno destinado, al menos en la idea de sus mentores, a retomar el festín de las iniciativas de la privatización, y sobre todo, a construir el orden para que aquello ocurriera adecuadamente luego de los desajustes que en esta materia había provocado Bucaram. Tal orden significó dotarle al Ecuador de una nueva Constitución, la misma que por ser trabajada con una amplia participación de las fuerzas del centroderecha y de la derecha, dieron a luz un instrumento que encubriría el proyecto neoliberal. La tendencia de izquierda, al interior de la Asamblea Constituyente, poco pudo hacer, debido a la correlación de fuerzas,[16] para impedir que la nueva Constitución respondiera a los grupos dominantes del Ecuador.

Con la nueva Constitución gobernó Yamil Mahuad,[17] el mismo que recibió el apoyo encubierto del Partido Social Cristiano en la segunda vuelta electoral, y a quien la izquierda no confrontó unida electoralmente. Mahuad articuló su gobierno a favor de los sectores financieros del país, de la banca y de los intereses de aquellos que apostaron permanentemente por el proyecto neoliberal. Su caída se produjo en medio de la crisis financiera generada por la banca y la corrupción de la misma. Seguramente, la izquierda ecuatoriana hubiera podido capitalizar el descontento social creciente, la angustia y el drama social, especialmente de los sectores medios. Por ello, ante tal probabilidad, que era lo mismo que curarse en salud, se dispararon las alertas en la inteligencia militar para urdir un proyecto que consistió en poner a la cabeza de la revuelta a oficiales de inteligencia militar que, unidos a los dirigentes del sector indígena, especialmente de la CONNAIE, promovieron la salida de Mahuad.

Sectores radicales indígenas y de izquierda intentaron no solo remplazar al Presidente, sino asumir el control del gobierno. Frente a tal posibilidad se fabricó un sainete, al que se prestaron inicialmente algunos oficiales, quienes sabían que no podían romper el orden, debido a lo cual orquestaron las medidas para que gobernara el Vicepresidente[18] quien, finalmente, se identificaría a favor de los intereses del sistema.

En tal oportunidad se creó, con el manejo mediático de la información, la imagen que el movimiento indígena había logrado desplazar del gobierno a Mahuad. Parte de aquello fue cierto, pero no constituyó toda la verdad. Fue evidente, eso sí, que la población no toleró la presencia en el gobierno de quien había favorecido el atraco de los dineros del pueblo y el enriquecimiento de grupos privilegiados de la banca.

Tal reacción fue, inicialmente, contraria a todos los factores del ordenamiento social. De allí la preocupación de quienes debían impedir la alteración del *establishment*, tanto más que algunos sectores de la izquierda estuvieron prestos para influir en la movilización social, asunto que tampoco prosperó por la falta de agudeza en la percepción de la izquierda respecto del conflicto en ciernes.

La caída de Mahuad y el posterior gobierno de transición de Noboa, habían dejado en el país la falsa apreciación del surgimiento de un líder militar con vocación social y capaz de construir un proyecto de cambio. El supuesto líder, en el imaginario social y de algunos sectores de la izquierda y del movimiento indígena —imaginario construido desde la información mediática— tuvo asidero, además, como efecto del fracaso de varios regímenes civiles y a propósito de rescatar la tradición de lucha de algunos militares con los intereses populares.[19]

Estos factores contribuyeron para que Lucio Gutiérrez —vuelto figura pública en la escena nacional, siendo aún coronel en servicio activo por su acción en contra de Mahuad y quien luego de ser confinado, separado de las FFAA y, finalmente, exculpado por el Congreso Nacional— surgiera como una aparente opción en contra del sistema político que, aceleradamente había llevado a la crisis social, económica y popular de los ecuatorianos.

Sectores de la izquierda ecuatoriana, el PCE y el MPD, y desde luego el movimiento indígena de la CONNAIE, instrumentaron todos los mecanismos para que electoralmente llegue al gobierno Gutiérrez.[20] Aquello ocurrió así y el Coronel inició su gobierno en enero del 2003.

Del apoyo entusiasta de los grupos de izquierda e indígenas a Gutiérrez, pronto se pasó al desencanto. Además, este gobierno aprovechó para dividir al movimiento social, indígena y de izquierda con el objetivo de castrar su proceso de recomposición y a fin de facilitar el cumplimiento de los intereses geopolíticos norteamericanos y la aplicación del proyecto de la globalización neoliberal. El trasfondo de su presencia en la vida política fue descubierto de esta manera, no sin antes haber afectado la consistencia de la izquierda política y social, en cuyo nombre gobernó algún tiempo, a contrapelo del infantilismo de gran parte de la tendencia y de la ausencia de líderes de su propia orilla que pudieron haber sido capaces de asumir los roles adecuados en los momentos, también adecuados.

Puesto al descubierto la trama del Coronel y una vez cumplidos los objetivos del poder real, la clase política económica y social del orden intentó un recambio para volver a controlar directamente el poder. La salida de Gutiérrez tiene que ver mucho con lo afirmado, más allá del descontento social y de la lucha en contra del régimen que había emprendido la izquierda política y social que se sentía traicionada por quien hasta entonces había sido su líder.

Pero concomitantemente a lo anterior, fue evidente que en el país, debido a todo el proceso previo, había una crisis. Y fue notorio, asimismo —y cabría decir en primer lugar— que debido a los conflictos de contradicciones en el sistema capitalista, se había fracturado el proyecto de la globalización neoliberal en gran parte de Latinoamérica. Estos dos hechos se conjugaron en una misma realidad frente a lo cual, no cabe duda, el sistema, comenzó a urdir una salida global a propósito de sus escenarios de crisis estructural que comenzaban a vislumbrarse y que se han vuelto evidentes —en el contexto del mundo unipolar dividido en regiones— en el último período.

El régimen posneoliberal de Rafael Correa y la izquierda ecuatoriana

La crisis de la globalización neoliberal, como es obvio, no solo ha correspondido al Ecuador. Hacia finales del siglo anterior e inicios del actual, tal circunstancia ya fue evidente. Aquello favoreció para que se construyeran gobiernos de cambio en Latinoamérica, más allá que la lucha histórica de la izquierda en la región contribuyó decididamente para que los resultados electorales en diversos países le fueran favorables electoralmente. Los ciudadanos electores optaron por propuestas diferentes a las que ya habían gobernado y concurrieron a la convocatoria de la izquierda que había sembrado con su ejemplo de años, el testimonio de entrega por las mejores causas del género humano.

Tanto en la región, como en el Ecuador, fueron estos momentos de inflexión frente a la lucha ideológica en contra de la izquierda que se había propiciado luego de la caída del Muro de Berlín y el derrumbe de la URSS.

En el Ecuador, a la expulsión del gobierno de Gutiérrez, asumió la Presidencia su vicepresidente Alfredo Palacio, quien incorporó en su gobierno, en el Ministerio de Economía, a Rafael Correa, el mismo que se separó de tal cartera al poco tiempo, cuando discrepó con las políticas fondo monetaristas del nuevo mandatario.

Este fue el despegue de Correa, quien despertó entusiasmo entre todos aquellos sectores —y particularmente de la izquierda— que habían confrontado al modelo prevaleciente. Posteriormente sería candidateado a la Presidencia de la República con apoyo inicial del socialismo y, cuando fue electo

Presidente, en la segunda vuelta electoral del año 2006, logró la confluencia a su alrededor del conjunto de la izquierda política y social. Su discurso de construir el Socialismo del Siglo XXI despertó expectativas, tanto más que con tal propuesta, la izquierda volvía a reinsertase ideológicamente en una sociedad que la había clausurado sus espacios, precisamente a consecuencia del colapso del bloque socialista europeo.

Se iniciaba, así, una etapa posneoliberal que se articuló, y se diferenció, en dos momentos concretos:

a. El primero corresponde a la puesta en marcha del proceso de reformas políticas, asunto que fue posible debido a la crisis de los partidos políticos tradicionales que habían gobernado. En este contexto se planteó dotarle al país de una nueva Constitución que, se dijo, respondería a los nuevos momentos que vivía el Ecuador. La nueva Constitución fue aprobada hacia finales del 2008, luego de una serie de consultas populares y de procesos eleccionarios que legitimaron las acciones del gobierno de Correa con una gran sustentación social. No obstante, en este entorno se produjeron las primeras señales de alejamiento de algunos sectores de la tendencia de izquierda, debido a la carencia de un diálogo con su base social y a la formulación de un cuerpo constitucional que denotó la ausencia de cambios estructurales en el Ecuador.

b. El segundo momento corresponde a la nueva elección presidencial de Rafael Correa, en el 2009, pues conforme mandaba la nueva Constitución, se debían cambiar todas las autoridades del país. Ha sido el momento para que el régimen articule, principalmente, su gestión económica y su obra social. En esta etapa hemos sido testigos de una importante obra pública; de la atención estrictamente focalizada —mediante subsidios— de poblaciones vulnerables; de la estructuración de políticas sustitutivas de las importaciones; de la puesta en marcha de un modelo extractivista en relación a los recursos naturales. A contrapelo, en este nuevo espacio político del régimen se han provocado mayores distancias con el movimiento indígena, obrero y con algunos partidos de la izquierda.[21]

Los elementos señalados constituyen la línea base de gestión del régimen debido a lo cual puede ser catalogado como un régimen posneoliberal y neodesarrollista, con marcadas posturas nacionalistas y progresistas que le han permitido, en el campo de la política internacional, asumir posturas de defensa de la soberanía ecuatoriana, de autodeterminación evidente, cuyos rasgos merecen el pleno reconocimiento del ejercicio de un gobierno que ha marcado, en esta materia, una huella fundamental en la historia nacional.

Debido a la caracterización del régimen —posneoliberal, patriótico y nacionalista— es menester comprender que el proyecto anunciado como socialista no es tal debido a circunstancias como las siguientes:

a. La estructura organizativa de Alianza País, no expresa una estructura partidaria, sino un sincretismo de varias fuerzas políticas y sociales que confluyeron a apoyar la candidatura de Correa en contra del modelo neoliberal en crisis, lo cual no ha permitido definiciones fundamentales doctrinarias y políticas a su interior

b. La procedencia política de Correa se halla orientada desde concepciones de la Teología de la Liberación, lo cual supone, en momentos dados, reduccionismos frente a otras corrientes del pensamiento.

c. Hay una gestión política, económica y social que administra la crisis del sistema y que omite las transformaciones del mismo.

d. Aquello de no diferenciar las posturas críticas de la izquierda y de los sectores sociales con aquellos comportamientos contradictorios del gobierno o de algunos de sus funcionarios y, frente a tal realidad, responder con un discurso similar al que requiere la oposición que proviene de la derecha, ha contribuido a desarticular posibles acuerdos con importantes sectores sociales como el indígena, el de los campesinos y el de los trabajadores. Se ha llegado al extremo que la protesta social ha sido criminalizada.[22]

Gracias a una importante difusión propagandística de la labor del régimen —el uso de la información mediática ha sido muy eficiente— el gobierno ha logrado concentrar el apoyo en sectores populares; no obstante, a partir de su reelección se ha constatado distanciamientos con muchos actores sociales que han demandado composturas de cambio estructural.

Estas asimetrías se volvieron notorias a propósito de la Consulta Popular,[23] en la cual el régimen, si bien obtuvo un triunfo en las urnas, quedó evidenciado que se han acortado diferencias con sus opositores y sus críticos.

En la coyuntura que vive el país, la pregunta es: ¿cuál debe ser el rol de la izquierda?

La pregunta demanda una apreciación general previa: la izquierda ecuatoriana, como tendencia, luego de los sucesos que desplomaron al proyecto privatizador y neoliberal, ha logrado un espacio ideológico importante. Tal realidad, que no solo reconoce su historia y su siembra, ha sido posible, además, por la crisis del sistema capitalista y por la configuración de un momento posneoliberal que ha abierto horizontes de cambio.

El régimen del presidente Correa, a pesar de todas sus ambigüedades programáticas y de una práctica política orientada con las tesis del neodesarrollismo —en la variante posneoliberal— representa una búsqueda de transformaciones sociales del pueblo. Allí, en dicho escenario es importante la izquierda ecuatoriana.

Con la premisa señalada, a partir de la certeza que es indispensable fortalecer la corriente progresista y nacionalista existente en el Ecuador, así como es necesario que el conjunto de la población diferencie la propuesta política del momento, frente a una opción transformadora estructural, por la cual ha de seguir luchando la izquierda, se vuelve necesario optar por un apoyo crítico al régimen de Correa.

En gran parte de la izquierda, no ha existido una adecuada valoración respecto del momento histórico en el cual se halla la lucha de clases en el Ecuador y la circunstancia de haber abandonado el proyecto privatizador y haber avanzado a un período posneoliberal. Ha pesado sobre ella la coyuntura a propósito de un régimen que actúa, también, sobre coyunturas. Ha incidido, además, la carencia del régimen de un proyecto de modificaciones estructurales.

La izquierda, también, está en deuda con la posibilidad de ejercer una seria reflexión que le permita renovar su pensamiento frente los momentos actuales, lejos del dogmatismo y el sectarismo, anclándose, a contrapelo, en el pensamiento crítico, más allá de canonjías de poca monta o cuestionamientos infantiles a los entornos mediatos.

Después de la caída de la Unión Soviética, la tendencia de izquierda todavía debe propiciar un debate para reencontrar sus ancestros históricos en un proceso de renovación ideológica que ha de concluir, necesaria y urgentemente, en la refundación de la tendencia.

Notas

1. El encuentro constitutivo del PSE se produjo del 16 al 23 de mayo de 1926 en la Sala de Sesiones del Municipio de la ciudad de Quito, al que concurrieron 59 delegados.

2. Ese día alrededor de 20 000 personas participaron en una manifestación, que expresó el descontento de los asalariados, los artesanos, los trabajadores, con la situación de crisis en el país. El presidente de la República, José Luis Tamayo, ordenó la represión de la marcha. Centenares de muertos dejó esta orden. Muchos de los cadáveres fueron lanzados al río. El impacto de este baño de sangre marcó al Ecuador y a las generaciones de entonces.

3. Muchos de ellos estuvieron articulados a lo que se ha denominado «La Revolución Juliana», rebelión de militares jóvenes ocurrida el 9 de julio de 1925, que puso fin al ciclo liberal y favoreció la articulación de un período de reformas. Muchos civiles que fundaron el socialismo participaron de este proceso.

4. Todas ellas de vida corta, si no efímera; por ello no las registro, habida cuenta el carácter distinto de este trabajo, lo cual no resta su importancia en los períodos de vida de la izquierda ecuatoriana.

5. Alberto Arroyo del Río ganó fraudulentamente las elecciones en 1940. Representó los intereses comercial y bancario del capitalismo dependiente y expresó las expectativas de los sectores empresariales norteamericanos. La izquierda política combatió al régimen y fue uno de los factores fundamentales para su caída, así como fue el eje central para la instauración del nuevo gobierno presidido por José María Velasco Ibarra, luego de las jornadas del 28 de mayo de 1944, proceso conocido como la «revolución de mayo» o «la gloriosa de mayo».

6. La dictadura militar gobernó de 1963 a 1966. En su período selectivamente fueron desaparecidos dirigentes socialistas, y encarcelados líderes gremiales y populares así como militantes comunistas.

7. La dictadura a la que hago referencia es la del general Guillermo Rodríguez Lara, quien con un proyecto desarrollista gobernó entre febrero de 1972 y septiembre de 1975, momento en el cual asumió el poder un triunvirato militar, articulado a los requerimientos del capital transnacional, en cuyo contexto propició los mecanismos formales para retornar, en 1979, a la vieja democracia electoral.

8. Me refiero al Movimiento Político-militar Alfaro Vive Carajo (AVC) constituido en el período del presidente Febres Cordero para enfrentar sus políticas de extrema derecha.

9. La Confederación Nacional de Indígenas del Ecuador (CONNAIE) constituyó la expresión fundamental de estas movilizaciones. En todo caso tal organización social, no es la única expresión de la lucha indígena de este período. Organizaciones como la Federación Nacional de Organizaciones Campesinas, Indígenas y Negras del Ecuador (FENOCIN), han promovido una plataforma pluricultural, que responde a sus concepciones sobre el Estado nacional, y que las ha alejado de visiones etnocéntricas configuradas en la propia CONNAIE.

10. Rodrigo Borja y su partido, Izquierda Democrática, identificado con la socialdemocracia, gobernaron entre 1988 y 1992. Sus posturas, distantes de los cambios estruc-

turales, no contribuyeron a cambios fundamentales en el Ecuador, reclamados permanentemente por el pueblo.

11.   Jaime Nebot representó al Partido Social Cristiano, agrupación que expresaba los intereses de la derecha económica y política de la costa ecuatoriana.

12.   Sixto Durán Ballén, fue fundador del Partido Social Cristiano, en la década de 1950, y para efectos de su candidatura presidencial de 1992 auspiciante del Partido Unidad Republicana, organización que expresó, básicamente, los intereses de sectores de derecha de la zona alto andina del Ecuador.

13.   Abdalla Bucaram gobernó desde l0 de agosto de 1996 al 5 de febrero de 1997. Su conducta de distanciamiento con los intereses oligárquicos de la extrema derecha, a quienes políticamente no les había sido funcional, y sus intentos de modificación —no estructural— con el modelo impuesto por el FMI —sin que en sustitución a tal andamiaje económico proclamara una economía regulada por el Estado— le pusieron a Bucaram en una situación conflictiva frente a los grupos de presión económico-políticos del país. El comportamiento informal del presidente Bucaram se constituyó en la mejor forma de cuestionar su gestión. La estética del poder fue en un detonante que explotó cuando diversas fracciones económicas del Ecuador supusieron que un gobierno de tránsito les devolvería el control de gobierno y la orquestación de sus intereses.

14.   Jaime Nebot, colaborador de Febres Cordero, militante del Partido Social Cristiano, representó al sector más conservador y reaccionario del país.

15.   Fabián Alarcón gobernó del 11 de febrero de 1997 al 10 de agosto de 1998, con el carácter de gobierno interino. Pretendió legitimar su gobierno mediante una consulta popular que, además, favoreció la convocatoria de una Asamblea Constituyente, la cual se reunió entre noviembre de 1997 y junio de 1998. La nueva Constitución, que protegió los intereses privatizadores entró en vigencia en agosto de 1998 junto al nuevo gobierno, al que, de esta manera, le entregaron la sinfonía para poner en marcha el saqueo del país.

16.   Siempre se advirtió que la correlación de fuerzas favorecería, como en efecto favoreció, a los sectores de la derecha política y económica del Ecuador. De todas formas los sectores vinculados al movimiento indígena, algunos de los cuales supusieron que se habían constituido en la vanguardia de la transformación social, impulsaron obstinadamente la convocatoria de la Constituyente, en donde la izquierda tuvo una presencia moderada que, de todas formas, impidió la derechización absoluta de la Constitución.

17.   Mahuad gobernó entre el 10 de agosto de 1998 y el 21 de enero de 2000.

18.   El vicepresidente de Mahuad, quien asumió la Presidencia, fue Gustavo Noboa Bejarano, de plena orientación política con la derecha ecuatoriana y con los intereses estratégicos norteamericanos.

19.   El ejército ecuatoriano, tradicionalmente, ha estado constituido por sectores sociales populares. Esta particularidad ha permitido que las Fuerzas Armadas asumieran posturas identificadas con la lucha social. Aquello aconteció con la llamada revolución juliana (1925) que fue promovida por oficiales de baja graduación en contra de grupos oligárquicos y banqueros del país, quienes instauraron un período de transición significativa en la vida nacional. Luego, en los años inmediatos de la fundación de la

izquierda, en varios niveles del ejército se constituyeron núcleos socialistas. Y tampoco está lejano el período del gobierno del general Guillermo Rodríguez Lara, quien desde una postura nacionalista provocó un régimen desarrollista de importancia para el país.

20. El Partido Socialista presentó en estas elecciones la candidatura de León Roldós. Inicialmente estuvo cerca de la precandidatura de Gutiérrez de la que se alejó cuando Roldós, todavía militante socialista, consintió en terciar electoralmente.

21. La CONNAIE y su brazo político declararon la frontal oposición al régimen. También se ha provocado una relación caótica con la más importante federación indígena, campesina y negra, FENOCIN. La ruptura con el partido MPD ha sido evidente. El régimen, también, favoreció divisiones al interior del PSE a propósito de consolidar, en dicha organización partidaria, una corriente colaboracionista que, además, esté alejada de toda postura crítica. Mantiene, asimismo, distanciamientos con las organizaciones del magisterio, así como con las centrales sindicales CEDOC-CUT y CEOSL. Se podría afirmar que una débil estructura del PC se halla cercana al régimen a propósito de algunas ubicaciones de poca monta en la actual administración pública.

22. A tal efecto se aplicó la Doctrina de Seguridad Nacional.

23. La consulta popular se efectuó en mayo del 2011. El gobierno, en todas las anteriores consultas, elecciones, recibió un respaldo que bordeaba cifras del 70% al 75% y a veces mucho más. En esta oportunidad obtuvo promedios de apoyo del 45%.

La izquierda salvadoreña
a 20 años del derrumbe de la URSS

José Luis Merino

El derrumbe del campo socialista encuentra al FMLN en un escenario de combate. Veníamos en retirada de la ofensiva de noviembre de 1989 en la que hicimos un esfuerzo extraordinario pero no logramos darle al enemigo el golpe definitivo que nos propusimos. Estábamos en el cerro Campanario tras un combate complicado en la falda del volcán Guazapa. Allí enfrentábamos a un pelotón helitransportado que desembarcó en la cima y nos venía presionando hacia abajo. Yo estaba al frente de los mandos que habían dirigido las unidades de las Fuerzas Armadas de Liberación (FAL)[1] en el ataque a San Salvador. Nos habíamos quedado casi solos en esa zona: únicamente con el hospital y una unidad de tropas especiales. Era una situación apretada. Bajamos a un área pelona del cerro y allí quedamos atrapados, con 6 heridos que traíamos en hamacas, combatiendo contra el ejército a 50 ó 60 metros de distancia hasta que oscureció. Eso fue a las 5 ó 6 de la tarde. A las 12 de la noche, mientras caminábamos por un barranquito cerca de Palo Grande, oímos la noticia de la captura y el fusilamiento de Cesaescu y su esposa, ocurrido el 25 de diciembre de 1989. En esas condiciones fue que comenzamos a percibir que el derrumbe del campo socialista europeo venía en camino.

Desde su fundación, en octubre de 1980, el FMLN supo que estaba inmerso en un enfrentamiento multifacético —armado, político y diplomático—, cuya victoria no tenía que ser necesariamente militar. Sabíamos que los ejércitos son como torres de tres patas, que caen cuando se les corta una, aunque las otras estén fuertes. Por eso desarrollamos cuatro principios de conducción estratégica, cuya importancia fue decisiva en el desenlace de la guerra: proseguir la lucha política en las ciudades en paralelo a la lucha armada rural; abrir un frente diplomático para fomentar la solidaridad de los pueblos y la comprensión de los gobiernos; desarrollar una campaña de sabotaje económico que consumiera los recursos de la oligarquía; y mantener siempre abierta la puerta al diálogo y la negociación.

En 1986, 1987 y 1988 mantuvimos el desgaste de la fuerza militar enemiga y realizamos un trabajo internacional que dio resultados importantísimos, como la creación de casi 600 comités de solidaridad con el FMLN en todo el mundo. Así decidimos emprender la ofensiva de 1989, la cual denominamos «Hasta el tope» y la Comandancia General dio la orden de buscar la victoria sin considerar siquiera la posibilidad del repliegue. Pensábamos que un desenlace ideal de la guerra era algo similar a lo ocurrido en Nicaragua, donde no fue una acción militar del Frente Sandinista de Liberación Nacional (FSLN) la que asestó el golpe definitivo a la dictadura, sino una resolución de la OEA que exigió la salida de Somoza del gobierno. Nos hicimos la idea de un desenlace provocado por una resolución de la ONU o la OEA, o una acción militar que pusiera en duda la capacidad del ejército de sostenerse, o una huelga general que derrumbara al gobierno, o varios de esos factores combinados con un apretón económico provocado por los sabotajes. Lo intentamos muchas veces. En ocasiones estuvimos cerca pero nunca logramos combinar todos los factores. El último intento fue la ofensiva de 1989.

Pese a no haber cumplido nuestros objetivos, la ofensiva de 1989 fue decisiva en el desenlace de la guerra. Desde 1984 estábamos envueltos en un diálogo con el gobierno que no producía resultados porque la oligarquía y las fuerzas armadas creían que el FMLN era una fuerza derrotada, y que su exterminio era solo cuestión de tiempo. A ese error los condujo nuestra estrategia de desconcentración de fuerzas, en virtud de la cual dejamos de realizar grandes operaciones militares, lo que interpretaron como debilidad. Así que dialogaban con el fin de «quedar bien» con la opinión pública internacional, en particular, la de los Estados Unidos, para que el gobierno de ese país conjurara la oposición al envío de la ayuda militar que sostenía al régimen y ganar tiempo pensando que nos aniquilarían.

La ofensiva de 1989 quebró el esquema de solución militar del conflicto que la jefatura de las Fuerzas Armadas se había hecho, porque el FMLN demostró ser una fuerza viva, que penetró en la capital y otras grandes ciudades, mantuvo el control del Norte de San Salvador durante casi 45 días y se replegó sin sufrir una derrota. Esa demostración de fuerza hizo que el gobierno transformara el diálogo en negociación. Por nuestra parte, la ofensiva nos permitió comprobar que combatíamos contra una fuerza militar muy bien asistida, que todos los días recibía un avión Hércules cargado armamento y municiones. En esencia, fue una medición de fuerzas para ambas partes: de la calidad de la jefatura, de los combatientes y del armamento. Esto nos condujo a ambos al escenario de la negociación.

El hecho de que la ofensiva «Hasta el tope» no provocara el colapso del régimen generó un sentimiento derrotista en los mandos y combatientes de algunas organizaciones del FMLN, el cual se retroalimentó con el cuadro internacional derivado del derrumbe del bloque socialista europeo. A ello se sumaron dos acontecimientos centroamericanos: la invasión de los Estados Unidos a Panamá, en diciembre de 1989, que contó con la tolerancia cómplice de la mayoría de los gobiernos latinoamericanos; y la derrota electoral del Frente Sandinista de Liberación Nacional en Nicaragua, en febrero de 1990. Ambos acontecimientos marcaban un brusco cambio en el mapa político regional y, en particular, el ascenso de la derecha al gobierno nicaragüense nos privó de una ruta esencial de suministros. Esa combinación de factores nos llevó a descartar la posibilidad de una victoria militar y a asumir la idea de una salida negociada del conflicto armado.

La desesperación provocada por la no victoria de la ofensiva de 1989 llevó a algunos a pensar en una salida de la guerra a cualquier precio, pero logramos consolidar una correlación interna de fuerzas a favor de una negociación dirigida a transformar el acumulado político-militar en acumulado social y político para la etapa de lucha legal que se abriría. Seguimos combatiendo con la misma fiereza en los dos años que duró el proceso negociador. Incluso desarrollamos dos nuevas ofensivas militares: una en noviembre de 1990 y otra en noviembre de 1991, iniciada cuando la URSS estaba a punto dae desplomarse.

Llegamos a los Acuerdos de Paz, el 16 de enero de 1992, veintidós días después del derrumbe soviético, con un FMLN que combatía en doce departamentos del país y con una capital políticamente alborotada, donde entre 1986 y 1987 habíamos reinsertado a líderes sociales, devenidos jefes guerrilleros desde el inicio de la lucha armada, para que reorganizaran y revitalizaran el movimiento popular. Éramos un ejército guerrillero con sus estructuras intactas, pero afectado por el escenario internacional. Teníamos fusiles y tiros para pelear varios años, pero los espacios internacionales que nos permitieron avanzar se cerraban. Nuestra cancha principal en el exterior era México, y ya allí había presiones para reducir nuestra presencia. Añadamos la derrota de los sandinistas y el efecto en Cuba del derrumbe del campo socialista.

Las fuerzas principales del FMLN tenían en su pensamiento una enorme dosis de las ideas de la URSS. Aquellas ideas tuvieron gran incidencia en la polémica desatada en el Partido Comunista Salvadoreño (PCS) sobre las formas de lucha, a raíz de la cual, en 1970, se produjo el desprendimiento del grupo de compañeros que formó las Fuerzas Populares de Liberación Nacional Farabundo Martí (FPL). El pensamiento soviético pesó en la conducción del PCS, que en sus documentos plasmaba que el camino era el de las armas, pero en la práctica se inclinaba más a la otra opción. Otra huella del Partido Bolchevique en el pensamiento del FMLN era la concepción insurreccional de la lucha. Nuestra concepción insurreccional fue un producto de la influencia ejercía en nosotros la idea del «socialismo construido». De ello se deriva también el *shock* que provocó en el FMLN que ese socialismo construido se hubiera derrumbado. Si hubiésemos tenido una concepción político-militar más apegada a nuestra situación, podíamos haber hecho otro diseño de la ofensiva de 1989, pero en nosotros prevaleció aquella concepción histórica, que determinó nuestra estrategia en las ofensivas de 1981, 1982 y 1989. En esta última, no nos percatamos que ya éramos un ejército guerrillero. Si en vez de desgastarnos insurreccionando los barrios, hubiésemos empleado parte de nuestras fuerzas, desde el primer momento, para asestar golpes demoledores a la columna vertebral del gobierno y el ejército, el resultado podía haber sido diferente.

A partir de los Acuerdos de Paz, pasamos a tratar de conquistar mediante la lucha social y política legal, lo que no habíamos logrado con las armas, pero la desmovilización del FMLN provocó un efecto humano muy complejo. Los militantes que vivieron el proceso de la guerra habían tenido que romper con sus familias, sus trabajos y sus estudios. La desmovilización implicó que parte importante de los cuadros fogueados tuvieran que dedicar un enorme esfuerzo a reinsertarse en la sociedad. Además del costo humano para esos hombres y mujeres, también implicó un costo político para el FMLN como partido porque gran parte de su fuerza calificada se distrajo en resolver esa problemática, mientras las decenas de miles de nuevos miembros que se incorporaban tenían su situación personal resuelta. El solo hecho de que éramos 15 mil combatientes durante la guerra y pasamos a ser 100 mil militantes abría una correlación complicada. Además, salimos del monte y la clandestinidad a enfrentar la ofensiva ideológica de la derecha sobre la cabeza conductora del FMLN, pues por primera vez nuestro enemigo tenía la información de quiénes éramos, de nuestras cualidades y debilidades.

La derecha había evaluado las características de los partidos revolucionarios que condujeron a sus pueblos al poder. Eran partidos con formación ideológica, con proyecto histórico, con un sueño trazado, así que decidieron quebrar esos atributos en los partidos revolucionarios. Para ello lanzaron el ataque ideológico que desató la ola de cambios de nombres de muchos partidos, dirigida a desligarse de su pasado y su pensamiento de izquierda. El FMLN sufrió fuertes presiones de tal naturaleza. Este fue un primer eje: destruir el pensamiento revolucionario, alejarlo de la formación ideológica y proscribirle el sueño de construir una nueva sociedad. Un segundo eje de ataque fue inyectar la idea que el FMLN necesitaba abrirse a la sociedad. Querían desmontarlo como fuerza organizada: nada de comités de base, nada de estructura partidaria, sino una gran masa amorfa, sin esqueleto ni músculos. Un tercer eje de ataque fue contra el concepto de organización y disciplina de partido. Aún critican nuestra insistencia en que cada miembro del FMLN pertenezca a un organismo de base que se reúna todas las semanas para planificar, desarrollar y controlar el trabajo político, de organización y de formación, un organismo en el que cada militante y afiliado tenga responsabilidades en la aplicación de la estrategia partidista. Los conceptos de organización y disciplina fueron prácticamente eliminados. Había ideas «novedosas» como que la dirección del partido fuese integrada por los funcionarios electos a cargos públicos, es decir, que la integraran los diputados y diputadas, y que las direcciones departamentales y municipales las integraran los alcaldes y alcaldesas. Era transformar a un partido revolucionario en un partido de funcionarios públicos. Un cuarto eje de ataque fue contra el pensamiento estratégico. Entre los años sesenta y los ochenta, cada organización del FLMN tenía su propia concepción estratégica, pero todas luchaban por conquistar el poder para construir una nueva sociedad. En los años noventa, eso se desdibujó. Dejamos de saber para qué queríamos tener diputados y alcaldes. La pelea por ser funcionarios públicos se transformó en la razón de ser de los miembros del FMLN. Aún hoy sigue siendo un problema, que solo se puede superar con educación política. En virtud del esfuerzo educativo y formativo realizado en estos últimos cinco años, de nuevo aparecieron compañeros y compañeras en el FMLN a quienes hay que rogarles, y en algunos casos hasta ordenarles, que acepten ser candidatos a cargos públicos.

A los cuatro ejes de ataque que enfrentamos se suma un quinto elemento. Al terminar la guerra, en las ciudades nos encontramos con un movimiento social afectado por la represión, de la que todavía hoy no se ha recuperado. Cuando iniciamos la ofensiva de 1981, en las ciudades había de 35 mil a 40 mil muertos, en su mayoría líderes de los movimientos sociales. Era un liderazgo que se había acumulado en 30 a 40 años de lucha. Y no solo aniquilaron al liderazgo social, sino también el terreno donde se podía reproducir. Llegaron a cerrar las fábricas para que no hubiera concentración de obreros donde construir sindicatos.

El FMLN participó por primera vez en elecciones, presidenciales, legislativas y municipales, en 1994. No ganamos esa elección presidencial porque fuimos a una segunda vuelta en la que la derecha se unió. Elegimos 21 diputados y diputadas, pero perdimos 7 en el proceso de formación de la Junta Directiva de la Asamblea Legislativa. Eran cuadros que no soportaron el proceso de depuración por el que atravesamos en este nuevo escenario, en el cual estábamos demasiado mezclados con la derecha que los impactó y los captó.

En el campo de los gobiernos municipales, en 1994 ganamos 15 alcaldías y empezamos a desarrollar un nuevo concepto de ejercicio del gobierno local. Ya no están con nosotros todos esos alcaldes y alcaldesas. Varios de aquellos compañeros y compañeras hicieron un buen gobierno en su primer período, un buen gobierno en su segundo período, pero en el tercero o el cuarto se derrumbaron y algunos se han ido a sumar al otro lado. Después de la primera experiencia, vamos a las elecciones legislativas y municipales de 1997, en las que crece nuestra cantidad de diputaciones y gobierno municipales. Meses después la derecha compra a otro grupo de diputados. Eso nos pasó con tres fracciones parlamentarias.

El FMLN llega a 1999 con una acumulación electoral de mucho respeto. Sin embargo, como resultado de la batalla que se desarrollaba en el partido, lanzamos un candidato presidencial que asumió planteamientos de la derecha, y la gente nos castigó por eso: perdimos la votación que habíamos acumulado en la elección anterior. Me refiero al entonces coordinador general del FMLN, Facundo Guardado, quien hace años que no milita en nuestras filas. A partir de esa crisis surgió la Corriente Revolucionaria Socialista (CRS), encabezada por Schafik Hándal y Salvador Sánchez Cerén, la cual se empeñó en una batalla ideológica que poco a poco ha ido recuperando al Frente como proyecto revolucionario. Los renovadores llegaron a tener al jefe del partido en sus filas. Eso les permitió sustituir la formación política e ideológica interna por el envío de dirigentes y cuadros a estudiar en las escuelas del Partido Socialista Obrero Español (PSOE).

En las elecciones de diputados y alcaldes de 2000, ya con un primer paso dado hacia el restablecimiento del rumbo revolucionario, el FLMN no solo recupera el nivel de votación antes alcanzado, sino también logra aumentar sus diputaciones y alcaldías. En 2003, el Frente mantiene su fuerza electoral pero pierde una parte de los gobiernos locales cuyo control había ganado. Los pierde con gente que una vez en el cargo tomó la decisión de pasarse a otros partidos, incluido ARENA. Eso ocurrió porque estábamos en una fase inicial de la recuperación de la calidad revolucionaria e incurrimos en el error de presentar como candidatos y candidatas a personas que se beneficiaron de nuestra bandera sin tener la calidad para ocupar esas alcaldías. Aprendimos que no se trata de *elegir* candidatos y candidatas sino de *seleccionarlos*. Desde entonces, hemos hecho un esfuerzo de selección que rinde frutos, como se puede apreciar por dos hechos: uno es que en la Asamblea Legislativa ya terminó una segunda generación de diputadas y diputados en la que no hubo deserciones, y está a punto de terminar su período la tercera generación; otro es que multiplicamos la cantidad y la calidad de nuestros gobiernos municipales. Esos avances no significan que estemos «blindados», pero sí indican que contamos con un partido recuperado ideológica y políticamente.

El problema que tuvimos en 2003 estuvo focalizado en la mala selección de las candidaturas a los gobiernos municipales. Por el contrario, en la Asamblea Legislativa el FMLN aumentó su número de diputados y diputadas a tal punto que se convirtió en la primera fuerza política del país. Con ese crecimiento nos dispusimos a presentarnos a las presidenciales de 2004 con Schafik como candidato presidencial. Hasta ese momento habíamos obtenido un máximo de 400 mil y tantos votos. Schafik monta una campaña en la que el

FMLN multiplica su capacidad de contactar a la gente. En 1999, el candidato presidencial de la derecha, Francisco Flores, había ganado por 150 mil votos, así que para remontar esa cifra, nos planteamos alcanzar 800 mil votos. Schafik obtuvo 812 mil votos, pero fueron insuficientes porque no pudimos contener el fraude, ni neutralizar al aparato ideológico de la derecha. La desaparición de Schafik creó un vacío dentro del FMLN porque él era el motor que lo unificaba y lo dinamizaba. Comprendimos que la forma de compensarlo era con una dirección colectiva. Así llegamos a las elecciones legislativas y municipales de 2006 en las que el FMLN mantiene la votación alcanzada en 2004, mientras que la derecha perdió votos.

Nuestra estrategia para las elecciones de 2009 fue establecer una alianza de fuerzas políticas, sociales y económicas en torno a un candidato de fuera del partido y con un concepto de gobierno de unidad nacional, todo ello en función de desplazar a ARENA del gobierno y abrir el período de transición por el que estamos atravesando. En esos comicios, por primera vez, triunfó la candidatura presidencial del FMLN, nuestro partido se ratificó como primera fuerza política en la Asamblea Legislativa y ocupamos 96 gobiernos municipales. Eso provocó la descomposición de ARENA, el instrumento político construido por la oligarquía durante el conflicto armado, con el cual había ganado todas las elecciones presidenciales posteriores a los Acuerdos de Paz.

Consciente de la crisis de su instrumento político, la oligarquía empieza a canalizar la contraofensiva ideológica y política contra el FMLN como partido y contra el gobierno del presidente Mauricio Funes por conducto de sus gremios empresariales, FUSADES y ANEP. Por supuesto que ARENA participa de ella, pero ya dejó de ser el actor protagónico en el que la oligarquía delegaba su representación política exclusiva, y pasó a ser un actor más —sin duda alguna un actor muy importante—, junto al resto de los partidos y los medios de comunicación de derecha, que siguen las pautas trazadas por FUSADES y ANEP.

A veces nos sentimos insatisfechos, gruñimos, gritamos y pataleamos porque hacemos menos de lo que quisiéramos, pero la oligarquía sí tiene bien claro que en El Salvador está naciendo un proyecto de país en función de los sectores populares, el cual identifica como antagónico a sus intereses. Por ello se plantea ahogar al gobierno del presidente Mauricio Funes, para evitar la continuidad del proceso de transformación social en curso. Con ese propósito, en primer lugar, la oligarquía descapitaliza el país. Cierra sus empresas y las traslada a Honduras, Nicaragua o Costa Rica para evitar el desarrollo económico y social. En segundo lugar, la oligarquía descalifica, niega, distorsiona lo que hace el gobierno. Hoy se compran tres veces más medicinas que durante los gobiernos anteriores, y con el mismo dinero. ¿Cómo lo hacemos? Eliminamos el robo y la corrupción. Ahora bien, compramos tres veces más medicinas pero no alcanzan. ¿Por qué? Porque se multiplicó la demanda. ¿Por qué? Porque eliminamos las cuotas que cobraba el Sistema Nacional de Salud por atender a la gente en sus instituciones. ¿Y qué hace la derecha que se robaba dos tercios de ese presupuesto? Nos denuncia en los medios de comunicación de su propiedad cuando en los hospitales escasean las medicinas. En tercer lugar, la oligarquía se aferra a los mecanismos de fraude. Cuando llegó el momento de designar a un nuevo jefe para el Registro Nacional de las Personas Naturales (RNPN), movió cielo y tierra, presionó, chantajeó y amenazó a algunas personas y sus familias para evitar que el FMLN, en su condición de primera fuerza política nacional, hiciera las propuestas para la designación del nuevo jefe o la nueva jefa de esta institución. Tenían terror a que nuestro partido interrumpiera y denunciara la manipulación del padrón electoral, gracias a la cual los muertos votan, hay personas con varias cédulas electorales y buses llenos de ciudadanos de países vecinos vienen a votar por la derecha. En cuarto lugar, poco después del enfrentamiento en torno al RNPN, la oligarquía empezó a ejecutar un plan para cambiar «de contrabando» las reglas del juego del sistema electoral democrático burgués que a partir de finales del siglo XVIII se desarrolló y extendió por el mundo. ¿Por qué hay que cambiar esas reglas? Porque el FMLN no solo aprendió a jugar con ellas, sino también a utilizarlas para derrotar a la derecha en la elección presidencial.

Cualquier planteamiento de un dirigente del FMLN o un dirigente social sobre la obsolescencia del sistema político nacional provoca una tormenta de acusaciones, como si estuviesen llamando a la insurrección o la guerra popular prolongada. Sin embargo, 4 de los 5 magistrados de la Sala de lo Constitucional del Tribunal Supremo, electos con los votos del FMLN, de pronto comenzaron a emitir fallos que modifican el sistema electoral con total impunidad. Esas maniobras empiezan, en julio de 2010, con un dictamen que abre paso a la inscripción electoral de candidaturas independientes, es decir, de candidatos y candidatas sin partido, mediante una interpretación «a su manera» realizada por estos 4 magistrados del artículo 85 de la Constitución. Ese artículo establece que la ciudadanía participa en el quehacer político por medio de los partidos políticos. Después de eso, han tratado de cambiar otras cosas. Su maniobra más reciente es el intento de anular la bandera de la boleta electoral.

La idea inicial de cambiar las reglas del juego del sistema electoral echa a andar el 15 de abril de 2009. Ese día está fechado el primer documento que apunta en tal dirección, elaborado por un analista de derecha llamado Luis Membreño. Un mes antes, el 15 de marzo, se había producido el triunfo de la candidatura presidencial del FMLN. Sabemos que Membreño originalmente dirigió su documento a las fuerzas que se movían en el entorno del presidente Funes. En ese texto hay dos ideas esenciales: una es que El Salvador es un país polarizado entre las ideas el capitalismo y el comunismo, por lo cual es necesario desmontar a las fuerzas que encarnan esa polarización; la otra es que la mayor contribución del actual gobierno al proceso político nacional sería despolarizarlo y hacer que lo suceda un gobierno formado a un partido de centro, sea este un partido nuevo o ya existente.

Ni el presidente Funes ni su entorno acogieron la estrategia de Membreño, como él la formuló. Algunas de sus ideas aparecen en declaraciones y acciones de funcionarios gubernamentales, pero la estrategia en su conjunto no fue asumida, por lo que ese señor le lleva el paquetito a FUSADES y ANEP. Cuando se inicia la ejecución de ese plan, en este caso, no desde el gobierno, como Membreño había concebido, sino desde la Sala de lo Constitucional, es porque la oligarquía lo había «digerido» y había decidido que esa era la vía para llevarlo a la práctica.

¿Qué es lo que estaba sucediendo cuando Membreño redactó su documento? Estaba sucediendo que, al conocer el resultado de las elecciones presidenciales, ARENA entró en crisis, comenzó a buscar «culpables» y a hacer «ajustes de cuentas». En ese momento, la oligarquía estaba tomando la decisión de asesinar. Eso fue lo que le hicieron un mes después de la elección presidencial con el hombre que dirigía la maquinaria de fraude de ARENA. El hombre «se suicida» —¡con dos tiros en el corazón!— el 1ro. de junio de 2009, horas después que el presidente Funes fue juramentado. Aquel asesinato se produce en medio de las contradicciones, amenazas y expulsiones que desembocaron en el desmoronamiento y la división de ARENA. En ese escenario, queda claro que uno de los polos que Membreño propone desmontar, ARENA, ya se estaba derrumbando. Era evidente que el polo contra el que había que concentrar toda la energía era el FMLN.

En las resoluciones de la Sala de lo Constitucional se dibuja que la cancha electoral, la cancha de los partidos políticos, ya no es buena, ya no sirve y hay que cambiarla porque ya no le garantiza a la oligarquía el monopolio del poder político. Hay que cambiar esa cancha por otra donde las «fuerzas sociales», la «sociedad civil», entiéndase, donde los gremios empresariales, las empresas propiedad de la oligarquía, sean las que impongan las candidaturas a la presidencia, la vicepresidencia, las diputaciones y las alcaldías. Nosotros teníamos la idea que la contrarrevolución salvadoreña solo podía aparecer con uniformes militares pero se nos apareció vestida de magistrados.

El FMLN asumió que las candidaturas independientes aprobadas por la Sala de lo Constitucional en julio de 2010 no lo afectaban. Por eso no se opuso a ellas, pero cuando empiezan a aparecer otras iniciativas para modificar el sistema electoral, como anular las banderas de los partidos de la boleta electoral, la Comisión Política empezó a percatarse del cuadro completo, más aún cuando se evidenció el apoyo unánime y público de todos los instrumentos de la derecha a ese plan, es decir, el apoyo de los gremios empresariales, los partidos políticos y los medios de comunicación de derecha.

El FMLN mantiene la demanda que en la boleta electoral se respete la bandera como una identificación de la fuerza política por la cual se vota. El argumento de los magistrados es que tenemos miedo que el pueblo no nos elija. Por supuesto que es un argumento tan fraudulento como la actuación de los 4 magistrados, pero es cierto que esa iniciativa nos afecta. ¿No fue acaso concebida de manera deliberada para afectarnos? Pueden decir que afecta a todos los partidos por igual. Ese sería un argumento rebatible, pero quizás atendible, si los cambios se hubiesen producido antes de conocerse el plan Membreño y el derrumbe de ARENA. Ahora no hay dudas que están enfilados contra un solo partido, el FMLN.

¿Por qué nos afecta? Nos afecta porque, por ejemplo, el FMLN triunfa con seguridad en 12 ó 13 de las 25 diputaciones con las que cuenta el departamento de San Salvador. Algunos de esos candidatos y candidatas son conocidos por el electorado. La gente los identifica como miembros del FMLN. No necesitan que en la boleta aparezca la bandera partidista. Pero, otros no son tan bien conocidos. La gente los identifica como miembros del FMLN porque junto a ellos aparece la bandera. El voto por la bandera permite practicar una política de equidad de género y juventud. Esa política consiste en hacer una trenza de hombres, mujeres y jóvenes en los 12 ó 13 puestos seguros. Si se elimina el voto por la bandera, se afecta la elección de los candidatos y candidatas menos conocidos y desaparece la trenza que garantiza, por ejemplo, el cumplimiento del acuerdo de · nuestro partido de que no menos del 35% de sus funcionarios electos sean mujeres. Lo que sucede es que, por mandato de la oligarquía, ellos quieren cambiar «de contrabando» las bases del sistema de partidos políticos porque el FMLN, ese partido del pueblo, ese partido de la gente, derrotó a la derecha en su cancha, con sus reglas, con su balón y con su árbitro.

En la situación creada por la Sala de lo Constitucional encontramos a personas que tienen un pasado de izquierda y dicen seguir siendo de izquierda, pero que establecen pactos con la derecha, coinciden con la derecha y celebran con la derecha. Además de eso, están alegres de hacerlo así, y eso que están actuando con lo peor, con la derecha de peor calaña, con la más reaccionaria, con la más recalcitrante, con la ultraderecha que está ejecutando el plan Membreño para devolver el monopolio del poder a la oligarquía y que los arrastra ser parte de ese plan. En nombre de las libertades, la democracia, la participación ciudadana y los derechos del individuo, esta gente actúa a favor de la ultraderecha.

Los partidos de izquierda hemos sido fieros críticos del neoliberalismo en su expresión económica, pero hemos sido débiles al denunciar sus ejes ideológicos, expresados en la exacerbación del individualismo, en virtud de la cual se erige a la persona, al individuo, en el elemento central, colocado por encima de lo colectivo, de lo social. Por esta vía, a partir de su instrumental ideológico y político, han llegado a destruir grandes causas colectivas. Volvieron a poner de moda que el individuo debe estar por encima de las causas colectivas y sociales. Esta vieja y desprestigiada idea del liberalismo burgués más recalcitrante de los siglos XVIII y XIX, reciclada por el posestructuralismo y el posmarxismo, y potenciada a su favor por el neoliberalismo, es lo que sustenta las maniobras de la Sala de lo Constitucional.

¿Qué es lo que quieren? Quieren que haya 500 candidatos de izquierda en cada alcaldía, 100 en cada diputación, 25 en cada elección presidencial.

Quieren eliminar la bandera del FMLN de la boleta electoral para que la gente no sepa quiénes son los candidatos y candidatas de nuestro partido en el momento de emitir su voto. Quieren fragmentar, atomizar, a la gran masa de votantes de izquierda. Como contrapartida, quieren que haya poquitos candidatos de derecha, listos para unirse contra el FMLN en el momento más conveniente. Esta es la más reciente estrategia de la oligarquía a la que nos estamos enfrentando. Es uno de los nuevos medios y métodos por los cuales la derecha intenta recuperar el monopolio del poder. Esa estrategia es parte de la ofensiva que los imperialismos norteamericano y europeo, junto a la ultra-derecha latinoamericana, desarrollan contra los gobiernos de izquierda y progresistas existentes en Venezuela, Bolivia, Ecuador, Paraguay, Nicaragua, Brasil, Uruguay, Argentina y Perú. Por eso es importante dar a conocer la experiencia por la que estamos atravesando e informarnos de las experiencias por las que atraviesan otros partidos hermanos de la región.

Cuando oigo decir que en América Latina hay gobiernos de izquierda y progresistas que se limitan a desarrollar programas de asistencia social, que no trascienden las recomendaciones del Banco Mundial, recomendaciones que la derecha ignora, veo a nuestro gobierno en la foto porque no hemos logrado dibujar con claridad el rumbo que vamos a seguir. Para trazarlo es importantísimo conservar los sueños que tenemos en la cabeza, mientras hacemos que el aumento del nivel de vida de la gente despierte en ella la esperanza. Esto implica trabajar en dos renglones: uno es conservar la calidad de fuerza revolucionaria del FMLN; el otro es entender que los retos que enfrentamos los revolucionarios cuando asumimos el gobierno son más complejos que los que enfrentábamos en la oposición, porque la gente ya no solo nos mide por nuestra tenacidad, nuestra fiereza o nuestra capacidad de movilizarnos en la calle, ondear banderas y gritar consignas, sino por los resultados concretos, cotidianos, que cosechamos en la construcción del nuevo modelo de país.

A partir de la toma de posesión de los candidatos del FMLN a presidente y vicepresidente de la república, el 1ro. de junio de 2009, nuestro partido es responsable del bienestar económico de la gente. Es responsable del precio de los frijoles, del maíz, del arroz y demás productos básicos. Así aparecemos en la cabeza de la gente. Somos los responsables de si hay o no suficiente producción de frijoles, maíz y arroz. Somos responsables de los precios de esos y otros productos en el mercado, y no es fácil satisfacer las expectativas económicas de la sociedad.

Hemos analizado los problemas y las potencialidades de la economía salvadoreña, hemos intercambiado con los responsables de esa esfera en el gobierno, y nos damos cuenta que tenemos vacíos en el diseño de nuestro proyecto estratégico. En busca de respuestas, estudiamos las experiencias de países como Vietnam y China, y hacemos nuestras propias pruebas, a partir de las cuales llegamos a algunas conclusiones. La fundamental es que la riqueza de El Salvador está en los brazos y en la tierra: en la capacidad de trabajar la tierra. En los próximos meses emprenderemos un esfuerzo extraordinario con la consigna «fusionar los brazos con la tierra», para sacar «nuestro petróleo», «nuestro oro»: para producir nuestra comida.

En El Salvador se ha ido construyendo un nuevo escenario social y político en el que la ultraderecha cada día queda más aislada. La interrogante de cómo sacarle el mejor partido a eso es un vacío que sigue teniendo el movimiento revolucionario en América Latina. En algunos casos hay dogmatismo sobre cómo tratar esos temas, hay mucho temor a «pegarse» a otras fuerzas porque nos pueden «contaminar», «contagiar», con sus ideas, sus valores y su pensamiento. Yo creo que si los dirigentes, los movimientos, los partidos de izquierda tienen bien claro su proyecto histórico, le brindan una adecuada formación ideológica y política a su membresía, están bien organizados y son disciplinados, la relación con otras fuerzas sociales y políticas no tiene por qué serles negativa.

Hemos tomado la decisión de hacer obligatoria la formación ideológica y política, que ahora es un deber estatutario para toda la membresía del partido, es decir, para sus militantes y sus afiliados. Esto es parte fundamental de la recuperación de la esencia revolucionaria de aquellas cinco organizaciones que, en 1980, fundaron un FMLN consciente, combativo y abnegado, consagrado a la lucha por conquistar el poder para construir una nueva sociedad. Estamos haciendo también un esfuerzo extraordinario en la recuperación de la vida orgánica, en el fortalecimiento organizativo del FMLN en los comités de base, los comités municipales, los comités departamentales y la dirección nacional. La esencia de ese proceso es fortalecer a los comités de base, potenciar la capacidad de trabajo político e ideológico de todas y todos los miembros del partido que actúan en los territorios, de quienes realizan el

trabajo directo con la sociedad. Tenemos que ser lo más efectivos que podamos en la lucha social y en la lucha política. Esta última incluye la competencia electoral, que es la vía para acceder al gobierno nacional, para elegir una
fuerte bancada en la Asamblea Legislativa y para controlar la mayor cantidad posible de alcaldía, pero no se agota en ella. Mano a mano con la competencia electoral, tenemos que explicarle a la gente cuál es nuestro proyecto de
país, demostrarles por qué nuestro proyecto es su proyecto, enseñarles cómo
construirlo y promover su participación activa en él.

En resumen, a 20 años del derrumbe de la Unión Soviética, tenemos un
FMLN que resiste los embates de la derecha, se desarrolla y avanza, que
se recupera como proyecto revolucionario, que desplazó a la derecha del
gobierno y emprendió la experiencia de un gobierno de transición destinada
a acumular fuerzas para seguir construyendo su proyecto de transformación
social. Este es un FMLN que sigue haciendo un esfuerzo interno por recuperar su proyecto histórico y refundarse como sujeto revolucionario. Ello exige
un esfuerzo extraordinario en la en la educación y la formación ideológica y
política, y en el fortalecimiento de la unidad, la organización y la disciplina
partidista. Ya estamos cosechando resultados concretos en los territorios.
Sigue habiendo resistencia, sigue habiendo diferencias sobre cómo concebir
el trabajo del partido, cómo desarrollarlo, cómo fortalecerlo, cómo evaluarlo,
pero en el núcleo de dirección esa conciencia está instalada.

Nota

1.   Las Fuerzas Armadas de Liberación, creadas el 24 de noviembre de 1980, son la
      estructura militar que asume el Partido Comunista Salvadoreño para desarrollar la
      lucha armada e incorporarse como una de las cinco fuerzas político-militares que fun-
      dan el FMLN el 10 de octubre de ese año. El comandante general de las FAL era el
      secretario general del PCS, Schafik Hándal, y desde finales de 1981, su jefe de Estado
      Mayor, es decir, su jefe militar, fue José Luis Merino (comandante Ramiro Vásquez).

La izquierda en México
desde el Partido de la Revolución Democrática
Mario Saucedo

A la memoria de Armando Chavarría, compañero asesinado, y quien fuera la opción más fuerte de la izquierda para ser gobernador de Guerrero.

A Guillermo Sánchez Nava, Sam, brutalmente golpeado por conflictos electorales; está en lenta recuperación.

El presente artículo presenta una mirada panorámica a la trayectoria que ha definido los veintitrés años de existencia del Partido de la Revolución Democrática (PRD). Nuestro objetivo es ofrecer una narración sintética de la experiencia vivida por la izquierda mexicana que decidió formar parte del proyecto del PRD. A lo largo de este breve recuento, hay tres líneas de argumentación implícitas: una sobre la etapa inicial marcada por la represión política a sus militantes; una sobre la etapa de desarrollo identificada por el crecimiento y consolidación del partido como una de las principales fuerzas políticas nacionales; y una sobre la etapa de declive caracterizada por el abandono de los principios y el programa que dieron origen a su fundación.

El PRD nace en mayo de 1989 como producto de la fusión de diferentes fuerzas de izquierda en México, y como respuesta al fraude en las elecciones presidenciales cometido por el Partido Revolucionario Institucional (PRI) en contra del candidato del Frente Democrático Nacional (FDN) Cuauhtémoc Cárdenas Solórzano.

Las elecciones presidenciales de 1988 se efectuaron en medio del creciente descrédito del gobierno de Miguel de la Madrid (1982-1988), cuya administración se distinguió por iniciar el proceso de ajuste estructural en México definido a partir del Consenso de Washington. Durante ese sexenio, el movimiento popular y las fuerzas de izquierda buscaron responder de manera unitaria a la política económica que empezaba a implantar de la Madrid. Dos frentes agruparon este esfuerzo: el Comité de Defensa de la Economía Popular, que reunía a la denominada izquierda parlamentaria y a organizaciones sindicales afines a ella, y el Frente Nacional de Defensa del Salario Contra la Austeridad y la Carestía, que agrupó a la izquierda social y a las organizaciones en las cuales influía.

Ambas organizaciones frentistas, convocaron al Primer Paro Cívico Nacional en octubre de 1983 contra de los efectos de la política económica del gobierno delamadridista. Si bien esta acción tuvo un alcance limitado, su importancia radica en haber sido la primera respuesta unificada de las fuerzas de izquierda en la historia contemporánea de México. Después se formó la Asamblea Nacional Obrero Campesina y Popular, que agrupó a los dos frentes y convocó al Segundo Paro Cívico Nacional en junio de 1984.

Dos acontecimientos más fortalecieron el proceso político en curso: el sismo de 1985 y la huelga de la Universidad Nacional Autónoma de México (UNAM) en 1987, ambos en la capital del país. En el caso del sismo, la respuesta ciudadana a la catástrofe surgió de manera espontánea con la participación de miles de mujeres y hombres que desinteresadamente se volcaron al auxilio de los afectados. De esa catástrofe surgió un fuerte movimiento popular enfocado a la reconstrucción. En el caso de la UNAM, los estudiantes organizados en el Consejo Estudiantil Universitario (CEU) estallan la huelga el 29 de enero, tras haberse organizado para responder a las políticas que las autoridades universitarias, que concuerdan con el ajuste estructural. Con la huelga, las grandes movilizaciones y la realización del congreso universitario, logran parar las reformas de rectoría.

En el ámbito político, surge una disidencia en el PRI antes de la selección del candidato de ese partido a las elecciones presidenciales de 1988. A mediados de 1987, se constituyó la Corriente Democrática del PRI, identificada con la ideología nacionalista de la Revolución Mexicana. Encabezaron la Corriente Democrática, entre otros, Cuauhtémoc Cárdenas Solórzano, hijo del presidente general Lázaro Cárdenas, exgobernador del estado de Michoacán (1980-1986), y Porfirio Muñoz Ledo quien fuera secretario de Estado (1972-1975) y presidente del PRI (1975-1976).

Cerca ya de la selección del candidato a la presidencia, la Corriente Democrática del PRI realizó una simbólica marcha llamada «las 100 horas por la democracia» alrededor del Zócalo, subestimada por el PRI y también por la mayoría de las fuerzas de izquierda. Al término la marcha se le niega el registro como candidato por el PRI a Cuauhtémoc Cárdenas y, entonces, la Corriente Democrática decide ir con las siglas del Partido Auténtico de la Revolución Mexicana —un partido pequeño y ligado al propio PRI— y llamar a la formación del Frente Democrático Nacional (FDN).

En un principio, se tenían pocas expectativas sobre la campaña del FDN. Una parte importante de la izquierda había elegido como su candidato para la presidencia a Heberto Castillo —quien posteriormente declinó a favor de Cárdenas—, y otra parte de la izquierda apoyó a Rosario Ibarra de Piedra. Sin embargo, poco a poco, la campaña de Cuauhtémoc Cárdenas fue el vehículo por el que los trabajadores y el pueblo en general expresó el deseo de cambio de gobierno. Tres ejes fundamentales de carácter programático permitieron aglutinar a amplios sectores: la lucha por la soberanía nacional, el cambio en la economía política y el establecimiento de un régimen plenamente democrático. En este sentido, la mayoría de los miembros del movimiento estudiantil, al igual que las organizaciones surgidas a partir del sismo, decidieron apoyar al candidato del Frente Democrático Nacional. Altamente significativo fue el acto de campaña electoral de Cárdenas en la UNAM en mayo de 1988. La concentración universitaria fue, de manera inesperada, enorme y combativa. Representó el vuelco y adición de miles de jóvenes universitarios y de académicos que se sumaron a la movilización por el cambio de gobierno.

Además de la candidatura de Cárdenas, estaba Rosario Ibarra de Piedra como candidata que agrupaba a una parte de las fuerzas de izquierda, el empresario Manuel Clouthier, del conservador Partido Acción Nacional (PAN), y Carlos Salinas de Gortari por el PRI, el secretario de Programación y Presupuesto, y uno de los principales promotores de las políticas de ajuste estructural en la administración de Miguel de la Madrid. En este contexto, la elección del 6 de julio de 1988 resultó una gran movilización. La votación a favor de Cárdenas se desbordó en ciudades y estados de la república. Por la noche del 6 de julio, el gobierno, que desde la Secretaría de Gobernación organizaba y controlaba el proceso electoral, decretó lo que se llamó *la caída del sistema,* es decir, suspendió la información sobre el avance de la votación que favorecía ampliamente a Cárdenas y alteró los resultados.

Ante ello, se realizó un mitin de protesta en las propias oficinas de la Secretaría de Gobernación por parte de los tres candidatos opositores. A partir de ahí, Rosario Ibarra acompañó a Cuauhtémoc Cárdenas en las movilizaciones en contra del fraude, reconociendo su triunfo. Incluso Manuel Clouthier estaba convencido del fraude pero señalaba que no se podía determinar con precisión quién había ganado. Meses después murió en un sospechoso accidente automovilístico.

Grandes movilizaciones en contra del fraude se realizaron por todo el país, las más importantes desde el triunfo de la Revolución Mexicana. Ante la falta de organización que impidiera el fraude en los procesos electorales, Cuauhtémoc Cárdenas decidió convocar el 21 de octubre del 1988 a la formación de un nuevo partido con los integrantes y simpatizantes del Frente Democrático Nacional. La historia de las fuerzas izquierda en México está llena de procesos de unidad, ruptura, reagrupamiento y confrontación. Sin embargo, fue la formación del Partido de la Revolución Democrática —resultado de la convocatoria que Cárdenas realizó— lo que unificó por vez primera en la época moderna, a la mayoría de esa izquierda.

La defensa del sufragio se convirtió en los primeros años en una bandera de lucha de amplios sectores sociales. Esta lucha por el respeto al voto condujo en los primeros años de vida del PRD al enfrentamiento con el régimen. Salinas de Gortari, ya como presidente (1988-1994), mantuvo una doble política en torno a las elecciones locales con el propósito de adquirir cierto tipo de legitimidad aparente: por un lado, reconoció los triunfos del conservador PAN y, por el otro lado, desconoció los triunfos de la izquierda agrupada en el PRD. Fue así como en julio de 1989 reconoció al PAN el triunfo en Baja California, primer estado que no ganaba el PRI de la era contemporánea. En esas mismas fechas Salinas de Gortari desconoció el triunfo del PRD en Michoacán. En este contexto, en varias elecciones de gobernador y de presidentes municipales, la población tomó las instalaciones municipales y las defendió incluso con las armas en la mano. En Michoacán, por ejemplo, en la elección referida se tomaron 74 presidencias municipales. En Guerrero incluso hubo enfrentamientos con la policía en los intentos de desalojo de las presidencias.

Asimismo, Salinas de Gortari promovió a fondo las políticas de ajuste estructural, y encontró en el PAN un aliado importante. En cambio, el PRD se opuso sistemáticamente. La confrontación era clara. A Salinas de Gortari le molestaba la presencia y el cuestionamiento permanente del PRD, y su objetivo era evitar que se consolidara como fuerza política organizada porque sabía que podría articular una oposición que impediría la implementación de su programa. Por ello, la represión apareció. Cientos de militantes y simpatizantes del PRD fueron asesinados por el gobierno, con el objetivo de impedir que se acumulara más fuerza política.

En las elecciones intermedias en 1991, Salinas logró que el PRD obtuviera el 7,9% en la elección para diputados federales. Ello le permitió llevar a cabo las contrarreformas constitucionales que el ajuste estructural requería, como la reforma al artículo 27 constitucional, a través de la que se introdujo la privatización del ejido y las tierras comunales, hasta entonces no enajenables, una de las conquistas fundamentales de la Revolución Mexicana.

En esta etapa, la represión mantuvo al PRD unido y cohesionado, por lo que las contradicciones internas estaban latentes aún. No obstante, desde su origen existieron en el PRD prácticas internas ilegales y líneas políticas diferentes, que simbólicamente se identificaban con Cuauhtémoc Cárdenas y con Porfirio Muñoz Ledo. En torno a Cárdenas se agrupaban los que estaban por una línea de mayor concordancia con los principios. Mientras que alrededor de Muñoz Ledo se aglutinaban quienes tenían una posición pragmática. Fue Muñoz Ledo, por ejemplo, quien sin mediar debate ni decisión alguna afilió al PRD a la Internacional Socialista. En cambio, la otra línea siempre favoreció y coincidió con el Foro de São Paulo y la mayoría de las organizaciones que lo integran.

La primera elección en el PRD realizada para definir la dirección fue en 1993. Anteriormente, Cuauhtémoc Cárdenas había sido elegido por consenso como presidente del partido. En esta ocasión, Porfirio Muñoz Ledo ganó la presidencia (1993-1996) apoyado por la estructura partidista y por el *arco iris*, un agrupamiento que incluía una amplia variedad de la antigua izquierda parlamentaria. La secretaría general la obtuvo el candidato de una alianza de expresiones de la anterior izquierda social. En el mismo congreso quedaron de manifiesto las posiciones encontrada: Muñoz Ledo quiso evitar a toda costa la elección del secretario general y, a los pocos días, cambió de manera autoritaria a la coordinadora de la fracción parlamentaria, Rosa Albina Garabito, apoyada por la izquierda social.

Durante el congreso se presentó una situación que posteriormente se ha generalizado: la compra de votos de delegados, consejeros y dirigentes del partido. Esta práctica tan criticada por el PRD en los comicios locales y federales, se empezó a practicar al interior partido con impunidad. No solo se lucró con las necesidades de los votantes por los niveles de pobreza que desde entonces aquejaban a la población, sino que también dirigentes y consejeros empezaron a aceptaron dinero por su voto. Tanto la corrupción como la falta de respeto a la militancia fueron públicamente criticadas por el subcomandante Marcos del EZLN, cuando en el contexto de la campaña electoral por la presidencia de 1994, la dirigencia del PRD asistió en mayo de ese año a Chiapas.

Paulatinamente, el respeto al sufragio efectivo, uno de los motivos principales por los que surgió y se organizó el PRD, quedó prácticamente anulado en su vida interior. Prácticas corruptas como robo de casillas, alteración de actas, sobornos y otras, fueron ganando terreno en la cultura política y en el funcionamiento del partido. Muestra de este deterioro es que dos elecciones de la presidencia partidista serían anuladas por fraude (1999 y 2008). Asimismo, una parte importante de las elecciones para candidaturas internas y para cargos de representación, han sido producto de esas prácticas.

El 1ro. de enero de 1994 se levanta en armas el Ejército Zapatista de Liberación Nacional (EZLN), entre otras razones, con el propósito de romper el espejismo de prosperidad que las políticas de ajuste estructural habían creado, y mostrar el rostro del México pobre y excluido. El 23 de marzo de 1994 fue asesinado el candidato del PRI a la presidencia de la República, Luis Donaldo Colosio, presumiblemente debido a intrigas internas de su propio partido. Frente a ello, Salinas de Gortari tomó la decisión de remplazarlo con Ernesto Zedillo. Para incrementar las posibilidades de triunfo del PRI, Salinas contaba con la alianza del candidato de la PAN, Diego Fernández de Cevallos, quien después de haber despuntado en el debate entre los candidatos a la presidencia, se escondió y prácticamente dejó el espacio a Zedillo. Cuauhtémoc Cárdenas es nuevamente el candidato del PRD, y ahora hacia él se lanza una campaña sucia con propaganda que aprovecha la incertidumbre que vivía el país.

En 1996 el PRD eligió por primera vez mediante sufragio universal y directo al presidente del partido y a la dirección nacional. Con un margen bastante holgado triunfó Andrés Manuel López Obrador (1996-1999), dirigente estatal del PRD en Tabasco y candidato a gobernador de aquel estado. Andrés Manuel venía precedido de un prestigio importante como dirigente, pues en su trayectoria había recurrido con regularidad a la movilización social en demanda del respeto al voto y en defensa de los campesinos.

El lema de campaña de Andrés Manuel por la presidencia del partido fue: «partido en movimiento», lo que suscribía la tesis de articular nuevamente una relación estrecha entre el PRD y el movimiento social, sin embargo una vez en la presidencia dejó de lado este objetivo y se centró solamente en el partido. Promovió una política de fuerte desarrollo organizativo para las campañas electorales, al tiempo que relegó la lucha social, la movilización y el compromiso con las demandas del movimiento social que no se encuadraban en lo electoral.

En la fórmula con Andrés Manuel López Obrador fue Jesús Ortega como secretario general. Ortega proviene de una de las experiencias con menor legitimidad en las antiguas fuerzas de izquierda parlamentaria, caracterizada por sus pactos oscuros con los gobiernos del PRI. Aún así, Andrés Manuel López Obrador derivó la responsabilidad de la relación con el gobierno federal y con los estados a Ortega, así como la de los procesos de selección de candidatos. Ortega desarrolló una vieja práctica de vínculos no institucionales con los gobiernos, pero ahora con autorización. Desde la secretaría general se instrumentó una política de prebendas y de intercambio de favores electorales con gobernadores y funcionarios. Esta política le permitió a Ortega fortalecer a su corriente Nueva Izquierda (NI) y de ser un grupo relativamente pequeño se ha convertido en la corriente más numerosa. La política de colaboración con los gobiernos del PRI y después con los del PAN, de la cual Ortega ha sido un entusiasta promotor, llevó al partido a la creciente pérdida de independencia.

La orientación casi exclusivamente electoral de la dirección del partido llevó a extremos la selección de candidatos. Ya no importaba su trayectoria ni su compromiso. Si el candidato era popular y atraía votos era suficiente. Esa política condujo al arribo de personas que carecían de identificación alguna con los principios y programa del PRD. Sin embargo, en esta etapa se le empezaron a reconocer al partido triunfos electorales que el salinismo impidió. El más importante fue el triunfo de Cuauhtémoc Cárdenas (1997) a la jefatura de gobierno de la capital del país. Fue la primera entidad en donde se le reconoció al PRD un triunfo. Después de nueve años recorridos entre la represión, el hostigamiento y el asesinato, el PRD se preparaba a gobernar el Distrito Federal (DF). Del mismo modo, por primera vez el PRI perdió la mayoría absoluta en la Cámara de Diputados. Después del triunfo en el DF, el PRD ganó el gobierno de Zacatecas, con Ricardo Monreal, a quien se le había negado la candidatura del PRI. De la misma manera, en Baja California Sur, Leonel Cota, al no obtener la candidatura por el PRI, decidió romper y ganó la elección a gobernador por el PRD. De ahí en adelante, varias de las gubernaturas que ganó en el PRD tuvieron el mismo esquema.

En el PRD, la situación fue cada vez más grave respecto a sus procesos de elección interna. Como mencionamos anteriormente, en 1999 se anuló la elección interna por fraude. A través de una encuesta se decidió que Amalia García fuera la presidenta del PRD. Como secretario general se designó a Jesús Zambrano, quien militó en el movimiento revolucionario y luego pasó a ser el segundo de Ortega en la corriente Nueva Izquierda. Para las elecciones presidenciales del año 2000, Cuauhtémoc Cárdenas fue el candidato del PRD. En la contienda interna perdió Muñoz Ledo, quien rompe con el PRD y decide ser candidato por el Partido Auténtico de la Revolución Mexicana (PARM). Ya iniciadas las campañas electorales, Muñoz Ledo declinó a favor del candidato del PAN, Vicente Fox, exgerente de la Coca Cola y gobernador de estado de Guanajuato. Fox ganó las elecciones. Por primera vez triunfó un partido distinto al PRI y con ello terminaron más de setenta años del régimen priísta. Paradójicamente, fue el PRD quien puso la cuota de sangre y sacrificio para el cambio democrático y es el PAN quien capitalizó el descontento nacional. Por primera y única vez —hasta ahora— el proceso contó con una institución electoral ciudadana, que permitió un proceso relativamente imparcial y objetivo. Cuauhtémoc Cárdenas se queja del poco apoyo recibido del partido dirigido por Amalia García. Es en su gestión donde se consolidó un burocracia partidaria y a la que se le señaló como beneficiaria de los recursos asignados al partido.

Al mismo tiempo que las presidenciales, se realizaron las elecciones para Jefe de Gobierno del D.F. Andrés Manuel López Obrador, del PRD, ganó el gobierno de la capital (2000-2006) por estrecho margen. En su administración promovió una fuerte política social, con lo que ganó la simpatía de amplios sectores de la población. Creó una universidad y escuelas preparatorias en cada una de las 16 delegaciones que conforman la capital. Otorgó becas a estudiantes, madres solteras y pensión universal a los adultos mayores, entre otras medidas destinadas a garantizar los derechos sociales de la población.

En el 2002, Rosario Robles fue electa presidenta del PRD. En 1999 había sustituido como gobernante interina a Cuauhtémoc Cárdenas en la jefatura de gobierno del DF, desde donde realiza fuertes críticas hacia el gobierno y proporciona un apoyo a los candidatos del PRD, entre ellos a Andrés Manuel López Obrador. Si bien el triunfo de Rosario Robles como presidenta del PRD contó con un margen relativamente amplio, en varios estados donde también se realizaron cambios de dirección estatal se presentaron graves irregularidades. Las corrientes utilizaron prácticas ilegales para hacerse de la dirección del partido en los distintos niveles. Su importancia radicaba en que los recursos del partido eran cada vez mayores.

En marzo del 2004 el partido se vio envuelto en uno de los peores escándalos mediáticos. Dirigentes del PAN en acuerdo con dirigentes del PRI, exhibieron unos videos en donde se observaba a miembros del PRD recibiendo dinero. El escándalo fue un golpe directo a la credibilidad del partido, a estas alturas bastante mermada a causa de los fraudes electorales internos y de la corrupción de representantes públicos y de dirigentes. El PRD quedó en entredicho ante la evidencia documentada de violar uno de sus principios: el manejo transparente y honesto de los recursos. Ante las denuncias recurrentes sobre la corrupción de los gobiernos del PRI y del PAN, el PRD apareció como parte de lo mismo. Esta campaña mediática tuvo otro destinatario: Andrés Manuel López Obrador, cuya popularidad al frente del gobierno del DF crecía.

En el mismo 2004 el gobierno de Vicente Fox inició una estrategia para enjuiciar a Andrés Manuel López Obrador y así impedir que pudiera contender en las elecciones presidenciales de 2006. Durante parte de 2004 y a lo largo de 2005 se desarrolló una estrategia más para debilitar el reconocimiento que López Obrador había alcanzado a nivel nacional. Lo anterior resultó contraproducente, pues se realizó una gran movilización, donde más de un millón de personas marcharon al Zócalo. De este modo, ni el video escándalo, ni las trampas para enjuiciarlo, impidieron que López Obrador llegara como el candidato mejor posicionado a la contienda por la presidencia de la República.

Ya iniciadas las campañas, ante la delantera de López Obrador, empresarios y el gobierno de Vicente Fox decidieron utilizar todos los recursos y medios —legales e ilegales— para que el candidato del PAN pudiera ganar la elección. El Instituto Federal Electoral había perdido ya su independencia, y los poderes empresariales, los magnates de la televisión, los caciques políticos más rancios —como la dirigente del magisterio nacional Elba Esther Gordillo—, y el mismo Presidente de la República intervinieron de manera ilegal para impedir el triunfo de López Obrador. El resultado oficial fue de una diferencia de 0,56% a favor de Felipe Calderón. El propio Tribunal Electoral del Poder Judicial de la Federación señaló que la intervención de presidente Vicente Fox había sido ilegal, pero declaró que sus acciones no habían afectado el resultado. Del lado de López Obrador se cometieron también errores. Entre ellos se pueden mencionar: se hizo una estructura paralela a la organización del partido; se abusó de la descalificación al Presidente; se subestimó la estrategia del gobierno y de sus aliados; se desatendió la posible alianza con Patricia Mercado, candidata a la presidencia de la República por el Partido Socialdemócrata, quien obtuvo más de 1 millón 100 mil votos. Téngase en cuenta que la diferencia que se reconoce de manera oficial entre Calderón y López Obrador fue poco de menos de 244 mil votos.

El proceso poselectoral estuvo marcado por la movilización social. Andrés Manuel convoca en medio de la resistencia a la Convención Nacional Democrática y se asume como el presidente legítimo. Ha estado recorriendo permanentemente el país y a fines del 2010 organizó MORENA (Movimiento de Regeneración Nacional). A través de MORENA canaliza los esfuerzos organizativos. El movimiento manifiesta que ya son dos millones de personas y que están orientándose a la preparación de las elecciones del 2012. El Partido del Trabajo (PT) y el Partido Movimiento Ciudadano (PMC) lo apoyan en esta tarea y así como algunas corrientes del PRD.

Terminada la resistencia, en el PRD empezaron nuevamente a surgir las contradicciones internas. En el 2007, dos temas centrales se colocan en la agenda legislativa: la reforma electoral y la reforma energética. Ante ello la corriente de Ortega, Nueva Izquierda, empezó nuevamente a negociar con el

PRI y con el PAN al margen del partido y en contra de la unidad de las fuerzas progresistas y de izquierda que la candidatura de López Obrador había logrado articular. En marzo del 2008, se realizaron las elecciones para renovar la dirigencia del partido. Los candidatos principales fueron Jesús Ortega y Alejandro Encinas. El resultado fue muy cerrado y nuevamente el proceso estuvo marcado por la corrupción. Hubo una multitud de irregularidades por todo el país y de toda especie. También se eligió a las dirigencias estatales y a los delegados al congreso. La Comisión de Garantías y Vigilancia del partido anuló la elección. Ortega recurrió al desacreditado Tribunal Electoral del Poder Judicial de la Federación y este lo nombró presidente, lo que representó una grave intromisión del estado en asuntos internos del partido. El tribunal sustituyó el derecho de la militancia y con esa imposición avaló el fraude. La parte que perdió se resignó en breve y entró en componendas para negociar espacios. Lo que había sido una práctica limitada de sobornos y prebendas con los gobiernos del PRI y del PAN ahora se ha convertido una práctica institucional cínica.

Por ello, podemos concluir que el proyecto PRD, tal como fue concebido e impulsado originalmente no existe más. Cuatro motivos centrales lo fueron alejando de su origen y de su carácter de izquierda: 1) la cultura antidemocrática que propicia la corrupción e impunidad al interior del partido desde su nacimiento; 2) el alejamiento del partido de los movimientos populares, de sus luchas y demandas, concretándose solo a lo electoral; 3) malos gobiernos y representantes populares del PRD que le dieron o dan la espalda al pueblo y a la izquierda; y, 4) la pérdida de autonomía y la colaboración con la derecha, desde las alianzas electorales hasta apoyo a reformas neoliberales, afectando directamente el carácter del PRD.

A fines de noviembre de 2011, se decidió la candidatura del PRD a la presidencia de la República, entre Andrés Manuel López Obrador y Marcelo Ebrard, por medio de una encuesta que solo se conoció en términos muy generales. El gobierno panista y el sector mayoritario del PRD, representado por Nueva Izquierda, estuvieron trabajando la idea de una alianza para la presidencia con Ebrard o un candidato común no partidista. Los triunfos obtenidos frente al PRI en las gubernaturas estatales, en alianza subordinada del PRD con el derechista PAN, les hicieron abrigar esa esperanza.

Finalmente se alejó el temor a la ruptura de la izquierda. Y aunque el método es criticable, la unidad de las «izquierdas» derivado del acuerdo ha sido fundamental en la perspectiva de contender, en serio, por la presidencia. Previamente a la decisión sobre el candidato, se constituyó la coalición formada por el PRD, el PT, el PMC y el MORENA.

En este período, el PRD eligió a otro dirigente de Nueva Izquierda a través del Consejo Nacional resultante de la controvertida elección interna de 2008. Después, el Tribunal Electoral obligó a efectuar elecciones para la renovación de los órganos directivos nacionales y locales. Las elecciones fueron un desastre. El PRD exhibió nuevamente ante la opinión pública sus prácticas clientelares y fraudulentas. En medio de ese lamentable espectáculo, se resolvió la candidatura de López Obrador, lo que ocultó parcialmente los fraudes internos.

También sucedió, que el PRD perdió ante el PRI la elección para gobernador en el estado de Michoacán. En una cerrada votación, quedó en segundo lugar el PAN, cuya candidata era la hermana del presidente de la República. Lo de Michoacán es una fuerte derrota ya que ha sido un estado emblemático para el PRD debido a la presencia histórica de la familia Cárdenas: el general Lázaro Cárdenas quien fue gobernador del estado y luego presidente de la República en 1934-1940; su hijo Cuauhtémoc, quien también fue gobernador del estado y después candidato tres veces a la presidencia de la República y fundador del PRD; y su hijo, Lázaro, quien fue gobernador del estado, como su padre y su abuelo. Esta derrota tiene que ver con un cuestionado ejercicio de gobierno perredista y el candidato postulado, carente del perfil adecuado y cuestionado desde la elección interna por el uso excesivo de recursos. Al término del proceso han surgido denuncias por la intervención del narcotráfico y del crimen organizado a favor de uno u otro candidato, fenómeno que ha empezado a ser recurrente en los procesos electorales y que seguramente tratará de incidir en las elecciones del 2012. En términos prácticos, el PRD ya solo gobierna la capital del país.

Un acontecimiento más reciente y que confirma las limitaciones del esquema de promover candidatos que no son de izquierda, es lo sucedido el 12 de diciembre de 2011 en Guerrero. El gobierno estatal reprimió a estudiantes normalistas, quienes solo solicitaban entrevistarse con el gobernador. El saldo es de dos estudiantes asesinados por la policía estatal, otro muy grave y más de 25 heridos y torturados, con la intervención también de la Policía Federal. El Gobernador de Guerrero que ordenó esa represión, electo a ese cargo como candidato del PRD, había renunciado al PRI porque le había negado esa candidatura. A ello se añade que el PAN se sumó en su apoyo al final de la contienda electoral, con la declinación de su candidato a la gubernatura a favor del PRD. Ante los sangrientos hechos represivos de un gobierno de «izquierda», se demanda la renuncia del Gobernador señalado como el principal responsable.

La perspectiva de la izquierda electoral, en general, y para el PRD, en particular, va a depender de los posibles escenarios derivados del resultado de los comicios presidenciales y legislativos de 2012. Un triunfo de la coalición de izquierda pudiera conducir a la formación de un solo partido que agrupe a todos los integrantes de la coalición, como por ejemplo el Frente Amplio de Uruguay. Ebrard incluso ha propuesto que se denomine Frente Amplio Progresista. En caso de derrota, lo más probable es que se dé la ruptura y se formen dos o más partidos.

Nuevos procesos de organización política desde la izquierda surgen de entre los movimientos sociales y organismos civiles, quienes tienen fuertes cuestionamientos a los partidos, que incluyen al PRD, por su responsabilidad ante la grave situación de violencia, inseguridad, desempleo y opresión. No se niegan a participar en elecciones. Incluso señalan que apoyarán a López Obrador, pero desde una posición crítica. Es la izquierda social y ciudadana que también quiere ser protagonista y desde la cual puede resurgir un nuevo proyecto de izquierda que levante las banderas con las cuales surgió el PRD.

El sandinismo entre el apocalipsis revolucionario mundial y el renacimiento político de la izquierda latinoamericana

Carlos Fonseca Terán

Lo inédito como destino

Quiso el destino que al sandinismo le correspondiera especializarse en fenómenos históricos inéditos. La guerrilla sandinista fue la única que alcanzó el triunfo militar entre todas las que se organizaron en los años sesenta en América Latina y, por ello, en 1979 la Revolución Sandinista pasó a ser la única triunfante en este continente mediante la lucha armada después de la Revolución Cubana. En 1990, al FSLN le correspondió ser la primera fuerza política en la historia que, habiendo obtenido el poder por las armas, lo entregó por los votos. Producto de ello, Nicaragua fue el primer país con un gobierno de derecha y unas fuerzas armadas y de seguridad de izquierda. De regreso en el gobierno en 2006, al FSLN le tocó ser la primera fuerza de izquierda que, habiendo perdido el poder lo recupera, y la única que ha llegado a él por las armas y por los votos: por las armas en la época de la guerra fría, cuando la lucha armada era la principal forma de lucha practicada por la izquierda latinoamericana (aunque sin el apoyo de la Unión Soviética, con el cual sí contaban los revolucionarios una vez que llegaban al poder, como sucedió en Cuba), y por los votos cuando la lucha armada fue sustituida en América Latina por la lucha política electoral, inesperadamente con mucha mejor fortuna, en la época del mundo unipolar hegemonizado aún por el imperialismo norteamericano.

La desintegración de la Unión Soviética y el derrumbe del socialismo en Europa del Este generó, como ya se sabe, una crisis política en casi todas las fuerzas de izquierda en el mundo, que en el caso del sandinismo tuvo como causa adicional (y principal en el caso de Nicaragua) la derrota electoral contra pronósticos que desplazó al FSLN del poder político en 1990. Casi de inmediato comenzó el debate público (principalmente en las páginas editoriales de los dos diarios sandinistas de entonces, *Barricada* y *El Nuevo Diario*) sobre las causas de la derrota y simultáneamente, sobre las causas del derrumbe socialista en la URSS y el Este europeo. Pero, en gran medida, ese debate era expresión de contradicciones que ya existían en el FSLN y que en esa coyuntura política afloraron públicamente.

En los primeros tres años de la década de 1990, dentro de una crisis caracterizada por contradicciones crecientes sobre una cantidad cada vez mayor de temas ideológicos y políticos, y por contradicciones de índole personal o intereses de poder, quedaron definidos dos grandes bloques dentro del FSLN, que tomó la decisión de realizar un Congreso Extraordinario para dirimir formalmente las contradicciones, al menos en el plano conceptual, plasmadas concretamente en dos proyectos diferentes de Programa y Estatutos. También se decidió que ese Congreso por primera vez eligiera a la Dirección Nacional mediante votación por candidaturas individuales, a diferencia del método utilizado en 1991 en la sesión ordinaria de ese mismo (primer) Congreso, que fue el de la elección por listas de candidatos, en la cual se había presentado una sola lista, integrada por siete de los nueve Comandantes de la Revolución,[1] a los cuales se sumó René Núñez[2] y Sergio Ramírez.[3] La incorporación de estos dos nuevos miembros era un anticipo de la búsqueda de consensos entre las dos posiciones fundamentales que con posterioridad se definirían.

Las contradicciones en el sandinismo frente a su propia derrota y el derrumbe soviético

En las contradicciones a lo interno del sandinismo había dos grandes grupos de temas: uno ideológico y político. En lo ideológico, sobresalían cosas tales como: la validez del socialismo como opción programática del FSLN; el papel que jugaba en la estrategia del FSLN, la defensa de la propiedad en manos de cooperativas y de los trabajadores, en este último caso surgida como reivindicación de las luchas populares después de la derrota electoral, frente a la política neoliberal de privatización del sector estatal de la economía; la vigencia del antiimperialismo como componente fundamental del ideario sandinista; la legitimidad de los métodos de lucha violentos que surgieron en esos años en defensa de las transformaciones revolucionarias de la década anterior; y, la pertinencia de la concepción del FSLN como partido de vanguardia. En lo político: qué tan vertical u horizontal debía ser el método de dirección dentro del FSLN; qué tan cerrado o abierto debía ser este en su relación con la sociedad nicaragüense; y, qué tan beneficioso o, por el contrario, qué tan perjudicial resultaba para el FSLN y para el país la dinámica del diálogo político y negociación permanentes entre el FSLN y el gobierno de derecha.

Por lo general, las respuestas en una u otra dirección respecto a los temas ideológicos no necesariamente coincidían con las que se daban a favor de una opción u otra en los temas políticos, a excepción del último tema, es decir, la posición del FSLN frente al gobierno. En lo ideológico, el sector que defendía la validez del socialismo, la prioridad de la defensa de la propiedad social o popular en la estrategia del FSLN, la vigencia del antiimperialismo, la legitimidad de cualquier método de lucha en defensa de los logros sociales de la Revolución y el carácter de vanguardia del FSLN, fue identificado como principista; mientras el sector contrario —el que cuestionaba el socialismo como una opción válida, reivindicaba la lucha por la democracia a secas como una prioridad más importante que la lucha en defensa de la propiedad en manos de los sectores populares, consideraba como no vigente el antiimperialismo y se pronunciaba por la condena a cualquier método violento de lucha— fue calificado como pragmático. En lo político, los principistas se pronunciaban en contra de lo que ellos llamaban el cogobierno existente entre el FSLN y la oligarquía en el poder y, por tanto, planteaban la necesidad de un distanciamiento entre el FSLN y el gobierno neoliberal, consideraban agotado el diálogo como método y planteaban la necesidad de pasar a la lucha frontal, aunque ya desde 1990 habían tenido lugar dos grandes jornadas de lucha popular contra las políticas neoliberales, en las que se había logrado detener la confiscación masiva que pretendía el nuevo gobierno contra los beneficiarios de la reforma agraria. Otro fenómeno que se había presentado era el de la lucha entre los llamados *recontras* y su contraparte, los *recompas*, por alusión a los términos *contra* y *compa* con que popularmente se denominaba a los integrantes de los dos grandes bandos enfrentados en la recién finalizada guerra de los años ochenta: de un lado, el Ejército Popular Sandinista y, del otro, las fuerzas contrarrevolucionarias. En este tema de las relaciones entre el FSLN y el gobierno, los pragmáticos consideraban que era necesario más bien profundizar los vínculos y el acercamiento entre el FSLN y la derecha en el poder.

Respecto a lo vertical u horizontal de los métodos de dirección, y a lo cerrado o abierto del FSLN, había dos posiciones fundamentales: los que estaban a favor de un partido más vertical y cerrado eran considerados como verticalistas; y los que optaban por un partido más horizontal y abierto eran calificados como democráticos. Ser verticalista o democrático no dependía de que se fuera principista o pragmático, de manera que había principistas verticalistas y principistas democráticos, así como pragmáticos verticalistas y pragmáticos democráticos; pero al final, prevaleció el debate ideológico sobre el político, de manera que el enfrentamiento en el Congreso Extraordinario, que tuvo lugar en mayo de 1994, fue entre principistas y pragmáticos, y no entre verticalistas y democráticos. Los principistas se agruparon en lo que se autodenominó como la Izquierda Democrática y eran conocidos como los *ortodoxos*, liderados en la Dirección Nacional por Daniel Ortega con el apoyo de Tomás Borge —único sobreviviente entre los fundadores del FSLN— y de René Núñez. Por su parte, los pragmáticos terminarían siendo conocidos por el nombre que ellos mismos escogieron: los *renovadores*. Esta corriente era liderada por Sergio Ramírez, quien contaba con el apoyo de los miembros también miembros de la Dirección Nacional Luis Carrión y Víctor Tirado. Del resto de los integrantes de ese organismo, Bayardo Arce se identificaba con ciertas posiciones de los pragmáticos, pero a la hora decisiva en el Congreso terminó apoyando a los principistas. Henry Ruiz, por el contrario, al comienzo fue identificado como principista y apoyaba a la Izquierda Democrática, pero al ser postulado para el cargo de Secretario General del FSLN por los pragmáticos o renovadores en el Congreso, terminó apoyando a estos últimos, a pesar de que sus posiciones ideológicas eran favorables a los primeros; y Jaime Wheelock, aunque siempre se ha pronunciado a favor de las posiciones principistas, al menos públicamente no tomó parte activa en ese momento en las contradicciones planteadas, en gran medida porque se encontraba estudiando en el extranjero.

En el Congreso de 1994, los ortodoxos o principistas postularon a Daniel Ortega como candidato a secretario general del FSLN, mientras los renovadores o pragmáticos, como ya se ha dicho, postularon a Henry Ruiz, que no era uno de ellos, pero asumían que derrotar a Daniel Ortega —no importaba con quién— sería un triunfo para ellos, y que con Ruiz lograrían obtener votos dentro del sector de los ortodoxos o principistas, mientras Daniel Ortega no contaba con ningún apoyo en las filas renovadoras o pragmáticas.

Es importante señalar que si bien los ortodoxos o principistas defendían el socialismo, aceptaban la necesidad de un modelo socialista diferente al que había colapsado en Europa del Este, pero también diferente al modelo reformista de la socialdemocracia. Por el contrario a los renovadores o pragmáticos consideraban este último modelo como idóneo. Esto no era nuevo en el FSLN, sobre todo desde que se establecieron las alianzas con la oposición antisomocista burguesa a finales de los años setenta, pero cobró mayor auge en los años ochenta debido a la presencia en las altas esferas del poder, de cuadros provenientes de dicho sector. Ello fue decisivo, sin duda, para que el FSLN no instaurara un nuevo modelo político con características adecuadas para la institucionalización de los cambios revolucionarios que se estaban dando en el ámbito socioeconómico y que, por el contrario, se terminara apostando a que la democracia representativa burguesa sería suficiente para tal cometido, lo cual demostró ser una línea mortalmente errónea que no solamente contribuyó en cierta medida a la derrota electoral del FSLN, sino que, sobre todo, fue decisiva para que dicha derrota significara un retroceso estratégico en el proceso revolucionario nicaragüense al haber avanzado la derecha gobernante como lo hizo en el desmantelamiento de las transformaciones revolucionarias de los años ochenta.

Así las cosas, los ortodoxos o principistas planteaban la vigencia de la socialización de la propiedad, pero también sostenían que en Nicaragua ya no era aplicable mediante políticas estatizantes, sino mediante la democratización económica con la propiedad ejercida directamente por los trabajadores, sin negar la necesidad de la propiedad estatal en ciertas áreas de la economía o sobre ciertas empresas por las características de estas, defendiendo a la vez el papel del Estado en garantizar el acceso de la población a servicios básicos tales como la salud y la educación, y la necesidad del carácter público de estos. Los renovadores o pragmáticos, por su parte, asumían la típica posición reformista que renuncia al cambio en las relaciones de producción por considerar irrealizable el cambio de sistema, por lo cual en lugar de la socialización de la propiedad consideraban prioritaria la distribución más equitativa de la riqueza mediante políticas fiscales de carácter progresivo (que los más ricos paguen impuestos equivalentes a un mayor porcentaje de sus ingresos que los más pobres). Esto era cuestionado por el grupo contrario, no porque los renovadores respaldaran una política fiscal progresiva, sino porque limitaran a esto el cambio social promovido por el sandinismo, lo que implicaba renunciar a la revolución entendida como el cambio de sistema en el ámbito socioeconómico mediante la sustitución de las relaciones de producción basadas en la explotación debido al predominio de la propiedad excluyente del capitalismo, por otras relaciones de producción radicalmente opuestas, basadas en la cooperación entre los propietarios comunes de los medios de producción, independientemente de que dicha propiedad sea ejercida por la vía estatal o por la vía directa, por la cual apostaban en el debate interno del sandinismo los ortodoxos o principistas, defensores de la vigencia del socialismo y, por tanto, de la socialización de la propiedad como un principio programático irrenunciable del FSLN. Curiosamente, los pragmáticos o renovadores argumentaban en contra de esta posición, que la única forma de propiedad social era la estatal, razón por la cual negaban tal carácter en la propiedad ejercida directamente por los trabajadores, con lo que asumían una posición más ortodoxa que los llamados ortodoxos.

En cuanto al carácter de vanguardia del FSLN en tanto organización política revolucionaria, los ortodoxos o principistas además de plantear la necesidad de que esto quedara plasmado en los Estatutos, consideraban que era necesario en ese momento mantener en el FSLN las dos categorías existentes, de afiliados y militantes, por la necesidad de combinar la apertura a través de la afiliación masiva debido al contexto electoral pluripartidista de Nicaragua, con la militancia como una manera de controlar con quiénes se podía contar como miembros más comprometidos con el proceso y dispuestos a asumir un nivel de disciplina que permitiera el trabajo permanente de las estructuras políticas del FSLN como parte inalienable de su condición de organización revolucionaria, y no solo electoral. Pero, a la vez, quienes defendían esto consideraban que la militancia no debía ser otorgada por la dirigencia como había ocurrido hasta entonces, sino que debía ser una opción voluntaria de cada miembro, una vez que tuviera claro el compromiso que eso significaba.

La Piñata

Fue en esos primeros años que tuvo repercusión política el complejo fenómeno conocido como «La Piñata»,[4] cuando en el período comprendido entre las elecciones de febrero y el traspaso de mando presidencial en abril, el FSLN, a sabiendas de que tenía sus días contados en el poder como producto de su derrota electoral, se dio a la tarea de proteger jurídicamente las tierras entregadas a los campesinos durante la reforma agraria, legalizándolas, lo cual no se había hecho hasta entonces con el argumento de evitar que los beneficiarios vendieran sus propiedades, pero que quedaban en una situación vulnerable frente a la previsible ofensiva de la derecha desde el gobierno, para revertir las transformaciones estructurales que se dieron en el país en la tenencia de la tierra durante la década de 1980. Del mismo modo, en este período de transición entre el primer gobierno sandinista y el primer gobierno neoliberal se legalizaron las casas y terrenos urbanos entregados por el FSLN a los sectores más empobrecidos de la población nicaragüense.

El problema de La Piñata surgió con una decisión que, siendo justa desde el punto de vista revolucionario y necesaria desde el punto de vista práctico, dio lugar a toda una serie de abusos individuales por parte de algunos altos dirigentes cuya mayor parte pronto abandonarían la lucha revolucionaria, pasándose al bando renovador o simplemente poniendo fin en la práctica a su militancia política. La decisión de la dirigencia sandinista a la que aquí se alude, tuvo un doble contenido: el primero, para efectos de la capacidad operativa del FSLN desde la oposición; y, el segundo, como un acto de elemental justicia para proteger de alguna manera a los cuadros políticos y gubernamentales en todos los niveles de mando. Lo primero fue convertir en patrimonio del FSLN cierta cantidad de propiedades cuya situación jurídica estaba indefinida, pero una parte de las cuales se consideraban estatales; esto con el objetivo de contar con un patrimonio que permitiera al sandinismo disponer de los recursos materiales indispensables para hacer frente a las duras luchas que estaban por venir. Lo segundo fue pasar a manos de los cuadros políticos y gubernamentales del FSLN las casas que habitaban y los vehículos que les habían sido asignados, después de que durante toda una década habían trabajado recibiendo modestos ingresos, y que con el cambio de gobierno con toda seguridad pasarían al desempleo.

El abuso al que dio lugar esta decisión fue posibilitado por el hecho de que las propiedades adjudicadas al FSLN en gran parte fueron legalizadas a nombre de altos y medianos cuadros que sirvieron de testaferros, con el objetivo de proteger dicho patrimonio al no estar a nombre de un solo dueño, pero luego una buena parte de estos cuadros se adueñó de los bienes que le habían sido asignados para su custodia, con el consiguiente enriquecimiento de algunos de ellos, y fue en eso que consistió el abuso en cuestión y la esencia misma de La Piñata como un problema ético. Hubo voces que plantearon en el FSLN la necesidad de denunciar formalmente esta situación para evitar pagar el altísimo costo político y moral que la misma implicaba, y hacer recaer todo el peso del desprestigio resultante en los responsables individuales de los abusos, ya que la actitud de estos no era aprobada por la dirigencia, en cuyo seno, sin embargo, se encontraban algunos de los que la habían asumido. Entre otras muchas razones que complicaban el asunto, cabe mencionar la complejidad práctica del fenómeno, porque esa denuncia también hubiese expuesto las propiedades preservadas como propias por el FSLN; y las prioridades se iban imponiendo, sobre todo la defensa de las propiedades en manos de los sectores populares, que ya se estaban enfrentando a las primeras embestidas de la derecha en el gobierno. De manera que no bastaba con la voluntad política, parcialmente existente, de marcar distancia entre lo correcto y lo incorrecto en la situación planteada.

Producto de esto, se volvió inevitable el desgaste político y moral que el sandinismo debió pagar ante la sociedad, así como el malestar de la militancia de base que, además de haber perdido sus fuentes de ingreso estables, comenzaba a sentir los primeros efectos de las nuevas políticas económicas promovidas por la derecha en el poder, por lo que se debatía en las más terribles carencias económicas mientras veía enriquecerse a varios de sus antiguos dirigentes, y también a algunos que continuaban activos como tales.

Esta situación fue manejada con mayor efectividad retórica por los renovadores debido a que su discurso los hacía proyectar la imagen de que ellos eran los críticos, a pesar de que en el seno de este sector se encontraba la mayor cantidad de abusadores por la sencilla razón, ya señalada antes, de que la mayoría de los cuadros políticos de mediano y alto nivel en los ochenta, se identificaban ahora con sus planteamientos, contrario a lo que sucedía a nivel de la militancia de base. Los que se apropiaron indebidamente del patrimonio que debía pertenecer al FSLN (que como se ha dicho, eran en su gran mayoría renovadores o simples desertores políticos) pasaron a ser conocidos como «piñateros», calificativo culpabilizante que fue usado muy eficazmente por la derecha para referirse a todo aquel nicaragüense que hubiera sido beneficiado por las políticas redistributivas del sandinismo en los años ochenta, tales como la reforma agraria y la reforma urbana y, por tanto, a todo aquel a quien el gobierno sandinista le hubiera entregado tierras, terrenos urbanos, casas o vehículos, ya fuera como producto de dichas políticas o como parte de la ya mencionada decisión que se había tomado durante la transición entre la derrota electoral y el traspaso de gobierno para proteger a los cuadros en todos los ámbitos y niveles.

El Primer Congreso Extraordinario: momento definitorio

En el Primer Congreso Extraordinario, en la disputa política e ideológica de fondo se impusieron los ortodoxos o principistas. El Programa y los Estatutos fueron aprobados de acuerdo a sus propuestas, y en las elecciones de autoridades (Dirección Nacional y Asamblea Sandinista Nacional) su triunfo fue aplastante. Como parte de esto, Daniel Ortega fue reelecto secretario general, cargo para el cual había sido ya electo en la anterior sesión ordinaria de dicho Congreso, dos años y medio antes. A continuación, se hizo un llamado a los nicaragüenses que quisieran a inscribirse en el FSLN para la elección de sus autoridades políticas internas a todos los niveles. Así se eligieron en la base a los delegados al Congreso como máxima autoridad y los delegados de cada barrio y comarca a las Asambleas Sandinistas Municipales. Los delegados municipales eligieron a los delegados a las Asambleas Sandinistas Departamentales, y los delegados departamentales eligieron a los delegados a la Asamblea Sandinista Nacional, facultada, entre otras cosas, para revocar a los miembros de la Dirección Nacional electos en el Congreso. Mientras tanto, las estructuras de dirección análogas a esta última en los territorios pasaban a ser electas por las Asambleas Sandinistas correspondientes.

Como resultado de este proceso, los ortodoxos o principistas ganaron las elecciones a cargos internos en la totalidad de los diecisiete departamentos del país. Luego de ello, los pragmáticos o renovadores consideraron que no tenían más opción que organizar un nuevo partido, lo cual hicieron en 1995 y al que llamaron Movimiento Renovador Sandinista (MRS), cuyo primer presidente fue Sergio Ramírez, por entonces principal líder de este sector en el sandinismo. Henry Ruiz ocupó su lugar como miembro reelecto en la Dirección Nacional, pero a partir de la contradicción mencionada que tuvo con los ortodoxos o principistas debido a la aceptación de su candidatura al cargo de secretario general por los renovadores, sus relaciones con el FSLN fueron cada vez más tensas, hasta llegar a la ruptura total.

No puede dejar de mencionarse el hecho de que, aunque las posiciones ortodoxas o principistas fueron abrumadoramente mayoritarias en la base, esta correlación de fuerzas a su favor disminuía a medida que aumentaba el nivel de la estructura jerárquica, de modo que, incluso, la inmensa mayoría de los principales dirigentes políticos y gubernamentales de los años ochenta se inclinó a favor de las posiciones pragmáticas o renovadoras. Cómo ya se dijo, esto explica porqué la Revolución Sandinista en los años ochenta había echado todos sus huevos en la canasta de la democracia representativa burguesa con las consecuencias ya conocidas. Pero, lo más importante es la explicación del fenómeno en sí de que la mayor parte de la dirigencia revolucionaria de los años ochenta haya optado por la posición reformista y, por tanto, abandonara los principios revolucionarios.

El poder es tan necesario para hacer la revolución como dañino para los revolucionarios que lo ejercen, sobre todo si lo hacen en sustitución de las clases populares cuyos intereses defienden. Ello obedece a que el poder como tal es reaccionario, pues su surgimiento fue parte del mismo fenómeno histórico del que también formó parte el surgimiento de la propiedad como control excluyente de los medios de producción por un pequeño segmento de la sociedad que a través del poder y su hegemonía cultural e ideológica ejercida mediante el control del mismo, logró desde entonces ejercer su dominación sobre el resto de la gente. Este problema del poder formó parte también de los fenómenos que llevaron al colapso del socialismo en la Unión Soviética y Europa del Este. Parece que el antídoto a esto es que el poder sea ejercido directamente por las clases populares, que mientras el partido defensor de los intereses de esas clases en el ámbito político ejerce la conducción del proceso revolucionario mediante la lucha ideológica y el trabajo político permanente de sus estructuras en todos los espacios institucionales y ámbitos de la vida social, mediante la persuasión y la ejemplaridad de sus cuadros y militantes.

Del poder del partido al poder de las clases populares

Cabe aquí señalar que precisamente por eso actualmente el FSLN, otra vez en el gobierno, ha priorizado en su programa político la instauración de la democracia directa en la que los ciudadanos no solamente elijan representantes y gobernantes, sino que también decidan las políticas de Estado sobre la base del principio de que: el partido es para dirigir mediante el trabajo político permanente; el pueblo para mandar a través de una nueva institucionalidad democrática creada a tal efecto; y el gobierno para obedecer lo que el pueblo decida en las instancias políticas desde las que ejerce su soberanía. Esa soberanía fue usurpada por la representación como eje central en el funcionamiento de la democracia burguesa, legitimadora del sistema capitalista, cuya doctrina (el liberalismo), aportó a la humanidad el concepto de soberanía popular que luego fue negado por el sistema socioeconómico por legitimado ideológicamente por ella. Luego, en el *socialismo real* europeo del siglo XX, en la Unión Soviética y Europa del Este, el poder en manos de las clases populares fue negado por la intermediación entre dichas clases y el poder. Esa intermediación, en este caso, no era ejercida por los representantes electos que luego responden a intereses opuestos a los de sus electores, como ocurre en la democracia burguesa, sino por el partido cuyas estructuras pasan a convertirse en una casta privilegiada que en determinado momento comienza a asumir posiciones que se alejan cada vez más de la voluntad popular y, por tanto, comienza a defender intereses de clase ajenos a los de las clases populares.

La democracia directa tiene en la Nicaragua actual como primera manifestación de su existencia, el Poder Ciudadano, que es su expresión organizada, a través del cual los ciudadanos sin distinciones de tipo ideológico, político o de cualquier otra índole, toman las decisiones que tradicionalmente han sido potestad exclusiva de la clase política. Sin embargo, el nuevo modelo se encuentra apenas dando sus primeros pasos en lo que es ya un proceso complejo, entre cuyos retos está la transformación de la cultura política y el correspondiente cambio de mentalidad, lo que implica pasar de la sicología social del gobernado a la de lo que se deberá constituir como una especie de gobernante masivo, algo particularmente difícil en un país sin tradición de lucha social como contrapartida de su amplia tradición de lucha política, lo cual ha llevado a concebir las guerras y las elecciones como única manera de cambiar las cosas.

Quienes desde posiciones que pretenden situarse a la izquierda del FSLN cuestionan actualmente el carácter revolucionario de esta organización política, enmudecen al preguntárseles qué debe y puede hacer el FSLN en este momento, desde el gobierno, para ser revolucionario, que no esté haciendo ya y, por tanto, qué hizo en los años ochenta que no esté haciendo ahora, y producto de lo cual se pueda considerar que en esa época el FSLN haya sido revolucionario y que en la época actual haya dejado de serlo. Por el contrario, la instauración del Poder Ciudadano permite hacer referencia más bien a algo que el FSLN pudo hacer y no hizo en los años ochenta para el cambio revolucionario, y que en cambio está haciendo ahora: una etapa de profundización de la Revolución Sandinista que, por consiguiente, se encuentra nuevamente en marcha no solamente por el Poder Ciudadano, sino por las actuales políticas orientadas a la democratización de la economía como vía actual para sustituir las relaciones de producción capitalistas por las relaciones de producción socialistas, y por un conjunto de políticas sociales que, en la lucha por el cambio de sistema, constituyen parte del contenido revolucionario de las políticas gubernamentales en la Nicaragua actual. Producto de esas políticas, se han obtenido sorprendentes avances en la reducción de la pobreza, el desempleo y la mortalidad materno-infantil. Entre otros logros, se pueden mencionar la erradicación del analfabetismo, la restauración del derecho universal a la salud y la educación, la construcción y mejoría de viviendas, la atención a la niñez en situación de riesgo producto de la pobreza, el subsidio al transporte público y al consumo de energía eléctrica, y la solución de la crisis energética entre otras.

Los pactos políticos

Con respecto a cómo se enfrentó el sandinismo a la desaparición de la Unión Soviética y a su derrota electoral en 1990, es importante decir que con el surgimiento de la disidencia de derecha dentro del FSLN, al constituirse el Movimiento Renovador Sandinista como nuevo partido político —uno de cuyos primeros actos fue la sustitución de la bandera roja y negra de Sandino por una anaranjada, como una especie de versión bananera del rosado socialdemócrata europeo—, la mayor parte de los diputados sandinistas en 1995 abandonaron las filas del FSLN para pasar al MRS, lo cual fue parte del fenómeno ya señalado de que, a pesar del respaldo abrumadoramente mayoritario de las bases al sector considerado ortodoxo del FSLN, entre los cuadros políticos y gubernamentales de los años ochenta la correlación favorecía a los llamados renovadores. Por otra parte, el Partido Liberal Constitucionalista (PLC), que se convirtió a inicios de los noventa en el principal partido de la derecha en Nicaragua, tenía una cantidad muy pequeña de diputados debido a que cuando fueron electos, aún este partido era una pequeña agrupación que formaba parte de lo que en ese momento era la Unión Nacional Opositora que derrotó al FSLN en las elecciones de 1990.

Lo antes dicho trajo como consecuencia una situación políticamente surrealista, pero consecuente con la farsa que constituye la democracia representativa. Los dos partidos cuya suma total de simpatizantes era casi la totalidad del electorado nicaragüense, eran una ínfima minoría en el poder legislativo donde se supone, están los representantes del pueblo. Por tanto, la Asamblea Nacional pasó a ser controlada por una verdadera mafia política formada por una suma de pequeños partidos de derecha, incluido el MRS que había pasado a tener la mayor cantidad de diputados entre todos los partidos integrantes de lo que oficialmente es el primer Poder del Estado, aunque en las elecciones siguientes no iba a alcanzar el 2%, frente a un 38% del FSLN y un 51% del PLC. En esas condiciones, los pequeños partidos de derecha que se habían apoderado de la Asamblea Nacional aprobaron reformas constitucionales sin siquiera hacer consulta popular alguna y elaboraron una Ley Electoral a su medida.

Cabe señalar que entre esas reformas con tan ilegítimo origen —aun desde el punto de vista democrático burgués—, está el establecimiento de límites a la reelección presidencial, que no existían en la Constitución de 1987 elaborada por una Asamblea Nacional nacida de una elección en la que el FSLN había obtenido el 67% de los votos, a pesar de lo cual fue sometida a un amplio proceso de consulta popular en lo que se conoció por entonces como cabildos abiertos. Otro dato interesante es que como parte de las reformas jurídicas pactadas por los pequeños partidos de derecha que controlaron ilegítimamente el poder legislativo en Nicaragua a mediados de los años noventa, se aumentó la cantidad de votos requerida en la Asamblea Nacional para elegir magistrados de los Poderes Judicial y Electoral, y al titular de la Contraloría (que después pasaría a ser colegiada), pues ellos esperaban convertirse en la bisagra decisoria para colocar a sus fichas en los cargos correspondientes.

Pero los resultados electorales siguientes no les permitieron alcanzar ese objetivo, de modo que más bien esa reforma obligaba al FSLN y el PLC a ponerse de acuerdo para elegir magistrados debido a que eran las dos únicas fuerzas políticas que sumaban la cantidad de votos requerida, a pesar de lo cual los mismos creadores de esa norma jurídica que antes no existía (tanto disidentes sandinistas como políticos de la derecha tradicional), pasaron a ser detractores de dichas negociaciones (que como se ha dicho, eran una obligación impuesta por la legislación que ellos mismos habían aprobado), en el caso de la disidencia sandinista desde un cuestionamiento que se reivindicaba como ético, lo cual no impidió a los renovadores apoyar a los candidatos de la derecha unificada en las elecciones locales del 2008, ni colocar a su actual presidente como candidato a vicepresidente en la agrupación política electoral apoyada por el gobierno norteamericano y que es la más representativa de los sectores más reaccionarios y de los intereses oligárquicos en Nicaragua.

Ese cuestionamiento de los renovadores al FSLN, cuya demagogia es evidente con tan solo estar medianamente informado sobre la realidad de Nicaragua, se resume en lo que la disidencia sandinista y la oligarquía coinciden en llamar «el pacto» entre el FSLN y el PLC, o entre Daniel Ortega y Arnoldo Alemán, y que es considerado por sus detractores como causa de todos los males imaginables. Muchos interpretan esto en el exterior como si el FSLN y el PLC tuvieran una especie de alianza electoral permanente, cuando en ningún momento ha ocurrido tal cosa, y más bien quienes se han aliado electoralmente con el PLC (lo cual ocurrió en 2008, como también lo hicieron, por cierto, con el FSLN en 2001) han sido precisamente los renovadores, al mismo tiempo detractores de lo que ellos llaman el pacto, y en las elecciones de este año también irían aliados con Alemán, si este hubiera aceptado sus ofertas.

Los acuerdos a los que en su momento han llegado el FSLN y el PLC (dos veces para ser exactos: en 2000 y en 2003) no se han reducido a negociar candidatos a magistrados, que es a lo cual les obliga la norma jurídica constitucional establecida por quienes luego denunciarían con verdadero cinismo esas negociaciones como dañinas para la nación. En este sentido, hay que hacer una diferencia entre los acuerdos del 2000 y del 2003 entre las dos fuerzas políticas con el mayor respaldo electoral permanente en la Nicaragua posterior al derrumbe de la Unión Soviética.

Los acuerdos del 2000 consistieron fundamentalmente en reformas constitucionales que beneficiaban políticamente por igual al FSLN y el PLC en su condición de fuerzas políticas mayoritarias, tal como en su momento habían hecho las fuerzas políticas minoritarias cuando estas tuvieron el control de la Asamblea Nacional, aunque después sus principales figuras se rasgaran las vestiduras denunciando «el pacto» posterior. Cuando el FSLN llegó a acuerdos con el sector oligárquico de la derecha en contra de Arnoldo Alemán, esas negociaciones fueron mediáticamente calificadas como «acuerdos patrióticos por el bien del pueblo nicaragüense»; es decir, las negociaciones son funestas solo si quienes así las califican no forman parte de las mismas o en palabras más claras, si no obtienen prebendas de ellas, y son providenciales para la patria cuando sucede lo contrario.

Lo polémico de los acuerdos del 2000, que motivó cuestionamientos públicos desde dentro del FSLN, consistió en que su carencia de todo contenido social, hacía imposible evitar que fueran percibidos como una componenda más de las que habían sido típicas entre los grupos políticos tradicionales en Nicaragua, característica que, sin embargo, había sido propia también de los acuerdos de 1995 entre los micropartidos que agrupaban al sector oligárquico de la derecha y a la disidencia reformista del sandinismo, cuyos dirigentes cuestionaban ahora los nuevos acuerdos sin autoridad moral alguna.

En este mismo aspecto, los acuerdos del 2000 se diferenciaban de los del 2003 (también cuestionados por oligarcas y renovadores), que contenían leyes en beneficio de amplios sectores populares y para cuya aprobación no eran suficientes los votos del FSLN que, a cambio de los votos faltantes, otorgó ciertos beneficios al PLC. Otra diferencia importante fue que mientras los acuerdos del 2003 dividieron a la derecha, los del 2000 habían producido el efecto contrario al sacar del juego electoral a los pequeños partidos reaccionarios, unificando así el voto antisandinista alrededor del PLC. En realidad, en aquel momento estos microgrupos estaban recibiendo sopa de su propio chocolate, pues cuando años atrás ellos se apropiaron de la Asamblea Nacional, hicieron una ley electoral en la que sus candidatos podían ganar con trescientos votos y los de partidos grandes necesitaban quince mil. Pero esta sopa también hacía daño al FSLN, porque la polarización electoral que traía consigo fortalecía el voto negativo («en contra de» y no «a favor de») que lo perjudicaba, pues se imponía el miedo a que regresaran la guerra y el bloqueo económico norteamericano, lo cual fue bien aprovechado electoralmente por la derecha mientras el FSLN estuvo en la oposición, desde donde no podía demostrar la inconsistencia de esos temores. Por otra parte, también debe señalarse que, sin los acuerdos del 2000, el FSLN no habría ganado con un 38% las elecciones del 2006, ya que antes se necesitaba el 45% para ganar en primera vuelta;[5] y no puede desconocerse que en un país donde tradicionalmente los espacios institucionales han sido más efectivos que la lucha social, sobraban razones que justificaban esta política de negociaciones como la apuesta más segura que podía hacer el FSLN en ese momento.

Nótese que como resultado de la gestión realizada por el gobierno del presidente Daniel Ortega y del FSLN como partido en el período 2006-2011, en las elecciones celebradas en ese último año, Daniel se reelige con 62,46% de los votos, mientras que el candidato mejor ubicado de la derecha, Fabio Gadea, obtiene 31%.[6] Son dos las razones fundamentales que permitieron al FSLN alcanzar ese espectacular resultado en 2011, ocasión en la cual, por primera vez, el sandinismo se enfrenta desde el gobierno a la extrema derecha en condiciones de paz.

La primera de esas razones es que en estos comicios desapareció el miedo como factor influyente utilizado antes por la derecha para evitar que una porción significativa del electorado votara por el FSLN, aunque hubiese querido hacerlo, pues pesaba más la amenaza de una confrontación con Estados Unidos y su secuela de guerra y bloqueo económico. Al regresar el sandinismo al gobierno en 2006 a pesar de este factor, y al no haberse hecho realidad el apocalipsis pronosticado por el terrorismo político y mediático de la derecha, todos los nicaragüenses que así lo han querido siempre, y que no lo hacían por miedo, pudieron al fin votar por el partido de su preferencia, el FSLN, que en 2006 había logrado ganar la elección sin aumentar su voto histórico desde 1990.[7]

La otra razón decisiva es la masa de electores que, sin haber simpatizado nunca antes con el FSLN, votaron a su favor por haber sido beneficiados por la política social del actual gobierno revolucionario, o porque esperan serlo en el futuro. Muchos nicaragüenses votaron por el FSLN, incluso estando en desacuerdo con algunas cosas del gobierno o del partido porque consideraron una mejor opción votar por una fuerza política que demostró su capacidad de mejorar la vida de mucha gente. El FSLN debe establecer formas de trabajo que le permitan una comunicación con estos ciudadanos. También debe ser lo suficientemente autocrítico como para identificar sus fallas. El FSLN tiene que ser consecuente con el llamado del comandante Daniel Ortega a asumir con modestia revolucionaria este triunfo por el que tanto se luchó, del cual no se puede abusar, si lo que se pretende es preservarlo y consolidarlo en busca de nuevas victorias para todo el pueblo.

En esencia, el FSLN cuenta ya con el respaldo de más del 60% del electorado nicaragüense por primera vez desde 1990, marcándose así la correlación política necesaria para avanzar con mayor celeridad y con paso más firme en la consolidación de un proyecto revolucionario que, en su momento, fue capaz de estremecer al mundo, y que desde el regreso del FSLN al gobierno, en 2006, se encuentra nuevamente en marcha.

Notas

1. Los dos miembros de la Dirección Nacional anterior que no pasaron a formar parte de la elegida en el Congreso Extraordinario de 1991 fueron Humberto Ortega y Carlos Núñez. El primero, porque en su condición de jefe del Ejército no podía tener militancia partidaria, según las nuevas normas jurídicas aprobadas, en este caso, en forma consensuada, entre la derecha en el gobierno y el sandinismo en la oposición. El segundo porque había fallecido recientemente.

2. René Núñez, hermano del fallecido Carlos Núñez, es un veterano combatiente de la clandestinidad urbana durante la lucha antisomocista, de gran prestigio por su mística revolucionaria y considerado en la década de 1980 como el décimo hombre de la Dirección Nacional del FSLN, de la cual era Secretario de Actas sin ser formalmente uno de sus miembros.

3. Sergio Ramírez, vicepresidente del Gobierno Revolucionario de Nicaragua en la década de 1980, destacado intelectual que se había integrado al FSLN cuando una de las tres tendencias en que este se dividió a finales de los años setenta se acercó a la oposición burguesa en busca de alianzas para sumar fuerzas contra el somocismo.

4. Muñeco o figura de cartón con un depósito interno de barro lleno de golosinas que es colgado del techo en las fiestas infantiles y luego, los niños una tras otro y con una venda puesta, le dan con un palo hasta que se rompe el depósito de las golosinas, que caen al piso y todos se lanzan a recogerlas.

5. En virtud de esos acuerdos, se puede ganar en primera vuelta con 40% de los votos, o incluso con 35% en el caso que la diferencia con quien ocupa el segundo lugar sea superior a 5%. Así es como Daniel Ortega triunfó en la elección presidencial de 2006. [*N. del E.*].

6. En 1990, fue electa a la presidencia Violeta Barrios, de la Unión Nacional Opositora, con 51,5%, y perdió Daniel Ortega con 38,4%. En 1996, fue electo a la presidencia Arnoldo Alemán, de la Alianza Liberal, con 51,99%, y perdió Daniel Ortega con 37,86%. En 2001, fue electo a la presidencia Enrique Bolaños, del Partido Liberal Constitucionalista (PLC), con 56,3%, y perdió Daniel Ortega con 42,3%. En 2006, ganó Daniel Ortega, del FSLN, con 38,59%, y perdió Augusto Montealegre, del Partido Liberal Constitucionalista, con 30,94%. Véase el sitio web del Consejo Supremo Electoral (www.cse.gob.ni). [*N. del E.*].

7. En esa oportunidad, a favor del sandinismo operó la división de la derecha y el aumento de un 2% en la votación recibida en comparación con la contienda precedente, y lo afectó el 6% de los votos que captó el Movimiento de Renovación Sandinista. Esta combinación de factores fue le permitió imponerse en la primera vuelta electoral, pues de haber acudido a un segundo turno la derecha se habría unido para evitar su victoria.

Paraguay:
un momento crucial en medio del laberinto

Hugo Richer

Un presidente no digitado por la oligarquía

Para tener la dimensión correcta de la victoria de Fernando Lugo en la elección presidencial del 20 de abril del 2008, es necesario tener en cuenta los antecedentes históricos que permitieron la consolidación de las fuerzas de derecha en el Paraguay y la construcción de su sistema de dominación que funcionó por más de 140 años. No sería muy diferente a los demás países de América Latina si no fuera por la sistemática exclusión por la vía de la proscripción y la represión a todo cuanto pudiera desarrollarse como una opción política al sistema.

La derecha organizó su modelo de dominación desde 1870 sobre las ruinas de un país arrasado por la guerra de la Triple Alianza. El Partido Colorado y el Partido Liberal se erigieron en los dos grandes soportes políticos e ideológicos del modelo de dominación y de la penetración capitalista en plena expansión en la región en aquel tiempo. La resistencia pagó el precio que le imponía una oligarquía que no admitía nada por fuera del modelo.

El imaginario popular registró como una utopía reinventada desordenadamente en todas las décadas, que el Paraguay alguna vez «sería nuevamente como en la época de los Francia y los López», en referencia a la denominación del Estado Nacional Independiente que sucumbió en 1870. Más allá de los héroes «buenos» o «malos», este período se identifica con la soberanía, la reforma agraria y el patriotismo.

Además de la crisis de las direcciones políticas de los partidos tradicionales, un elemento decisivo para ganar la adhesión popular fue la identificación programática que asumió Fernando Lugo durante su campaña electoral con los puntos mencionados. En 1936, menos de un año después de terminada la Guerra del Chaco que enfrentó a Paraguay con Bolivia, un gran descontento popular llevó al poder al coronel Rafael Franco con un discurso que contenía algunas de esas reivindicaciones. La reacción oligárquica terminó con ese gobierno en menos de un año y seis meses.

En medio de fantasmas y verdades, el proceso autoritario de acumulación capitalista vio en la victoria de Lugo un peligro para sus dominios y puso en alerta al viejo poder dañado en su condición de «campeón del anticomunismo», campaña liderada por el dictador Strossner durante treinta y seis años con un sistemático avasallamiento ideológico y propagandístico, impidiendo a sangre y fuego todo tipo de organización popular.

La alarma oligárquica es sobredimensionada considerando que el 20 de abril del 2008 las elecciones permitieron cambiar el Poder Ejecutivo, en tanto, la votación para el Congreso, con amplios poderes, mantuvo intacto el sistema construido sobre la corrupción, la ilegalidad, el fraude y la impunidad. Igualmente, resguardados en el Poder Judicial, organizaron estrategias para que los cambios no afecten el viejo modelo de acumulación. En consecuencia, la correlación de fuerzas impedía tocar los grandes latifundios, regular el crecimiento sin pausas de los agronegocios, recuperar los bienes mal habidos y algunas reformas democráticas exigidas.

Sin embargo, se debe reconocer que la temerosa desconfianza de la derecha oligárquica alguna razón tiene, si ponemos en perspectiva que un buen gobierno de Lugo podía generar una situación de entusiasmo entre las masas populares por el cambio y propiciar un crecimiento de la izquierda históricamente excluida y perseguida. Desde la razón de sus intereses, no es poca cosa.

La llegada de Lugo a la Presidencia de la República no solo significó poner fin a sesenta años de gobiernos colorados. Por primera vez, desde 1870, asumía el Poder Ejecutivo una persona no digitada por la oligarquía y que contaba con el apoyo de las fuerzas progresista y de izquierda.

Quedaba por ver si este proceso de democratización marcaba una nueva época histórica en el Paraguay o era una efímera pasantía permitida por la crisis de los partidos tradicionales.

El peso del sistema frente a los cambios prometidos

El Paraguay se caracteriza por un modelo económico concentrador y excluyente, un gigantesco Estado corrupto con clientela colorada, un pueblo empobrecido, un aparato productivo destruido, una burguesía en su mayor parte con riquezas fraudulentas, y un pueblo esperanzado y confiado en los grandes cambios que podían ocurrir en el país. El proceso marcha con esa contradicción no resuelta.

No pasó mucho tiempo para que Fernando Lugo sintiera todo el peso de la estructura de la derecha dispuesta a impedir la implementación de la política de cambios; los planes conspirativos que buscaban su destitución echaron a andar incluso antes de que asumiera la Presidencia de la República.

En estos tres años del gobierno Lugo, la derecha en el Congreso recurrió sistemáticamente al recurso del recorte presupuestario para las instituciones encargadas de impulsar las políticas sociales dentro de la estrategia de alentar un desencanto de los movimientos sociales.

El Poder Judicial es un bastión importante de los grupos económicos fraudulentos para impedir toda posibilidad de investigar a los gobiernos colorados anteriores. Los principales medios de comunicación asumieron sistemáticamente sus líneas editoriales para desprestigiar y debilitar la gestión de Lugo. La campaña es acorde con los planes del imperio en la región, denunciando que el supuesto objetivo final del Presidente es «acabar con el régimen democrático y alinearse en la órbita bolivariana».

La derecha se enfrentó con todas sus fuerzas al Poder Ejecutivo. La articulación contra el Presidente va desde los partidos políticos conservadores, incluidos sectores del Partido Liberal Radical Auténtico (PLRA) en el gobierno, el Congreso, el Poder Judicial y los medios de comunicación respaldados por los grupos económicos poderosos, hasta los vinculados con la mafia de todo tipo.

Obviamente, esta campaña cuenta con el monitoreo y la influencia norteamericana: esa presencia es parte de la herencia colorada. Su influencia es histórica dentro de las FF.AA, en la política «antidrogas» y en gran parte de las instituciones estatales a través de conocidas organizaciones que ejecutan programas de «cooperación». Eso es resultado del alineamiento de los gobiernos colorados a los planes del imperio.

Sin embargo, el gobierno de Lugo realizó notorios cambios en las FFAA. Para ello fue fundamental el paso por el Ministerio de Defensa Nacional del general retirado Luis Bareiro Spaini. La negativa a continuar con convenios anteriores que permitieron los entrenamientos conjuntos de efectivos militares de los EE.UU. con sus pares paraguayos alarmó a la derecha que apuntó toda su artillería contra él hasta lograr su destitución.

No en pocas ocasiones la derecha intentó la revocación de Fernando Lugo vía juicio político. Si no se concretó es porque las permanentes movilizaciones populares en defensa del Presidente creaban una incertidumbre sobre el día después de su salida del gobierno.

El otro factor favorable a Lugo es la situación de América Latina, cuyos gobiernos tuvieron un rol decisivo para impedir que la derecha concrete sus objetivos. La respuesta de la derecha también es desafiante al respecto; el Congreso ha impedido sistemáticamente la designación de embajadores en los países de la región y sigue vetando la incorporación de Venezuela al MERCOSUR.

Sin embargo, el gobierno de Lugo reveló que carece de una estrategia para definir el rumbo del proceso a corto y mediano plazo, por lo que terminó haciendo concesiones importantes a la derecha; se podría decir que para sobrevivir hizo más concesiones que cambios importantes. La diversidad política e ideológica que conforma su gobierno permitió observar tímidas políticas por la izquierda y cuestionadas influencias de la derecha.

Ante la aparición del llamado Ejército del Pueblo Paraguayo (EPP), un confuso grupo que opta por la vía militar, el Ministerio del Interior abrió las puertas al asesoramiento colombiano en materia de combatir los secuestros que fueron realizados por el grupo mencionado. En el gobierno «conviven» fuerzas progresistas, de izquierda y los representantes de las fuerzas conservadoras y de derecha.

En momentos en que se escribe este artículo cabe pensar que los meses inmediatamente posteriores serán decisivos para saber el curso de los acontecimientos futuros en el Paraguay. La derecha, que se vio imposibilitada de concretar la destitución de Lugo por la vía del juicio político, ha optado por otras tácticas, entre ellas abrir el campo a la negociación con el Poder Ejecutivo y demostrar por esa vía que su participación y apoyo es imprescindible para realizar algunos cambios que finalmente poco incidirán en el sistema vigente.

En estas condiciones seguramente Lugo no puede rechazar esa posibili-dad, pero de vuelta recurrimos a hacer notar la ausencia de una estrategia favorable a los cambios. O las negociaciones sirven para consolidar a las fuerzas que apoyan el cambio, o estas se debilitan por el protagonismo de las fuerzas de derecha en un escenario donde se negocian modificaciones en el Poder Judicial, la Fiscalía General y otras instituciones del Estado.

Una respuesta a esta interrogante debería ser el fortalecimiento de las fuerzas de izquierda, el movimiento de masas y las políticas sociales.

Profundización del proceso de cambios o restauración conservadora

Los partidos y movimientos de izquierda cometieron graves errores en las elecciones del 2008. La división impidió una mayor presencia parlamenta-ria que hubiera favorecido enormemente la gestión del presidente Lugo. La equivocada apreciación del momento político demostró sus limitaciones estratégicas.

El proceso de unidad se empezó a gestar después que Lugo había asu-mido el gobierno, lo que permitió la formación del Frente Guasú (Frente Grande) en marzo de 2010, a casi dos años de la victoria electoral. El paso que se ha dado es importante, pero será fundamental si, además de conso-lidar un programa, se asume que las funciones del gobierno requieren de una visión de crecimiento ligado al movimiento de masas que le ha dado su respaldo y le da la oportunidad de construir una base social de los cambios.

El movimiento de masas y las organizaciones sociales han disminuido su movilización sobre cuestiones reivindicativas; en cambio han desarrollado una enorme experiencia política asumiendo la defensa del proceso para evitar la destitución de Lugo. Una y otra vez se dieron movilizaciones en esa dirección.

Pero no es esta la única contradicción; resalta la necesidad de dar una salida política al hecho de apoyar a un gobierno que hasta ahora hizo poco, pero que igualmente está en contradicción con las fuerzas del sistema que impiden el cambio.

El Paraguay registra un crecimiento económico récord, basado en la expor-tación de soja y carne, pero para reconfirmar las trampas de los sistemas de medición macroeconómicos conocidos, mencionemos que cerca del 50% de la población vive en la pobreza y la extrema pobreza.

Mientras, la política social del gobierno es tímida, muchas veces desmovilizadora y conservadora, con funcionarios y funcionarias que ocupan cargos en nombre de las fuerzas progresistas confundidos entre una política de Estado y sus anteriores prácticas en las ONG.

No hace mucho, en una asamblea de dirigentes populares, uno de ellos, expresó con nitidez la siguiente contradicción: «nosotros, los dirigentes sociales, a esta altura no sabemos si somos oficialistas u opositores; antes éramos opositores y construimos nuestra fuerza social y política; ahora, nuestra gente cree que somos del gobierno, nos piden cosas y los ministros desconocen nuestra reivindicaciones». Sin dudas, se demuestra que para los sectores progresistas del gobierno no es importante construir la base social del cambio, la que en vez de crecer puede llevar a una peligrosa desacumulación.

Sin embargo, los movimientos sociales no han abandonado su apoyo al presidente Lugo en la comprensión de las dificultades que presentan el sistema y las fuerzas de derecha. Pero igualmente esperan cambios y rectificaciones. Es probable que en el transcurso del año 2012 estas fuerzas sociales retomen sus luchas reivindicativas mediante movilizaciones populares.

Mientras, la derecha se prepara para recuperar el Poder Ejecutivo con todos sus recursos económicos legales y fraudulentos; incluso es posible que articulen alianzas políticas, práctica hasta ahora no asumida por el Partido Colorado. La experiencia de amplias alianzas de sectores democráticos, fuerzas progresistas y de izquierda y movimientos sociales, como se dio en el 2008, es un camino para seguir la lucha por la democratización y por realizar urgentes reformas económicas y sociales. La conformación del Frente Guasú es un gran paso para no reiterar errores recientes.

Igualmente, la mayor identificación de Fernando Lugo con el Frente Guasú puede posibilitar una discusión sobre el corto y mediano plazo, para impedir la restauración conservadora y profundizar los cambios democráticos, con la salvedad de que Lugo estará impedido de intentar la reelección debido a limitaciones constitucionales.

La izquierda peruana

Héctor Béjar

El pueblo peruano tiene una larga tradición de rebeldía. Las primeras suble-vaciones de los pueblos indígenas se produjeron apenas llegaron los conquis-tadores españoles. Manco Inca, los incas de Vilcabamba, la rebelión mítica del Taki Onjoy, la rebelión de Juan Santos Atahualpa y la gran revolución de Túpac Amaru que inspiró las posteriores luchas por la independencia de América forman parte de un recorrido que cubre desde el siglo XVI hasta el XIX en que se produjeron las grandes sublevaciones encabezadas por Juan Busta-mante (1867) y Pedro Pablo Atusparia (1881).

Las ideas socialistas llegaron a mediados del siglo XIX con Francisco Bil-bao, activista chileno que fue expulsado por el presidente Ramón Castilla. Según el historiador Jorge Basadre fue durante la revolución liberal de 1854 que culminó en la abolición de la esclavitud cuando se habló por primera vez de comunismo y comunistas.

Después de la trágica guerra del Pacífico (1879-1881) en la que el Perú perdió extensos territorios del sur a manos de las tropas chilenas financiadas por Inglaterra, el gran intelectual liberal Manuel González Prada adhirió al anarquismo y fue el maestro de una generación de obreros y jóvenes univer-sitarios que promovieron la reivindicación de los derechos de los indígenas a través de la Sociedad Protectora de la Raza Indígena de Pedro Zulen y Dora Mayer, la lucha obrera que conquistó la jornada de ocho horas en 1919 lide-rada por Barba, Lévano y Fonkén y posteriormente la formación de los parti-dos aprista y comunista en 1930 con Haya de la Torre y Mariátegui. Las ideas anarquistas y anarcosindicalistas impregnaron las luchas obreras de fines del siglo XIX y comienzos del siglo XX.

José Carlos Mariátegui, periodista autodidacta e intelectual de extensa cultura, se negó a seguir los métodos de liderazgo personalista y carismático de su rival Víctor Raúl Haya de la Torre que luego de promover la Alianza Popular Revolucionaria Americana con las promociones estudiantiles procedentes de la Reforma Universitaria de Córdoba en 1919, convirtió este amplio movimiento latinoamericano en el Partido Aprista Peruano, un partido nacional y populista a su servicio.

Mientras Haya de la Torre fundó el Partido Aprista en 1927 con una línea independiente de Moscú, Mariátegui fundó el Partido Socialista y la Confederación General de Trabajadores del Perú en 1928, adhiriéndose al marxismo y las tesis de la III Internacional.

Mariátegui murió después de una larga enfermedad en abril de 1930 poco antes de la caída y prisión del presidente Augusto Leguía. Haya de la Torre regresó al Perú y se presentó al proceso electoral perdiendo las elecciones de 1931 ante el caudillo militar Sánchez Cerro. Se negó a reconocer su derrota y se abrió un período de violentas confrontaciones entre los apristas y Sánchez Cerro, apoyado este último por la oligarquía.

La debacle de Wall Street en 1929 causó, además de la caída del gobierno modernizador de Augusto Leguía, un período de intensas luchas obreras y campesinas, el surgimiento del partido fascista Unión Revolucionaria, la sangrienta revolución aprista de Trujillo de 1932 y, finalmente, un ciclo de dictaduras (Sánchez Cerro, Benavides y Prado) desde 1933 hasta 1945.

A la muerte de Mariátegui en 1930, el Partido Socialista cambió de nombre para convertirse en Partido Comunista Peruano perteneciente a la Internacional Comunista. Entre 1930 y 1942 desarrolló la línea de clase contra clase propiciando soviets de obreros y campesinos. Sus acciones extremas, su lenguaje repetidor de las consignas internacionales y sus métodos conspirativos de organización lo aislaron de grandes sectores populares que fueron ganados por el populismo aprista.

Los partidos aprista y comunista fueron puestos fuera de la ley después de la revolución de Trujillo de 1932 en que luego de tomar la ciudad y asesinar decenas de oficiales del ejército, los militantes apristas fueron víctimas de fusilamientos masivos.

Durante ese ciclo (1930-1945) en que miles de activistas apristas y comunistas fueron perseguidos, asesinados, deportados o encarcelados, la oligarquía peruana, el grupo de familias terratenientes que se apropió del Estado desde la independencia, gobernó con mano de hierro. En el campo de las posiciones antiimperialistas, apristas y comunistas compitieron por el favor popular enfrentándose en duras contiendas ideológicas.

Iniciada la II Guerra Mundial en 1939, el APRA fue abandonando su posición antiimperialista y acabó propiciando la buena vecindad con Estados Unidos y el «inter americanismo democrático sin imperio». Por su parte, el Partido Comunista se impregnó de una dependencia ideológica cada vez mayor de la Unión Soviética y el estalinismo a través de su adhesión a la lucha del Ejército Rojo contra los nazis. La política de frentes populares propiciada por Moscú para enfrentar el peligro fascista lo llevó, a partir de 1942 en que realizó su primer congreso, a tener una amistosa coexistencia con la dictadura civil de Manuel Prado, un banquero que gobernó el país entre 1939 y 1945 y declaró la guerra al Eje en 1941.

A partir de la caída del Berlín hitleriano en 1945, el Perú vivió un corto período democrático hasta 1948. El Partido Comunista bajo el nombre de Vanguardia Popular y el aprista bajo el nombre de Partido del Pueblo, convergieron a la formación del Frente Democrático Nacional que llevó al poder al jurista José Luis Bustamante y Rivero. En ese lapso el APRA fue un precursor del macartismo e inició una campaña de calumnias y acciones de choque contra los comunistas en la disputa por la hegemonía en el movimiento sindical, estudiantil y popular. Mientras el aprismo se hizo fuerte en el norte donde estaban los ingenios azucareros y una densa población de braceros agrícolas, el comunismo lo hizo en el sur, en medio de una densa población indígena quechua y aimara. Las direcciones de ambos partidos estaban compuestas por líderes procedentes de las clases medias provincianas.

Un período de luchas callejeras y violencia acabó en el golpe de Estado del general Manuel A. Odría y un nuevo período dictatorial de ocho años (1948-1956). Los partidos fueron ilegalizados y perseguidos otra vez.

En la huelga general de 1944, antes del fin de la guerra, aparecieron los primeros grupos trotskistas. Ilegalizado el partido aprista en 1948, algunos de sus militantes derivaron también al trotskismo. En el tercer congreso de 1948 todavía en la legalidad, se produjo la primera división del Partido Comunista, desprendiéndose el Comité Departamental de Lima que acusaba a la Dirección Nacional de Jorge del Prado de haber colaborado con el régimen de Manuel Prado.

Entre 1948 y 1956 el Partido Comunista tuvo a sus líderes deportados en Buenos Aires o México o en las prisiones. Distintas organizaciones clandestinas continuaron operando en el medio sindical y estudiantil, lo que hizo posible que el partido dirija las jornadas populares de Arequipa en 1950 contra la dictadura pidiendo elecciones libres, la huelga nacional universitaria de 1953 y la toma del Cusco por milicias populares en 1959.

El Perú retornó a la democracia representativa en 1956 eligiendo por segunda vez a Manuel Prado. Restauradas las libertades democráticas, el APRA obtuvo el control del Congreso, las organizaciones estudiantiles universitarias y la hasta entonces única central sindical, la Confederación de Trabajadores del Perú CTP (la CGTP fundada por Mariátegui fue disuelta por las dictaduras).

Aún limitada al aristocrático y discriminador sistema parlamentario de la época, la democracia abrió las puertas a lo que el sociólogo José Matos Mar llamó «el desborde popular». La población creció pasando los diez millones de habitantes (el censo de 1940 contó siete millones de peruanos y peruanas); la migración a las ciudades intermedias y a Lima se hizo masiva; las ciudades empezaron a ser rodeadas por cinturones de miseria. Las comunidades campesinas empezaron a reclamar por sus tierras que fueron ocupadas por terratenientes en las pasadas décadas y sobre las cuales tenían títulos coloniales siendo respondidas con sucesivas masacres y matanzas. La industria urbana creció y con ella los sindicatos y el movimiento laboral. También creció el Estado y con él las clases medias que produjeron nuevos movimientos políticos que se sumaron a los tradicionales partidos aprista y comunista: Acción Popular del arquitecto Fernando Belaunde Terry, la Democracia Cristiana y el Partido Social Progresista.

Producido el XX Congreso del PCUS y el Informe Kruschev, la discusión interna se agudizó en el Partido Comunista y se produjo la segunda escisión que llevó al desprendimiento del Comité Leninista en 1959. Las discusiones entre los partidos soviético y chino condujeron a la tercera escisión en 1963 entre quienes mantenían su adhesión a las posiciones soviéticas y quienes asumieron las posiciones chinas de la época. Fueron formados dos partidos distintos con comités centrales y organizaciones paralelas y rivales a lo largo del país. El triunfo de la Revolución Cubana en 1959 atrajo hacia las posiciones guerrilleras a grupos de jóvenes que con el apoyo cubano iniciaron diversas acciones e intentos de acciones revolucionarias que cubren el período 1961-1967 hasta la muerte de Ernesto Guevara en Bolivia, siendo el más intenso el de 1965 en que perecieron cientos de guerrilleros y campesinos liderados por Javier Heraud (ELN) en 1963; y en 1965 por Luis de la Puente Uceda, Máximo Velando y Guillermo Lobatón del MIR en Cusco y Junín; y por el ELN en Ayacucho.

Apenas tres años después de exterminadas las guerrillas por las Fuerzas Armadas, un grupo de coroneles liderados por el general Juan Velasco Alvarado se hicieron del poder, depusieron al presidente Belaunde y llevaron a cabo reformas estructurales entre las que destacan las reformas agraria y de la educación. En un proceso rápido fueron expropiadas y adjudicadas a empresas campesinas seis millones de hectáreas. La revolución militar abrió relaciones diplomáticas con los países socialistas, amnistió a los guerrilleros, nacionalizó el petróleo, el agua y los recursos naturales e intentó abrir el camino hacia una organización económica y social de base autogestionaria y contenido socialista. Pero no pudo superar la crisis mundial abierta por el reajuste de los precios petroleros de 1973. Un golpe de Estado en 1975 desplazó del poder al ya enfermo y casi inválido presidente Velasco.

Francisco Morales Bermúdez, el sucesor de Velasco, paralizó las reformas e inició el camino del retorno a la dominación oligárquica que se abrió con la convocatoria a la Asamblea Constituyente de 1979. En vez de abrir espacio a una nueva perspectiva política, como la Constitución colombiana de 1991, la peruana de 1979 sancionó la liquidación de las reformas iniciadas por Velasco y la devolución del poder a la oligarquía. En ella las izquierdas de todos los colores obtuvieron una importante representación gracias al espacio político abierto por la revolución de Velasco. Los generales y civiles velasquistas formaron el Partido Socialista Revolucionario. Los trotskistas lograron representación con el Partido Obrero Marxista de Ricardo Napurí y el Partido de los Trabajadores de Hugo Blanco. Grupos estudiantiles de clase media formaron Vanguardia Revolucionaria liderada por Javier Díez Canseco y el Partido Comunista Revolucionario PCR de Manuel Danmert. Integrantes del grupo de La Puente formaron el Movimiento de Izquierda Revolucionaria (MIR). Los maoístas fundaron el Partido Comunista del Perú Patria Roja. El Partido Comunista oficial de línea pro soviética mantuvo como líder a Jorge del Prado quien fue elegido senador de la República. La izquierda, en conjunto, obtuvo cerca del 30% de la votación nacional y una abrumadora mayoría en los barrios pobres de Lima.

Sin embargo en las elecciones de un año después, 1980, triunfó la candidatura derechista de Fernando Belaunde Terry. La izquierda obtuvo una representación parlamentaria menor y formó Izquierda Unida liderada por el abogado provinciano procedente del APRA, Alfonso Barrantes.

El gobierno de Belaunde fue penetrado por agentes financieros, el más conocido de los cuales, Manuel Ulloa, se convirtió en su ministro de Hacienda y continuó endeudando irresponsablemente al país para enormes proyectos de desarrollo físico hasta que tuvieron que cesar el pago de la deuda externa en 1983. La reforma agraria fue detenida y se propició la división de la tierra entre los campesinos para favorecer una futura reconcentración de la propiedad. Al no ser solucionados los problemas de fondo, el clima de tensión social culminó en la aparición del grupo denominado Sendero Luminoso,[1] un desprendimiento del maoísmo, que inició acciones terroristas y una guerra sangrienta en el campo con asesinatos de los dirigentes campesinos que eran acusados de revisionistas y corruptos. Las acciones de Sendero fueron respondidas por la ocupación militar de las provincias afectadas en el departamento de Ayacucho, acciones terroristas de Estado y empezó la espiral de violencia que desangró al país hasta setiembre de 1992 fecha de la captura de Abimael Guzmán el jefe de Sendero, después de haber causado sesenta mil muertos.

En las elecciones de 1985 ganó la presidencia el joven abogado aprista Alan García con un discurso antiimperialista y de izquierda radical orientado a no pagar la deuda externa. El Perú entró en un proceso de cesación de pagos e inflación mientras las acciones terroristas continuaban ahora con un nuevo grupo autodefinido como guevarista, el MRTA.[2] La Izquierda Unida afirmó su presencia en los antiguos y nuevos barrios marginales limeños y Alfonso Barrantes se convirtió en el primer alcalde socialista de la capital.

Una mezcla de asedio desde la extrema izquierda terrorista, discusiones ideológicas irreconciliables y disputas por el poder llevaron a la Izquierda Unida a su división y fragmentación de la que no ha salido hasta el momento. Su inicial falta de definición frente al terrorismo rural y urbano facilitó su estigmatización por parte de la derecha oligárquica y su desprestigio en el medio popular.

La hiperinflación, el auge de las acciones terroristas y la amenaza representada por la propuesta de un duro ajuste neoliberal, llevaron al poder al ingeniero Alberto Fujimori quien, abandonando su programa de no *shock*, gobernó con los empresarios, la derecha ultraconservadora y los servicios de inteligencia del Ejército. Vendió a bajo precio los activos del Estado y abrió la economía a las corporaciones transnacionales. Gobernó diez años desde 1990 al 2000. La crisis mundial de 1997 agotó su régimen y tuvo que fugar ante la creciente ola de movilización popular que llevó a la presidencia a Alejandro Toledo. Este y Alan García en su segundo período continuaron llevando a cabo la política neoliberal instaurada por Fujimori.

Dado que Sendero Luminoso usó en sus acciones la bandera roja, la hoz y el martillo y los símbolos tradicionales de la izquierda, esta quedó seriamente afectada en su imagen en la sociedad. Nuevos grupos de centro derecha aparecieron y el fujimorismo se asentó en al menos un 20% del electorado después de la fuga, extradición y encarcelamiento de Fujimori, al tiempo que un consenso neoliberal favorable al mercado libre y las privatizaciones, y contrario a todo lo que significa marxismo, se instaló en la conciencia popular. En las elecciones de 2000 y 2006 las agrupaciones de la izquierda marxista fueron prácticamente borradas del panorama electoral. Pero mantuvieron sus pequeños aparatos organizativos huérfanos de apoyo electoral sin poder superar las consecuencias de la fragmentación. Sin embargo, un clima de insatisfacción con el neoliberalismo fue creciendo y generando múltiples acciones populares de resistencia en las localidades de base, las regiones y los pueblos indígenas, dirigidas por líderes de diversos tipos muchos de ellos procedentes de la vieja izquierda.

El 2000 surgió la figura del comandante Ollanta Humala, protagonista de un conato de alzamiento contra Fujimori. Derrotado primero en las elecciones del 2006 y luego triunfante en las del 2011 gobierna ahora con una coalición en que figuran desde técnicos neoliberales que dirigen el Banco Central y el Ministerio de Economía hasta conocidas figuras procedentes de la izquierda marxista que dirigen ESSALUD (el sistema de seguridad social) PETROPEÚ y los gobiernos regionales más importantes: Arequipa, Cusco, Cajamarca y Junín. La alcaldía de Lima Metropolitana también es conducida por Fuerza Social, una agrupación autodefinida de centro izquierda.

Una vez en el poder Ollanta Humala se ha desplazado hacia posiciones cada vez más próximas a la derecha tradicional deshaciéndose de sus aliados de izquierda agrupados en Ciudadanos por el Cambio y Unidad de Izquierda (Partido Comunista, Partido Socialista de Javier Díez Canseco y Partido Socialista Revolucionario). En términos reales hay un liderazgo vertical y personal de Humala apoyado por un grupo de coroneles y generales retirados de las Fuerzas Armadas, y técnicos neoliberales que manejan el Banco Central y el Ministerio de Economía.

El gobierno es asediado por una fuerte presión dirigida hacia la inversión en minería (oro, uranio, fosfatos y cobre) al tiempo que continúa una imparable deforestación de la selva y minería informal en todos los ríos que contienen oro. En términos físicos la contradicción fundamental de estos momentos es dada entre inversión y recursos naturales, entre el gran capital extranjero y las comunidades locales. En términos sociales se produce entre las corporaciones mineras transnacionales y los pueblos andinos y amazónicos. Llegado al gobierno con un lenguaje radical que fue disminuyendo en la segunda vuelta electoral, el gobierno enfrenta ahora esas definiciones. Como telón de fondo, la pobreza extensa y la violencia creciente alentada por la delincuencia y el narcotráfico, siguen presentes como los grandes males frente a los cuales no se sabe qué hacer. A través de los medios de difusión masiva, la derecha pretende un programa ultra liberal que aísle o someta al gobierno, mientras los pueblos resisten la invasión minera en Cajamarca y otros lugares de los Andes. Desde las regiones, los sindicatos agrupados en la Coordinadora Político Social y las organizaciones indígenas, la izquierda desarrolla una activa y a veces exitosa resistencia pero no ha logrado hasta el momento articular una opción política unitaria.

Notas

1. Partido Comunista del Perú «Sendero Luminoso». [*N. del E.*].
2. Movimiento Revolucionario Túpac Amaru. [*N. del E.*].

Frente Amplio:
veinte años sin proyecto histórico

Antonio Elías

Introducción

La creación del Frente Amplio (FA), el 5 de febrero de 1971, es el tercer jalón de un proceso de unidad de la izquierda: el primero es la realización del Congreso del Pueblo (CP), en agosto de 1965; el segundo, la fundación de la Convención Nacional de Trabajadores (CNT), mediante un proceso iniciado en mayo de 1964; y el tercero es la culminación de ese proceso, en octubre de 1966, en una unidad sindical que aún perdura.

La unidad política en torno a una única expresión, el FA, se fue plasmando en medio de intensas luchas populares contra los efectos de una reestructuración capitalista que suponía mayores niveles de explotación y el desmantelamiento del Estado de bienestar que se había desarrollado desde el primer batllismo de José Batlle y Ordóñez.[1] El programa fundacional del FA se basó, con algunas variantes, en el aprobado en el Congreso del Pueblo, que incluía entre sus principales medidas la ruptura con el FMI, la reforma agraria y la nacionalización del comercio exterior y la banca, un programa esencialmente antiimperialista y antioligárquico, que no impidió ni ocultó, la existencia de diferencias profundas acerca de cuáles eran los caminos para la acumulación de fuerza y el acceso al poder. Eran tiempos en que se diferenciaba con claridad gobierno y poder.

El FA se integró con los partidos Comunista, Socialista, Demócrata Cristiano; algunos grupos y personalidades que abandonaron los partidos tradicionales Colorado y Nacional; y personalidades independientes, entre ellas, oficiales de las fuerzas armadas como el general (r) Líber Seregni (nombrado presidente del FA, cargo que ocupó hasta 1996 (falleció en 2004), y el general (r) Víctor Licandro, que hasta el final de su vida siguió siendo para los frenteamplistas un referente fundamental de su historia y sus principios (falleció en 2011). El Movimiento de Liberación Nacional (Tupamaros) le dio inmediatamente apoyo crítico, impulsó la creación de una fuerza frenteamplista el «Movimiento de Independientes 26 de marzo» y declaró una tregua en el período electoral de 1971.[2]

El FA nació como una organización política que, mayoritariamente, se planteó trascender los aspectos puramente electorales. Decía en 1972 el general Seregni, su presidente:

> La razón de ser, el porqué y el para qué de nuestro Frente Amplio, está en realizar una tarea histórica fundamental: cumplir el proceso revolucionario de nuestro país. En transformar las viejas estructuras económicas, políticas y sociales de nuestro país hoy caducas y crear las nuevas que corresponden a la instancia que nuestro pueblo debe vivir. Y es sí, un verdadero, un auténtico proceso revolucionario, porque el que nuestro Frente se propone es no solo el cambio profundo de las estructuras, sino la sustitución de las clases en el poder. Desplazar del poder a la oligarquía y llevar el pueblo a gobernar.[3]

En noviembre de 1971 el FA participó en las elecciones nacionales, en las cuales obtuvo 18% de los votos (más de lo que previamente habían alcanzado en cada elección todos los partidos de izquierda sumados). Dos años después de su fundación fue disuelto el parlamento. En los siguientes doce años de existencia, ilegalizado por la dictadura, tuvo a sus principales dirigentes en la cárcel (Líber Seregni por casi diez años), asesinados, en el exilio o en la clandestinidad, y a sus partidos más grandes ilegalizados. En los últimos años de la dictadura se generaron contradicciones estratégicas respecto al papel del FA en el proceso de apertura democrática. Los dos hitos fundamentales fueron las elecciones internas de los partidos políticos, el 28 de noviembre de 1982, y el Acuerdo del Club Naval que realizan los militares con el Partido Colorado y el FA, firmado el 3 de agosto de 1984. En el primer caso el Gral. Líber Seregni llamó a votar en blanco como rechazo a las proscripciones y para marcar la existencia e independencia del FA, enfrentando así a quienes proponían votar a un sector del Partido Nacional liderado desde el exilio por Wilson Ferreira Aldunate. En el segundo caso, Seregni llamó a firmar el acuerdo para acelerar y garantizar el retorno a la democracia, enfrentando a quienes se oponían a un «pacto» que mantenía las proscripciones de dirigentes y partidos. En el primer caso estaba en juego la vigencia del FA; en el segundo la solidez y profundidad de la salida democrática.

Todavía con decenas de miles de sus militantes presos, en el exilio o proscritos, participó con el registro de uno de sus partidos no ilegalizados en la elección restringida —de «transición»—, de noviembre de 1984, en la que obtuvo 21% de los votos, porcentaje mayor que el de 1971. Esto pudo ocurrir precisamente porque no era una coalición con fines electorales, sino una organización con definiciones de cambio profundas, con una poderosa fortaleza ética que le permitió resistir, luchar y avanzar.

Una particular ingeniería organizativa y electoral

El FA es un interesante modelo organizativo de la diversidad política, eficaz para avanzar en procesos electorales y gobernar, que ha podido perdurar por más de cuatro décadas en muy distintas circunstancias y coyunturas políticas. Los mecanismos organizativos —formas de representación interna, métodos para tomar decisiones, procedimientos para definir candidatos a cargos públicos de elección— le han permitido tener unidad de acción y, al mismo tiempo, preservar la identidad de cada corriente integrante. Esta es sin duda una experiencia acumulada muy valiosa.

La identidad frenteamplista no surge de una sumatoria de partidos: se construye en la doble naturaleza del FA como coalición de fuerzas políticas y como movimiento organizado en comités de base —integrados por militantes independientes y miembros de las fuerzas políticas— que forman parte de la dirección orgánica del FA, que deciden e inciden sobre sus determinaciones y rumbos.

Si bien el Frente Amplio nace de un acuerdo partidario, en su propio origen y a lo largo de su historia fue mucho más que una suma de partidos. Ya en 1971 el porcentaje de votos obtenido por el FA duplicó los votos recibidos por las mismas fuerzas que lo constituyen cuando se presentaron dispersas en las elecciones de 1966. Un conjunto muy significativo de personas se integraron al FA como independientes. Luego de la fundación se crearon cientos de comités de base en todo el país, cuyo origen son los Comités de Apoyo a la Revolución Cubana. El Frente Amplio es, a la vez, coalición y movimiento.

El FA ha tenido a través de su historia tres instancias orgánicas que definieron la estructura y los mecanismos para la adopción de decisiones. La primera fue aprobada en marzo de 1971 y duró todo el período dictatorial. Era básicamente una coalición que integraba en su estructura a los comités de base, un ámbito donde confluyen militantes de los partidos políticos y militantes independientes que se adhieren al proyecto FA. Está organización de base fue un elemento muy importante para la unidad, pero no estaba representada en el organismo máximo de dirección —el Plenario Nacional—, el cual solo estaba integrado por sectores políticos y ciudadanos independientes, como Líber Seregni, Carlos Quijano y Juan José Crottogini.

El Reglamento de Organización de 1971 estableció que el Plenario Nacional solo podía decidir por consenso la modificación de las Bases Programáticas o el Acuerdo Político, y ese plenario quedó habilitado para decidir por mayoría cualquier otro asunto. Las resoluciones de esta dirección nacional eran de cumplimiento obligatorio para todos los frenteamplistas.

La oposición a la participación de los comités de base en la dirección se fundamentaba en planteos como el siguiente:

> Las decisiones solo podían existir en la medida en que existiera cierto consenso entre los partidos que tenían concepciones y filosofías distintas. Y cualquier idea de convertir eso en un movimiento que se gobierna por la base, primero convierte a las bases en un campo de una lucha despiadada por la dominación, donde los aparatos rentados pasan a contar poderosamente. Y, en segundo lugar, eso significaba la destrucción, porque el día en que se tomaran decisiones que un grupo no pudiera compartir, se terminaba el Frente.[4]

EL 19 de abril de 1986 comenzó una segunda etapa: se aprobó una reestructura en la que los comités de base pasaron a ser un elemento de decisión en la estructura del FA: se integraron a la Mesa Política —que tuvo a su cargo la dirección cotidiana—, al Plenario Nacional —dirección intermedia— y se creó el Congreso de los comités de base, que de reuniones periódicas de carácter consultivo, sus resoluciones pasaron a tener efecto resolutivo solo si

tenía la aprobación de referéndum en el Plenario Nacional, donde se equili-
braban el Frente coalición y el Frente movimiento.

El acceso de representantes de los comités de base a los organismos de
dirección coincidió, paradojalmente con el inicio de un período de declinación
en la participación militante. Según el estatuto aprobado en aquella oportunidad, la Mesa Política solo tomaba decisiones por consenso, mientras el Congreso podía hacerlo por mayoría. El Plenario Nacional, por su parte, seguía
siendo el único organismo para modificar, si lograba consenso al respecto,
aspectos programáticos o de acuerdo político, y se agregó la misma exigencia
de unanimidad en el Plenario para resolver la admisión de nuevos grupos.

Para los restantes asuntos, se mantuvo el criterio de la decisión por mayoría, pero con una modificación sustancial: las minorías cuando alcanzaban
cierto término numérico, podían plantear el carácter «fundamental» de una
cuestión y quedar eximidas del cumplimiento de lo resuelto por la mayoría.
Se mantiene en ese estatuto un sistema de ponderación de votos, el cual se
vuelve más relevante por su vínculo con la facultad de declarar «fundamental» una cuestión.

Si se compara el Reglamento de 1971 con el Estatuto de 1986, que expresan bastante bien las «legalidades» del primer y segundo período, se puede
advertir que el criterio de la decisión por mayoría cedió espacios considerables al criterio de la decisión por consenso. Este mecanismo de decisión
busca equilibrar un mínimo funcionamiento armónico del conjunto con la
preservación de las identidades y la capacidad de acción autónoma. El consenso es usado para mantener la unidad cuando hay situaciones muy contro-
versiales, es una garantía para todos.

Se ponderó la necesidad de garantizar a las minorías capacidad de incidencia, posibilidad de opinión y el reconocimiento a su existencia dentro del
contexto, no como un mero ejecutor de opiniones ajenas, sino como un protagonista de la construcción de las opiniones colectivas del FA. Esto fue un
importante paso para evitar la atomización. A su vez, la democracia implica
necesariamente que la mayoría tenga capacidad de ejercer su peso, porque,
de lo contrario, el Frente Amplio se transforma en un foro de debate permanente, incapaz de moverse y se paraliza su accionar político. El general
Seregni se caracterizó por su capacidad de articulación y búsqueda de con-

sensos en el interior del FA. Su estilo de conducción se basó en el diálogo permanente y en el fortalecimiento de las estructuras orgánicas del FA.

Con respecto a las tensiones entre coalición y movimiento, podría afirmarse que el FA fue y sigue siendo un movimiento dirigido por una coalición. Pero sería un error identificar el movimiento con los militantes independientes porque en los comités de base participan activamente los partidos políticos. Cuando se eligen las direcciones de los comités y los representantes en los organismos de dirección del FA (Mesa Política, Plenarios), cada partido político pone sus propios candidatos. Los comités de base son un campo de la lucha política entre partidos, pero el movimiento también es más que la suma de sus comités.

Existen dos claves básicas en la identidad frenteamplista y en su organización, que se sintetizan en «unidad en la diversidad»: la unidad que se vincula con programa, autoridades y candidaturas comunes; y la diversidad que se vincula con la pluralidad de las organizaciones coaligadas.

Actualmente la estructura del FA sigue siendo un mecanismo muy complejo, cuya máxima autoridad sigue siendo el Plenario Nacional, y la composición del mismo es objeto de discordia: la mitad representan a los sectores políticos y la otra mitad a los comités de base. Los primeros son elegidos mediante hojas de votación (listas) y los segundos por una única plancha donde se deben seleccionar nombres.

En el otro extremo, la representación de los comités de base, cada vez menos y más desmovilizados, está mayoritariamente en manos de militantes del Partido Comunista, que mantuvo esas posiciones a pesar de la división de 1992. Es importante destacar que los representantes de los comités de base en los diferentes organismos deben votar de acuerdo con lo resuelto en los comités y no en respuesta a sus partidos lo que relativiza un poco el peso del PCU. En el último año, nuevamente está en discusión la estructura del FA: el Frente Líber Seregni,[5] ha propuesto una reestructura que reduzca el peso de las bases en la conducción del Frente Amplio.

El tema en cuestión es la legitimidad de la dirección nacional, aunque encubre diferencias ideológicas de fondo: para muchos se trata solamente de llegar al gobierno, por tanto, lo fundamental son los votantes no los cuadros. En la puja por el control de los organismos de dirección se reitera la contraposición entre el valor de los militantes activos en la toma de decisiones (los que garantizarían la existencia y el funcionamiento de la estructura unitaria) respecto a las nuevas formas de relación a través de redes informáticas y al significado del voto como sustento de la representatividad y legitimidad. El problema no es nuevo: los sectores con mayor peso entre la opinión pública no tienen base militante; sin embargo, obtienen mayor representación en elecciones nacionales (el voto es obligatorio) que en las internas (el voto es voluntario y de los militantes), con lo cual se agudiza el conflicto.

La crisis y los cambios ideológicos

Hugo Cores expresaba claramente el impacto producido en la izquierda uruguaya por la desaparición del denominado campo socialista:

> [...] muy internacionalista, con una larga tradición de vinculación con el exterior, que recibió muchas veces sus señas de identidad, su inspiración, sus impulsos militantes de acontecimientos externos tales, como, la revolución bolchevique, la lucha contra el fascismo, la guerra civil española, la revolución cubana, la revolución argelina, los procesos de liberación en Asia y en África la caída de la Unión Soviética fue un golpe muy duro. La existencia de una corriente histórica dentro del país, el PCU que no era un partido comunista más, sino un partido que cumplía funciones importantes en las relaciones entre la Unión Soviética y Cuba, entre ese país y Angola, entre la Unión Soviética y otros partidos comunistas de la región. Con el derrumbe esos puntos de referencia se pierden y eso afecta la voluntad militante de muchos compañeros, merma la mística y la confianza.[6]

De todas formas, la desaparición del bloque socialista tuvo un efecto muy diferenciado en el interior del FA, porque había corrientes muy críticas del modelo de socialismo real, otras que adherían con fervor y otras que estaban en una situación intermedia, pero no cabe dudas que las impactó a todas. El sector más afectado fue el PCU porque, a esa altura, era el único partido que tenía una adhesión muy intensa a las tesis de la Unión Soviética. Impactó en cuanto a los niveles de militancia de la gente; provocó una transformación de los marcos de referencia políticos, teóricos y programáticos de la izquierda. Se produce un gran vacío teórico y el desplazamiento hacia el juego táctico de las cúpulas que debilitó poderosamente la elaboración que alimenta las formulaciones estratégicas.

Entre 1989 y 1992, el Partido Comunista era simultáneamente la fuerza más votada (49% del FA) y la que tenía mayor representatividad en las bases. En ese momento se produce la división del PCU y comienza un prolongado declive de dicha organización (en 2009 solamente obtiene el 6% de los votos del FA).

A partir de esa fecha se desarrolla un proceso, primero de desideologización y luego de asimilación de aspectos fundamentales de la ideología dominante, que se refleja en una reducción sustancial de la militancia, tanto sectorizada como independiente. Simultáneamente crecen electoralmente sectores menos comprometidos con el proyecto histórico de la izquierda y que no tienen estructuras militantes en la base. Los principales exponentes de este perfil —Asamblea Uruguay, Partido Demócrata Cristiano, Nuevo Espacio y Alianza Progresista— crean el Frente Líber Seregni, liderado por Danilo Astori.

El derrumbe puso fin a debates doctrinarios. Desaparecen ciertos tópicos, hasta ciertas palabras, lo que dificulta retomar un proceso de construcción de pensamiento estratégico a más largo plazo en la medida en que, sobre una cantidad de temas, no había reflexión socializada. Los conceptos mueren sin discutirse a fondo, sin un análisis teórico que ayudara a la reconstrucción de un pensamiento de más largo aliento. El acceso al poder se sustituye por el acceso al gobierno y las críticas a la democracia formal se extinguen sin discutir en profundidad las implicancias de esas concepciones.

Las diferencias ideológicas y estratégicas que ya habían afectado al FA con la división de 1989 —cuando el Partido por el Gobierno del Pueblo y el Partido Demócrata Cristiano crean el Nuevo Espacio—,[7] se exacerban con la caída del Muro de Berlín. En 1991, se divide el Partido Comunista, la principal fuerza política organizada dentro y fuera del FA. Esta crisis fue un golpe muy duro para la concepción histórica del Frente Amplio y generó las condiciones para el surgimiento de la llamada era progresista.[8]

Ese proceso de retroceso ideológico se continúa profundizando. El 5 de julio de 1994 se realiza un Congreso del FA que ratificó la política de alianzas y permitió el surgimiento del Encuentro Progresista: comienza la «era progresista». Hay un reacomodamiento de los sectores políticos que se expresa espectacularmente en las elecciones de 1994, cuando surgen nuevos sectores como Asamblea Uruguay, nucleada en torno a Danilo Astori, acompañado por dirigentes que formaban parte del equipo del Gral. Seregni, entre otros, su secretario político, Carlos Baraibar, y un número significativo de cuadros que habían pertenecido al Partido Comunista.

En la nueva etapa estarán permanentemente en contradicción dos formas de hacer política:

> [...] una que minimiza el componente militante y juega solo con la relación entre los parlamentarios, la televisión y el público espectador; la otra, que busca utilizar los espacios en los medios de difusión para estimular la participación de la gente en las cuestiones políticas, que apuesta fundamentalmente a la autoorganización y la lucha de las grandes mayorías, y que no se esclaviza ante las siempre manipulables encuestas de opinión.[9]

Es importante destacar que en la campaña electoral de 1989 se promueve a quienes serían dos figuras fundamentales del FA: Tabaré Vázquez —candidato a Intendente de Montevideo— y Danilo Astori —candidato a vicepresidente y primer senador en todas las listas. Vázquez fue el primer intendente de Montevideo del FA (1989) y el primer presidente de la República (2005). Astori, fue ministro de economía (2005-2009) y es actualmente vicepresidente de la República y responsable del área económica.

En ese año se realiza, también, la primera experiencia electoral del MLN (T) con una lista concreta, la 609 del Movimiento de Participación Popular.[10] Pero el MLN, que tiene siete miembros en la dirección del MPP, decide que no tendrá candidatos propios porque «los tupamaros tratan de conservar intacto el hilo que los une al pasado, no renunciando a él». Hugo Cores cuestiona ese planteo:

> Si participar con candidatos propios implica romper el hilo conductor con el pasado o aceptar alguna forma de domesticación, habrá que resolver colectivamente, qué sentido tiene la participación electoral.[11]

Veinte años después, mucha agua ha corrido bajo de los puentes: el MPP es la fuerza más votada en el FA y su principal dirigente, José Mujica, es electo presidente de la República.

El FA se había fortalecido con el plebiscito contra la Ley de Privatización de Empresas Públicas que permite parar el proceso de privatizaciones. El proceso de defensa del papel del Estado en la Economía duró algo más de un año, desde octubre de 1991, en que se aprueba la ley, hasta diciembre de 1992, y durante el mismo hubo una formidable campaña de propaganda para explicar lo que implica el empuje neoliberal. A pesar de ello la izquierda se transforma:

> [...] la relación entre el estado y el mercado, y entre el estado y lo privado se modifica, se altera radicalmente. De una izquierda muy estatista se va a una izquierda que se desestatiza de alguna manera; que valora lo estatal, pero que no quiere quedar pegada a los elementos de burocracia del viejo estado, que ve la acción del estado en función del interés público; que considera que el mercado debe desempeñar un papel importante en la transición, aunque regulado por el estado.[12]

Se sustituye la propuesta socialista por políticas de participación ciudadana, y que se manifiesta, por ejemplo, en las políticas de descentralización que son vistas como manera de encauzar procesos democratizadores. A su vez las organizaciones sociales a través de los plebiscitos, enfrentan las políticas de entrega del patrimonio nacional e introducen los paradigmas ambientales a los cuales se suma la fuerza política después de arduos debates internos que muestran las diferentes concepciones existentes.

Conviven, a la vez, una situación de fractura de modelos teóricos muy profunda y la capacidad para seguir construyendo propuestas políticas. Esto se explica, en buena medida, porque el programa del FA no era un programa socialista: era un programa de una fuerza plural, donde coexistían fuerzas socialistas y otras que no lo eran. Eso condujo a elaborar una propuesta de gobierno con características más amplias. La crisis quedó como telón de fondo que interactuaba con las luchas cotidianas, pero donde ya había otras herramientas construidas para operar de inmediato.

La política neoliberal fragmenta los proyectos nacionales y desarrolla la reacción individualista contraria a una cultura, muy fuerte en la izquierda, de proyecto colectivo. La desideologización responde, también, a la evolución de la base material, objetiva: las dificultades derivadas de las nuevas formas del capitalismo y su impacto en el aumento de la desigualdad, la exclusión y la discriminación de vastos sectores populares, lo que provoca una fractura social que no puede revertirse con redes de contención social y políticas asistenciales.

La posibilidad de cambios revolucionarios deja de estar en el horizonte histórico más o menos inmediato. No solo se desplaza en el tiempo; también se desplaza en calidad, lo que se podría obtener en el mejor de los casos son mejoras de carácter popular y democrático en el capitalismo, pero no se siente la posibilidad efectiva de transitar hacía otro régimen. La pérdida de la utopía tiene un efecto muy negativo sobre un sector muy importante de militantes comprometidos y reduce la convocatoria a los jóvenes.

Obviamente, hay sectores de la izquierda que no se resignan a realizar cambios que se limiten a decorar el capitalismo, pero aceptan que muchas de las cosas que planteaban no son realizables en el mediano plazo. El colapso de los regímenes socialistas provoca una reducción programática.

En 1994 se impulsa un programa electoral caracterizado como alternativo al neoliberalismo, en un mundo en que no existe una retaguardia socialista. Danilo Astori, ya desde esa época asume un camino de «renovación programática» negando el programa histórico de la izquierda:

> Nuestro desafío es buscar construyendo, corrigiendo lo que haya que corregir, sin pretender tener todas las respuestas antes de iniciar la tarea, sin esquemas preconcebidos. Pero eso no significa que carezcamos de puntos de referencia, no partimos de la ignorancia absoluta. Guían nuestro esfuerzo una serie de valores que el neoliberalismo ha ido sepultando como la libertad, la justicia, la participación y la producción como realización humana [...] para que la participación sea posible es necesario todo un proceso de descentralización en los ámbitos económicos, sociales y políticos.[13]

El proyecto de país productivo confrontando con el proyecto que privilegiaba al capital financiero, fue el eje principal de la campaña electoral en 1994. Se buscaba crear un bloque social en torno a un modelo económico de desarrollo. El segundo eje fueron las políticas distributivas, con énfasis en la equidad como igualdad de oportunidades. El tercero fueron los aspectos éticos y la transparencia: un gobierno que reforme al Estado y que tenga un código de conducta totalmente diferente a los gobiernos clientelistas, de corrupción, de los partidos tradicionales. El cuarto eje fue la descentralización: hacer que la gente tenga mayores herramientas de participación y de control, en particular ampliar el peso de la población del interior del país en el ejercicio del poder que está muy concentrado en Montevideo. El quinto y último eje fue la reafirmación de la identidad como país, las tradiciones libertarias, el espíritu de cooperación y solidario. Ese discurso se inscribía en una relativamente buena imagen de la administración de Montevideo, que evitaba la estigmatización de la izquierda en el gobierno.

Veinte años de avance electoral y retroceso ideológico

En las elecciones de noviembre de 1989 el FA mantuvo el 21% de los votos en el ámbito nacional, pero conquistó la capital, Montevideo, con 34% de los votos departamentales. La izquierda comenzaba a gobernar, por primera vez, sobre la mitad de la población del país.[14]

En febrero de 1990, Tabaré Vázquez asume como intendente de Montevideo. Unos días después, asume la Presidencia de la República Luis Alberto Lacalle, del Partido Nacional, quien promoverá las medidas de shock neoliberales impuestas en América Latina.

Coinciden, en esos primeros años de la década de 1990, el primer gobierno de la izquierda; una intensa movilización popular contra las políticas neoliberales del gobierno nacional, que en 1992 logra por referéndum derogar parcialmente la ley de privatizaciones aprobada por los partidos tradicionales; y en ese mismo año de 1992 se produce la ruptura del Partido Comunista Uruguayo —el de mayor peso orgánico en el FA— en el contexto de la crisis del «socialismo real».[15] Estos tres fenómenos tendrán gran incidencia en las definiciones políticas del Frente Amplio y en su vida orgánica, en el contexto de una ofensiva ideológica neoliberal que influyó en la intelectualidad, el mundo académico y en sectores de izquierda.

En su primer gobierno municipal el FA impulsa una importante experiencia democratizadora y participativa a través de la creación de los Consejos Vecinales que, sumados a los Centros Comunales Zonales —descentralización y desconcentración administrativa— y a una gestión relativamente eficiente, le da una creciente legitimidad,[16] lo cual le abre al FA un nuevo horizonte de crecimiento electoral: conquistar el gobierno nacional para revertir la ofensiva neoliberal.

En esa dirección, el Frente Amplio desarrolló una política de alianzas hacia las elecciones de 1994 buscando las «mayorías para los cambios», que se concreta en ese año bajo la denominación Encuentro Progresista (EP). Este se define por:

> [...] la construcción de una sociedad democrática, progresista y solidaria, que impulse un desarrollo socialmente justo y económicamente autosostenido, en el marco del sistema democrático y representativo. La promoción de un desarrollo social apuntalado en las políticas públicas como en una dinámica articuladora de la sociedad y la economía».[17]

El FA-EP proclama a Tabaré Vázquez como candidato a la Presidencia de la República y a Rodolfo Nin Novoa[18] a la Vicepresidencia. En esa elección se obtiene el 30,6% de la votación, en una relación de paridad en tercios con los partidos Nacional y Colorado, apenas insuficiente para alcanzar el triunfo por mayoría relativa.

El objetivo electoral ocupa una importancia cada vez mayor en las definiciones políticas del FA, y aumenta el predominio de su condición de coalición sobre la de movimiento. La política de alianzas induce a la centralización de las decisiones en la negociación entre partidos, dentro y fuera del FA, y a una menor intervención de las bases en las definiciones programáticas y en la práctica política, que fue morigerándose para acercar a sectores políticos más moderados.

En 1996 la derecha promueve una reforma electoral para bloquear un posible triunfo de la izquierda por mayoría relativa, introduciendo el requisito de mayoría absoluta y doble vuelta electoral (balotaje), así como la separación en el tiempo de la elección nacional y las departamentales. En el FA existían fuertes controversias acerca de la postura a adoptar respecto a esta reforma, lo que lleva a la renuncia del general Seregni, quien presidía el FA desde su fundación. La reforma es apoyada por el propio Seregni[19] y algunos sectores políticos del FA, pese al rechazo de la mayoría de sus partidos.[20]

En las elecciones de 1999, en la segunda vuelta, el FA-EP pierde con 44,5% de los votos ante Jorge Batlle. Prominente representante de la derecha colorada, Batlle es designado el candidato único de los dos partidos tradicionales y otros partidos menores. La histórica oposición partidaria entre blancos y colorados, que desde el siglo XIX forjó al Uruguay republicano y moldeó su complejo sistema electoral en el siglo XX, fue superada para derrotar a los candidatos del FA-EP, Vázquez y Nin Novoa. El hecho es novedoso en términos político-electorales, aunque la clase dominante actúa fusionada y con pocas fisuras desde la década de los setenta.

Con la mira puesta en el 2004, el Frente Amplio seguirá buscando ampliar sus alianzas políticas. En su IV Congreso (2001) plantea «el acuerdo social por el desarrollo humano y el crecimiento económico», una formulación muy alejada de las definiciones que dieron vida a la unidad de izquierda en 1971.

En el año 2002 estalla la mayor crisis económica de la historia de Uruguay, pocos meses después de la de Argentina, corolario de toda una década anterior con un modelo extrovertido, mercadocéntrico y excluyente que generó crecimiento con exclusión social. Se trató de una catástrofe nacional que transformó radicalmente a la sociedad uruguaya, como se verá posteriormente, la cual anticipa la posibilidad de derrotar electoralmente a los partidos tradicionales, que son responsables de la misma. En diciembre de ese mismo año es constituida la Nueva Mayoría, con la alianza del EP-FA y el Nuevo Espacio, este último integrado por algunos escindidos en 1989. A esta alianza se sumarán nuevos desprendimientos de los partidos tradicionales. En diciembre de 2003, el Frente Amplio realiza un Congreso Extraordinario en el que aprueba su programa de gobierno.

El 31 de octubre de 2004, Tabaré Vázquez y Rodolfo Nin Novoa, candidatos a presidente y vicepresidente por el Frente Amplio-Encuentro Progresista-Nueva Mayoría, ganan las elecciones en primera vuelta con 50,45% de los votos. En esa misma jornada electoral es conquistada la mayoría absoluta en las cámaras de Senadores y Diputados. En mayo de 2005, en las elecciones departamentales, el FA-EP-NM gana ocho intendencias municipales,[21] incluida la de Montevideo, las de mayor población (75%) e importancia económica. La aplastante victoria electoral habilita la posibilidad de realizar cambios significativos en el marco legal y potenciar la gestión de los distintos niveles de gobierno.

Es el primer triunfo nacional del Frente Amplio. Así lo celebran los militantes que a lo largo de más de medio siglo se plantearon la estrategia de unidad social y política de la izquierda, y que la construyeron en las más duras circunstancias. Pero lo que se refleja en esas elecciones no es solamente el crecimiento de las posiciones políticas e ideológicas de izquierda, sino que también es resultado de un desdibujamiento programático del FA, con un corrimiento hacia el centro del espectro político, que recoge adhesiones electorales en el contexto del debilitamiento del «sentido común neoliberal». No hubo alianzas electorales con partidos de derecha, pero sí se incorporaron dirigentes identificados con esas posiciones. Es así que el primero de marzo de 2005 accede al gobierno una coalición en la que varias fuerzas políticas que la integran son apenas tibiamente opositoras moderadas del modelo neoliberal. Pocos meses después, el 19 de noviembre de 2005, todas estas fuerzas en coalición ingresan formalmente al Frente Amplio.

Los intereses del trabajo y el capital convivieron y disputaron en temas cardinales en el primer gobierno del Frente Amplio, en particular, en temas relacionados con la inserción internacional y la extranjerización de la economía. El rasgo capitalista estructural, la explotación de la fuerza de trabajo, mantuvo invariadas las formas que en Uruguay han tenido carácter duradero: alta precariedad e informalidad del trabajo, escasa agregación de valor, en definitiva, un sistema productivo de mala calidad y baja competitividad. En dicha disputa desigual, el dominio del capital fue creciendo a lo largo del tiempo y se consolida el modelo agroexportador con su consecuente proceso de primarización, la profundización de la apertura a la inversión transnacional en nuevas instalaciones y la extranjerización de la capacidad productiva existente, en particular de la tierra.

El peso que en esta disputa ha tenido la clase trabajadora se muestra en la ampliación de los derechos de los asalariados y el consecuente fortalecimiento de los sindicatos. Esta situación fue calificada por nosotros como «los caminos que se bifurcan», asumiendo que no se podía transitar ambas tendencias sin llegar a un punto de confrontación. El tiempo ha demostrado, al menos hasta ahora, nuestro error. En el corto plazo los beneficios salariales obtenidos y las mejoras en las condiciones laborales han logrado que importantes sectores de trabajadores apoyen al Frente Amplio y a sus gobiernos, independientemente de los profundos cambios estructurales que se están produciendo en la economía a favor del gran capital.

El apoyo del movimiento sindical y cooperativo fue fundamental para el triunfo del FA en las últimas elecciones nacionales,[22] en la medida en que existía un proceso de desgaste en sectores de las capas medias que se reflejó en una elección muy reñida en la que el FA obtuvo 47,9% de los votos y tuvo que competir en una segunda vuelta electoral para obtener la presidencia. En 2004, el triunfo fue en primera vuelta con 50,45% de los votos.

El desgaste señalado influyó en las elecciones departamentales de mayo de 2010, cuando el FA bajó su votación en Montevideo de 61% a 46% y redujo la cantidad de departamentos que gobernaba de 8 a 5.[23] En el caso de Montevideo, la pérdida de votos se explica, también, por la designación de una candidata, Ana Olivera, en el marco de fuertes pugnas internas y sin los habituales consensos. Aparece el voto en blanco (13% de los sufragios de Montevideo) como voto castigo.

La implosión programática del progresismo

Luego del colapso del socialismo real, sectores importantes de la izquierda abandonaron la concepción de la lucha de clases. El proyecto socialista fue sustituido por un discurso «izquierdista» que se declaraba huérfano de proyecto, por lo que terminó privilegiando la conciliación de clases expresada en las políticas de Estado y en la alternancia de partidos en el gobierno.

La lucha por una «democracia social y económica» que resumía y sintetizaba esta perspectiva izquierdista respecto a una democracia política burguesa que se limitaba, en el mejor de los casos, a garantizar el derecho al voto se transformó, para muchos, en mejorar el nivel de vida de la población a través de una profundización del modelo del capital.

La lucha por el poder y una salida anticapitalista —que suponen una ruptura del *statu quo*— quedaron de lado, no solo como práctica sociopolítica limitada por una determinada correlación de fuerzas, sino como sustento ideológico fundamental de muchas organizaciones de la llamada izquierda. Todo esto, por supuesto, con diferentes énfasis y niveles de profundidad en las organizaciones que integran las principales herramientas comunes.

En los caminos de acceso al gobierno, en el Frente Amplio fueron cayendo y quedando muchas banderas bajo el supuesto, nunca demostrado, que no eran convenientes para la acumulación de fuerzas electoral. La lucha contra la oligarquía y el imperialismo se sustituyó por la lucha contra el neoliberalismo, y la lucha contra este último se transformó —como en un pase de magia— en el fortalecimiento del papel del Estado como garantía del buen funcionamiento del mercado para alcanzar un capitalismo en «serio».

La caída del bloque socialista, la ofensiva ideológica neoliberal y el acceso del FA al gobierno de Montevideo, en 1990, incidieron para que el programa fundacional comenzara a ocupar una importancia cada vez menor en las definiciones políticas del FA. Los procesos de alianzas y negociaciones indujeron la centralización de las decisiones y el predominio en la práctica política del componente coalición sobre el de movimiento.

Las definiciones programáticas se fueron morigerando: primero, en forma ambigua, para acercar a sectores moderados; luego, frontalmente. Para obtener el aval de los señores del «mercado» se aceptaron cuatro principios: a) el mantenimiento y profundización de un orden constitucional y legal favorable al capital; b) la «política» no interferirá con las decisiones libres del mercado; c) la primacía de la democracia representativa sobre la participativa; y, d) el compromiso de garantizar la alternancia política, renunciando así a impulsar aquellos incipientes procesos de transición al socialismo.

Cuando la mayoría de la dirección frenteamplista asume esos «principios» e impulsa la humanización gradual del capitalismo abandona, en los hechos, los objetivos históricos de la izquierda. Así de claro, así de rotundo, para quienes entendemos que este modelo concentra y centraliza la riqueza a la vez que produce y reproduce la desigualdad, la pobreza y la exclusión.[24]

Un proyecto de izquierda no subordina el desarrollo autónomo a la inversión extranjera, no es neutral respecto al capital, ni pretende compensar los efectos de la explotación mediante políticas sociales focalizadas y asistencialistas. Por el contrario, debería abocarse al control nacional del proceso productivo y a la reestructuración sectorial de la economía para lograr una redistribución radical de la riqueza, núcleo fundamental de un modelo económico con objetivos socialistas.

Luego de tres décadas de neoliberalismo, se abrió en 2005 la posibilidad de cambiar de trayectoria, pero eso no sucedió. El acceso al gobierno del Frente Amplio y sus aliados —fuerzas políticas tradicionalmente opositoras— creó expectativas que rápidamente fueron defraudadas, y la propia caracterización de la etapa como de «gobierno en disputa» hoy está cuestionada. No porque no existan discrepancias sino porque se impuso el pensamiento hegemónico y se debilitaron las posiciones de quienes impulsaban caminos alternativos.

En el primer período de gobierno, existió un proceso signado por la contradicción —a veces latente, otras tantas manifiesta— entre una tendencia predominante, que se expresaba en la conducción económica —la cual tenía propuestas de política macroeconómicas que daban continuidad al proyecto del capital—, y otras posiciones, minoritarias, con expresiones políticas y sindicales, que apostaban a cambios importantes en la forma de organización del proceso económico jerarquizando el papel del Estado, los trabajadores y la sociedad en la aplicación de una estrategia de desarrollo productivo. Esta última posición exigía cambios importantes en las reglas de juego y en la política económica: no puede haber una estrategia alternativa de desarrollo con las reglas de juego creadas y puestas en práctica por el neoliberalismo.

La búsqueda de cambios institucionales, tanto para crear «compuertas» a la globalización, como para acotar los daños que provocan los actuales derechos de propiedad, no fueron ni son parte de la agenda económica. La disyuntiva del progresismo era aceptar, más allá de los «discursos y los gestos», las premisas del modelo dominante o elegir un camino independiente, lo cual hubiera implicado necesariamente desarrollar un paradigma institucional alternativo. Se eligió lo primero, mantener la trayectoria de los gobiernos anteriores, asumiendo como propia —y único camino posible— la concepción predominante en el FMI, el Banco Mundial, el Banco Interamericano de Desarrollo, la Organización Mundial de Comercio y el Centro Internacional de Arreglo de Diferencias Relativas a Inversiones.

El progresismo quedó limitado a cambios en las relaciones laborales de indudable importancia, entre los más destacados la plena vigencia de la Ley de Fuero Sindical, la reinstalación de los Consejos de Salarios y su ampliación al sector rural y domestico, la posibilidad de ocupación de empresas. Algunos otros fueron votados y son incumplidos, como la Ley de Negociación Colectiva, en particular, con los trabajadores del gobierno central. De allí en adelante, creatividad e innovación brillan por su ausencia: en economía, se limitaron a comprar «llave en mano» los instrumentos y las políticas macroeconómicas ortodoxas; en política, reclaman una unidad nacional que mediatice todas las contradicciones; en lo social, apelan al voluntariado para paliar la marginación. Parecería que la dirección política del Frente Amplio agotó su capacidad de «cambio» en la lucha por victorias electorales.

La reiteración de la apuesta a una inserción internacional basada en la apertura indiscriminada y la reafirmación del mercado como principal asignador de recursos, no avanzó en la dirección de reducir la vulnerabilidad del país y crea condiciones para un retroceso en los niveles de conciencia de la ciudadanía respecto al pensamiento «único» predominante en lo económico.

La agenda de cambios acordada con el FMI, en junio de 2005, se sigue cumpliendo al pie de la letra, ratificando lo expresado en Washington ante los organismos internacionales; y las reformas estructurales que fueron impulsadas por anteriores gobiernos y rechazadas por la ciudadanía ahora podrán realizarse porque las impulsará un gobierno progresista.[25]

El pago de la deuda pública, básicamente externa, sigue teniendo prioridad sobre la deuda social. Los presupuestos quinquenales de los gobiernos progresistas no priorizaron las necesidades sociales: primero se asignan las partidas para los acreedores internacionales, lo que se expresa en elevados superávits fiscales primarios y un enorme monto de intereses que se pagan anualmente, sin que así se haya logrado evitar un crecimiento acelerado, tanto de la deuda pública bruta como de la neta.

El FA en el primer gobierno se propuso mantener simultáneamente un proceso de profundización del modelo capitalista y su política económica ortodoxa (amigable para la inversión extranjera); y, simultáneamente, distanciarse de dicho modelo a través de cambios institucionales que fortalecieran al movimiento sindical en la disputa con el capital. La negociación tripartita —Consejos de Salario, leyes de negociación colectiva— fue una conquista importante que tiene una contrapartida de disciplinamiento para los sindicatos y el riesgo, siempre presente, de regresiones corporativistas donde prevalece la satisfacción por lo obtenido en el corto plazo y se dejan de lado los cuestionamientos sistémicos.

Hubo mejoras salariales y de pasividades importantes, favorecidas por un contexto internacional muy positivo para los países exportadores de materias primas, pero los aumentos estuvieron por debajo del crecimiento del producto consolidando la regresiva distribución existente.[26] De todas formas, dicho incrementos y las políticas asistenciales dirigidas a los sectores más sumergidos explican en gran medida el respaldo social que tiene el Frente Amplio y son funcionales para consolidar un consenso favorable al fortalecimiento del capitalismo y a la extranjerización de la economía. Las declaraciones que realizara en 2005 el Ministro de Economía —actual Vice-presidente a cargo del área económica— marcaron el camino:

> Para hacer algo en serio por los uruguayos que viven en la indigencia es que necesitamos hacer los acuerdos con el FMI, alimentar el clima de negocios, para que haya inversiones que generen empleo y, de ese modo, contribuyan a disminuir y erradicar la pobreza. Eso es de izquierda.[27]

Los resultados económicos y sociales del modelo económico implementado por el gobierno del Dr. Tabaré Vázquez, pueden verse con claridad en los libros y trabajos de la Red de Economistas de Izquierda del Uruguay (REDIU).[28]

Las resoluciones del último Congreso del FA (noviembre 2008), en lo que respecta a la definición del programa y a la elección del candidato oficial, mostraron una correlación de fuerzas más favorable a la lucha efectiva contra el neoliberalismo. Se aprueban por mayoría lineamientos para un cambio de rumbo económico y, consecuentemente, del papel del Estado y la inserción internacional. A su vez, se plantea profundizar, entre otras, las políticas de atención a la emergencia social, la defensa de los derechos de los trabajadores y la concreción de medidas contra la violación de derechos humanos en la dictadura. Todas esas resoluciones, sin embargo, están fuertemente condicionadas quedando —por tanto— en manos del nuevo gobierno la definición del modelo.

El segundo gobierno del FA profundiza los cambios capitalistas

El nuevo presidente, José Mujica, representa en el imaginario colectivo un defensor de los intereses populares en buena medida por su pasado guerrillero y, en otro tanto, por su actitud y capacidad de comunicación. Sin embargo, ha sostenido y sostiene posiciones afines a la concepción dominante, entre otros, en temas de derechos humanos —su posición contraria a la anulación de la Ley de Caducidad de la Pretensión Punitiva del Estado—[29] y aspectos económicos, tales como el Impuesto a las Retribuciones de las Personas Físicas (IRPF), reforma tributaria dual que castiga al trabajo a favor del capital y que, de ninguna manera, se puede considerar una reforma de izquierda.

El triunfo de Mujica produjo un desplazamiento en el interior del FA y generó múltiples expectativas que fueron frustradas. En su gobierno están presentes, al igual que en el anterior, la ortodoxia económica que, esquematizando, exige equilibrios fiscales, estabilidad macroeconómica y de las reglas de juego y apuesta a la inversión privada, fundamentalmente extranjera.[30] Eso se complementa con asistencialismos diversos, un conjunto de propuestas de variado calibre y solidez que apuntan a solucionar los problemas de los sectores sociales más desprotegidos, en particular la vivienda. Esto último lo pretende realizar a través del voluntariado, los presos y los militares porque «el Estado no tiene recursos».

La impronta del actual presidente se caracteriza por la búsqueda de acuerdos con los sectores de mayor poder en la sociedad: los empresarios extranjeros, los militares y los partidos de oposición.

En primer lugar, entregó el control del área económica a su vicepresidente, Danilo Astori, quién designó a los integrantes de su equipo en todos los puestos claves. De esta forma quedaba consolidada la continuidad de las políticas ortodoxas favorables al capital. En segundo término, a pocas semanas de asumir el gobierno, convocó en el Hotel Conrad de Punta del Este a los empresarios extranjeros instalados en la región para comunicarles que el modelo de apertura se mantenía en todos sus términos, y que en Uruguay tienen y tendrán todas las garantías para invertir donde crean conveniente.

> Existen leyes claras que permiten un clima propicio para desarrollar negocios. La riqueza es hija del trabajo y el trabajo necesita inversión. Les estamos pidiendo que apuesten al Uruguay y jueguen con el Uruguay, y no lo decimos desinteresadamente. Lo decimos profundamente interesados, porque no somos Mandrake, no podemos generar riqueza con decisiones legislativas.[31]

Sus palabras fueron bienvenidas y el proceso de acumulación transnacional recibió un nuevo espaldarazo.

Se reunió con las cúpulas militares y propuso la unidad nacional como panacea para superar las diferencias y la lucha contra la pobreza y por el conocimiento como el objetivo común. Respecto a la lucha por verdad y justicia, dijo que hay múltiples posiciones y que el no es juez para laudar en ese tema.[32] Invitó a los militares a participar en actividades sociales como forma de reinsertarse en la sociedad, lo cual va en línea directa con su propuesta de que los generales de la dictadura cumplan su condena con prisión domiciliaria. Su discurso fue aplaudido por los mandos en ejercicio, los círculos de retirados militares y la más rancia derecha nacional.

También realizó un acuerdo con los partidos de la «derecha tradicional», los cuales fueron incorporados a cargos de gobierno en las empresas públicas, los bancos, los organismos de enseñanza y otros.

Estos acuerdos y medidas se inscriben en una concepción de «izquierda» que sostiene que: a) las reglas del sistema mundial capitalista que se expresan en el marco institucional de nuestro país no son un freno al desarrollo de las fuerzas productivas; b) no existen actualmente condiciones para modificar en forma radical dicha situación de dominio; c) el socialismo sigue siendo un objetivo pero las tareas de la etapa son desarrollar un «capitalismo en serio», paso previo imprescindible; d) como Uruguay carece del capital inicial necesario para un proyecto de capitalismo nacional, se propone llenar ese vacío con inversiones de empresas transnacionales; y e) la unidad nacional, por encima de las diferencias de clase y de las partidarias, es un requisito fundamental para garantizar la estabilidad política y económica.

La política internacional en el gobierno de Mujica adquiere una particular ambigüedad en lo político con señales simbólicas en diversas direcciones y si bien aparece con mayor presencia en la relación con Latinoamérica —participación en UNASUR e impulso al Banco del Sur— mantiene en todos sus términos la relación militar con Estados Unidos, las tropas de ocupación en Haití y recibe como presidente a las «damas de blanco» cubanas. En lo económico, la política internacional está estrictamente apegada al modelo que impulsan los organismos multilaterales como el Fondo Monetario y el Banco Mundial.

Como colofón de este artículo no podemos dejar de mencionar que el Dr. Tabaré Vázquez hizo público que en el marco del conflicto con Argentina había pedido apoyo a los Estados Unidos:

> Yo fui a visitar al presidente Bush, quien tuvo la amabilidad y gentileza de recibirme. Me recibió en la Casa Blanca. Era un momento muy particular de las relaciones entre Uruguay y Argentina por el tema de los bloqueos de los puentes. Fui por razones comerciales, para estrechar los lazos

comerciales de ese país y el nuestro. Pero también Uruguay necesitaba un respaldo, como dice Martín Fierro: «todo gaucho necesita un palenque».[33]

Vázquez relata cómo Bush aceptó su pedido de protección he hizo público que Uruguay era «socio y amigo» de los Estados Unidos.

Mucha agua corrió bajo los puentes para que la concepción antioligárquica y antiimperialista del FA se transformara, en boca de uno de sus principales dirigentes, en «sociedad y amistad» con el principal Estado terrorista internacional, aquel que formó a los torturadores y sostuvo todo tipo de golpes militares en Latinoamérica, bloquea a Cuba y ocupa militarmente varios países del mundo. Peor fue la actitud de la dirección del FA que, ante la posterior renuncia de Vázquez a la vida política pública,[34] decidió por unanimidad pedirle que reviese su decisión legitimando así lo actuado por el expresidente.

Reflexiones finales

Transcurrida ya la primera década del nuevo siglo, veintidós años de gobierno frenteamplista de Montevideo y siete años de gobierno del país la hegemonía ideológica del neoliberalismo continua, omnipresente, con sus contradicciones y debilidades, pese a una crisis capitalista de enorme magnitud. A pesar de los múltiples entierros organizados por tirios y troyanos—desde los enemigos verdaderos, aunque apresurados, que confunden sus deseos con la realidad, hasta los «enemigos gatopardistas», que quieren cambiar algo para que todo siga como está— el paquete ideológico neoliberal sigue teniendo una influencia determinante.

Los dos gobiernos del FA han buscado una profundización del modelo del capital a través de un proyecto político de «unidad nacional» y «capitalismo en serio». El actual vicepresidente de la república, Cr. Danilo Astori, quién fuera ministro de Economía en el primer gobierno frenteamplista, es el principal ideólogo, ejecutor y garante de la continuidad del modelo económico ortodoxo que predomina en Uruguay desde hace varias décadas. Los organismos multilaterales de crédito, los partidos de la derecha tradicional y los grandes empresarios extranjeros lo reconocen a él y su equipo económico como garantes de la seguridad de sus inversiones.

En el gobierno del Dr. Tabaré Vázquez existió una disputa entre los intereses del trabajo y el capital, que fue perdiendo fuerza en el correr de su mandato, pero en el gobierno de Mujica esa disputa es prácticamente inexistente. Existen controversias públicas sobre la política tributaria entre el Presidente y el Vicepresidente. Estas discrepancias se producen dentro de una misma concepción de país, la que impulsa el crecimiento por medio de la inversión extranjera, profundizando el modelo extractivo. Las alternativas que se contraponen —a los que algunos califican de «socialdemocracia tradicional» *versus* «tercera vía de Blair-Giddens»[35]— no van más allá de aspectos marginales de la política económica pero tienen importantes efectos políticos al poner en cuestión: ¿quién dirige la política económica del país?

El cambio de rumbo de la fuerza política no fue seguido ni asimilado por buena parte de la masa militante. Se continuó asignando al FA la posibilidad de ser una alternativa real al sistema. En el imaginario de muchos militantes, continuaron impactando frases como la ya citada del Gral. Líber Seregni, acerca de que «La razón de ser, el porqué y el para qué de nuestro Frente Amplio, está en realizar una tarea histórica fundamental: cumplir el proceso revolucionario de nuestro país».

Con el decurso de este segundo gobierno van quedando mucho más claras las transformaciones profundas que ha tenido la fuerza política al sustituir la lucha por la revolución social —con los múltiples matices que existían a su interior— por la priorización de los objetivos electorales.

El único contrapeso al actual modelo, aunque a veces más potencial que real, son los trabajadores organizados que tienen, como hemos señalado, una actitud ambivalente ante los gobiernos del FA, derivada de la existencia de diferencias importantes entre las principales corrientes sindicales.

Ello se reflejó en el XI Congreso del PIT-CNT cuando se afirma, por un lado, que: «Los resortes principales del poder económico, político e ideológico continúan en manos del bloque dominante. Su ideología es la ideología dominante en la sociedad [...] inclusive tiene influencia en diferentes sectores vinculados al cambio social». Por otro lado, se sostiene que: «Ninguna de estas diferencias, incluso tomando en cuenta la actual composición policlasista de la fuerza política en el gobierno nos puede confundir sobre las características progresistas del gobierno».[36]

El FA con su actual modelo ha llegado al límite de lo que puede ofrecer como políticas compensatorias sin enfrentar al gran capital y sus aliados. La profundización de la crisis mundial y/o el fin del ciclo económico favorable a los países productores de materias primas producirán una caída del nivel de actividad, del ingreso nacional y un aumento considerable del déficit fiscal. En contextos críticos como los señalados no se podrán mantener las políticas asistenciales y los ingresos reales de los trabajadores y los pasivos lo que exacerbará las contradicciones.

La profundización de la crisis, incluso desde un punto de vista socialdemócrata, dejará al descubierto que se ha desaprovechado una época de bonanza económica. A pesar del alto crecimiento del producto no se han resuelto los consustanciales problemas del subdesarrollo: atraso tecnológico, dependencia, vulnerabilidad, segmentación social, pobreza y exclusión.

En resumen: el proceso de derrota ideológica y triunfos electorales tiene múltiples consecuencias. Se pueden destacar, entre otras, las siguientes: a) persisten los antiguos problemas de explotación, exclusión y desigualdad a los cuales se enfrentó el pensamiento y la acción de la izquierda uruguaya; b) siguen vigentes las condiciones objetivas para levantar las «antiguas» banderas de lucha por una sociedad sin explotados ni explotadores, pero cada vez existen menos condiciones subjetivas; c) la izquierda marxista retrocedió varios «casilleros» desde el punto de vista de la conciencia, organización y dirección de un proyecto anticapitalista; y d) el gobierno progresista junto a la mayor parte de la expresiones organizadas del Frente Amplio han hecho suyo el proyecto del capital.

Esta crítica situación tiene, esquemáticamente, dos salidas: a) los partidos de derecha recuperan el gobierno, más temprano que tarde, ante el fracaso del modelo económico social del FA; b) la agudización de las contradicciones se refleja en mayores niveles de conciencia, organización y dirección generando una nueva correlación de fuerzas que rompe la trayectoria «progresista» de institucionalización/vaciamiento del FA. En ese sentido parece indiscutible el papel central que debe tener la lucha ideológica para avanzar en la recuperación y el cumplimiento de los objetivos históricos de la izquierda uruguaya.

Notas

1. El Estado de bienestar fue construyéndose desde la primera década del siglo XX bajo el impulso del presidente José Batlle y Ordóñez, y completó sus conquistas hacia mediados del siglo pasado.

2. El MLN ingresa formalmente al FA en 1989 y es el núcleo fundamental del Movimiento de Participación Popular, la fuerza frenteamplista más votada en 2004 y 2009.

3. Líber Seregni: Discurso pronunciado el 18 de julio de 1972, tomado de Germán Wettstein: *La autoridad del Pueblo*, México, Mex-Sur Editorial, 1982, p. 131.

4. Juan Pablo Terra: entrevistado por Martha Harnecker en *Forjando la esperanza*, LOM ediciones, Santiago de Chile, 1995, p. 38. Terra es el principal dirigente del Partido Demócrata Cristiano (PDC).

5. La utilización del nombre del presidente histórico de FA para designar un sector demuestra fuertes limitaciones políticas en los otros sectores capaces de entregar símbolos comunes a todos a una parte menor del FA en lo electoral (por ciento de votos) y en la militancia activa.

6. Hugo Cores: entrevistado por Martha Harnecker en *Forjando la esperanza*, ob. cit., p. 89. El ya fallecido Hugo Cores era el principal dirigente del Partido por la Victoria del Pueblo.

7. En medio de la ola universal de redefiniciones y reestructuraciones ideológicas y políticas provocadas por la crisis terminal del bloque socialista europeo, el 13 de mayo de 1989 el Congreso del Partido por el Gobierno del Pueblo formalizó su desvinculación del Frente Amplio, decisión que ya había anunciado públicamente su máximo dirigente, Hugo Batalla. Similar decisión adoptó el Partido Demócrata Cristiano en su Convención Nacional del 22 de julio de ese año. Estas rupturas, que fueron las más numerosas sufridas por esa coalición-movimiento desde su fundación, dieron lugar a la creación del Nuevo Espacio. [*N. del E.*].

8. Adolfo Garce y Jaime Yaffé: *La era progresista*, Editorial Fin de Siglo, Montevideo, 2005.

9. Hugo Cores: entrevistado por Martha Harnecker en *Forjando la esperanza*, ob. cit., p. 78.

10. El MPP se integra con: MLN-T, el Partido por la Victoria del Pueblo, Movimiento Revolucionario Oriental, Movimiento 20 de Mayo, Corriente Unificadora Frenteamplista, Partido Socialista de los Trabajadores, Izquierda Frenteamplista Independiente y personalidades independientes.

11. Ivonne Trias: *Hugo Cores, pasión y rebeldía en la izquierda uruguaya*, Ediciones Trilce, Montevideo, 2008, p. 289.

12. Enrique Rubio: entrevistado por Martha Harnecker en *Forjando la esperanza*, ob. cit., p. 89. Rubio, principal dirigente de la Vertiente Artiguista, es actualmente senador de la República.

13. Danilo Astori: entrevistado por Martha Harnecker en *Forjando la Esperanza*, p. 89. Astori, es vicepresidente de la República en el gobierno de José Mujica y fue ministro de Economía en el gobierno de Tabaré Vázquez.

14. Uruguay tiene una población de 3,3 millones de habitantes y un territorio de 180 mil kilómetros cuadrados. El Departamento de Montevideo tiene aproximadamente la mitad de la población. En la capital están concentradas las principales actividades económicas, políticas, educativas y culturales del país.

15. La desaparición de la URSS influye anímica e ideológicamente en toda la izquierda uruguaya, pero no es la causa única de la crisis del Partido Comunista, pues interactuó con valoraciones y sensibilidades profundamente contradictorias tanto sobre la anterior etapa política vivida en el país, como sobre el futuro.

16. Desde 1990 ha habido cinco administraciones frenteamplistas en Montevideo: la de Tabaré Vázquez (1990-1995), dos de Mariano Arana (1995-2000-2005), Ricardo Erlich (2005-2010) y la actual de Ana Olivera, dirigente del Partido Comunista (2010-2015). En cada elección, de 1990 a 2005, el FA creció en votos en Montevideo: 34% en noviembre de 1989; 44% en noviembre de 1994; 58,4% en mayo de 2000; 60,7% en mayo de 2005. En mayo de 2010 se produce un importante retroceso: se logra la victoria con el 45,9%. Fuente (www.corteelectoral.gub.uy).

17. Encuentro Progresista: *Lineamientos programáticos*, 8 de agosto de 1994.

18. Rodolfo Nin Novoa es un influyente productor rural, Intendente del Departamento de Cerro Largo entre 1985 y 1990 por el Partido Nacional, cuyo directorio integra entre 1990 y 1992; abandona ese partido en 1994.

19. Quien fundamenta que «liquidar las candidaturas múltiples y obligar a los partidos tradicionales a un candidato único; si a eso se une la eliminación de diferencias entre lemas transitorios y permanentes, lo que habilita que los que piensen igual voten juntos, se concluye que se abren posibilidades inéditas». Samuel Blixen: *Seregni. La mañana siguiente*, Montevideo, Ediciones de Brecha, 1997, p. 223.

20. Que se oponían porque el FA era la primera mayoría del país y el balotaje le impediría ganar las próximas elecciones, como así sucedió en 1999.

21. En los departamentos de Canelones, Maldonado, Paysandú, Salto, Rocha, Treinta y Tres, Florida.

22. El Plenario Intersindical de Trabajadores-Convención Nacional de Trabajadores (PIT-CNT) y la Federación Uruguaya de Cooperativas de Vivienda por Ayuda Mutua (FUCVAM) realizaron, entre otras actividades, marchas y actos en todo el país con la llamada «operación memoria» en la que se cuestionaba severamente al principal candidato opositor del FA, Luís Alberto Lacalle, que había sido presidente de 1990 a 1995.

23. Mantiene los gobiernos de Canelones, Maldonado, Rocha y Montevideo; pierde los de Florida, Paysandú, Salto y Treinta y Tres; gana por primera vez el de Artigas.

24. Véase a Antonio Elías: «Uruguay: un gobierno en disputa», Beatriz Stolowicz (coordinadora) *Gobiernos de Izquierda en América Latina. Un balance político*, Ediciones Aurora, Bogotá, 2007.

25. Mario Vergara: *Búsqueda*, 2005.

26. La desigualdad en la redistribución del ingreso se refleja directamente en los indicadores de pobreza más dolorosos: la pobreza infantil. El 37,8% de los niños menores de seis años son pobres, la cifra sube fuertemente en Montevideo, 44,1%. De seis a doce años la situación es similar, 36,2 % en el país y 43,7% en Montevideo. Son cifras

totalmente explicables sabiendo que el 20% más pobre de la población recibe solo el 5,7% de los ingresos totales, en tanto el 10% más rico recibe el 30,8%.

27. Danilo Astori: *Búsqueda*, 18 de agosto de 2005.

28. REDIU: *La torta y las migajas*, Ediciones Trilce, Montevideo, 2010. *El necesario golpe de Timón*, REDIU, Montevideo, 2008. *Otro camino económico*, RLS y REDIU, Montevideo, 2006.

29. Se refiere a la Ley de Caducidad que impide sancionar los crímenes cometidos por los cuerpos represivos durante la etapa de la dictadura militar de «seguridad nacional» (1973-1984).

30. El crecimiento de la IED en Uruguay en el período 2005-2010 es extraordinario y muestra la sintonía absoluta del gobierno del FA con los lineamientos y políticas del capital. Las siguientes cifras de CEPAL, en millones de dólares, son elocuentes: 2004 (332); 2005 (847); 2006 (1.493); 2007 (1.329); 2008 (1.841); 2009 (1.258) y 2010 (1.627).

31. *El País*: Montevideo, 11 de febrero de 2010.

32. José Mujica: «Desde el año 1985 sentimos gente que —con razón o sin ella— reclama que hay que dar vuelta la página y al mismo tiempo, gente de nuestro pueblo, tan válida como la otra, que grita por justicia —también con razón o sin ella. Unos y otros son parte de nuestro pueblo. Yo no juzgo. No soy juez, soy Presidente. No me eligieron para juez». Mensaje a las Fuerzas Armadas, 16/03/2010 (http://archivo. presidencia.gub.uy/sci/noticias/2010/03/20100309.htm.).

33. *El Observador*: 12 de octubre de 2011.

34. *El País*: 13 de octubre de 2011.

35. *Brecha*: «La política tributaria del Gobierno. Conceptos en Pugna», 2 de diciembre de 2011.

36. XI Congreso del Plenario Intersindical de Trabajadores-Convención Nacional de Trabajadores, Documento de Programa, 8 y 9 de octubre de 2011.

Evolución y desafíos de la izquierda en Venezuela

Modesto Emilio Guerrero

El día que implosionó el sistema de dominación soviético la izquierda venezolana andaba convertida en una oruga. Quizá porque estaba viviendo la mayor metamorfosis desde que apareció en nuestras costas allá en 1927 como Partido Revolucionario Venezolano (PRV); cuatro años después se llamaría Partido Comunista de Venezuela (PCV). Quizá porque como toda oruga que precie su futuro aspiraba a superarse a sí misma. Pero, no sabía que su destino sería asaltado por el lado menos esperado.

Una curiosa simbiosis de determinaciones internacionales y locales transformó a la izquierda venezolana en otra cosa. Lo sorprendente es que ocurrió en el mismo trayecto brevísimo en que la URSS y su sistema europeo desaparecieron bajo sus escombros, entre 1989 y 1992. No hubo casualidad cronológica alguna ni misteriosas configuraciones astrales. En esos tres años las convulsiones sociales y geopolíticas modificaron el mapa mundial y algunos de sus efectos cayeron como un rayo en Venezuela.

Esas sensaciones de época las reflejó empíricamente el comandante Hugo Chávez, una personificación histórica emergente de ese paso de una izquierda a otra. Sus expresiones contienen elementos primarios de conciencia sobre esa transición en 1992 cuando actuó, y luego cuando reflexionó mediante la palabra. Allí nace la utilidad de recordarlas.

En una entrevista biográfica de 1995 conocida como *Habla el Comandante*, utiliza unas 45 páginas para relatar los motivos internacionales que explican su rebelión militar de 1992. «Esta izquierda que hoy no es de izquierda», declaró con cierta angustia. También registró los sucesos de Chiapas, la guerra por Las Malvinas, el desmembramiento de la URSS y la nueva geopolítica de bloques de los años ochenta: «Creo que estamos viviendo un tiempo de renacimiento de los nacionalismos bien entendidos. Eso puede observarse, por ejemplo, en los conflictos de Chechenia contra Rusia, etc. Es como el retorno de la historia».

Sin la obligación de valorar el contenido de sus opiniones de entonces, queremos rescatar la memoria de los hechos que daba contexto a sus acciones, en un momento de cambio de la izquierda venezolana.

> Nuestra angustia —dijo— es que nosotros miramos hacia todas partes y vemos la formación de bloques y aquí no hay ningún bloque que se anuncie como una región geográfica y política donde haya una fortaleza que permita negociar, exigir un mínimo de autonomía.[1]

Nuestra izquierda no podía escapar a las mutaciones de sus pares en el resto del continente y el mundo. Desde la década de 1980 las causas fueron similares aunque de efectos desiguales. Ese cambio de esencia iba en sentido contrario a su existencia. La izquierda venezolana pronto vería su desaparición ante «sus propios ojos».

A los cantos del anochecer neoliberal de comienzos de los años noventa, bajo la condena a muerte al socialismo y la «Historia» en un solo golpe, la izquierda de Venezuela correspondió con migraciones masivas hacia la derecha. Esa conducta había sido anunciada varias veces. En 1976, Teodoro Petkoff publicó *Proceso a la Izquierda* para renunciar a los restos de socialismo e izquierdismo de sus años sesentistas. Le siguió la tibia respuesta de Moisés Moleiro, del Movimiento de Izquierda Revolucionaria (MIR), en *La izquierda y su proceso*, que resultó la legitimación inteligente y culta del régimen bipartidista. En 1979, ambos coincidieron en el salvataje parlamentario al presidente corrupto y violento Carlos Andrés Pérez. Bajo ese signo cruzaron la década de 1980 casi todos los partidos de la izquierda venezolana nacida entre 1927 y 1960.

En el año del derrumbe, cuando sus ilusiones yacían bajo los escombros del Muro de Berlín y de la democracia representativa criolla, los mismos personajes, sus partidos y algunos nuevos miembros de la izquierda como la Causa Radical (Causa R), se postularon para gobernar *dentro* y *con* el enemigo del que habían sido víctimas, en muchos casos con cárcel, persecución y muerte.

Aquella izquierda quedó afectada por los cuatro costados entre 1989 y 1992. Lo que vino fue un producto no elaborado *desde sí misma*. Más bien significó *una combinación nueva*, compuesta con desgajamientos de ella y algunas de sus tradiciones, pero sobredeterminada por la más original aparición política de esos años cruciales: el chavismo. Esta corriente nacida en las Fuerzas Armadas, difusa al comienzo, fue definiéndose con el tiempo. Dos décadas después, no es la suma de las organizaciones preexistentes, sino un resultado original y contradictorio de sus transformaciones. Desde 1998 pasó a ser la fuerza ideológica y organizativa predominante.

Lo conocido como izquierda hasta 1992 tuvo tres destinos. Siete desprendimientos importantes de ella mutaron para nutrir el movimiento bolivariano. En realidad ocurrió un fenómeno desconocido en la historia del país. El chavismo absorbió de todas las corrientes, incluso de algunas pequeñas representaciones que no eran de izquierda y tuvieron que adaptarse y parecer de izquierda. Algo similar solo se vio en la Cuba de 1959 a 1960, veinte años después en Nicaragua con el Frente Sandinista de Liberación Nacional (FSLN) y en mucho menor grado en el Partido de los Trabajadores (PT) de Lula, en el Frente Farabundo Martí para la Liberación Nacional (FMLN) salvadoreño, en el Movimiento al Socialismo (MAS) boliviano y en el Frente Amplio (FA) uruguayo.

Dos fuerzas que preservaron hasta donde pudieron sus identidades fueron el PCV y el Partido Socialista de los Trabajadores (PST), aunque con políticas opuestas. El primero se negó hasta 1998 a pertenecer al campo bolivariano, luego de participar en 1995 en el gobierno que mantuvo presos a los comandantes rebeldes. Por casi siete años, el PCV quedó aislado de lo nuevo, a pesar de su antigüedad y experiencia. Antagónico a eso, el PST (y su semanario *La Chispa*) defendieron a los militares bolivarianos desde 1992, se relacionaron con el comandante Chávez desde el movimiento sindical a partir de 1994, y habilitaron una estrategia política con el propósito de potenciar un nuevo movimiento nacional de la izquierda revolucionaria. Ese fue el mensaje de la carta que le proponía al líder cautivo en la cárcel de Yare, crear un semanario político bajo el nombre de *Por Ahora*, para agrupar a lo mejor de la vanguardia nueva del país con lo mejor de la anterior. Chávez contestó entusiasta el 3 de octubre, pero no fue suficiente: su entorno de ese año tenía otros planes.[2]

El tercer destino de la izquierda de 1992 fue el campo de la burguesía y la defensa de Washington; allí terminaron, con sus desechos ideológicos, los dirigentes centrales de la Causa R, del Movimiento al Socialismo (MAS), del Movimiento de Izquierda Revolucionaria, del Movimiento Electoral del Pueblo (MEP) y del pequeño grupo guerrillero de cuño maoísta Bandera Roja.

La izquierda salvó su destino incierto de 1992. Sin advertirlo, pasó de su débil estado de sobrevivencia residual a revitalizarse en un rozagante movimiento social y político, el más fuerte del continente, solo comparable al PT de los años noventa en Brasil. El chavismo fue su crisálida evolutiva entre su lívido estado de oruga y un futuro superior urgido de desarrollos nuevos frente a desafíos cada vez más peligrosos.

Desde entonces, izquierda, bolivarianismo o chavismo son sinónimos, aún no siendo exactamente iguales. El PSUV es su contenedor actual, su identidad nacional e internacional, incluso a pesar de que su maduración ideológica esté retrasada respecto a su fuerza electoral.

1989, dos muros a distancia

Entre la insurrección del llamado Caracazo, el 27 de febrero de 1989, y la tirada abajo del Muro de Berlín, el 9 de noviembre de 1989, mediaron nueve meses de transformaciones políticas mundiales, solo comparables a las que producen situaciones de guerra o de revoluciones. Venezuela fue tan solo una manifestación de ese fenomeno internacional sobre las playas del Caribe oriental. En ambos lugares fueron derribadas murallas de poder y de creencias consagradas. Se abrieron situaciones nuevas. La diferencia de escala y formas no ocultan su unidad esencial en el mismo proceso internacional.

La literatura para comprender los cambios geopolíticos desde 1989 es tan amplia como compleja, pero esas dos dificultades no anulan un conocimiento taxativo, indudable: el mundo, tal cual lo conocíamos, fue otro desde entonces. Sus causas y determinaciones nacieron en las modificaciones que vivía el sistema mundial del capital desde mediados de la década de 1960, cuando comenzó la caída tendencial de la tasa media global de ganancia, la maquinaria capitalista comenzó a dislocarse y las potencias trasladaron otra vez, los costos hacia sus rincones más débiles, como lo habían hecho en ciclos anteriores.

Los resultados de Mandel, Harvey y Mészaros,[3] entre otros, comenzaron a verificase en las economías y Estados-nación latinoamericanos, en el sudeste asiático, el mundo árabe y en Europa del este incluida la ex URSS. Las rebeliones árabes y europeas de hoy son la latencia tardía de lo mismo. Con la ex URSS también cayó la falsa creencia de las «dos economías» opuestas por sus naturalezas de clase, una en el «este», otra en «occidente». La historia real mostró que ninguna podía escapar al estrujamiento del dominio del capital. A la integración progresiva y controlada de China y Vietnam a las reglas del capitalismo, siguieron las otras sin remedio. La *glasnost* y la *perestroika* fueron la intelectualización oficial de que la carrera se estaba perdiendo. Que no hay soluciones nacionales perdurables a un daño que es estructural, cuya matriz, el capital, nació mundial y solo morirá mundial.

Del investigador francés François Chesnais tomamos este resumen publicado en la revista *Herramienta*:

> A partir de 1978, la burguesía mundial, conducida por sus componentes norteamericano y británico, emprendió, con cierto éxito, una modificación internacional en su beneficio, y por consiguiente, en el marco de prácticamente cada país, las relaciones políticas entre las clases. La burguesía mundial comenzó a desmantelar las instituciones y estatutos [...]. Thatcher en 1979 y Reagan en 1980 restituyeron al capital una libertad para desplazarse a su antojo y moverse sobre el plano internacional de un país o continente a otro, como no lo había conocido desde 1914.[4]

Las consecuencias para América latina fueron inmediatas. La entronización del neoliberalismo condujo al proceso que Harvey define como *desposesión*, que también podría llamar expansión *intensiva* del capital. El peso específico de nuestros países en el mercado mundial y su sistema de Estado cayó por efecto de la traslación de la crisis capitalista de los años setenta durante las dos décadas siguientes.

> Es así como América latina, que para 1950 contribuía con el 14% al PBI mundial, para 1998, incluyendo a Brasil, representaba apenas el 8,8%. De igual manera, mientras en 1950 contribuía con el 12% en el comercio mundial, en 1998 lo hacía con el 3,5%.[5]

Venezuela fue una presa fácil debido a su irracional estructura de monopro-
ducción primaria petrolera, subordinada a un precio internacional fijado en
un mercado mundial del que depende. En 1983, la economía y la política
venezolanas saltaron de su modorra cuando los bancos entraron en colapso
(«viernes negro» lo llamamos entonces) y el Estado decidió actuar para sal-
varlos, descargando el peso muerto sobre las espaldas de los trabajadores y
la clase media. Por primera vez en 22 años, el PBI caía sin control, la inflación
apareció como un fantasma desconocido y el desempleo, que se había mantenido en un dígito desde 1965, pasó a dos hasta destruir el 26% de la mano
de obra útil en 1998.

De la rebelión social al voto de izquierda

De ese descalabro nació el *Caracazo* el 27 de febrero de 1989, una insurrección
correctamente definida por el actual viceministro del Trabajo de Venezuela,
Elio Colmenares, con estas palabras:

> Durante la insurrección de febrero, el descomunal levantamiento de las
> masas populares hambrientas, su dominio de las calles de la ciudad,
> sus barricadas, sus saqueos etc., provocaron inicialmente la parálisis del
> gobierno de Carlos Andrés Pérez, su desconcierto.[6]

La insurrección de febrero fue un momento iniciático para muchas cosas, a
pesar de que su primer impulso se agotó en breve tiempo por su carácter
eruptivo y el terror impuesto en las calles del país con el toque de queda y los
más de 3 000 muertos que impactaron en la psiquis de la sociedad. Lo novedoso y original es que aquella rebelión popular («El día que los cerros baja-
ron») abrió una nueva realidad en la política y en la cultura social. Nada fue
igual desde entonces. El régimen no logró reponerse de su impotencia hasta
bien entrado el chavismo; la economía perdió la estabilidad de las décadas
anteriores, ni siquiera valió el espejismo chino del PBI al 9% en 1991 y la
sucesiva saturación de dólares en la bolsa de valores de Caracas hasta 1997;
las Fuerzas Armadas dejaron de ser lo que fueron desde que las modernizó
Juan Vicente Gómez entre 1910 y 1921; y las clases sociales modificaron su
posición en la balanza nacional desde 1989, haciendo saltar la vieja hegemonía burguesa.

Esos fueron los efectos económicos y sociales derivados de la misma lógica de dominación mundial del capital que actuaba en Europa. A más de diez mil kilómetros de distancia entre el Muro de Berlín y Caracas, los estertores del neoliberalismo fueron similares aunque se sintieron en formas distintas y en otros idiomas.

Y lo que más nos interesa en aquel contexto: la izquierda más tradicional no tuvo programa ni vocación para aprovechar la situación con un proyecto de emancipación revolucionaria. Tampoco la otra izquierda más ligada a las luchas sociales, pudo ofrecer una salida creíble a la crisis del régimen.

Los cinco partidos más representativos (MAS, MIR, MEP, PCV y Causa R) decidieron colaborar *desde adentro* y darle sobrevida a un régimen agónico.

A la distancia y con la ventaja que brinda la reflexión en el tiempo transcurrido, sorprende esa conducta irracional y autodestructiva. Los datos sociales y electorales hablan solos del equívoco teórico y político: creer que el régimen capitalista permite reformas estables, y suponer que esa tarea infausta será acompañada siempre y con gusto por el voto de la gente pobre y las clases medias.

Veamos el contrasentido de colaborar con el enemigo cuando este más se debilita. La izquierda venezolana creció mucho en votos desde 1989 hasta 1995, el período más agudo de la crisis del régimen adeco-copeyano. El caso más elocuente del estado terminal de la derecha y la fuerza ganada por la izquierda fue el de Rafael Caldera, último presidente de la IV República; ganó en 1995 con los votos aportados por el MAS y el PCV y gobernó con ellos a través de una nueva fuerza, Convergencia, que debió adornar con fraseología tercermundista y poses propias de la izquierda.

Primeras elecciones descentralizadas en Venezuela 1989-1995

Año	1989		1992		1995	
Partido	Goberna-dores obtenidos	Alcaldes obteni-dos	Goberna-dores obtenidos	Alcaldes obteni-dos	Goberna-dores obtenidos	Alcaldes obteni-dos
AD	11	152	7	128	11	184
Copei	6	104	9	121	4	100
MAS	1	9	4	19	4	13
MES	1					
Causa R	1	2	1	5	1	8
Total Gobernadores de la izquierda: 25			Total Alcaldes de la izquierda: 55			

Elecciones presidenciales de 1993

Candidato	Partido	Votos finales	Votos al Congreso
Rafael Caldera	Convergencia + Movimiento al Socialismo	30,50%	24,40%
Claudio Fermín	AD	23,60%	28,80%
Osvaldo A. Paz	COPEI	22,70%	27,20%
Andrés Velázquez	Causa R	21,90%	19,60%

Cuadros elaborados con base en datos del Consejo Nacional Electoral-Historial y de Rikard Lalander, RVCP N° 26, Caracas.

Los cuatro partidos de la izquierda que participaron en las elecciones presidenciales de 1989, sumaron un total de 22,15% de los votos, repartidos porcentualmente de la siguiente manera:

MAS	Causa R	PCV	MEP
17,78%	2,48%	0,79%	0,73%

Esta buena suma de votos en una coyuntura de crisis social y política de la derecha, terminó convertida en su contrario.

El desdibujamiento ideológico de la izquierda entre la gente se profundizó en dos dimensiones. Se negó a postular una opción común solo de izquierda. Habría potenciado el alto porcentaje obtenido. La segunda dimensión fue peor. Decidieron cruzar sus votos, candidatos y mensajes con los de los partidos que la gente comenzaba a rechazar a escala masiva. Lo hicieron exactamente en el trayecto (1989 a 1995) en que estos perdían más espacio social, es decir, cuando más se abría la posibilidad para que una opción de izquierda accediera al gobierno. Venezuela pudo ahorrarse una década de desastre.

En 1992, la izquierda tradicional, MAS, PCV y MEP, se cruzó con la derecha más reaccionaria en once de los veinte estados del país. Entre ellos estaban cuatro estados muy importantes por su fuerza económica, la presencia de fuerzas de izquierda y población: Miranda, Aragua, Carabobo y Barinas.

Tres años más tarde, en las elecciones de 1995, el MAS y la Causa R escalaron a casi el 24% de los votos en todo el territorio. Por primera vez en la historia política del país dos fuerzas de izquierda ganaban el segundo lugar en el mapa electoral. Expresiones masivas del voto a partidos de la izquierda que señalaban el resquebrajamiento de un régimen resquebrajado. Allí nació el absurdo. Mientras una parte de las masas buscaba a la izquierda, esta corría hacia a la derecha. En esas elecciones de 1995, el MAS, la Causa R, el PCV y el MEP se cruzaron una vez más con la derecha en *nueve* de *veinte* Estados.

Lo que pudo representar un poderoso impulso hacia adelante, terminó en retroceso. La misma gente trabajadora y de clase media que depositó su confianza electoral en estos partidos de la vieja izquierda, la retiró entre 1995 y 1998. A mitad de este lapso, justamente, el chavismo decide cambiar de táctica y constituirse como una opción electoral. Gana las elecciones de 1998 con el 52% abriendo paso a un poderoso movimiento social nuevo. Una de las claves fue el perfil del candidato, de la campaña y las candidaturas, a pesar de los reparos en cada caso. Por primera vez en mucho tiempo la gente veía a la izquierda queriendo parecerse a sí misma. De eso no había memoria desde 1974 cuando el MAS, el MIR, el MEP y otras fuerzas hicieron una campaña unificada *de izquierda* detrás de la figura de José Vicente Rangel. Aquella vez ganaron un enorme 12% en medio de la mayor polarización bipartidista. En

1998 fue el gobierno completo. Es que el bipartidismo andaba moribundo y la izquierda más fuerte se había dedicado a salvarlo.

Las tres izquierdas de la Venezuela bolivariana

A veinte años del derrumbe de la URSS estamos en presencia de una *nueva izquierda venezolana* conformada con los derivados postreros más diversos de las tres matrices que formaron el marxismo en Venezuela entre 1927 y 1960: estalinismo, socialdemocracia y Revolución Cubana. A ellas se agregan representaciones menores compuestas por factores derivados de la cultura trotskista venezolana con fuerte arraigo sindical, del autonomismo barrial y de un chavismo de segunda generación con jóvenes que no conocieron otra izquierda que la representada por el comandante Chávez.

Pero hay una diferencia decisiva para una definición de lo que entendemos por izquierda y su manifestación en Venezuela. Así como el chavismo es su nueva envoltura política mayoritaria y en varios sentidos superadora, no se debe descuidar un hecho central. El chavismo es una corriente transversalizada, altamente nutrida por movimientos sociales y políticos de base con mucha fuerza social y convicciones revolucionarias. Ese dato es indispensable para no olvidar sus potencialidades y límites.

El carácter contradictorio de tal conformación y su alto dinamismo político, explican dos de sus virtudes. La primera, que el chavismo trascendió su inicial nacionalismo militar para elevarse a factor político nacional e internacional. Desde el impacto de la Revolución Cubana en las vanguardias de la década de 1960, con sus dos frutos ideológicos, el *guevarismo* y el *castrismo*, no se conoció algo semejante en más de cuarenta años.

El perfil socialista desde comienzos del año 2005 es de un tipo que se plantea superar positivamente las perversiones de las experiencias socialistas del siglo XX. Eso explica el poderoso desarrollo de más de veinte movimientos sociales de clase y sectores de clase en Venezuela y sus aliados bolivarianos fuera del país, como los casi treinta Movimientos Sociales del ALBA en el continente; todos son anticapitalistas. Los de Venezuela aspiran a convertirse en las columnas funcionales de un nuevo Estado socialista cuando el actual sea sepultado. La segunda virtud es que la izquierda presente hoy en Venezuela está determinada por esa diversidad democratizadora y rebelde.

No soporta los paradigmas y valores de jerarquía y dogmatismo que constituyeron a la vieja izquierda de la guerra fría. El defecto mayor radica en su
inmadurez cultural e ideológica, o sea su fragilidad teórica. Pero ese es un
costo superable dentro de un aprendizaje histórico reciente.

Desde el año 2007, la expresión electoral más fuerte y el espacio social que
reúne a la mayor cantidad de militancia de izquierda es el Partido Socialista
Unido de Venezuela (PSUV), con más de 7 millones de afiliados y alrededor
de 300 000 activistas diarios, que superan el millón de activos orgánicos en
coyunturas especiales, como riesgos militares, campañas sociales o electorales. A su alrededor giran entidades menores como el Partido Comunista,
Marea Socialista, la Liga Socialista, Movimiento 13 de Abril y una veintena
de movimientos y agrupaciones sociales y políticas, cuyas dinámicas propias
dentro y fuera de la gigantesca estructura partidaria del PSUV, transversa-
lizan su vida, imponiéndole grados de democracia interna desconocidos en
partidos de la izquierda más tradicional.

Algunas muestras de ese nuevo mapa de fuerzas sociales de izquierda,
además de la partidaria, son los Consejos Populares, las Federaciones Campesinas Zamoranas, los más de 15 tipos de comités sectoriales, los 200 000
milicianos, los 480 medios de comunicación comunitarios, algunos de ellos
con influencia de masas, como Aporrea o Catia TV, la Unión Nacional de Trabajadores, los Consejos Socialistas de Trabajadores y los órganos de Control
Obrero, los organismos de la clase media como los Comités de Usuarios de
Contenidos de Radio y TV, o los nuevos Comités de Vivienda y Producción
Agraria. En ellos está y milita la mayoría de la nueva izquierda venezolana.

Quizá la lección más importante de este recorrido por la izquierda venezolana, sea su aprendizaje *de clase*. Me refiero a que la actual izquierda del
país no se define por su relación amorosa con los aparatos, valores e intereses
de sus clases enemigas. Incluye en forma especial a lo que representa Estados
Unidos como imperio.

Estas enseñanzas no tienen carácter absoluto, pues la conciencia avanza
más lenta que las acciones propias y los pasos de los enemigos. Pero avanza.
A nadie que se defina como *izquierdista* en la Venezuela de hoy, se le ocurri-
ría pensar en un gobierno de colaboración con la burguesía venezolana. Un
adelanto de ese aprendizaje/rechazo es la crítica permanente a la insoportable burocracia estatal (la inútil, no a la otra), en muchos casos definida bajo

el remoquete compuesto de «boliburguesía». Entiende que en ella se está transfigurando, como en las milenarias creencias Vedas, la clase dominante desplazada del poder en partes del nuevo cuerpo gobernante.

Este aprendizaje comenzó en 1989 con el Caracazo, recorrió una década intensa y se elevó políticamente en las insurrecciones del 13 de abril de 2002 y de febrero de 2003 entre otras. Fue una sucesión de batallas sociales, políticas, militares y económicas que le han enseñado quienes son los enemigos, quienes los amigos y también los que se visten de seda.

La preocupación más notoria verificable en el último tiempo se divide en dos tipos de preocupaciones. Por un lado están los que desean profundizar el proceso revolucionario abierto en 2002, porque entienden que es la única manera de blindar las conquistas sociales, económicas, culturales y políticas. Para ello propician lo que el presidente Chávez denominó el 27 de febrero de 2009 «el empoderamiento popular». O sea, que las organizaciones de los trabajadores, estudiantes y sectores de la clase media se eleven a la función pública, para darle al régimen político la seguridad que no le brinda la «boliburguesía». Por el otro lado están quienes piensan que el proceso debe moderarse en su desarrollo y su función gubernamental, acoplarse más a la tendencia latinoamericana de acuerdos de contención promovida por UNASUR, y menos al proyecto emancipador que promueve el ALBA. Entre una y otra median variaciones que no modifican el conjunto de la tendencia más reciente.

Ambos sectores son de izquierda. También está la *otra izquierda*, menos chavista, y en algunos casos directamente no chavista, pero defensora del proceso y el gobierno frente a enemigos derechistas o imperialistas internos y externos. Coincide con los primeros en los objetivos, pero lo hace desde afuera del PSUV y con métodos, programa y opciones políticas distintas.

La identidad entre las variantes de la izquierda de hoy en Venezuela y sus demandas u objetivos diferenciados, la brindan dos factores íntimamente relacionados: el líder y el movimiento social.

La militancia venezolana de izquierda de hoy, reflexiona y debate sobre alternativas tan variadas como la dimensión de sus preocupaciones, temores y convicciones.

Sin embargo, hay algo sobre lo que no abriga ninguna duda: ya no es una oruga sin destino.

Notas

1.   A. Blanco Muñoz: *Habla el comandante*, edición de IEE/FACES/UCV, Caracas 1998, pp. 45-107.

2.   Carta membretada de Hugo Chávez Frías a Modesto Emilio Guerrero, director de *La Chispa* en 1992. «*Yare, 3 de Octubre de 1992*», publicada por primera vez en el libro *Medios y Poder en Venezuela-Aporrea y la Prensa Comunitaria*, EcoEdiciones, Buenos Aires, 2010.

3.   Véase a Ernest Mandel: *Tratado de Economía Marxista*, 1979; David Harvey: *El nuevo imperialismo*, 1988; e István Mészáros: *Más allá del capital*, 1991.

4.   Francois Chessnais: «Notas para una caracterización del capitalismo a finales del siglo XX», *Herramienta*, Buenos Aires, 1996, p. 26.

5.   Vladimir Aguilar Castro: «El carácter de la ofensiva del capital y su influencia en la crisis hegemónica de Venezuela» (con datos de Daniel Bensaid en «Le nouveau désordre imperial»), *Herramienta*, Buenos Aires, abril 2004.

6.   Elio Colmenares: *La Insurrección de febrero*, Ediciones La Chispa, Caracas, 1989, p. 81.

Sobre los autores

HÉCTOR BÉJAR es abogado y periodista, doctor en Sociología, máster en Política Social, y profesor de la Universidad Nacional Mayor de San Marcos, de la Universidad Nacional Pontificia de Perú y del Centro de Altos Estudios Nacionales. Fue Premio Ensayo Casa de las Américas (1969). Tiene una larga trayectoria de lucha política y social, en la que se incluye haber sido fundador del Ejército de Liberación Nacional (ELN). En la actualidad es miembro del Consejo Mundial del Llamado Global contra la Pobreza.

MARCELO CARUSO es profesor universitario, consultor en temas del derecho a la participación desde la democracia directa, experto en políticas y relaciones internacionales, y miembro de la corriente socialista del Polo Democrático Alternativo (PDA) de Colombia. Gran parte de su obra ha sido publicada con el seudónimo Fermín González.

PATRICIA M. CHÁVEZ es socióloga, con experiencia en participación y representación de pueblos indígenas y mujeres en las estructuras de poder político. Docente en las universidades del sistema educativo boliviano. Integrante del Colectivo de Mujeres Samka Sawri e investigadora del Centro de Estudios Andino Amazónico Mesoamericanos-Bolivia. Autora de *Los indígenas en el poder* y coautora de *Despatriarcalizar para descolonizar la gestión pública.*

ARIEL DACAL es educador popular como concepción de vida, historiador de profesión y doctor en Ciencias Históricas. Ha realizado investigaciones sobre el socialismo del siglo XX, específicamente el caso soviético y la posterior transición al capitalismo en Rusia. Ha colaborado con publicaciones nacionales e internacionales sobres estos temas y publicó el libro *Rusia, del socialismo real al capitalismo real.* Es miembro del programa de Educación Popular del Centro Memorial Martin Luther King Jr.

ANTONIO ELÍAS es máster en Economía, docente universitario, asesor sindical, miembro de la Red de Economistas de Izquierda del Uruguay (REDIU) y presidente de la Sociedad Latinoamericana de Economía Política y Pensamiento Crítico.

CARLOS FONSECA TERÁN es subsecretario de Relaciones Internacionales del Frente Sandinista de Liberación Nacional (FSLN) de Nicaragua. Ha publicado varios libros sobre la Revolución Sandinista, es coautor de diversas antologías y articulista sobre temas políticos.

JULIO C. GAMBINA es doctor en Ciencias Sociales de la Universidad Nacional de Buenos Aires (UBA). Es profesor titular de Economía Política en la Universidad Nacional de Rosario (UNR), preside la Fundación de Investigaciones Sociales y Políticas (FISYP) y es integrante del Comité Directivo del Consejo Latinoamericano de Ciencias Sociales (CLACSO).

MODESTO EMILIO GUERRERO es periodista y conferencista. Fue dirigente del Partido Socialista de los Trabajadores (PST) hasta 1993, electo diputado en 1983 y fundador del Partido Socialista Unificado de Venezuela en 2007, en Argentina. Es autor de ocho libros de ensayos sobre América Latina.

JORGE HERNÁNDEZ es doctor en Sociología, profesor e investigador titular, director del Centro de Estudios Hemisféricos y sobre Estados Unidos (CEHSEU), de la Universidad de La Habana. Autor de varios libros, ensayos y artículos.

IOLE ILÍADA LOPES es doctora en Geografía Humana por la Universidad de São Paulo (USP). Fue directora del Sindicato Nacional de Profesores de Instituciones de Educación Superior (ANDES/SN). Actualmente es secretaria de Relaciones Internacionales del PT y directora de la Fundación Perseu Abramo.

GILBERTO LÓPEZ Y RIVAS Profesor-Investigador del Instituto Nacional de Antropología e Historia, Centro Regional Morelos. Articulista del diario mexicano *La Jornada*. Autor de varios libros, ensayos y artículos.

CARLOS A. LOZANO es abogado y periodista, director del semanario *VOZ*, dirigente nacional del Partido Comunista Colombiano (PCC) y del Polo Democrático Alternativo (PDA).

José Luis Merino es miembro de la Comisión Política del Frente Farabundo Martí para la Liberación Nacional (FMLN) de El Salvador y diputado al Parlamento Centroamericano (PARLACEN).

Hugo Moldiz es máster en Relaciones Internacionales, abogado y comunicador social. Autor de libros, ensayos y artículos sobre la izquierda y las luchas populares en América Latina.

Valter Pomar es doctor en Ciencias Históricas, miembro de la Directiva Nacional del Partido de los Trabajadores (PT) de Brasil y secretario ejecutivo del Foro de São Paulo.

Roberto Regalado es doctor en Ciencias Filosóficas, profesor-investigador del Centro de Estudios Hemisféricos y sobre Estados Unidos (CESHEU) de la Universidad de La Habana y coordinador de varias colecciones de la editorial Ocean Sur. Autor de varios libros, ensayos y artículos.

Hugo Richier es secretario general del Partido Convergencia Popular Socialista de Paraguay, integrante del Frente Guasú y ministro de la Secretaría de Acción Social del gobierno del presidente Fernando Lugo.

Germán Rodas es máster en Historia, docente de la Universidad Andina Simón Bolívar de Quito, miembro de la Academia Nacional de Historia, de la Sección de Historia de la Casa de la Cultura del Ecuador, y de la Asociación de Historiadores de Latinoamérica y del Caribe (ADHILAC).

Mario Saucedo fue miembro de la dirección de la Asociación Cívica Nacional Revolucionaria (ACNR), del Comité Ejecutivo Nacional del Partido de la Revolución Democrática (PRD) de 1989 a 2005. Fue secretario general del PRD de 1993 a 1996, presidente del Consejo Nacional de ese partido de 1996 a 1999 y su secretario de Relaciones Internacionales de 2002 a 2005. Candidato a gobernador por el PRD en el estado de Jalisco en 1995 y senador de la República de 1997 a 2000. Actualmente participa en la coordinación del espacio civil Emergencia Nacional.

Guillermo Teillier es presidente del Partido Comunista de Chile (PCCh) y miembro de la Cámara de Diputados. Es autor de los libros *De academias y subterráneos* y *Carrizal o el año decisivo*.

AMÉRICA LATINA
Despertar de un continente
Ernesto Che Guevara
Compilación, edición y prólogo de Ma. del Carmen Ariet

Antología imprescindible para comprender la manera en que el Che se acerca a la realidad de América Latina, desde la historia a sus vivencias más inmediatas, su sentido de pertenencia y su probado latinoamericanismo, expresado en su lucha solidaria e internacionalista para alcanzar su plena emancipación.

495 páginas, 2003, ISBN 978-1-876175-71-9

AMÉRICA LATINA HOY: ¿REFORMA O REVOLUCIÓN?
Coordinado por Germán Rodas / Edición y presentación de Roberto Regalado

En medio del confuso clima creado por el fin de la bipolaridad, fue acuñada la frase «búsqueda de alternativas». Para una parte de la izquierda política, esa noción sepultaba los conceptos de *poder*, *revolución* y *socialismo*. La editorial Ocean Sur invitó a un grupo de politólogos y dirigentes políticos a reflexionar sobre el tema «América Latina hoy: ¿reforma o revolución?».

259 páginas, 2009, ISBN 978-1-921438-72-1

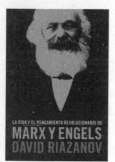

LA VIDA Y EL PENSAMIENTO REVOLUCIONARIO DE MARX Y ENGELS
David Riazanov

Recopilación de textos que abordan la actividad revolucionaria de Marx y de Engels a partir de su estrecha relación con el proceso histórico real en el cual vivieron. Riazanov nos muestra un panorama de la época y de la praxis cotidiana de estos hombres, quienes, consagrados a la emancipación de la clase trabajadora, van perfilando sus reflexiones teóricas inmersos plenamente en las luchas políticas y filosóficas de su tiempo.

275 páginas, 2011, ISBN 978-1-921700-03-3

DOMINACIÓN IMPERIALISTA Y LUCHA POPULAR EN AMÉRICA LATINA
Roberto Regalado

El neoliberalismo se extendió por los países del Sur impulsado mediante la manipulación de la crisis de la deuda externa. Sus palancas fueron las presiones ejercidas por las potencias imperialistas y los organismos financieros internacionales, y una campaña ideológica totalitaria destinada a convencer a los pueblos de que el *único mundo posible* era el del capitalismo neoliberal.

33 páginas, 2009, ISBN 978-1-921438-49-3

ENCUENTROS Y DESENCUENTROS DE LA IZQUIERDA LATINOAMERICANA
Una mirada desde el Foro de São Paulo
Roberto Regalado

Hilvana la historia del Foro de São Paulo y de los partidos y movimientos políticos que han sido anfitriones de sus citas anuales. El autor se vale de esa historia para examinar los principales acontecimientos y debates protagonizados por la izquierda latinoamericana desde el momento de la crisis terminal de la Unión Soviética hasta finales de 2007.

301 páginas, 2008, ISBN 978-1-921438-07-3

PROCESOS REVOLUCIONARIOS EN AMÉRICA LATINA
Alberto Prieto

Una inspiradora travesía por la historia de los procesos revolucionarios de América Latina iluminada por Túpac Amaru, Hidalgo, Martí, Bolívar, Miranda y San Martín, Mariátegui, Sandino y el Che. Las insurrecciones y revueltas en el siglo XVIII, la avalancha independentista, las transformaciones democráticas y antiimperialistas, el influjo de la Revolución Cubana, el Sandinismo y el nuevo auge revolucionario y democrático en nuestra región quedan registrados en sus páginas.

360 páginas, 2009, ISBN 978-1-921438-26-4

FIDEL CASTRO
Antología mínima
Fidel Castro

Esta antología, que incluye las reflexiones y discursos más representativos de Fidel Castro, sin dudas constituye una referencia de incalculable valor en el contexto de transformaciones políticas y sociales que vive América Latina. La voz del líder cubano ha trascendido las fronteras nacionales para encarnar las ideas más radicales de la lucha revolucionaria mundial.

542 páginas + 26 páginas de fotos, 2011, ISBN 978-1-921438-98-1

CHE GUEVARA PRESENTE
Una antología mínima
Ernesto Che Guevara
Compilación y prólogo de David Deutschmann y Ma. del Carmen Ariet

Reúne escritos, ensayos, discursos y epistolario que revelan aristas sobresalientes del pensamiento teórico y práctico del Che acerca de la lucha revolucionaria, sus conceptos de cómo construir el socialismo en sociedades subdesarrolladas, su rol en la política exterior cubana y su solidaridad e internacionalismo.

453 páginas, 2004, ISBN 978-1-876175-93-1

ocean sur

una nueva editorial latinoamericana
www.oceansur.com • info@oceansur.com

Ocean Sur es una casa editorial latinoamericana que ofrece a sus lectores las voces del pensamiento revolucionario de América Latina de todos los tiempos. Inspirada en la diversidad étnica, cultural y de género, las luchas por la soberanía nacional y el espíritu antiimperialista, ha desarrollado durante cinco años múltiples líneas editoriales que divulgan las reivindicaciones y los proyectos de transformación social de Nuestra América.

Nuestro catálogo de publicaciones abarca textos sobre la teoría política y filosófica de la izquierda, la historia de nuestros pueblos, la trayectoria de los movimientos sociales y la coyuntura política internacional.

El público lector puede acceder a un amplio repertorio de libros y folletos que forman parte de colecciones como el Proyecto Editorial Che Guevara, Fidel Castro, Revolución Cubana, Contexto Latinoamericano, Biblioteca Marxista, Vidas Rebeldes, Historias desde abajo, Roque Dalton, Voces del Sur, La otra historia de América Latina y Pensamiento Socialista, que promueven el debate de ideas como paradigma emancipador de la humanidad.

Ocean Sur es un lugar de encuentros.